한국어능력시험

COOL
TOPIK II

중급 어휘

한글파크

머리말

《COOL TOPIK2 중급 어휘》는 한국어능력시험(TOPIK)을 대비하는 한국어 학습자들이 어떻게 하면 더 쉽고 편하게 한국어능력시험(TOPIK) 어휘를 학습할 수 있을지 고민하던 중 만들게 된 책이다. 한국어능력시험(TOPIK)을 대비하는 학습자들을 위한 어휘 교재들은 지난 20여 년간 꾸준히 발간되고 있으나 2014년 이전 어휘·문법 영역을 대비하기 위한 수험서를 제외하고 단어장(어휘집) 형식으로 발간된 책은 나날이 증가하는 응시생의 수를 생각하면 그리 많지 않다고 할 수 있다.

단어장은 시험을 대비하는 과정에서 학습자가 모르는 어휘를 확인할 수 있고 동시에 어휘 교재의 기능을 모두 갖추어야 한다. 이와 함께 집필진이 가장 중요하게 생각한 것은 학습자가 단어장을 꾸준히 이용할 수 있도록 하는 것, 그리고 학습자가 우선하여 알아야 하는 단어를 시각적으로 확인할 수 있어야 한다는 점이었다.

《COOL TOPIK2 중급 어휘》에는 7회부터 64회까지의 한국어능력시험(TOPIK) 기출 문제 중에서 대중에 공개된 총 35회분의 기출 문제를 바탕으로 한국어능력시험(TOPIK) 주관 기관인 국립국제교육원 한국어능력시험센터가 공개한 토픽어휘목록 중급 어휘의 빈도를 추출해 5회 이상 출현한 어휘를 담아 학습자들이 고빈도 기출 어휘를 우선으로 학습할 수 있도록 하였다.

또한 15개의 대주제와 40개의 소주제로 어휘를 정리해 학습자가 날마다 각 주제와 관련된 어휘를 학습할 수 있도록 하였으며 각각의 어휘에는 반의어, 유의어, 파생어 정보 및 알아 두면 좋을 구 단위 표현들과 참고 정보를 담았다. 하나의 주제와 관련된 여러 어휘를 모아 학습할 때 학습자들은 유기적으로 연계된 단어들을 함께 학습할 수 있을 것이며 이러한 학습 방식은 학습자들의 어휘 학습 및 어휘량 확장에 도움이 될 것이다. 주제로 묶어 학습하기보다는 어휘 품사의 특성을 바탕으로 학습하는 것이 좋다고 판단한 부사, 사동사, 피동사, 표현은 따로 정리하였으며, 학습자들이 참고할 수 있도록 여러 파생어를 만들어 내는 기출 접사 목록 역시 제시하였다.

시험 대비용 단어장은 학습자들의 어휘 학습과 시험 대비라는 두 가지 목표를 모두 달성하는 데 도움이 되어야 하므로 어휘에 관한 정보와 함께 어휘 확인 문제 및 한국어능력시험(TOPIK)의 기출 문제를 수록해 학습자들이 본인의 어휘 학습 상태를 스스로 파악하고 학습한 어휘가 실제 문제에서 어떻게 나타나는지 알 수 있도록 하였다.

《COOL TOPIK2 중급 어휘》가 학습자들의 어휘 학습과 한국어능력시험(TOPIK) 중급이라는 목표 달성에 도움이 되기를 바란다. 끝으로 오랜 시간 집필진의 탈고를 기다려 주신 한글파크 관계자들께 죄송함과 감사의 말씀을 전한다.

어지혜, 임은정

CONTENTS

- 머리말   2
- 차례   4
- 이 책의 구성   6
- 한국어능력시험(TOPIK) 안내   10
- 학습 계획표   12

1. 사람
Day 01 일생   18
Day 02 외모와 성격   25
Day 03 태도(1)   32
Day 04 태도(2)   39
Day 05 대인 관계(1)   46
Day 06 대인 관계(2)   54

2. 사고와 감정
Day 07 감정과 표현(1)   62
Day 08 감정과 표현(2)   71
Day 09 인지와 개념(1)   81
Day 10 인지와 개념(2)   90

3. 일상생활
Day 11 의생활   100
Day 12 식생활   107
Day 13 주거생활   115
Day 14 생활용품   123
Day 15 시설 이용   130
Day 16 시간   138
Day 17 교통   145

4. 여가 생활
Day 18 여가   152
Day 19 여행   158
Day 20 스포츠   164

5. 국가와 정치
Day 21 국가와 정치(1)   172
Day 22 국가와 정치(2)   180

6. 현대사회
Day 23 사회 현상과 문제   188
Day 24 사회 변화   196
Day 25 사회 활동   203
Day 26 설문과 통계   210

7. 문화
Day 27 공연과 전시   220
Day 28 문학과 예술   229
Day 29 대중문화   237
Day 30 역사와 전통문화   245

8. 건강과 질병

Day 31 건강(1) 254
Day 32 건강(2) 262
Day 33 질병 268

9. 직장생활

Day 34 구인 구직 278
Day 35 직업과 진로 286
Day 36 직장 293
Day 37 업무와 능력(1) 300
Day 38 업무와 능력(2) 308

10. 경제와 소비생활

Day 39 경제 318
Day 40 소비 생활(1) 327
Day 41 소비 생활(2) 333

11. 의사소통

Day 42 의사소통 342

12. 자연과 환경오염

Day 43 자연과 환경오염(1) 352
Day 44 자연과 환경오염(2) 360

13. 과학과 기술

Day 45 컴퓨터와 인터넷 368
Day 46 과학 375

14. 사건과 사고

Day 47 사건과 사고(1) 384
Day 48 사건과 사고(2) 391

15. 교육과 학교 생활

Day 49 교육과 학문 400
Day 50 학교생활 408

부록

더 공부하기 416
퀴즈 및 기출 문제 답안 445
듣기 대본 458

🔍 이 책의 구성

표제어와 예문을 MP3로 들으며 빈출 어휘를 주제별로 학습할 수 있습니다.

01

DAY 07 🔊 Track 07
감정과 표현(1)

02

학습 전후 셀프 체크 박스로 어휘 실력을 점검할 수 있습니다.

☐ 걱정스럽다   ☐ 만족   ☐ 아쉽다   ☐ 욕심

☐ 표현   ☐ 다행   ☐ 심정   ☐ 즐거움

☐ 감정   ☐ 나타내다   ☐ 우려   ☐ 곤란

☐ 장하다   ☐ 미소   ☐ 보람   ☐ 망설이다

☐ 반응   ☐ 안타깝다   ☐ 실망

☐ 고마워하다   ☐ 진정하다   ☐ 놀랍다

☐ 고통   ☐ 부담스럽다   ☐ 낯설다

03

0131 ★★★★★
🔊 걱정스럽다
[걱쩡스럽따]

영 anxious   중 令人担心，令人担忧   일 心配だ   베 lo lắng
- 골프장을 만든다고 산에 있는 나무를 다 베어 버리는 것은 아닌지 걱정스러웠다.
- 제 일은 제가 알아서 할 테니 그렇게 걱정스러운 얼굴로 바라보지 마세요.

● 알아 두면 좋은 표현 걱정스러운 마음, 걱정스러운 일, 걱정스러운 표정
(표정▸ 0024)

활용형 걱정스러운, 걱정스러워서, 걱정스러우니까, 걱정스럽습니다

시험에 자주 나오는 빈출 어휘부터 학습할 수 있습니다.

★★★★★ 최상
★★★★☆ 상
★★★☆☆ 중상
★★☆☆☆ 중
★☆☆☆☆ 하

파생어, 유의어, 반의어 등 어휘 정보를 통해 어휘 의미 관계를 확인할 수 있습니다.

명사-명	의존 명사-명	대명사-대	수사-수	동사-동	형용사-형
관형사-관	부사-부	감탄사-감	유의어-유	반의어- 반	참고어-참
본말-본	준말-준				

0131 ★★★★★

형 걱정스럽다

[걱쩡스럽따]

04

0133 ★★★★

명 표현

🄰 anxious 🄲 令人担心，令人担忧 🄹 心配だ 🄥 lo lắng

• 골프장을 만든다고 산에 있는 나무를 다 베어 버리는 것은 아닌지 걱정스러웠다.
• 제 일은 제가 알아서 할 테니 그렇게 걱정스러운 얼굴로 바라보지 마세요.

◉ 알아 두면 좋은 표현! 걱정스러운 마음, 걱정스러운 일, 걱정스러운 표정 (표정▸0024)

🄼 활용형 걱정스러운, 걱정스러워서, 걱정스러우니까, 걱정스럽습니다

🄰 expression, representation 🄲 表現, 表达 🄹 表現 🄥 biểu hiện

• 나는 감정 표현이 서툴러 부모님께 사랑한다는 말을 잘 못한다.
• 전문가들은 신문 기사 제목에 과장된 표현을 쓰지 말자고 제안했다.

◉ 알아 두면 좋은 표현! 감정 표현(감정▸0133), 감사의 표현, 정확한 표현, 표현 방법

동 표현되다

🄰 to be expressed, to be represented 🄲 表現为 🄹 表現される 🄥 được biểu hiện

• 아이의 불안한 마음은 곧 과격한 행동으로 표현되었다.

동 표현하다

🄰 express, represent 🄲 表达 🄹 表現する 🄥 biểu hiện

• 자신의 감정을 솔직하게 표현하는 것이 마음속 상처를 치료하는 데 중요한 역할을 한다.

05

• 영어, 중국어, 일본어, 베트남어 대역으로 의미를 정확하게 이해할 수 있습니다.
• 문어체, 구어체 예문과 실제 시험에 나왔던 구 단위 표현으로 시험 대비할 수 있습니다.
• 불규칙 결합 정보를 학습하며 어휘 사용의 정확도를 높일 수 있습니다.
• 문법 및 어휘 사용 정보를 학습하며 어휘를 더 탄탄하게 다질 수 있습니다.
• 기출 빈도 5회 이상 관련 어휘 학습으로 어휘를 확장할 수 있습니다.

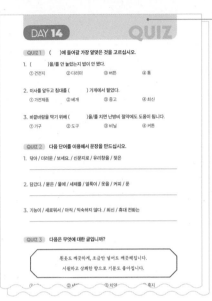

DAY **14**

QUIZ

QUIZ 1 ( )에 들어갈 가장 알맞은 것을 고르십시오.

1. ( )을/를 안 놓았는지 밥이 안 됐다.
   ① 건전지　　② 다리미　　③ 버튼　　④ 통

2. 이사를 앞두고 침대를 ( ) 가게에서 팔았다.
   ① 가전제품　　② 베개　　③ 중고　　④ 최신

3. 바깥바람을 막기 위해 ( )을/를 치면 난방비 절약에도 도움이 됩니다.
   ① 기구　　② 도구　　③ 비닐　　④ 커튼

QUIZ 2 다음 단어를 이용해서 문장을 만드십시오.

1. 닦아 / 더러운 / 보세요 / 신문지로 / 유리창을 / 젖은
   _____

2. 담갔다. / 묻은 / 물에 / 세제를 / 얼룩이 / 옷을 / 커피 / 푼
   _____

3. 기능이 / 새로워서 / 아직 / 익숙하지 않다. / 최신 / 휴대 전화는
   _____

QUIZ 3 다음은 무엇에 대한 글입니까?

> 흰옷도 깨끗하게, 초금만 넣어도 깨끗해집니다.
> 시원하고 상쾌한 향으로 기분도 좋아집니다.

① 　　② 세　　③ 치약　　④ 휴지

엄선된 퀴즈

날마다 퀴즈를 풀어 보며 학습과 동시에 실력 점검과 함께 취약한 부분을 확인할 수 있습니다. 퀴즈는 어휘 의미 파악에 중점을 둔 빈칸 채우기, 구 단위 표현 등을 연습할 수 있는 문장 만들기, TOPIK 문제와 유사한 실전 연습 문제를 통해 어휘 실력 향상을 확인할 수 있습니다.

TOPIK 기출 문제

TOPIK 중급 **34회 읽기 36번**

다음을 보고 내용이 같은 것을 고르십시오. (3점)

<출퇴근 교통 수단>

① 두 해 모두 버스를 가장 많이 이용했다.
② 삼 년 사이에 자전거를 타는 사람이 늘었다.
③ 2010년에는 걸어서 가는 사람이 가장 적었다.
④ 승용차와 지하철을 이용하는 사람이 많아졌다.

TOPIK II **60회 읽기 34번**

다음을 읽고 내용이 같은 것을 고르십시오. (2점)

> 19세기 중반까지는 태양의 위치를 기준으로 시간을 정해서 지역마다 시간이 달랐다. 이는 철도 이용의 활발해지면서 문제가 되었다. 철도 회사는 혼자가 있는 지역의 시간을 기준으로 열차를 운행했다. 그래서 승객은 다른 지역에서 온 열차를 탈 때마다 자기 지역의 시간과 열차 시간이 담라 불편을 겪었다. 이를 해결하고자 캐나다의 한 철도 기사가 지구의 경도를 기준으로 하는 표준시를 제안하였고 이것이 현재의 표준시가 되었다.

① 표준시 도입의 필요성은 철도 분야에서 제기되었다.
② 예전에는 철도 회사가 지역의 기준 시간을 결정했다.
③ 캐나다에서는 19세기 이전부터 표준시를 사용해 왔다.
④ 철도 승객들은 표준시의 적용으로 불편을 겪게 되었다.

TOPIK 기출 문제

실제 TOPIK 시험에 출제된 문제를 풀어 보면서 문제 유형에 익숙해질 수 있고 실전 감각도 키울 수 있습니다.

부록 – 품사별 빈출 어휘

품사의 특성을 바탕으로 학습해야 학습 효과를 높일 수 있는 부사, 사동사, 피동사, 표현, 접사를 고빈도 기출 어휘를 중심으로 수록하였습니다.

미니 단어장

QR 코드로 언제 어디에서나 어휘를 확인하고 복습할 수 있도록 미니 단어장을 제공하였습니다. 가나다순으로 어휘를 복습하며 단어 암기를 완벽하게 마무리할 수 있습니다.

언어권별 단어 시험지

날마다 확실하게 단어를 암기했는지 스스로 점검하고 복습할 수 있도록 영어, 일본어, 중국어, 베트남어 네 개의 언어별로 단어 시험지를 제공하였습니다.

시험지는 한글파크 출판 홈페이지 (www.sisabooks.com/hangeul/)자료실에서 다운로드 받을 수 있습니다.

한국어능력시험(TOPIK) 안내

① 한국어능력시험의 목적

- 한국어를 모국어로 하지 않는 재외동포 · 외국인의 한국어 학습 방향 제시 및 한국어 보급 확대
- 한국어 사용능력을 측정 · 평가하여 그 결과를 국내 대학 유학 및 취업 등에 활용

② 응시 대상

한국어를 모국어로 하지 않는 재외동포 및 외국인로서

- 한국어 학습자 및 국내 대학 유학 희망자
- 국내 · 외 한국 기업체 및 공공기관 취업 희망자
- 외국 학교에 재학 중이거나 졸업한 재외국민

③ 주관기관

교육부 국립국제교육원

④ 시험의 수준 및 등급

- 시험의 수준 : TOPIK Ⅰ, TOPIK Ⅱ
- 평가 등급 : 6개 등급(1~6급)

TOPIK Ⅰ		TOPIK Ⅱ			
1급	2급	3급	4급	5급	6급
80점 이상	140점 이상	120점 이상	150점 이상	190점 이상	230점 이상

⑤ 시험 시간

구분	교시	영역	시간
TOPIK Ⅰ	1교시	듣기/읽기	100분
TOPIK Ⅱ	1교시	듣기/쓰기	110분
	2교시	읽기	70분

❻ 문항구성

1) 수준별 구성

시험 수준	교시	영역/시간	유형	문항수	배점	배점총계
TOPIK I	1교시	듣기(40분)	선택형	30	100	200
		읽기(60분)	선택형	40	100	
TOPIK II	1교시	듣기(60분)	선택형	50	100	300
		쓰기(50분)	서답형	4	100	
	2교시	읽기(70분)	선택형	50	100	

2) 문제 유형
① 선택형 문항(4지선다형)
② 서답형 문항(쓰기 영역)
• 문장완성형(단답형) : 2문항
• 작문형 : 2문항
    - 200~300자 정도의 중급 수준 설명문 1문항
    - 600~700자 정도의 고급 수준 논술문 1문항

❼ 등급별 평가 기준

시험수준	등급	평가 기준
TOPIK II	3급	- 일상생활을 영위하는 데 별 어려움을 느끼지 않으며 다양한 공공시설의 이용과 사회적 관계 유지에 필요한 기초적 언어 기능을 수행할 수 있다. - 친숙하고 구체적인 소재는 물론, 자신에게 친숙한 사회적 소재를 문단 단위로 표현하거나 이해할 수 있다. - 문어와 구어의 기본적인 특성을 구분해서 이해하고 사용할 수 있다.
	4급	- 공공시설 이용과 사회적 관계 유지에 필요한 언어 기능을 수행할 수 있으며, 일반적인 업무 수행에 필요한 기능을 어느 정도 수행할 수 있다. - 뉴스, 신문 기사 중 비교적 평이한 내용을 이해할 수 있다. 일반적인 사회적 · 추상적 소재를 비교적 정확하고 유창하게 이해하고 사용할 수 있다. - 자주 사용되는 관용적 표현과 대표적인 한국 문화에 대한 이해를 바탕으로 사회 · 문화적 내용을 이해하고 사용할 수 있다.

학습 계획 ❶ 두 달 완성

기본 학습과 반복 학습으로 단어를 완벽하게 암기하기

기본 학습과 반복 학습 계획에 따라 교재를 세 번 반복하여 학습할 수 있는 학습 계획표입니다.

60일 동안 계획에 따라 학습하면서 토픽 중급 기출 단어를 완벽하게 암기해 보세요.

	1일차	2일차	3일차	4일차	5일차	6일차
기본 학습	☐ Day 01	☐ Day 02	☐ Day 03	☐ Day 04	☐ Day 05	☐ Day 06
반복 학습		Day 01 반복①	Day 01 반복②	Day 02 반복②	Day 03 반복②	Day 04 반복②
			Day 02 반복①	Day 03 반복①	Day 04 반복①	Day 05 반복①

	7일차	8일차	9일차	10일차	11일차	12일차
기본 학습	☐ Day 07	☐ Day 08	☐ Day 09	☐ Day 10	☐ Day 11	☐ Day 12
반복 학습	Day 05 반복②	Day 06 반복②	Day 07 반복②	Day 08 반복②	Day 09 반복②	Day 10 반복②
	Day 06 반복①	Day 07 반복①	Day 08 반복①	Day 09 반복①	Day 10 반복①	Day 11 반복①

	13일차	14일차	15일차	16일차	17일차	18일차
기본 학습	☐ Day 13	☐ Day 14	☐ Day 15	☐ Day 16	☐ Day 17	☐ Day 18
반복 학습	Day 11 반복②	Day 12 반복②	Day 13 반복②	Day 14 반복②	Day 15 반복②	Day 16 반복②
	Day 12 반복①	Day 13 반복①	Day 14 반복①	Day 15 반복①	Day 16 반복①	Day 17 반복①

	19일차	20일차	21일차	22일차	23일차	24일차
기본 학습	☐ Day 19	☐ Day 20	☐ Day 21	☐ Day 22	☐ Day 23	☐ Day 24
반복 학습	Day 17 반복②	Day 18 반복②	Day 19 반복②	Day 20 반복②	Day 21 반복②	Day 22 반복②
	Day 18 반복①	Day 19 반복①	Day 20 반복①	Day 21 반복①	Day 22 반복①	Day 23 반복①

	25일차	26일차	27일차	28일차	29일차	30일차
기본 학습	□ Day 25	□ Day 26	□ Day 27	□ Day 28	□ Day 29	□ Day 30
반복 학습	Day 23 반복②	Day 24 반복②	Day 25 반복②	Day 26 반복②	Day 27 반복②	Day 28 반복②
	Day 24 반복①	Day 25 반복①	Day 26 반복①	Day 27 반복①	Day 28 반복①	Day 29 반복①
	31일차	32일차	33일차	34일차	35일차	36일차
기본 학습	□ Day 31	□ Day 32	□ Day 33	□ Day 34	□ Day 35	□ Day 36
반복 학습	Day 29 반복②	Day 30 반복②	Day 31 반복②	Day 32 반복②	Day 33 반복②	Day 34 반복②
	Day 30 반복①	Day 31 반복①	Day 32 반복①	Day 33 반복①	Day 34 반복①	Day 35 반복①
	37일차	38일차	39일차	40일차	41일차	42일차
기본 학습	□ Day 37	□ Day 38	□ Day 39	□ Day 40	□ Day 41	□ Day 42
반복 학습	Day 35 반복②	Day 36 반복②	Day 37 반복②	Day 38 반복②	Day 39 반복②	Day 40 반복②
	Day 36 반복①	Day 37 반복①	Day 38 반복①	Day 39 반복①	Day 40 반복①	Day 41 반복①
	43일차	44일차	45일차	46일차	47일차	48일차
기본 학습	□ Day 43	□ Day 44	□ Day 45	□ Day 46	□ Day 47	□ Day 48
반복 학습	Day 41 반복②	Day 42 반복②	Day 43 반복②	Day 44 반복②	Day 45 반복②	Day 46 반복②
	Day 42 반복①	Day 43 반복①	Day 44 반복①	Day 45 반복①	Day 46 반복①	Day 47 반복①
	49일차	50일차	51일차	52일차	53일차	54일차
기본 학습	□ Day 49	□ Day 50	□ 부사 (1)	□ 부사 (2)	□ 부사 (3)	사동과 피동
반복 학습	Day 47 반복②	Day 48 반복②	Day 49 반복②	Day 50 반복②	부사(2) 반복①	부사(3) 반복①
	Day 48 반복①	Day 49 반복①	Day 50 반복①	부사(1) 반복①		
	55일차	56일차	57일차	58일차	59일차	60일차
기본 학습	□표현 □접사	아직 자신이 없는 단어 위주로 한 번 더 암기하기				
반복 학습	사동과 피동 반복①	Day 01-10	Day 11-20	Day 21-30	Day 31-40	Day 41-50

학습 계획표

학습 계획 ❷ 한 달 완성

한 달 안에 토픽 중급 기출 어휘를 외우고 싶다면

기본 학습에 집중해 한 달 동안 토픽 중급 기출 어휘를 암기할 수 있는 학습 계획표입니다.

	1일차	2일차	3일차	4일차	5일차	6일차
기본 학습	☐ Day 01 ☐ Day 02	☐ Day 03 ☐ Day 04	☐ Day 05 ☐ Day 06	☐ Day 07 ☐ Day 08	☐ Day 09 ☐ Day 10	☐ Day 11 ☐ Day 12
	7일차	8일차	9일차	10일차	11일차	12일차
기본 학습	☐ Day 13 ☐ Day 14	☐ Day 15 ☐ Day 16	☐ Day 17 ☐ Day 18	☐ Day 19 ☐ Day 20	☐ Day 21 ☐ Day 22	☐ Day 23 ☐ Day 24
	13일차	14일차	15일차	16일차	17일차	18일차
기본 학습	☐ Day 25 ☐ Day 26	☐ Day 27 ☐ Day 28	☐ Day 29 ☐ Day 30	☐ Day 31 ☐ Day 32	☐ Day 33 ☐ Day 34	☐ Day 35 ☐ Day 36
	19일차	20일차	21일차	22일차	23일차	24일차
기본 학습	☐ Day 37 ☐ Day 38	☐ Day 39 ☐ Day 40	☐ Day 41 ☐ Day 42	☐ Day 43 ☐ Day 44	☐ Day 45 ☐ Day 46	☐ Day 47 ☐ Day 48
	25일차	26일차	27일차	28일차	29일차	30일차
기본 학습	☐ Day 49 ☐ Day 50	☐ 부사	☐ 사동과 피동	☐ 표현 ☐ 접사	아직 자신이 없는 단어 위주로 한 번 더 암기하기	

14

학습 계획 ❸ 2주 완성

시험 직전에 다시 한 번 공부하고 싶다면

14일 동안 집중 어휘 학습으로 기출 어휘를 확실하게 굳힐 수 있는 계획표입니다. 특히 시험 전 주제별 학습을 통해 연상 암기가 가능합니다.

	1일차	2일차	3일차	4일차
기본 학습	사람 1 □ Day 01 □ Day 02 □ Day 03	사람 2 □ Day 04 □ Day 05 □ Day 06	사고와 감정 □ Day 07 □ Day 08 □ Day 09 □ Day 10	일상생활 □ Day 11 □ Day 12 □ Day 13 □ Day 14 □ Day 15 □ Day 16 □ Day 17

	5일차	6일차	7일차	8일차
	여가 생활 □ Day 18 □ Day 19 □ Day 20	국가와 정치 □ Day 21 □ Day 22 현대사회 □ Day 23 □ Day 24 □ Day 25 □ Day 26	문화 □ Day 27 □ Day 28 □ Day 29 □ Day 30	건강과 질병 □ Day 31 □ Day 32 □ Day 33

	9일차	10일차	11일차	12일차
기본 학습	직장생활 □ Day 34 □ Day 35 □ Day 36 □ Day 37 □ Day 38	경제와 소비생활 □ Day 39 □ Day 40 의사소통 □ Day 41 □ Day 42	자연과 환경오염 □ Day 43 □ Day 44 과학과 기술 □ Day 45 □ Day 46	사건과 사고 □ Day 47 □ Day 48 교육과 학교생활 □ Day 49 □ Day 50

	13일차	14일차
기본 학습	Part 2(1) □ 부사	Part 2(2) □ 사동과 피동 □ 표현 □ 접사

1

사람

DAY 01 일생

DAY 02 외모와 성격

DAY 03 동작과 태도(1)

DAY 04 동작과 태도(2)

DAY 05 대인관계(1)

DAY 06 대인관계(2)

일생

- ☐ 인간
- ☐ 이루다
- ☐ 수명
- ☐ 평생
- ☐ 개인
- ☐ 자녀
- ☐ 연령
- ☐ 세대
- ☐ 삶
- ☐ 인생
- ☐ 성인
- ☐ 성별
- ☐ 겪다
- ☐ 낳다
- ☐ 아동
- ☐ 성장
- ☐ 살아가다
- ☐ 돌보다
- ☐ 가정
- ☐ 시절
- ☐ 애쓰다

0001 ★★★★★
명 인간
파 인간성, 인간적

명 human 중 人，人类 일 人間 베 con người
- 인간은 사회적 동물이기 때문에 혼자 살 수 없다.
- 불쌍한 사람을 지나치지 않고 도와주는 것이 인간으로 해야 할 도리 아니겠니?

💡 참고 인간관계▶ 0126

0002 ★★★★
명 개인

명 individual 중 个人 일 個人 베 cá nhân
- 직업을 선택할 때는 개인의 적성에 맞는지 잘 생각해 보아야 한다.
- 시험장에 개인 물품을 가지고 오지 마세요.

🔵 알아 두면 좋은 표현! 개인 사정, 개인 생활, 개인 정보(정보▶ 0975)

0003 ★★★★
명 삶 [삼]
유 생
반 죽음

명 life 중 生活，人生 일 人生 베 cuộc sống
- 은퇴 후 편안한 삶을 살기 위해 현재의 즐거움을 포기하는 사람들이 많다.
- 돈을 많이 벌거나 어떤 분야에 일등이 되지는 못했지만 목표를 위해서 살아온 내 삶에 만족해요.

🔵 알아 두면 좋은 표현! 편안한 삶, 행복한 삶을 살다

0004 ★★★★
동 겪다 [격따]

명 experience 중 经历，经受 일 過ごす、経験する 베 trải qua
- 지하철이 멈춰서 시민들이 불편을 겪었다.
- 어렸을 때 집이 가난해서 많은 어려움을 겪었지요.

🔵 **알아 두면 좋은 표현!** 불편을 겪다, 사춘기를 겪다, 전쟁을 겪다

0005 ★★★
명 성장

명 growth 중 增长，成长 일 成長 베 sự phát triển, sự trưởng thành
- 한국은 1970년대부터 빠른 경제 성장을 보였다.
- 자기소개서에 성장 과정을 써 주세요.

🔵 **알아 두면 좋은 표현!** 성장이 예상되다, 성장을 보이다

동 성장하다

명 to grow 중 成长 일 成長する 베 phát triển, trưởng thành
- 아이가 바르게 성장하기 위해서는 부모의 노력과 관심이 필요하다.
- 바빠서 아이를 부모님께 맡겨 키웠더니 아이가 성장하는 모습을 보지 못했어요.

0006 ★★★
명 가정

명 family, household 중 家庭 일 家庭 베 gia đình
- 어려운 가정 형편 속에서도 꿈을 포기하지 않았다.
- 결혼해서 가정을 이루고 싶습니다.

🔵 **알아 두면 좋은 표현!** 가정 형편(형편▸ 0865), 가정을 이루다(이루다▸ 0007)

0007 ★★★★
동 이루다

명 achieve, accomplish 중 组成，实现 일 実現する
베 đạt được, tạo nên
- 과거에는 결혼을 통해 새로운 가정을 이루는 것이 당연했지만 요즘에는 가족의 형태가 다양해졌다.
- 꿈을 이루기 위해서는 항상 노력해야 합니다.

🔵 **알아 두면 좋은 표현!** 꿈을 이루다

0008 ★★★
명 자녀

명 children, offspring 중 子女 일 子ども、お子さん 베 con cái
- 과거에는 자녀가 성장하면 독립하는 것이 일반적이었다.
- 민철 씨는 자녀가 몇 명이에요?

🔵 **알아 두면 좋은 표현!** 자녀가 성장하다(성장하다▸ 0005), 자녀를 키우다, 자녀에게 물려주다

💡 **참고** 부모 명 parent 중 父亲，双亲 일 両親 베

0009 ★★★
명 인생

명 life 중 人生 일 人生 베 nhân sinh, cuộc đời
- 그 책을 읽고 인생의 의미에 대해 고민하게 되었다.
- 선생님을 만나고 저의 인생이 바뀌었습니다.

🔵 **알아 두면 좋은 표현!** 인생의 의미, 건강한 인생, 인생을 바꾸다

0010 ★★★
동 낳다 [나타]

영 give birth 중 产下，生下 일 生む 베 sinh, đẻ
- 우리 집 강아지가 새끼를 낳았어.
- 아이를 한 명도 낳지 않는 부부가 늘고 있다.

💡 참고 출산하다 영 giving birth, Childbirth 중 生，生育
일 出産する 베 sinh, đẻ

영 deliver 중 造成，产生 일 もたらす 베 sinh ra, dẫn đến
- 아이에게 너무 공부를 강요하면 오히려 부작용을 낳을 수 있다.
- 이 광고가 어떤 효과를 낳을지 그때는 예상하지 못했어요.

◉ 알아 두면 좋은 표현! 아이를 낳다, 효과를 낳다(효과 ► 0665)

0011 ★★★
동 살아가다
[사라가다]

영 live 중 过(……生活、人生) 일 生きていく 베 sống
- 살아가면서 항상 좋은 일만 있는 것은 아니다.
- 날 응원해주는 가족들이 계속 옆에 있어 준다면 앞으로도 난 세상을 잘 살아갈 수 있을 거야.

💡 참고 살아오다 영 have/has been living 중 生活，度过
일 生きてくる 베 sống

0012 ★★★
명 시절

영 period, era 중 时光，时候 일 頃、時代 베 thời, thời kì
- 아버지께서는 어린 시절 전쟁을 겪으셔서 악몽을 자주 꾸셨다.
- 그 배우가 신인 시절을 회상하며 눈물 흘리더라.

◉ 알아 두면 좋은 표현! 고등학생 시절, 학창 시절, 어린 시절

0013 ★★
명 수명

영 lifespan 중 生命，寿命 일 寿命 베 tuổi thọ
- 인간의 기대 수명이 나날이 늘어나고 있다.
- 제 수명이 다하는 날까지 제 일에 최선을 다하겠습니다.

◉ 알아 두면 좋은 표현! 인간 수명, 수명이 길다, 수명을 연장하다

0014 ★★
명 연령 [열령]

영 age 중 年龄，年纪 일 年齢 베 tuổi
- 연령에 따라 대중교통 요금이 다르다.
- 이 놀이기구는 연령 제한이 있습니다.

◉ 알아 두면 좋은 표현! 연령이 낮다, 연령이 높다

0015 ★★
명 성인
유 어른, 대인

영 adult 중 成人，成年人 일 成人、おとな
베 người lớn, người trưởng thành
- 어렸을 때 나쁜 습관을 고치지 않으면 성인이 되어서도 계속될 수 있다.
- 성인이 되면 자유롭게 자신의 인생을 선택할 수 있지만 그만큼 책임감도 느는 거야.

0016 ★★
명 아동

명 child 중 儿童，小孩子 일 児童、子ども 베 nhi đồng, trẻ em
- 연구 결과에 따르면 2020년 이후에는 노인이 **아동**보다 더 많아 질 것이라고 한다.
- **아동**들이 이용할 수 있는 시설을 늘렸으면 좋겠어요.

0017 ★★
동 돌보다

명 look after, care for 중 照顾，照看 일 世話する 베 chăm sóc
- 직장에서 일하는 시간 동안 아이를 **돌봐** 줄 사람을 찾는 것이 여간 어려운 일이 아니다.
- 생활비를 벌어야 해서 아픈 가족을 직접 **돌볼** 수가 없어요.

🔘 **알아 두면 좋은 표현!** 아이를 돌보다

0018 ★★
동 애쓰다

명 strive, make effort 중 尽力，费心 일 苦労する、努力する
베 cố gắng, nỗ lực
- 부모님께서는 항상 자식을 위해 **애써** 일하셨다.
- 내가 우리 관계를 유지하기 위해서 **애쓰고** 있다는 걸 그 사람도 알까?

🔘 **알아 두면 좋은 표현!** 꿈을 위해 애쓰다, 합격하려고 애쓰다(합격하다▶ 1089)

0019 ★★
명 평생

명 lifetime 중 平生，一生 일 生、生涯 베 suốt đời
- 아버지께서는 **평생** 교사로 일하셨다.
- 세계 여행을 하는 것은 내 **평생**의 꿈이야.

0020 ★★
명 세대

명 generation 중 一代，辈 일 世代 베 thế hệ
- **세대** 간의 갈등은 서로 대화하지 않는 것에서 시작된다.
- 너희 **세대**는 이해하지 못하겠지만 우리 **세대**에는 나이가 들면 결혼하는 게 당연했어.

0021 ★★
명 성별

명 sex, gender 중 性别 일 性別 베 giới tính
- 이번 봉사 프로그램은 **성별**에 상관없이 누구나 지원 가능합니다.
- 연령과 **성별**에 따라 필요한 영양소가 다르니까 잘 알아보고 영양제를 구입하세요.

DAY 01

QUIZ 1 (   )에 들어갈 가장 알맞은 것을 고르십시오.

1. 과학의 발달로 인간의 (   )이/가 늘어나고 있다.

① 성장   ② 수명   ③ 세대   ④ 인생

2. 지금까지 살아온 시간보다 앞으로 (   ) 시간이 더 많으니까 용기를 잃지 마.

① 애쓸   ② 돌볼   ③ 낳을   ④ 살아갈

3. 어린 줄만 알았던 아이가 커서 결혼을 하고 (   )

① 아직 미혼이다.   ② 사춘기를 겪었다.
③ 가정을 이루었다.   ④ 성별을 알게 되었다.

QUIZ 2 다음 단어를 이용해서 문장을 만드십시오.

1. 아이를 / 사람이 / 돌봐 줄 / 낳아도 / 없어요.

_____

2. 결혼기념일을 / 부모님의 / 파티를 / 준비하고 / 축하하는 / 있어요.

_____

3. 가정을 / 개인의 / 성장을 / 중요하게 / 요즘 / 생각한다. / 이루는 / 것보다 / 더 /
젊은이들은

_____

QUIZ 3 다음 그래프의 내용과 같은 것을 고르십시오.

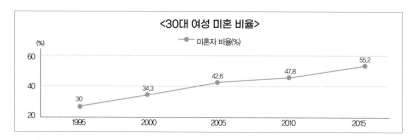

<30대 여성 미혼 비율>

(%) ━●━ 미혼자 비율(%)

① 세대에 따라 미혼자 비율이 다르다.

② 남성이 여성보다 결혼하지 않은 사람이 많다.

③ 2000년보다 2010년에 30대 여성 중 결혼한 여성이 더 많다.

④ 2015년에는 30대 여성 중 미혼인 사람이 기혼인 사람보다 많다.

TOPIK 중급 　23회 읽기 56번

(　　)에 알맞은 것을 고르십시오. (3점)

> 　사람은 누구나 성장하면서 사춘기를 겪게 된다. 사춘기에는 신체적인 변화는 물론 감정에도 많은 변화가 생긴다. 평소에 하지 않던 고민을 하기도 하고 쓸데없는 반항심이 생기기도 한다. 사춘기에 겪게 되는 이러한 감정의 변화는 그 폭이 매우 커서 조절하기가 쉽지 않다. 그래서 자기 스스로도 이해할 수 없는 행동을 해서 주변 사람들을 놀라게 하기도 한다. 사춘기에 생기는 이러한 변화는 어른이 되기 위한 준비 과정이라고 할 수 있다. 청소년들은 이 시기를 통해 다양한 감정의 변화를 경험함으로써 어른이 되었을 때 행동을 어떻게 조절해야 하는지 깨닫는다. 따라서 아이가 사춘기를 (　　　　) 보내는 것을 무조건 좋아할 것만은 아니다.

① 이전 시기와 다름없이
② 혼자 있으려고만 하며
③ 공부하지 않고 놀기만 하면서
④ 인생에 대한 고민으로 힘들게

TOPIK II 　35회 읽기 35번

다음 글의 주제로 가장 알맞은 것을 고르십시오. (2점)

> 　미혼이라는 말에는 결혼을 꼭 해야 하는 것이지만 아직 하지 않았다는 뜻이 포함되어 있다. 그러나 결혼은 필수가 아니라 선택이라고 생각하는 사람들이 증가함에 따라 미혼이라는 말 대신에 결혼을 선택하지 않는다는 의미의 비혼이라는 단어가 사용되기 시작하였다. 미혼, 독신 등의 단어들이 비혼이라는 단어에 자리를 내주게 된 것이다.

① 미혼이라는 말은 결혼에 대한 다양한 의미를 포괄한다.
② 비혼이라는 말은 결혼에 대한 인식의 변화를 보여 준다.
③ 비혼과 미혼은 같은 대상을 가리키므로 의미의 차이는 없다.
④ 미혼이라는 말은 결혼을 계획하는 사람들에게 부적절한 표현이다.

외모와 성격

☐ 장점　　☐ 환하다　　☐ 멋지다　　☐ 정직하다

☐ 단점　　☐ 솔직하다　☐ 꼼꼼하다　☐ 성실하다

☐ 표정　　☐ 평범하다　☐ 주름　　　☐ 용감하다

☐ 개성　　☐ 인상　　　☐ 곱다

☐ 이미지　☐ 독특하다　☐ 마음씨

☐ 활발하다　☐ 외모　　　☐ 거칠다

0022 ★★★★
명 **장점** [장쩜]
　반 단점▸0023

명 strength, advantage 중 长处，优点 일 長所 베 điểm mạnh
- 유학의 **장점**은 그 나라의 문화를 직접 경험할 수 있다는 것이다.
- 단독 주택에 비해서 관리가 쉽다는 것이 아파트의 **장점**이지요.

🔵 알아 두면 좋은 표현! 서로의 장점, 장점이 많다, 장점을 가지다

0023 ★★
명 **단점** [단쩜]
　반 장점▸0022

명 weakness, disadvantage 중 短处，缺点 일 短所 베 điểm yếu
- 우리 제품의 장점과 단점을 분석해서 **단점**은 보완해야 한다.
- 민수의 **단점**은 너무 게으르다는 거야.

🔵 알아 두면 좋은 표현! 단점을 고치다, 단점을 분석하다

💡 참고 장단점 명 pros and cons 중 长处与短处，优缺点
　　　　일 長所短所 베 ưu nhược điểm

0024 ★★★
명 **표정**

명 expression, facial expression 중 表情，神色 일 表情
베 biểu hiện, nét mặt
- 그는 자신의 감정이 **표정**에 드러나는 것을 숨기지 못했다.
- 오늘 무슨 일이 있었어? **표정**이 어두워 보여.

🔵 알아 두면 좋은 표현! 얼굴 표정, 슬픈 표정, 표정이 어둡다, 표정을 짓다

0025 ★★★
명 **개성**
　파 개성적

명 individuality, personality 중 个性 일 個性 베 cá tính
- 옷차림은 자신의 **개성**을 표현할 수 있는 가장 좋은 방법이다.
- 그 작가는 **개성**이 강해서 소설 속 몇 문장만 읽어도 그의 작품인
　지 바로 알 수 있어.

0026 ★★
형 이미지

명 image 중 形象 일 イメージ 베 hình ảnh

• 소비자들에게 좋은 **이미지**를 남기기 위해 많은 기업이 사회를 위한 여러 활동들을 하고 있다.
• 헤어스타일이나 패션 스타일을 바꿔서 내 **이미지**를 바꾸면 취업에 좀 도움이 되지 않을까?

⊙ 알아 두면 좋은 표현! 기업 이미지(기업▸ 0775), 대외 이미지, 제품 이미지 (제품▸ 0867), 이미지를 변화하다

0027 ★★
형 활발하다

명 active 중 活泼, 活跃 일 活発だ 베 hoạt bát

• 경기가 회복되면서 소비가 **활발해졌다**.
• 우리 회사 영업 사원이 되기 위한 첫 번째 조건은 외향적이고 **활발한** 성격입니다.

0028 ★★
형 환하다

명 bright 중 开朗, 明亮 일 明るい 베 rạng rỡ

• 그 영화에서 아픈 엄마를 위해 **환하게** 웃는 아이의 모습이 인상적이었어요.

명 bright 중 变亮 일 明るくなる 베 sáng

• 전등을 켜자 방 안이 **환해졌다**.

⊙ 알아 두면 좋은 표현! 환한 미소(미소▸ 0141), 표정이 환하다(표정▸ 0024)

0029 ★★
형 솔직하다
[솔찌카다]

명 honest, sincere 중 诚实, 坦率 일 正直だ 베 thành thật

• 민철이는 거짓말을 못 하는 **솔직한** 성격 때문에 미움을 받을 때가 있다.
• 나한테만 **솔직하게** 말해 봐.

⊙ 알아 두면 좋은 표현! 솔직한 사과(사과▸ 0104), 솔직하게 인정하다(인정하다▸ 0602)

0030 ★★
형 평범하다

명 ordinary 중 平凡, 普通 일 平凡だ 베 bình thường

• 그는 **평범한** 외모와 다르게 평범하지 않은 성격을 가졌다.
• 남들처럼 **평범하게** 사는 게 쉽지 않아.

0031 ★★
형 인상

명 impression 중 印象 일 印象 베 sự ấn tượng

• 좋은 **인상**을 주기 위해 미소를 짓는 것을 연습하라.
• 여행을 가서 그곳에서 먹은 음식이 가장 **인상**에 남는다.

⊙ 알아 두면 좋은 표현! 인상을 주다, 좋은 인상을 받다, 인상에 남다

💡 참고 첫인상 명 first impression 중 第一印象 일 第一印象 베 ấn tượng đầu tiên

0032 ★★
형 독특하다
[독트카다]

명 unique, distinctive 중 独特，特別 일 独特だ 베 độc đáo
- 그 식당에 들어가 보니 여러 장식과 음악, 냄새까지도 모든 것이 **독특했다**.
- 저는 **독특한** 목소리를 가져서 모두들 제가 배우로 성공할 수 없을 거라고 말했어요.
  🔘 알아 두면 좋은 표현! 독특한 음색, 독특한 지명

0033 ★★
명 외모

명 appearance 중 外貌，外表 일 外見、容姿 베 ngoại hình
- **외모**로 사람을 판단하지 마라.
- **외모**지상주의는 **외모**가 모든 것보다 중요하다는 믿음이다.
  🔘 알아 두면 좋은 표현! 외모를 가꾸다

0034 ★★
형 멋지다 [멋찌다]

명 cool 중 帅，帅气 일 素敵だ 베 đẹp, ngầu
- 나에게는 공부도 잘하고 운동도 잘하는 **멋진** 형이 있다.
- 민수가 노래 대회에 나가서 노래 부르는 모습이 정말 **멋져** 보이더라.

0035 ★
형 꼼꼼하다

명 meticulous, thorough 중 细致，仔细 일 几帳面だ
베 tỉ mỉ, cẩn thận
- 김 비서는 성격이 **꼼꼼해서** 실수하는 일이 없다.
- 물건을 살 때는 **꼼꼼하게** 살펴보고 사야지.
  💡 참고 꼼꼼히

0036 ★
명 주름

명 wrinkle 중 皱纹 일 しわ 베 nếp nhăn
- 나이가 들면서 **주름**이 늘었다.
- 이 화장품을 바르면 **주름**이 사라진다는데 효과가 있는지 모르겠어.
  🔘 알아 두면 좋은 표현! 주름이 생기다, 주름이 많다

0037 ★
형 곱다 [곱따]

명 pretty, delicate 중 美丽，漂亮 일 きれいだ 베 đẹp
- 아이의 피부가 깨끗하고 아주 **고와요**.
- 한복을 입은 신부의 모습이 너무 **고와** 눈을 뗄 수 없었다.
  📋 활용형 고운, 고와서, 고우니까, 곱습니다

0038 ★
명 마음씨

명 personality, disposition 중 心地，心肠 일 気だて、性格
베 tấm lòng
- 그는 **마음씨**가 착해 불쌍한 사람을 그냥 지나치지 못했다.
- **마음씨**가 고와야지, 얼굴만 예쁘면 뭐 하니?
  🔘 알아 두면 좋은 표현! 마음씨가 곱다, 마음씨를 판단하다(판단하다▶ 0188)

0039 ★
🔞 거칠다

🔟 rough 🔞 粗糙，汹涌 🔟 荒い、荒れる 🔟 thô kệch, sần sùi

• 맨손으로 설거지를 했더니 피부가 거칠어졌다.
• 거친 파도 때문에 오늘은 배가 출발하지 못합니다.

📖 활용형 거친, 거칠어서, 거치니까, 거칩니다

0040 ★
🔞 정직하다
[정지카다]
🔟 부정직하다

🔟 to be honest 🔞 正直 🔟 正直だ 🔟 chính trực

• 돈에 눈이 멀어 정직함을 잃어버리는 사람들이 늘고 있다.
• 아버지께서는 항상 정직하게 살아야 한다고 하셨어.

🔞 정직

🔟 honesty 🔞 正直 🔟 正直 🔟 sự chính trực

• 가족 간에도 정직이 중요하다.

0041 ★
🔞 성실하다
🔟 불성실하다

🔟 sincere, diligent 🔞 诚实 🔟 真面目だ、誠実だ
🔟 thành thật, chăm chỉ

• 성실한 직원에게 승진의 기회를 주는 것이 당연하지.
• 민수는 어떤 일을 하더라도 항상 성실하게 일했다.

0042 ★
🔞 용감하다

🔟 brave, courageous 🔞 勇敢，英勇 🔟 勇敢だ 🔟 dũng cảm

• 용감한 시민이 도둑을 잡았습니다.
• 아무도 가 보지 않은 길을 용감하게 가 보는 것도 의미가 있지 않을까?

DAY 02 QUIZ

QUIZ 1 ( )에 들어갈 가장 알맞은 것을 고르십시오.

1. 웃는 모습을 보이면 좋은 ( )을/를 남길 수 있습니다.
   ① 표정   ② 외모   ③ 인상   ④ 뒷모습

2. 어느 것을 살지 고민 중이라면 두 물건의 ( )을/를 먼저 생각해 보면 어때?
   ① 장점과 단점   ② 표정과 개성   ③ 인상과 인격   ④ 외모와 마음씨

3. 실수를 했을 때는 숨기려고 하지 말고 ( ) 이야기하는 것이 좋다.
   ① 꼼꼼하게   ② 솔직하게   ③ 성실하게   ④ 커다랗게

QUIZ 2 다음 단어를 이용해서 문장을 만드십시오.

1. 외모보다는 / 그 사람의 / 들었어요. / 마음씨가 / 마음에 / 고운

   _____

2. 거리에 / 개성적인 / 젊은이들이 / 많다. / 옷차림의 / 독특하고

   _____

3. 커져 / 만났더니 / 아이를 / 10년 만에 / 친구의 / 몰라보게 / 있었다.

   _____

QUIZ

QUIZ 3 (   )에 공통으로 들어갈 수 있는 말을 고르십시오.

사람들은 대부분 다른 사람들에게 좋은 (   )을/를 남기기 위해 노력한다. 그렇다면 좋은 (   )을/를 남기는 방법에는 무엇이 있을까? 먼저 처음 만난 사람에게는 미소를 보이는 것이 좋다. 어두운 표정은 상대방에게 좋지 않은 (   )을/를 줄 수 있다. 또 상대방과 이야기할 때는 상대방의 눈을 보는 것이 좋다. 상대방의 이야기에 집중하고 있다는 (   )을/를 줄 수 있다. 상대방에게 좋은 (   )을/를 주기 위해 거짓말을 하는 것보다는 자신의 솔직한 모습을 보이는 것이 더 좋다. 그리고 항상 성실하게 자신이 맡은 일을 해낸다면 상대방에게 좋은 (   )을/를 줄 수 있을 것이다.

① 개성   ② 외모   ③ 인상   ④ 표정

TOPIK 4급　　8회 읽기 42번

다음 글을 읽고 (　　　)에 알맞은 것을 고르십시오. (3점)

> 지난 토요일 저녁 퇴근길에 택시에 회사 서류를 놓고 내렸다. 유실물 센터에 신고를 해 두었지만 연락이 없어 주말 내내 걱정이 이만저만이 아니었다. 그런데 월요일 아침 출근해 보니 그 서류가 내 책상 위에 올려져 있는 것이 아닌가. 알고 보니 일요일 아침에 택시 기사 한 분이 찾아와 당직 근무자에게 맡기고 갔다는 것이다. 어떻게든 그 기사를 찾아 감사를 하고 싶었지만 그럴 수 없었다.
> 　요즘처럼 각박한 세상에 아무런 대가 없이 손님의 물건을 돌려주기 위해 애쓰신 그 택시 기사를 보고 아직까지는 (　　　　　　　)는 것을 다시 한 번 느꼈다.

① 세상에 선한 사람이 많다.　　　　　② 도와주어야 하는 사람이 많다.

③ 마음씨 착한 택시 기사가 많다.　　　④ 남의 도움을 필요로 하는 사람이 많다.

TOPIK 중급　　15회 듣기 8번　🔊 Track 02-1

다음은 무엇에 대한 내용인지 맞는 것을 고르십시오. (3점)

① 첫인상이 중요한 이유　　　　　　② 첫인상과 외모의 관계

③ 첫인상을 좋게 하는 방법　　　　　④ 첫인상을 평가하는 기준

동작과 태도(1)

☐ 신경	☐ 분명하다	☐ 적극	☐ 유도하다
☐ 자세	☐ 올바르다	☐ 받아들이다	☐ 견디다
☐ 피하다	☐ 자유롭다	☐ 데리다	☐ 새기다
☐ 이동	☐ 자신감	☐ 움직임	☐ 허락
☐ 살피다	☐ 바람직하다	☐ 나서다	
☐ 살펴보다	☐ 실천	☐ 돌아보다	

0043 ★★★★
몡 신경

영 take care, nerve 중 神经，上心 일 神経、気持ち
베 sự quan tâm

- 중요한 행사니까 실수하지 않도록 **신경** 써 주세요.
- 발표를 앞두고 **신경**이 곤두섰다.
- 🔵 알아 두면 좋은 표현! 신경을 끊다, 신경을 쓰다

0044 ★★★★
몡 자세

영 posture 중 姿勢，态度 일 姿勢 베 tư thế

- 회사에서 인정받는 사람이 되기 위해서는 무엇보다 노력하는 **자세**가 필요하다.
- **자세**를 똑바로 하고 수업을 들어야지.
- 🔵 알아 두면 좋은 표현! 바른 자세, 성실한 자세, 자세를 똑바로 하다

0045 ★★★
동 피하다

영 avoid, dodge 중 躲避，避开 일 避ける 베 tránh, né

- 달려오는 차를 **피하려**다 보니 넘어지고 말았다.
- 점심시간을 **피해** 전화 주세요.

0046 ★★★
몡 이동
     📖 이동시키다
     이동되다

영 movement, transfer 중 移动 일 移動 베 sự di chuyển

- 버스나 지하철에서 **이동** 시간을 이용해 독서를 즐기는 사람들이 늘고 있다.
- **이동** 중에 휴대 전화를 보는 것은 위험합니다.
- 🔵 알아 두면 좋은 표현! 이동을 막다(막다▶ 1024)

동 이동하다

영 to move, to relocate 중 移动，转移 일 移動する 베 di chuyển

- 명절에는 다른 지역으로 **이동하는** 사람들이 많아서 길이 막힌다.
- 식사를 다 하셨으면 이제 술집으로 **이동할까요**?

0047 ★★
통 살피다

图 look, check 중 察看，观察 일 よく見る、観察する 베 xem xét
- 그는 나에게 선물을 주고는 내 반응을 살폈다.
- 길을 건너기 전에 양옆을 잘 살피고 건너야 해.

📝 **활용형** 살피는, 살피어서(=살펴서), 살피니까, 살핍니다

0048 ★★★
통 살펴보다

图 look over, inspect 중 仔细查看，仔细观察 일 調べる 베 xem xét
- 같은 일을 계속 실패한다면 원인이 무엇인지 자세히 살펴봐야 한다.
- 상품에 문제가 없는지 잘 살펴보고 구매하는 것이 중요합니다.

🔵 **알아 두면 좋은 표현!** 이유를 살펴보다, 자세히 살펴보다, 주의 깊게 살펴보다

📝 **활용형** 살펴보는, 살펴보아서(=살펴봐서), 살펴보니까, 살펴봅니다

0049 ★★★
형 분명하다
파 분명히

图 clear, distinck 중 清楚，肯定 일 はっきり、間違いない
베 rõ ràng
- 하고 싶은 말이 있을 때는 분명하게 말하는 것이 좋다.
- 내 과자를 동생이 몰래 먹은 게 분명해요.

0050 ★★
형 올바르다
유 똑바르다

图 correct, right 중 (语言、思想、行动等)正确，端正 일 正しい
베 đúng đắn
- 올바른 자세를 유지하는 것이 허리 건강에 좋다.
- 아이가 나쁜 길로 빠지지 않고 올바르게만 자랐으면 좋겠어요.

📝 **활용형** 올바른, 올발라서, 올바르니까, 올바릅니다

0051 ★★★
형 자유롭다
[자유롭따]
파 자유로이

图 free, liberal 중 自由 일 自由だ 베 tự do
- 대학교에 입학하고 부모님과 따로 살면서부터 자유로운 생활을 할 수 있었다.
- 오랜만에 나왔으니까 자유롭게 놀게 놔두세요.

📝 **활용형** 자유로운, 자유로워서, 자유로우니까, 자유롭습니다

0052 ★★★
명 자신감

图 confidence, self-assurance 중 自信，自信心 일 自信
베 sự tự tin
- 어렸을 때 자신의 의견을 말하는 연습을 하지 않으면 자신감이 부족한 아이로 자랄 수 있다.
- 발표할 때 자신감을 가지고 이야기하세요.

🔵 **알아 두면 좋은 표현!** 자신감이 부족하다, 자신감을 기르다

0053 ★★★
형 **바람직하다**
[바람지카다]
유 바람직스럽다

명 desirable, appropriate 중 值得期待，可取 일 望ましい
베 đúng đắn, có giá trị
• 수업 시간에 게임을 하거나 음식을 먹는 것은 **바람직하지** 못하다.
• 아이가 잘못했을 때 부모의 **바람직한** 태도는 무엇일까?

0054 ★★★
명 **실천**
파 실천적

명 practice, implementation 중 实践 일 実践 베 việc thực hiện
• 항상 유학을 가려고 생각만 하다가 드디어 올해 실천에 옮기기로 했다.
• 그 계획이 **실천** 가능하다고 생각해?

동 **실천하다**

명 practice, carry out 중 实践 일 実践する 베 thực hiện
• 계획만 하는 것이 아니고 계획을 **실천해야지.**

0055 ★
명 **적극** [적끅]
파 적극적

명 initiative, proactivity 중 积极 일 積極的に 베 sự tích cực
• 난 이 영화 **적극** 추천해. 꼭 봐.
• 우리 지역 개발 계획에 주민의 의견을 **적극** 반영하도록 하겠습니다.
> 🔵 알아 두면 좋은 표현! 적극 돕다, 적극 활용하다(활용하다▸ 0798)

0056 ★★
동 **받아들이다**
[바다드리다]

명 accept, take in 중 接受，接纳 일 受け入れる
베 tiếp thu, tiếp nhận
• 새집으로 이사하자는 남편의 말을 긍정적으로 **받아들였다.**
• 토론을 할 때 상대의 의견을 **받아들이는** 자세도 중요해.
> 🔵 알아 두면 좋은 표현! 요구를 받아들이다(요구▸ 0531)
> 📖 활용형 받아들이는, 받아들이어서(=받아들여서), 받아들이니까, 받아들입니다

0057 ★★
동 **데리다**

명 take, bring 중 带领，接 일 連れる 베 dẫn, dẫn theo
• 김 교수는 대학원생 열 명을 **데리고** 연구를 시작했다.
• 부모님은 항상 저희를 **데리러** 학교 앞까지 오셨어요.
> 🔵 알아 두면 좋은 표현! 데리고 쇼핑하다, 데리러 가다
> 💡 참고 주로 '데리고, 데리러, 데려'의 형태로 쓴다.

0058 ★★
명 **움직임** [움지김]

명 movement, motion 중 变动，移动 일 動き 베 sự dịch chuyển
• **움직임**을 최소화하기 위해서 가구의 위치를 바꿨다.
• 현관에 있는 전등은 사람의 **움직임**을 감지해서 자동으로 켜집니다.
> 🔵 알아 두면 좋은 표현! 움직임이 활발하다, 움직이다

0059 ★★
동 나서다

명 step out 중 站出来，出面 일 先に立つ 베 đứng ra, xuất hiện
- 내가 먼저 나서서 궂은일을 도맡아 하는 것이 마음이 편했다.
- 네 일도 아닌데 나서지 마!

0060 ★★
동 돌아보다
[도라보다]

명 look back, reconsider 중 回头看，回顾 일 振り返る
베 nhìn lại, ngoảnh lại
- 나를 부르는 소리에 돌아보았지만 그곳에는 아무도 없었습니다.
- 친구와 싸웠을 때 먼저 너의 행동을 돌아보고 네가 잘못한 것은 없는지 생각해 봐.

  알아 두면 좋은 표현! 스스로를 돌아보다, 자신을 돌아보다

0061 ★★
동 유도하다

명 induce, guide 중 引导，诱导 일 誘導する 베 dẫn dắt, điều khiển
- 정부는 소비를 유도하는 정책을 발표했다.
- 공연이 시작되기 전에 사회자가 관객들의 박수를 유도했습니다.

  알아 두면 좋은 표현! 참여를 유도하다(참여▸0528), 구매를 유도하다(구매▸0874), 대회에 참가하도록 유도하다

명 유도

명 guidance, induction 중 引导，诱导 일 誘導 베 sự điều khiển
- 차량 유도를 위해 경찰이 출동했다.

0062 ★★
동 견디다

명 endure 중 坚持，耐得住 일 耐える 베 chịu đựng
- 힘든 일도 견뎌 이겨낸다면 분명히 마지막에는 좋은 일이 생길 거야!
- 유학을 떠난 남자 친구가 보고 싶어서 견딜 수가 없어요.

  알아 두면 좋은 표현! 고통을 견디다(고통▸0137), 그리움을 견디다, 추위를 견디다

  활용형 견디는, 견디어서(=견뎌서), 견디니까, 견딥니다

0063 ★★
동 새기다

명 engrave 중 刻，铭记 일 彫る、刻む 베 khắc, ghi lòng tạc dạ
- 반지에 우리의 이름을 새기고 하나씩 나누어 꼈다.
- 아버지께서 돌아가시면서 하신 마지막 말씀을 제 마음속에 깊이 새기겠습니다.

  활용형 새기는, 새기어서(=새겨서), 새기니까, 새깁니다

0064 ★★
명 허락
파 허락하다
유 승낙, 허가

명 permission 중 允许，准许 일 許し、許可 베 sự cho phép
- 우리가 결혼하려면 먼저 우리 부모님께 결혼 허락을 받아야 해.
- 그곳은 미리 허락을 받은 사람만 출입할 수 있었다.

  알아 두면 좋은 표현! 원작자의 허락

DAY 03

QUIZ 1   ( )에 들어갈 가장 알맞은 것을 고르십시오.

1. 열심히 공부하면 다음엔 시험을 더 잘 볼 수 있을 거야. (   )을/를 가져!

   ① 신경   ② 자세   ③ 자신감   ④ 움직임

2. 아버지께서는 매일 저녁 강아지를 (   ) 산책하러 나가신다.

   ① 피하고   ② 데리고   ③ 살피고   ④ 나서고

3. 실수했을 때는 이런 실수가 왜 일어났는지 먼저 자신의 행동을 (   )

   ① 권할 것이다.   ② 피할 수 있다.
   ③ 돌아보아야 한다.   ④ 새기는 모양이다.

QUIZ 2   다음 단어를 이용해서 문장을 만드십시오.

1. 앉아서 / 자세로 / 하세요. / 컴퓨터를 / 바른

   _____

2. 잘 / 없었다. / 피할 / 건넜는데도 / 수 / 살피고 / 길을 / 차를

   _____

3. 없었다. / 발표할 / 나서는 / 사람을 / 하는데 / 적극적으로 / 정해야 / 사람이

   _____

QUIZ 3   다음은 무엇에 대한 글인지 고르십시오.

핸드폰을 사용할 때는 머리를 아래로 숙이는 자세는 피하는 것이 좋다. 머리의 무게 때문에 목이 아플 수 있다. 어깨를 펴고 핸드폰의 화면을 눈보다 높거나 비슷하게 두고 사용하는 것이 좋다.

① 바람직한 핸드폰 사용 방법
② 핸드폰을 떨어뜨리지 않는 방법
③ 핸드폰을 사용할 때 올바른 자세
④ 자세를 신경 쓰지 않을 때의 단점

TOPIK 중급   **12회 읽기 58번**

밑줄 친 부분의 의미로 맞는 것을 고르십시오. (4점)

> 첫째, 성공한 사람들은 자신감이 있다. <u>적어도 그들은 '나는 안 돼'라고 생각하지 않는다. 그들은 아무리 큰 어려움이 있어도 '나는 할 수 있어'라고 생각한다.</u> 자신에 대한 이러한 믿음이 바로 성공의 에너지이다. 둘째, 성공한 사람들은 실천력이 있다. 그들은 머릿속으로만 성공을 꿈꾸지 않고, 꿈을 현실로 만드는 힘을 가지고 있다. 즉 그들은 실패를 거듭해도 꿈을 이룰 때까지 목표를 향해 꾸준히 밀고 나가는 것이다.

① 욕심을 버려야 성공할 수 있다.
② 성공한 사람들은 쉽게 포기하지 않는다.
③ 어려움이 클수록 성공의 가능성이 높다.
④ 성공한 사람들은 대부분 정직한 사람들이다.

TOPIK 중급   **17회 듣기 19번**   🔊 Track 03-1

다음 대화를 듣고 남자가 할 행동으로 알맞은 것을 고르십시오. (3점)

① 행사에 참석하러 간다.
② 회의 자료를 살펴본다.
③ 10분 후에 회의실로 이동한다.
④ 직원들에게 자료를 나눠 준다.

동작과 태도(2)

☐ 숨다	☐ 반성하다	☐ 용기	☐ 들여다보다
☐ 권하다	☐ 돌아다니다	☐ 넘어가다	☐ 떨다
☐ 내보내다	☐ 뛰어다니다	☐ 다가가다	☐ 당기다
☐ 동작	☐ 뛰어내리다	☐ 지켜보다	☐ 당당하다
☐ 떨어뜨리다	☐ 떼다	☐ 들어서다	
☐ 정성	☐ 손쉽다	☐ 달려가다	

0065 ★★
동 숨다 [숨따]
파 숨기다

명 hide 중 躲, 藏 일 隠れる 베 trốn
• 아이는 너무 부끄러워 부모님 뒤로 숨었다.
• 우리 같이 숨바꼭질하자! 네가 먼저 숨어. 내가 찾을게.
🔵 알아 두면 좋은 표현! 의자 뒤에 숨다

0066 ★★
동 권하다

명 recommend, advice 중 劝, 劝请 일 勧める
베 khuyến khích, khuyên
• 친구 집에 가니까 친구 부모님이 자꾸 저에게 음식을 권하셨습니다.
• 운전해야 하는 사람에게 술을 권하지 마십시오.
🔵 알아 두면 좋은 표현! 아들에게 유학하라고 권하다

0067 ★★
동 내보내다

명 send out 중 送出, 播出 일 送り出す、追い出す
베 đưa ra
• 방송국은 프로그램 전후에 광고를 내보내는 방법으로 수입을 얻는다.
• 고양이가 집 안으로 들어왔어요. 얼른 밖으로 내보내세요.

0068 ★★
명 동작
파 동작하다

명 action, behavior 중 动作 일 動作 베 động tác
• K-pop 댄스는 처음엔 어려웠지만, 선생님의 동작을 하나하나 따라 하다 보니까 금방 배울 수 있었다.
• 사무실에서 할 수 있는 스트레칭을 같이해 볼까요? 쉬운 동작부터 시작해 보겠습니다.
🔵 알아 두면 좋은 표현! 동작 속도, 동작을 따라하다

0069 ★★
동 **떨어뜨리다**
[떠러뜨리다]
유 떨구다
떨어트리다

영 drop, let fall 중 掉，丟 일 落とす 베 làm rơi
• 휴대폰을 떨어뜨려서 고장이 났다.
• 지갑을 떨어뜨린 곳이 어디인지 기억나요?
📑 **활용형** 떨어뜨린, 떨어뜨리어서(=떨어뜨려서), 떨어뜨리니까, 떨어뜨립니다

0070 ★★
명 **정성**

영 sincerity, devotion 중 精心，诚心 일 真心 베 sự tận tình
• 옛날부터 우리 조상들은 밥상이나 제사상에 올라간 음식의 수보다
만든 사람의 정성을 중요하게 생각하였다.
• 어머니께서 정성을 들여 키운 나무에 꽃이 피었어요.
🔵 **알아 두면 좋은 표현!** 정성 어린 마음, 정성이 필요하다, 정성을 다하다

0071 ★★
동 **반성하다**

영 reflect on , introspect 중 反省，反思 일 反省する 베 kiểm điểm
• 인생을 살아갈 때 후회하기보다는 반성하는 자세를 갖는 것이 좋다.
• 네가 뭘 잘못했는지 깨달았으면 스스로 반성하고 앞으로 그렇게
하지 않으면 돼.

명 **반성**

영 reflection, introspection 중 反省，反思 일 反省
베 sự kiểm điểm
• 의자에 앉아서 반성의 시간을 갖길 바란다.

0072 ★
동 **돌아다니다**
[도라다니다]

영 wander 중 转一转，转来转去 일 歩き回る 베 di loanh quanh
• 공연이 시작되기 전까지 공연장 이곳저곳을 돌아다녔다.
• 밤늦게 혼자 돌아다니다가 위험한 일이라도 생기면 어떻게 하려고!
📑 **활용형** 돌아다니는, 돌아다니어서(=돌아다녀서), 돌아다니니까, 돌아다닙
니다

0073 ★
동 **뛰어다니다**

영 run around 중 跑来跑去，来回跑 일 かけ回る 베 chạy quanh
• 동물원에서 뛰어다니는 토끼를 보고 아이가 깔깔깔 웃었다.
• 쇼핑몰 안에서 그렇게 뛰어다니면 위험해.
📑 **활용형** 뛰어다니는, 뛰어다니어서(=뛰어다녀서), 뛰어다니니까, 뛰어다닙
니다

0074 ★
동 **뛰어내리다**

영 jump down 중 往下跳，(从某处)跳出 일 飛び降りる
베 chạy xuống
• 높은 곳에서 뛰어내리는 번지점프나 스카이다이빙을 즐기는 사
람들이 많다.
• 그 사람 집에 불이 나서 3층에서 창문 밖으로 뛰어내렸대요.
📑 **활용형** 뛰어내리는, 뛰어내리어서(=뛰어다녀서), 뛰어다니니까, 뛰어내립
니다

0075 ★
동 떼다

명 detach, remove 중 摘下，取下 일 外す，とる 베 tháo, gỡ
- 어머니는 나의 성적표를 보시고는 벽에 붙어 있던 내가 좋아하는 가수의 사진들을 모두 떼 버리셨다.
- 옷의 가격표를 떼시면 환불을 해 드릴 수 없습니다.

🔲 활용형 떼는, 떼어서(=떼서), 떼니까, 뗍니다

0076 ★
형 손쉽다 [손쉽따]

명 easy, simple 중 容易，简单 일 簡単だ、たやすい 베 dễ dàng
- 유튜브로 돈을 버는 것은 손쉬운 일이 아니다.
- 이 밥솥만 있으면 여러 음식을 손쉽게 만들 수 있습니다.

● 알아 두면 좋은 표현! 손쉽게 얻다
🔲 활용형 손쉬운, 손쉬워서, 손쉬우니까, 손쉽습니다

0077 ★
명 용기

명 courage, bravery 중 勇气 일 勇気 베 dũng khí
- 그는 실패 후에도 용기를 갖고 새로운 일에 도전할 것이다.
- 부모님께 사실대로 말씀드릴 용기가 없어.

0078 ★
동 넘어가다
[너머가다]

명 go over, pass 중 越过，置之不理 일 超える、渡る 베 vượt qua
- 아버지는 민수의 거짓말을 알면서도 넘어가셨다.
- 위험하니 안전선 밖으로 넘어가시면 안 됩니다.

0079 ★
동 다가가다
반 다가오다

명 approach 중 靠近，接近 일 近づく 베 lại gần
- 동물원에서 동물에게 너무 가까이 다가가면 안 됩니다.

명 come close 중 亲近，贴近 일 接近する 베 đến gần
- 그의 성격 때문에 그에게 다가가려는 사람이 없었다.

● 알아 두면 좋은 표현! 목표에 다가가다(목표* 0772), 친구에게 다가가다, 창문 쪽으로 다가가다
💡 참고 다가오다 명 approach 중 走过来 일 近づいてくる 베 lại gần

0080 ★
동 지켜보다

명 watch, observe 중 看着，盯着 일 見守る 베 để ý, xem
- 두 사람은 아이가 스스로 일어설 때까지 지켜보고 있다.
- 민수가 약속을 지킬지 한번 지켜보자.

🔲 활용형 지켜보는, 지켜보아(=지켜봐), 지켜보니, 지켜봅니다

0081 ★

동 들어서다
[드러서다]

동 enter, step in 중 走进，进入 일 入る 베 bước vào

• 선생님이 교실에 들어선 순간 학생들이 조용해졌다.

동 being built 중 被建，坐落 일 立つ 베 được xây lên

• 우리 집 앞에 고층 아파트가 들어선대. 햇빛이 집 안으로 안 들어 올까 걱정돼.

0082 ★

동 달려가다
반 달려오다

동 run to 중 跑过去，奔跑 일 走る 베 chạy đến

• 수업이 끝나자마자 학생들은 식당으로 달려가기 시작했다.
• 횡단보도를 건널 때는 절대 달려가면 안 돼.

참고 달려오다 동 running over 중 跑过来，跑来 일 走ってくる 베 chạy đến

0083 동 **들여다보다**
[드려다보다]
파 들여다보이다

동 look into 중 仔细看，窥视 일 目をこらす、覗く 베 nhìn kĩ

• 여자들만 사는 집을 골라 집 안을 몰래 들여다보던 남자가 잡혔다.
• 그 사람이 그림을 자세히 들여다보며 감상하는 모습이 멋있어 보였어.

활용형 들여다보는, 들여다보아서(=들여다봐서), 들여다보니까, 들여다봅니다

0084 ★

동 떨다
파 떨리다

형 shake, tremble 중 颤抖，发抖 일 緊張する、震える
베 run rẩy, run sợ

• 아이가 집 밖에서 추위에 떨고 있었다.
• 떨지 마세요. 이번 발표도 잘할 거예요.

활용형 떠는, 떨어서, 떠니까, 떱니다

0085 ★

동 당기다

동 pull, draw 중 引起(食欲)，拉 일 そそる、引く 베 lôi kéo

• 요즘 많은 레스토랑에서는 식욕을 당길 수 있는 색을 사용해 장식한다고 합니다.
• 이 문은 당겨서 여십시오.

활용형 당기는, 당기어서(=당겨서), 당기니까, 당깁니다

0086 ★

형 당당하다

형 proud, confident 중 光明正大，理直气壮 일 堂々とした
베 đường hoàng, thẳng thắn

• 그는 경찰에 잡히고 나서도 당당한 태도를 보였다.
• 네가 잘못하지 않았는데 선생님이 오해하실 땐 당당하게 사실을 말해.

알아 두면 좋은 표현 당당하게 말하다

QUIZ 1 ( )에 들어갈 가장 알맞은 것을 고르십시오.

1. 몇 시간 동안 ( )을/를 들여 만든 케이크를 떨어뜨려 버렸다.
   ① 용기　　　　② 정성　　　　③ 동작　　　　④ 허락

2. 공원에서 산책하는데 갑자기 개가 나에게 ( )어서/아서/여서 깜짝 놀랐다.
   ① 달려오다　　② 달려가다　　③ 뛰어다니다　　④ 뛰어내리다

3. 창문을 열어 집 안으로 들어온 벌레를 ( ).
   ① 권했다　　　② 내보냈다　　③ 지켜봤다　　④ 들어섰다

QUIZ 2 다음 단어를 이용해서 문장을 만드십시오.

1. 힘쓰지 / 이 / 않고 / 손쉽게 / 세제만 /뗄 수 있어요. / 뿌리면 / 스티커를

   _____

2. 박물관에서 / 뛰어다니자 / 직원이 / 달려왔어요. / 아이가 / 지켜보던

   _____

3. 중이었다. / 아직 / 교실 / 창문으로 / 닫혀 있어서 / 문이 / 수업 / 들여다보니

   _____

QUIZ 3 다음은 무엇에 대한 글인지 고르십시오.

---

1. 산 정상에서 큰소리로 외치지 마십시오.
2. 등산길이 아닌 곳으로 넘어가지 마십시오.
3. 야생 동물을 만나면 다가가지 마십시오.

---

① 등산할 때 주의 사항　　　　② 야생 동물을 만나는 방법
③ 국립 공원 이용 안내　　　　④ 정상에서 하면 안 되는 것

다음은 대담입니다. 잘 듣고 물음에 답하십시오. (각 2점)

39. 이 대화 앞의 내용으로 알맞은 것을 고르십시오.

     ① 가슴을 편 자세는 업무 실적을 올린다.
     ② 가슴을 편 자세는 신체 건강에 도움이 된다.
     ③ 가슴을 편 자세는 능동적인 행동을 유발한다.
     ④ 가슴을 편 자세는 호르몬의 분비량을 변화시킨다.

40. 들은 내용과 일치하는 것을 고르십시오.

     ① 웅크린 자세는 위험에 맞서려는 자세이다.
     ② 가슴을 편 자세는 남성 호르몬과 관계가 없다.
     ③ 웅크린 자세는 스트레스 호르몬의 분비량을 줄인다.
     ④ 가슴을 편 자세는 면접시험에 긍정적 영향을 미친다.

대인 관계(1)

☐ 상대	☐ 존중	☐ 공감	☐ 배려
☐ 상대방	☐ 윗사람	☐ 주고받다	☐ 신뢰
☐ 예절	☐ 뵈다	☐ 조화	☐ 양보
☐ 예의	☐ 대접	☐ 영향	☐ 간
☐ 바르다	☐ 챙기다	☐ 끼치다	
☐ 존경	☐ 교류	☐ 사과	

0087 ★★★
명 상대
파 상대적
상대하다
상대되다

명 opponent, couterpart 중 面对面，对方 일 相手
베 sự đối mặt, đối phương

· **상대**를 탓하기 전에 자신의 행동을 뒤돌아봐라.
· **상대**를 위한 행동이라고 생각했지만 오히려 상대의 기분을 상하게 만들었어요.

🔵 알아 두면 좋은 표현! 상대 의견(의견▸ 0910), 상대를 이해하다

0088 ★★★★★
명 상대방
유 상대편

명 other party, opponent 중 对方 일 相手、相手方
베 đối tác, đối phương

· 일을 하다 보면 **상대방**의 의견이 나와 다를 때가 있다.
· 토론할 때는 **상대방**의 말에 귀 기울이는 자세가 필요해.

🔵 알아 두면 좋은 표현! 상대방의 태도

0089 ★★
명 예절
유 예법

명 etiquette, manner 중 礼节，礼貌，礼仪 일 礼節、マナー
베 lễ tiết, phép tắc

· 한국은 **예절**을 중시하는 나라다.
· 윗사람에게는 **예절**을 지켜 말해야 해.

🔵 알아 두면 좋은 표현! 식사 예절(갖추다▸ 0736), 예절을 갖추다

0090 ★
명 예의
[예의/에이]

명 courtesy, politeness 중 礼仪，礼节，礼貌 일 礼儀
베 lễ nghĩa, phép lịch sự

· **예의**를 갖추고 윗사람을 대해야 한다.
· 웃어른께는 **예의** 바르게 인사해라.

🔵 알아 두면 좋은 표현! 예의가 있다, 예의를 지키다

0091 ★★★
형 바르다

형 straight, upright ᇂ 正确, 端正 일 正しい 베 đúng đắn, thẳng

• 그 아이는 윗사람에게 항상 예의가 **바르다**.

● 알아 두면 좋은 표현! 예의가 바르다, 바르게 살다

형 straigh ᇂ 正确, 端正 일 正しい 베 thẳng

• 수업을 들을 때는 **바른** 자세를 하고 들어라.

📖 활용형 바른, 발라서, 바르니까, 바릅니다

0092 ★★
명 존경

명 respect, admiration ᇂ 尊敬 일 尊敬 베 sự kính trọng, sự tôn kính

• 그 가수는 키워주신 어머니에 대한 **존경**과 감사의 의미를 담아 '어머니'라는 노래를 만들었다.
• 세종대왕은 현재에도 사람들로부터 **존경**을 받는 왕이에요.

● 알아 두면 좋은 표현! 존경을 받다, 존경심

동 존경하다

동 to respect ᇂ 尊敬 일 尊敬する、敬う 베 tôn kính, kính trọng

• 이번 세미나에서 **존경하는** 교수님을 뵙고 그분의 이야기를 들을 수 있어 좋았어.

0093 ★
명 존중

명 respect, honor ᇂ 尊重 일 尊重 베 sự tôn trọng

• 상대방으로부터 **존중**을 받고 싶으면 나 자신부터 상대를 존중해야 한다.
• 가족 사이에도 **존중**이 중요해.

동 존중하다

동 to respect ᇂ 尊重 일 尊重する 베 tôn trọng

• 그 선생님은 항상 학생들의 의견도 **존중해** 주시는 분이었다.
• 상대방의 의견도 **존중할** 필요가 있어.

0094 ★
명 윗사람
[위싸람 / 윋싸람]
반 아랫사람

명 superior, elder ᇂ 长辈, 上级 일 目上 베 người bề trên, cấp trên

• **윗사람**에게 공손하게 말해야 한다.
• 동아리에 가입한 지 얼마 안 된 것 같은데 벌써 5년이 흘러서 동아리에서 가장 **윗사람**이 되었어.

0095 ★
동 뵈다
[뵈다/뷔다]

동 meet, encounter ᇂ 拜访, 看望 일 お目にかかる 베 gặp, thăm

• 스승의 날을 맞아 선생님을 **뵈러** 학교에 가겠습니다.
• 할머니를 **뵈니까** 예전에 할머니와의 추억이 떠올랐다.

📖 활용형 뵈어서(=봬서), 뵈니까

TIP '-어/아/여'로 시작하는 어미나 '-(으)러', '-(으)니까'와 함께 사용한다.

0096 ★

명 대접

명 treatment, reception 중 相待，款待 일 もてなし、扱い
베 sự tiếp đãi, sự đối xử

- 친구 집을 방문했다가 친구 가족들로부터 거한 **대접**을 받았다.
- 그 애는 아직 어린데 항상 사람들에게 어른 **대접**을 받고 싶어 해.

🔵 알아 두면 좋은 표현! 푸대접

동 대접하다
[대저파다]

명 treat 중 招待，款待 일 もてなす 베 tiếp đãi, đối xử

- 먼 곳에서 온 손님께 식사를 **대접하기** 위해 아침부터 분주히 음식을 만드셨다.
- 집까지 찾아온 손님을 잘 **대접하지** 않고 보내면 되겠니?

0097 ★★

동 챙기다

명 prepare 중 准备 일 祝う 베 sửa soạn

- 오늘 동생의 생일인데 깜박해서 생일을 **챙기지** 못했어.

🔵 알아 두면 좋은 표현! 아침을 챙겨 먹다

명 bring 중 收拾 일 まとめる 베 thu dọn

- 룸메이트와 잦은 다툼 끝에 짐을 **챙겨** 집을 나왔다.

명 take care of, look after 중 照顾 일 面倒を見る 베 để ý

- 선배들이 잘 **챙겨** 주어서 학교생활에 금방 적응할 수 있었어요.

📘 활용형 챙기는, 챙기어서(=챙겨서), 챙기니까, 챙깁니다

0098 ★★

명 교류
파 교류되다

명 exchange, interaction 중 交流 일 交流 베 sự giao lưu

- 다른 나라와의 **교류**를 막는다고 해도 다른 나라의 문화 유입은 막을 수 없다.
- 우리 학교는 앞으로 선후배 간의 **교류**를 위해 노력할 것입니다.

동 교류하다

명 join, flow together 중 交流 일 交流する 베 giao lưu

- 이번에 일어난 문제를 해결하기 위해 팀원들과 의견을 **교류했다**.
- 반려동물을 키울 때는 반려동물과 감정을 **교류하는** 것이 중요해.

🔵 알아 두면 좋은 표현! 외국과 문화를 교류하다

0099 ★★

명 공감
유 동감

명 sympathy, empathy 중 共鸣，同感 일 共感 베 sự đồng cảm

- 이 영화는 많은 관객의 **공감**을 불러일으켰다.
- 경험 없이 쓴 글은 독자들의 **공감**을 얻기 힘들 거야.

🔵 알아 두면 좋은 표현! 공감이 가다, 공감을 얻다

동 공감하다

명 empathize 중 产生共鸣，有同感 일 共感する 베 đồng cảm

- 시청의 담당자도 도시 교통 문제를 해결해야 한다는 의견에 **공감했다**.
- 네가 아무리 억울하더라도 난 너의 말에 **공감할** 수 없어.

48   Part 1 사람

0100 ★★

图 **주고받다**
[주고받따]

영 give and take, exchange 图 交谈，交换 일 やりとりする
베 trao đổi

- 대학교 입학을 준비하는 친구들과 입학 정보를 주고받았다.
- 조 발표를 준비할 때 먼저 조원들의 생각을 주고받는 시간을 갖
는 것이 중요해.

0101 ★

명 **조화**

영 harmony, balance 图 调和，协调 일 調和 베 sự hài hòa

- 이 도시에서는 제각각 다른 모습의 건물들이 조화를 이룬다.
- 어울릴 것 같지 않았던 전통 악기와 대중가요의 조화가 신선하게
느껴졌다.

형 **조화롭다**
[조화롭따]

영 harmonize 图 和谐，融洽 일 調和する 베 hài hòa

- 다른 사람과 조화롭게 살아가는 것은 결코 쉬운 일이 아니다.
- 주변 건물들과 조화로운 집을 짓고 싶어요.

📖 **활용형** 조화로운, 조화로워서, 조화로우니까, 조화롭습니다

0102 ★★★★★

명 **영향**

영 influence, impact 图 影响 일 影響 베 sự ảnh hưởng

- 그 친구는 항상 나에게 긍정적인 영향을 줘.
- 그 수필을 읽고 나는 많은 영향을 받아 글쓴이의 삶에 대한 태도
를 본받아야겠다고 생각했다.

🔵 **알아 두면 좋은 표현!** 영향권, 긍정적 영향, 영향을 받다, 영향을 주다

0103 ★

图 **끼치다**

영 cause, inflict 图 带来，造成 일 及ぼす 베 gây

- 손을 잘 씻지 않으면 세균이 몸에 들어가서 우리의 건강에 나쁜
영향을 끼칠 수 있다.
- 고장이 난 엘리베이터는 즉시 수리하도록 하겠습니다. 불편을 끼
쳐 죄송합니다.

🔵 **알아 두면 좋은 표현!** 영향을 끼치다

📖 **활용형** 끼치는, 끼치어서(=끼쳐서), 끼치니까, 끼칩니다

0104 ★★★

명 **사과**

영 apology 图 道歉，赔罪 일 謝罪 베 sự xin lỗi

- 진정한 사과가 아니라면 오히려 상대를 화나게 할 수 있다.
- 내가 정말 잘못했어. 내 사과 좀 받아줘.

图 **사과하다**

영 apologize 图 道歉，赔不是 일 謝る 베 xin lỗi

- 친구에게 내 잘못을 사과하고 화해했다.
- 제 말은 그런 뜻이 아니었지만 기분 나쁘셨다면 정중히 사과드립
니다.

TIP 사과드리다는 '사과하다'의 높임말이다.

0105 ★★
명 배려

명 consideration, thoughtfulness 중 照顾, 关怀 일 配慮 베 sự quan tâm
- 몸이 불편한 사람을 도와주는 것이 배려라고 생각했는데 내 배려가 오히려 상대방의 기분을 상하게 했다.
- 친절한 배려 덕분에 새로운 직장에 잘 적응할 수 있었습니다.

동 배려하다

명 consider 중 照顾, 关怀 일 配慮する 베 quan tâm
- 임산부를 배려해서 임산부 좌석은 항상 비워 두세요.

0106 ★
명 신뢰
[실뢰/실뤠]

명 trust, confidence 중 信赖, 信任 일 信頼 베 sự tin tưởng
- 신뢰가 없는 관계는 금방 깨질 수 있다.
- 내가 성공할 거라는 부모님의 신뢰가 나에게 부담이 되었어요.

동 신뢰하다
[실뢰하다/실뤠하다]

동 trust 중 信赖, 相信 일 信頼する 베 tin tưởng
- 내년에는 꼭 승진시켜 주겠다는 사장님의 말을 신뢰하기로 했다.
- 항상 거짓말을 하는데 내가 널 신뢰할 수 있겠니?

0107 ★
명 양보

명 concession, yielding 중 让步, 谦让 일 讓步 베 sự nhượng bộ
- 아이들이 이기적으로 자라지 않으려면 가정에서 먼저 양보와 배려를 배워야 한다.
- 쓰레기장을 만들기 위해서는 반대하는 주민들의 양보가 필요해.

동 양보하다

동 offer, yield 중 让给, 谦让 일 讓る 베 nhượng bộ
- 지하철에 앉아 있는데 할머니 한 분이 타셔서 할머니께 자리를 양보해 드렸다.
- 서로 양보하다 보면 다툴 일이 없을 거야.

0108 ★★★
의 간

의 interval 중 间, 之间 일 間 베 giữa
- 선후배 간의 교류를 위해 이번 달 말에 동아리 전체 모임을 하기로 했다.
- 국가 간의 논의를 통해 이번 무역 협정을 잘 이끌어 나가겠습니다.

🔵 **알아 두면 좋은 표현!** 기업 간(기업▸ 0774), 집단 간(집단▸ 0535)

QUIZ 1 ( )에 들어갈 가장 알맞은 것을 고르십시오.

1. 그 선배는 후배들을 잘 ( ) 후배들에게 인기가 많아.

    ① 뵈어서　　　② 챙겨서　　　③ 신뢰해서　　　④ 더불어서

2. 산속에 지은 그 집은 디자인이 자연과 ( )을/를 이루었다.

    ① 교류　　　　② 공감　　　　③ 예의　　　　④ 조화

3. 당신에게 가장 영향을 ( ) 사람은 누구입니까?

    ① 끼친　　　　② 챙긴　　　　③ 배려하는　　　④ 주고받은

QUIZ 2 다음 단어를 이용해서 문장을 만드십시오.

1. 공감의 / 고개를 / 끄덕였다. / 표시로 / 그는

_____

2. 너에게 / 끼친 / 영향을 / 누구야? / 사람은 / 가장

_____

3. 존중하고 / 모습 / 모두가 / 좋아했다. / 다른 / 그를 / 항상 / 때문에 / 사람을 / 배려하는

_____

QUIZ 3 다음은 무엇에 대한 글인지 고르십시오.

1. 미리 약속하고 갑니다.
2. 선물을 준비해 가지고 갑니다.
3. 너무 늦은 시간에는 찾아가지 않습니다.
4. '초대해 주셔서 감사합니다.'와 같은 인사를 합니다.

① 인사 예절　　　② 방문 예절　　　③ 전화 예절　　　④ 식사 예절

52회 읽기 17번

다음을 읽고 (   )에 들어갈 내용으로 가장 알맞은 것을 고르십시오. (2점)

> ·대화를 원활하게 하기 위해서는 상대방에게 내가 그의 말을 잘 듣고 있다는 느낌을 주어야 한다. 이때 (   ) 행동을 하면 좋다. 대부분의 나라에서 이런 행동은 긍정을 나타낸다. 따라서 머리를 위아래로 움직이는 행동을 하면 상대방을 존중하고 이야기에 공감하고 있다는 인상을 줄 수 있다.

① 손뼉을 치는   ② 고개를 끄덕이는
③ 질문하면서 듣는   ④ 들으면서 기록하는

41회 읽기 36번

다음 글의 주제로 가장 알맞은 것을 고르십시오. (2점)

> 어떤 아이가 자신이 아끼는 새에게 온갖 고기를 먹이려 했지만 놀란 새는 한 점의 고기도 먹지 못하고 죽었다는 우화가 있다. 이는 새의 입장에서 진정으로 필요한 것이 무엇인지 배려하지 않아서 생긴 결과이다. 그러나 뭔가를 배려할 때 먼저 상대방의 입장을 고려해야 한다는 것은 말처럼 쉬운 일이 아니다. 상대의 입장을 완벽하게 이해하기란 정말 어렵기 때문이다. 따라서 어설픈 배려가 오히려 상대에게 상처를 줄 수 있다는 깨달음이 선행되어야 한다.

① 상대를 완벽하게 이해하는 것은 사실상 거의 불가능하다.
② 서투른 배려는 상대에게 상처를 줄 수 있음을 알아야 한다.
③ 우리는 우화를 통해 진정한 배려가 무엇인지 배울 수 있다.
④ 배려할 때 상대방의 입장을 고려하는 것은 큰 의미가 없다.

대인 관계(2)

☐ 격려	☐ 사회생활	☐ 별명	☐ 맺다
☐ 위로	☐ 멀어지다	☐ 다투다	☐ 화해
☐ 당신	☐ 부딪치다	☐ 외면	☐ 무관심
☐ 여보	☐ 곁	☐ 동창회	☐ 어기다
☐ 별일	☐ 타인	☐ 동호회	
☐ 몰라보다	☐ 맞이하다	☐ 인간관계	

0109 ★
몡 격려 [경녀]

몡 encouragement ㊥ 激励，鼓励 ⑪ 励まし ⑭ sự động viên
- 입학시험에서 떨어졌지만 부모님의 격려로 다시 힘을 내 시험을 준비할 수 있었다.
- 회사에서 실수한 그 날 선배가 보낸 격려의 메시지가 큰 힘이 되었어요.

동 격려하다
[경녀하다]

몡 encourage ㊥ 激励，鼓励 ⑪ 激励する ⑭ động viên
- 면접을 앞두고 잘할 수 있을 거라고 스스로를 격려했다.
- 올림픽에서 메달은 따지 못했지만 그동안 고생한 선수들을 격려해 주십시오.

0110 ★
몡 위로

몡 consolation ㊥ 慰藉，安慰 ⑪ 慰め ⑭ sự an ủi
- 어머니 앞에서 그렇게 울었던 이유는 나의 실패에 대한 위로를 받고 싶었기 때문이었다.
- 따뜻한 위로가 삶에 대한 의지를 다시 북돋아 주었어요.
  🔵 알아 두면 좋은 표현! 위로가 되다, 위로를 받다

동 위로하다

몡 console ㊥ 安慰，抚慰 ⑪ 慰める ⑭ an ủi
- 여자 친구와 헤어진 친구를 위로해 주었다.
- 라디오에서 흘러나오는 노래가 마치 나를 위로해 주는 것 같았어.

0111 ★★
때 당신

몡 You, Yourself ㊥ 你 ⑪ あんた、あなた ⑭ anh/chị, ông/bà
- 당신이 나한테 어떻게 그래요!
- 취직을 준비하는 당신이 알아야 할 열 가지.

0112 ★★
② 여보

⑱ Honey, Darling ⑮ 老婆, 老公 ⑪ ねえ、あなた ⑭ vợ/chồng

- **여보**, 요즘 영수가 고민이 많은 것 같은데 당신이 좀 일찍 들어와서 얘기 좀 해 봐요.
- **여보**, 식사하세요.

0113 ★
③ 별일 [별릴]

⑱ something unusual, an event, issue ⑮ 別的事, 特別的事
⑪ 変わったこと ⑭ việc đặc biệt

- 부모님은 **별일** 없으시지?
- 지난 3년 동안 **별일** 없이 잘 지냈어요.

0114 ★
⑧ 몰라보다

⑱ not recognize ⑮ 认不出 ⑪ 見分けられない ⑭ không nhận ra

- 10년 만에 만났더니 외모가 **몰라보게** 달라졌구나.
- 머리를 자른 날, 남편은 나의 어디가 달라졌는지도 **몰라보았다.**

📖 **활용형** 몰라보는, 몰라보아서(=몰라봐서), 몰라보니까, 몰라봅니다

0115 ★
③ 사회생활
[사회생활/사훼생활]

⑱ social life ⑮ 社会生活, 群体生活 ⑪ 社会生活 ⑭ đời sống xã hội

- 그 회사에서 첫 **사회생활**을 시작했다.
- 회사 동료들과 잘 어울리지 못하고 직장 상사들에게 미움을 받아서 **사회생활** 잘하는 방법을 검색해 봤어요.

0116 ★
⑧ 멀어지다

⑱ grow apart ⑮ 变远, 疏远 ⑪ 薄れる、疎遠になる
⑭ trở nên xa cách

- 크게 싸운 이후로 친구와 사이가 **멀어졌다.**
- 전통문화에 대한 사람들의 관심이 **멀어지는** 것이 안타까워.

📖 **활용형** 멀어지는, 멀어지어서(=멀어져서), 멀어지니까, 멀어집니다

0117 ★
⑧ 부딪치다
[부딛치다]

⑱ collide, bump into ⑮ 碰撞 ⑪ ぶつかる ⑭ chạm, đụng

- 버스가 화물차와 **부딪치는** 사고가 발생했다.
- 휴대폰을 보면서 걸어가다가 모르는 사람과 **부딪쳤어.**

📖 **활용형** 부딪치는, 부딪치어서(=부딪쳐서), 부딪치니까, 부딪칩니다

0118 ★
③ 곁 [곁]

⑱ side ⑮ 旁边, 身边 ⑪ そば ⑭ bên cạnh

- 우리 집 강아지는 항상 내 **곁**에서 잠이 든다.
- 보호자는 아이의 **곁**을 떠나지 말고 지켜봐 주세요.

🔵 **알아 두면 좋은 표현!** 곁을 떠나다, 곁에 두다

0119 ★
🅜 **타인**

🅔 others 🅙 他人，別人 🅙 他人 🅥 người khác

• 원만한 대인 관계를 유지하기 위해서는 **타인**의 감정에 공감할 줄 아는 능력이 필요하다.
• **타인**에 대한 배려가 필요한 때입니다.

🔘 알아 두면 좋은 표현! **타인**의 행동, **타인**을 존중하다(존중▸ 0093)

0120 ★
🅓 **맞이하다**
[마지하다]

🅔 face 🅙 迎接，等候 🅙 迎える 🅥 đón, nhận

• 그는 나이가 들고 큰 병에 걸려 결국 죽음을 **맞이했다.**
• 봄을 **맞이하여** 저희 가게에서는 이벤트를 준비했습니다.

🅔 welcome 🅙 娶，迎娶 🅙 迎える 🅥 đón tiếp

• 그는 친구의 여동생을 아내로 **맞이하였다.**

0121 ★
🅜 **별명**

🅔 nickname 🅙 外号，绰号 🅙 あだ名 🅥 biệt danh

• 친구들이 부르는 내 **별명**이 마음에 들지 않아.
• 어렸을 때 가족들이 부르는 **별명**이 있었다.

0122 ★
🅓 **다투다**

🅔 argue, quarrel 🅙 争吵，争执 🅙 争う、けんかする 🅥 tranh cãi

• 여자 친구와 **다투고** 헤어졌다.
• 어렸을 때는 아무것도 아닌 일로 친구와 **다투기도** 했어요.

🟦 활용형 **다투**는, **다투**어서(=**다퉈**서), **다투**니까, **다툽**니다

0123 ★
🅜 **외면**
[외면/웨면]
🅟 외면하다
외면당하다

🅔 turn away, ignore 🅙 回避，不理睬 🅙 無視、そっぽを向くこと
🅥 sự tránh mặt

• 그 영화는 시대와 맞지 않는 내용으로 관객으로부터 **외면**을 받았다.
• 어려운 이웃을 보았을 때는 **외면**을 하지 말고 도움의 손길을 보내 주세요.

0124 ★
🅜 **동창회**
[동창회/동창훼]

🅔 alumni association 🅙 校友会，同学会 🅙 同窓会
🅥 hội đồng môn

• **동창회**에 가는 길이 너무나도 설렌다.
• **동창회**에서 오랜만에 고등학교 친구들을 만났어요.

0125 ★
🅜 **동호회**
[동호회/동호훼]

🅔 club 🅙 同好会，兴趣组 🅙 同好会 🅥 hội người cùng sở thích

• **동호회**에 가입하고 싶으신 분들은 연락해 주세요.
• 그는 영화를 좋아해서 회사에 다니면서도 영화 **동호회** 활동을 계속했다.

명 인간관계
[인간관계/인간관계]

명 relationship 중 人际关系 일 人間関係
베 mối quan hệ giữa người với người
• 사회생활을 할 때는 어쩔 수 없이 **인간관계**를 잘 맺어야 한다.
• 친밀한 **인간관계**를 만들기 위해 어떤 노력을 하십니까?
🔵 **알아 두면 좋은 표현!** 인간관계를 맺다(맺다▸⁰¹²⁷)

통 맺다 [맫따]
피 맺히다

명 conclud, end 중 缔结，建立 일 結ぶ、告げる 베 thiết lập
• 동호회에 나가서 다양한 사람들과 관계를 **맺었다**.
• 잦은 다툼 끝에 두 사람은 이혼으로 끝을 **맺었다**.

명 화해
피 화해되다
화해시키다

명 reconciliation 중 和解，和好 일 和解、仲直り 베 sự hòa giải
• **화해**를 원할 때는 최대한 빨리 그 사람에게 연락하는 것이 좋다.
• 친구와 관계를 회복하고 싶으면 먼저 **화해**를 해야지.

동 화해하다

명 reconcile 중 和解，和好 일 和解する 베 hòa giải
• 친구와 싸운 뒤 **화해**하고 싶어 친구의 집으로 찾아갔다.

명 무관심

명 indifference 중 不关心，漠不关心 일 無関心
베 sự không quan tâm
• 이웃의 **무관심**으로 아이가 집에 혼자 방치되어 있다가 발견되었다.
• 건강에 대한 **무관심**이 병을 더 크게 키울 수 있습니다.

동 무관심하다

명 be indifferent 중 不关心，漠不关心 일 無関心だ
베 không quan tâm
• 타인에 대해 **무관심**한 젊은이들이 증가하고 있다.

동 어기다

명 violate, break 중 失，违反 일 やぶる 베 vi phạm
• 약속을 자주 **어겨** 친구들 사이에서 평판이 좋지 않다
• 이 시설에서 이용 규칙을 **어기신** 분들은 다시 이 시설을 이용할
수 없으니 이용 규칙을 준수해 주시기 바랍니다.
🔵 **알아 두면 좋은 표현!** 법을 어기다(법▸⁰⁴⁶⁹)
📖 **활용형** 어기는, 어기어서(=어겨서), 어기니까, 어깁니다

DAY 06

QUIZ 1 ( )에 들어갈 가장 알맞은 것을 고르십시오.

1. 아내: 여보, 오늘 회사에서 무슨 일 있었어요? 표정이 안 좋아 보여요.

남편: 아니야, ( ) 없었어.

① 별일   ② 별명   ③ 외면   ④ 만남

2. 새해를 ( ) 올해의 목표를 서로 이야기해 봅시다.

① 맺어   ② 어겨   ③ 멀어져   ④ 맞이해

3. 친구와 다투었다면 되도록 빨리 ( ) 것이 좋다.

① 외면하는   ② 부딪치는   ③ 화해하는   ④ 맞이하는

QUIZ 2 다음 단어를 이용해서 문장을 만드십시오.

1. 오래전에 / 서로 / 멀어졌다. / 다투고 / 그 / 친구와

_____

2. 동창회에서 / 부르더라. / 내 / 만난 / 옛 / 별명을 / 친구가

_____

3. 유지하려면 / 존중하는 / 자세가 / 인간관계를 / 상대를 / 필요하다.

_____

QUIZ 3 다음은 무엇에 대한 글인지 고르십시오.

안 내

선선해진 가을을 맞아 ○○고등학교에서 함께 공부했던 오랜 친구들과 맛있는 음식을 먹으며 이야기를 나눌 수 있는 자리를 마련했습니다. 참석하셔서 즐거운 시간 보내시기를 바랍니다.

  1. 일시: 2022년 11월 10일 오후 6시
  2. 장소: 산촌 식당
  3. 회비: 20,000원

---

① 동아리   ② 동호회   ③ 동창회   ④ 독창회

16회 쓰기 45번

다음 글을 읽고 (   )에 알맞은 말을 쓰십시오. (6점)

> 성공적인 사회생활을 위해서 인간관계를 잘 맺고 유지시켜 나가는 것은 매우 중요하다. 그런데 이때 '얼마나 많은 사람을 알고 있는가'는 별로 중요하지 않다. 목표 없이 백 명의 사람을 한 번씩 만나는 것보다는 나에게 필요한 바로 그 한 사람을 백 번 만나는 것이 더 현명하다. 다시 말해, 무조건 (   ) 자신에게 꼭 필요한 사람을 만나 관계를 친밀히 하는 것이 사회생활에 도움이 되는 인간관계를 맺는 방법인 것이다.

36회 듣기 20번 🔊 Track 06-1

다음을 듣고 남자의 중심 생각을 고르십시오. (2점)

① 웃음으로 서로의 관계를 회복해야 한다.
② 화해하고 싶으면 먼저 나를 되돌아봐야 한다.
③ 상대방의 웃음을 보면 화해를 먼저 해야 한다.
④ 화해하려면 상대방의 행동을 미리 살펴야 한다.

2

사고와 감정

DAY 07 감정과 표현(1)

DAY 08 감정과 표현(2)

DAY 09 인지와 개념(1)

DAY 10 인지와 개념(2)

감정과 표현(1)

☐ 걱정스럽다	☐ 만족	☐ 아쉽다	☐ 욕심
☐ 표현	☐ 다행	☐ 심정	☐ 즐거움
☐ 감정	☐ 나타내다	☐ 우려	☐ 곤란
☐ 장하다	☐ 미소	☐ 보람	☐ 망설이다
☐ 반응	☐ 안타깝다	☐ 실망	
☐ 고마워하다	☐ 진정하다	☐ 놀랍다	
☐ 고통	☐ 부담스럽다	☐ 낯설다	

0131 ★★★★★
형 걱정스럽다
[걱쩡스럽따]

형 anxious 중 令人担心，令人担忧 일 心配だ 베 lo lắng
- 골프장을 만든다고 산에 있는 나무를 다 베어 버리는 것은 아닌지 **걱정스러웠다**.
- 제 일은 제가 알아서 할 테니 그렇게 **걱정스러운** 얼굴로 바라보지 마세요.

　알아 두면 좋은 표현　걱정스러운 마음, 걱정스러운 일, 걱정스러운 표정
　　　　　(표정▶ 0024)

　활용형　걱정스러운, 걱정스러워서, 걱정스러우니까, 걱정스럽습니다

0132 ★★★★★
명 표현

명 expression, representation 중 表现，表达 일 表現 베 biểu hiện
- 나는 감정 **표현**이 서툴러 부모님께 사랑한다는 말을 잘 못한다.
- 전문가들은 신문 기사 제목에 과장된 **표현**을 쓰지 말자고 제안했다.

　알아 두면 좋은 표현　감정 표현(감정▶ 0133), 감사의 표현, 정확한 표현, 표현 방법

동 표현되다

명 to be expressed, to be represented 중 表现为 일 表現される
베 được biểu hiện
- 아이의 불안한 마음은 곧 과격한 행동으로 **표현되었다**.

동 표현하다

명 express, represent 중 表达 일 表現する 베 biểu hiện
- 자신의 감정을 솔직하게 **표현하는** 것이 마음속 상처를 치료하는 데 중요한 역할을 한다.

0133 ★★★★★
명 감정

명 emotion, feeling 중 感情，感受 일 感情、気分 베 tình cảm
- 나는 감정이 풍부해서 작은 일에도 잘 웃고 또 때론 울 줄도 아는 사람을 좋아한다.
- 우리는 환자가 편안한 감정을 느끼며 치료를 받을 수 있도록 돕습니다.

🔵 알아 두면 좋은 표현! 다양한 감정, 편안한 감정, 감정을 넣다, 감정을 속이다, 감정을 표시하다

0134 ★★★★
형 장하다

형 admirable, praiseworthy 중 伟大，了不起 일 りっぱだ、えらい
베 tài giỏi
- 올림픽에 참가해 최선을 다한 장한 우리나라 국가대표 선수단이 오늘 귀국합니다.
- 그 어려운 시험에 한 번에 합격하다니 우리 딸 참 장하다.

🔵 알아 두면 좋은 표현! 장한 자녀(자녀▸ 0008), 장한 선수, 모습이 장하다, 아들이 장하다

0135 ★★★
명 반응 [바능]

명 response 중 反应，回应 일 反応 베 sự phản ứng
- 나는 어색한 사무실 분위기를 바꿔 보려고 농담을 던졌지만 아무런 반응이 없었다.
- 에스엔에스(SNS)를 활용해 마케팅을 하자는 의견이 긍정적인 반응을 얻었다.

🔵 알아 두면 좋은 표현! 거부 반응, 관객 반응(관객▸ 0573), 반응이 좋다, 반응을 유도하다(유도하다▸ 0061)

동 반응하다
[바능하다]

형 respond 중 反应，感应 일 反応する 베 phản ứng
- 청소년들은 유행에 민감하게 반응해 서로 비슷한 옷을 자주 입는다.

0136 ★★★
동 고마워하다

형 be grateful, be thankful 중 感谢，感激 일 感謝する
베 cảm ơn, biết ơn
- 내 친구는 예전에 내가 돈을 빌려줬던 것을 아직까지도 고마워했다.
- 의료 봉사자들은 작은 손길에도 고마워하는 사람들을 보면 행복하다고 말을 전했다.

🔵 알아 두면 좋은 표현! 배려를 고마워하다(배려▸ 0105), 친절에 고마워하다

0137 ★★★
명 고통
파 고통스럽다

명 pain, suffering 중 苦痛, 痛苦 일 苦痛、苦しみ 베 nỗi đau
- 마취가 풀리자 수술 부위에 참을 수 없는 **고통**이 느껴졌다.
- 저는 다양한 음악 치료 활동이 환자의 심리적 **고통**을 줄여 줄 수 있는지 연구합니다.

🔵 알아 두면 좋은 표현! 심리적 고통(심리▶ 0680), 고통을 견디다(견디다▶ 0062), 고통을 받다

0138 ★★★
명 만족
파 만족도
만족되다
만족시키다

명 satisfaction, contentment 중 満足, 満意 일 満足 베 sự hài lòng
- 우리는 놀이동산을 찾는 모든 연령층에게 **만족**을 주기 위해 최선을 다하고 있습니다.
- 취업에 성공하기는 했는데 연봉이 낮아 **만족**을 못 하겠어요.

🔵 알아 두면 좋은 표현! 가격 만족, 생활의 만족, 만족을 느끼다, 만족을 얻다, 만족을 표시하다

동 만족하다

명 satisfy, content 중 満足, 満意 일 満足する 베 hài lòng
- 요즘 젊은 사람들 중에는 현재의 회사에 **만족**하지 못해서 이직을 꿈꾸는 사람들이 많습니다.

0139 ★★★
명 다행
파 다행히
다행스럽다

명 relief 중 幸亏, 幸好 일 幸い 베 sự may mắn
- 비행기를 놓칠까 봐 걱정했는데 무사히 비행기를 타서 얼마나 **다행**인지 몰라요.
- 유학을 떠나기 전에 이렇게 네 목소리라도 들을 수 있어 정말 **다행**이다.

0140 ★★★
동 나타내다

명 show, espress 중 表現, 表現出 일 表す 베 thể hiện
- 젊은 세대는 보통 머리 모양과 옷차림, 액세서리로 자신만의 개성을 **나타낸다**.
- 사람들은 무분별한 산림 개발에 대한 우려를 **나타냈습니다**.

🔵 알아 두면 좋은 표현! 감정을 나타내다(감정▶ 0133)

🟦 활용형 나타내는, 나타내어서(=나타내서), 나타내니까, 나타냅니다

0141 ★★★
명 미소

명 smile 중 微笑 일 微笑、ほほえみ 베 nụ cười
- 아이는 아침에 일어난 뒤 엄마를 보고는 예쁜 **미소**를 띠었다.
- 우리는 보통 기분이 좋거나 행복할 때 **미소**를 짓는다.

🔵 알아 두면 좋은 표현! 수줍은 미소, 어색한 미소, 미소가 사라지다

0142 ★★★

형 안타깝다
[안타깝따]

영 regrettable, unfortunate 중 可惜，难过 일 気の毒だ、残念だ
베 đáng tiếc

- 어머니가 돌아가신 뒤 슬픔에 잠긴 친구를 보고 있자니 마음이 너무 **안타까웠다**.
- 우리 대학 야구팀이 **안타깝게도** 한 점 차이로 패배하고 말았다.

● 알아 두면 좋은 표현! 안타까운 광경, 안타까운 심정(심정▶ 0146)

📖 활용형 안타까운, 안타까워서, 안타까우니까, 안타깝습니다

0143 ★★★

형 진정하다

영 calm down, sooth 중 真正 일 本当の、真の 베 chân thành

- 한반도에 **진정한** 평화가 찾아올 수 있을까?
- 나는 힘들 때 옆에 있어 주는 친구가 **진정한** 친구라고 생각한다.

● 알아 두면 좋은 표현! 진정한 사랑, 진정한 의미

0144 ★★

형 부담스럽다
[부담스럽따]

영 burdensome, feel pressured 중 负担 일 重荷だ、負担に感じる
베 gánh nặng

- 취업 준비생으로서 수십만 원에 달하는 면접 정장을 준비하는 게 너무 **부담스러웠다**.
- 나는 남자 친구에게 선물로 받은 가방이 좀 **부담스럽게** 느껴졌다.

● 알아 두면 좋은 표현! 부담스러운 상황(상황▶ 1019), 부담스러운 자리

📖 활용형 부담스러운, 부담스러워서, 부담스러우니까, 부담스럽습니다

0145 ★★

형 아쉽다 [아쉽따]

영 regretful 중 可惜，遗憾 일 残念だ、惜しい 베 tiếc nuối

- 나는 정든 학교를 떠나야 한다는 것이 무척 **아쉬웠다**.
- 그냥 헤어지려니 너무 **아쉬운데** 어디 가서 차라도 한잔 마실까요?

● 알아 두면 좋은 표현! 작별이 아쉽다, 탈락이 아쉽다, 헤어지기가 아쉽다

📖 활용형 아쉬운, 아쉬워서, 아쉬우니까, 아쉽습니다

0146 ★★

명 심정

영 feeling, state of mind 중 心情 일 心情、気持ち 베 tâm tư

- 나는 울면서 괴로운 **심정**을 친구에게 털어놓았다.
- 아이를 키워 보니 부모님의 **심정**을 조금은 헤아릴 수 있을 것 같다.

● 알아 두면 좋은 표현! 답답한 심정, 복잡한 심정, 불안한 심정, 솔직한 심정(솔직하다▶ 0029)

0147 ★★
명 우려
파 우려하다
우려되다

명 concern, worry 중 忧虑，担忧 일 恐れ、心配 베 sự lo lắng
- 음주 운전에 대한 우려의 목소리가 높아지고 있다.
- 이 게임은 지나친 폭력성으로 청소년에게 나쁜 영향을 끼칠 우려가 있다.

◉ 알아 두면 좋은 표현! 우려의 눈빛, 우려의 목소리, 우려가 높다

0148 ★★
명 보람
파 보람되다
보람하다

명 reward, worth 중 意义，价值 일 甲斐、やりがい
베 giá trị, sự bổ ích
- 저는 큰 실수 없이 무사히 경기를 마쳤을 때 보람을 느낍니다.
- 대학에 합격했다니 그동안 밤을 새우며 열심히 공부한 보람이 있구나.

◉ 알아 두면 좋은 표현! 고생한 보람(고생▶0711), 보람이 크다, 보람을 얻다

0149 ★★
명 실망
파 실망시키다

명 disappointment 중 失望 일 失望 베 sự thất vọng
- 동생은 시험 결과가 안 좋은지 실망에 빠졌다.
- 유명한 관광지에 갔는데 생각보다 볼 것이 없어서 실망만 하고 돌아왔다.

◉ 알아 두면 좋은 표현! 실망이 크다, 실망을 안기다, 실망에 차다

동 실망하다

명 disappoint 중 失望 일 失望する、がっかりする 베 thất vọng
- 오늘 너의 거짓말에 무척 실망했다.

0150 ★★
형 놀랍다 [놀랍따]

명 amazing 중 惊人，惊讶 일 驚く、驚異的だ 베 ngạc nhiên
- 한국은 지난 몇 십 년간 놀라운 경제 성장을 이룩했다.
- 사람들은 공항 곳곳을 돌아다니며 길 안내를 하는 인공 지능(AI) 로봇이 놀라웠다.

◉ 알아 두면 좋은 표현! 놀라운 발전(발전▶0513), 놀라운 변화, 놀라운 호기심(호기심▶0168)

활용형 놀라운, 놀라워서, 놀라우니까, 놀랍습니다

0151 ★★
형 낯설다 [낟썰따]

명 unfamiliar 중 陌生，生疏 일 不慣れだ、溶けこめない 베 xa lạ, lạ
- 나는 한국에 온 지 얼마 안 돼서 한국 생활이 아직 낯설었다.
- 기숙사 방 친구는 좋은 사람 같기는 한데 서로 안 친해서 아직은 좀 낯설어요.

◉ 알아 두면 좋은 표현! 낯선 사람, 얼굴이 낯설다, 낯설어 보이다

활용형 낯선, 낯설어서, 낯서니까, 낯섭니다

0152 명 **욕심** [욕씸]

영 greed desire 중 欲望，贪欲 일 欲 베 sự ham muốn
- 그들은 이미 많은 재산을 가지고 있지만 수단과 방법을 가리지 않고 끝임없이 욕심을 부렸다.
- 갑자기 공부 욕심이 생겨서 회사를 그만두고 대학원에 가기로 했다.

◉ 알아 두면 좋은 표현! 욕심이 과하다, 욕심이 나다, 욕심을 버리다

0153 ★★
명 **즐거움**
반 괴로움

영 pleasure, joy 중 快乐，喜悦 일 楽しさ、喜び 베 sự vui vẻ
- 오늘 내린 폭설은 눈을 감상하는 이들에게는 즐거움을 주었지만 일부 지역에는 커다란 눈 피해를 안겨 주었다.
- 아이들의 예쁜 모습과 귀여운 행동은 부모들에게 크나큰 즐거움을 안겨 주었다.

◉ 알아 두면 좋은 표현! 즐거움이 생기다, 즐거움이 커지다, 즐거움을 전하다

0154 ★★
명 **곤란** [골란]
파 곤란하다

영 difficulty, trouble 중 难，困难 일 困難 베 sự khó khăn
- 오늘은 냉장고 속 처치 곤란인 음식을 재활용할 수 있는 요리법을 알려 드리겠습니다.
- 등록금 때문에 학업에 곤란을 겪고 있는 학생들에게 장학금을 지급하는 것이 어떨까요?

◉ 알아 두면 좋은 표현! 처치 곤란, 곤란을 겪다(겪다▸ 0004), 곤란을 당하다(당하다▸ 1028)

0155 ★★
동 **망설이다**
[망서리다]

영 hesitate, waver 중 犹豫，迟疑 일 ためらう、迷う 베 do dự
- 우리는 저녁으로 무엇을 먹을까 결정하지 못해 식당 앞에 망설이고 서 있었다.
- 나는 오늘 남은 일이 많아서 회식에 참석하는 것이 망설여진다.

◉ 알아 두면 좋은 표현! 망설이는 표정, 잠시 망설이다

활용형 망설이는, 망설이어서(=망설여서), 망설이니까, 망설입니다

DAY 07

QUIZ 1 ( )에 들어갈 가장 알맞은 것을 고르십시오.

1. 형은 소방관이라는 직업에 큰 ( )을/를 느꼈다.
   ① 감동 　　　　　 ② 다행 　　　　　 ③ 보람 　　　　　 ④ 즐거움

2. 반칙을 써서 이겼다면 그것은 ( ) 승리가 아닙니다.
   ① 만족한 　　　　 ② 아쉽다 　　　　 ③ 장한 　　　　　 ④ 진정한

3. 김 교수는 학생들이 대학 생활을 충분히 즐기지 못하는 것 같다며 ( ).
   ① 고마워했다 　　 ② 놀라워했다 　　 ③ 부담스러워했다 　 ④ 안타까워했다

QUIZ 2 다음 단어를 이용해서 문장을 만드십시오.

1. 감사의 / 드렸다. / 선물을 / 선생님께 / 표현으로

_____

2. 국민적인 / 높다. / 우려가 / 최근 / 환율 상승에 대한

_____

3. 동생은 / 면접 결과를 / 빠졌다. / 확인하고 / 실망에

_____

QUIZ 3   빈칸에 알맞은 단어를 보기 에서 골라 쓰십시오.

보기   감정 / 고통 / 심정 / 나타내다

사회생활을 하다가 보면 다른 사람에게서 감정적인 상처나 **1.**(   )을/를 받기도 한다. 그런데 이런 속상한 마음속의 **2.**(   )을/를 숨기고 자신의 상처를 겉으로 **3.**(   )지 않는 사람들이 있다. 그러나 자신의 **4.**(   )을/를 솔직하게 표현하는 것이 상처를 치료하는 데 중요한 역할을 한다.

28회 쓰기 39번

이 글의 제목으로 가장 알맞은 것을 고르십시오. (3점)

> 성인을 대상으로 하는 '미술 치료'가 관심을 끌고 있다. '미술 치료'는 마음의 상처를 그림으로 드러내고 표현하는 것이다. 현대 사회의 성인 중에는 마음의 병을 가지고 있는 사람들이 적지 않다. 이들은 겉으로는 아무 문제가 없는 것처럼 살아가지만 사실은 마음속의 상처를 드러내지 못하고 있다. 이런 사람들에게 미술 치료는 효과적이다. 마음의 상처를 (   ) 효과가 있기 때문이다.

① 밖으로 나타내는 것만으로도
② 완전히 나타내기만 할 뿐이지
③ 충분히 표현하기가 어려우므로
④ 오히려 표현하지 못하게 하니까

64회 읽기 23번

밑줄 친 부분에 나타난 '나'의 심정으로 알맞은 것을 고르십시오. (2점)

> 놀이공원 매표소에서 아르바이트를 했다. 아르바이트가 처음이라 실수를 하지 않으려고 늘 긴장하면서 일을 했다. 어느 날, 놀러 온 한 가족에게 인원수만큼 표를 줬다. 그런데 그 가족을 보내고 나서 이용권 한 장의 값이 더 결제된 것을 알아차렸다. 바로 카드사로 전화해 고객의 전화번호를 물었지만 상담원은 알려 줄 수 없다고 했다. 하지만 내 연락처를 고객에게 전달해 주겠다고 했다. 일을 하는 내내 일이 손에 잡히지 않았다. 퇴근 시간 무렵 드디어 그 가족에게서 전화가 왔다. 내가 한 실수에 화를 낼지도 모른다는 생각에 떨리는 목소리로 상황을 설명하자 그 가족은 "놀이 기구를 타고 노느라 문자 메시지가 온 줄 몰랐어요. 많이 기다렸겠어요."라고 하며 따뜻하게 말해 주었다.

① 걱정스럽다   ② 불만스럽다
③ 후회스럽다   ④ 당황스럽다

감정과 표현(2)

☐ 의심	☐ 안심	☐ 불평	☐ 당황스럽다
☐ 진심	☐ 우울하다	☐ 서운하다	☐ 만족스럽다
☐ 괴롭다	☐ 두려움	☐ 갑작스럽다	☐ 어색하다
☐ 외로움	☐ 용서	☐ 까다롭다	☐ 자랑스럽다
☐ 후회	☐ 정	☐ 번거롭다	
☐ 속상하다	☐ 호기심	☐ 상쾌하다	
☐ 아깝다	☐ 대단하다	☐ 흥미롭다	

0156 ★★
명 **의심**
　파 의심되다
　　의심하다

명 doubt　중 疑心，疑慮　일 疑い　베 sự nghi ngờ
- 그는 평생을 남한테 속고만 살았는지 의심이 많아 다른 사람을 믿지 못한다.
- 성공하려면 자기 자신에 대한 의심을 버리고 스스로를 믿어야 한다.

🔵 알아 두면 좋은 표현! 의심의 눈초리, 의심이 가다, 의심이 들다, 의심을 받다, 의심을 사다

0157 ★★
명 **진심**

명 sincerity　중 真心，诚心　일 真心、心から　베 sự chân thật
- 잘못을 했을 때는 진심 어린 사과를 해야 상대방의 화가 누그러진다.
- 부장님, 승진을 진심으로 축하드립니다.

🔵 알아 두면 좋은 표현! 진심을 숨기다, 진심을 전하다, 진심으로 사랑하다

0158 ★
명 **괴롭다**
　[궤롭따/괴롭따]

명 suffer, tormented　중 难受，痛苦　일 辛い、苦しい　베 đau khổ
- 나는 아버지께서 돌아가신 뒤 너무 괴로워서 한동안 식사를 제대로 하지 못했다.
- 영수는 아픈 부위를 가리키며 괴로운 표정을 지어 보였다.

🔵 알아 두면 좋은 표현! 괴로운 마음, 마음이 괴롭다

🔲 활용형 괴로운, 괴로워서, 괴로우니까, 괴롭습니다

0159 ★
명 외로움
[외로움/웨로움]

명 loneliness 중 孤独，寂寞 일 寂しさ、孤独 베 sự cô đơn

• 반려동물은 인간의 **외로움**을 달래 주기도 하고 정서적으로 위안을 주기도 한다.
• 나는 유학 생활 중 **외로움**을 내가 좋아하는 취미 활동으로 이겨 냈다.

🔵 **알아 두면 좋은 표현!** 외로움이 쌓이다, 외로움을 극복하다(극복하다▸ 0428), 외로움을 받아들이다(받아들이다▸ 0056)

0160 ★
명 후회
[후회/후훼]
파 후회되다

명 regret 중 后悔 일 後悔 베 sự hối hận

• 훗날 오늘은 되돌아봤을 때 **후회**가 남지 않도록 하루하루 열심히 살아야겠다.
• 비록 경기에서 지기는 했지만 최선을 다했기 때문에 **후회**는 없습니다.

🔵 **알아 두면 좋은 표현!** 후회 없는 선택, 후회가 남다, 후회가 없다

동 후회하다
[후회하다/후훼하다]

동 to regret 중 后悔 일 後悔する 베 hối hận

• 친한 친구에게 돈을 빌려준 뒤 연락이 끊겨 돈을 빌려준 일을 **후회했다.**
• 지금처럼 돈을 아끼지 않고 다 쓰면 나중에 **후회하게** 될 거야.

🔵 **알아 두면 좋은 표현!** 실수를 후회하다, 잘못을 후회하다

0161 ★
형 속상하다
[속쌍하다]

형 upset 중 伤心，糟心 일 嫌だ、情けない 베 phiền lòng

• 언니는 회사에서 무슨 **속상한** 일이라도 있었는지 아무 말 없이 술만 마셨다.
• 자동차를 산 지 얼마 안 됐는데 벌써 사고가 났다니 정말 **속상하** 겠다.

🔵 **알아 두면 좋은 표현!** 속상한 감정(감정▸ 0133), 속상한 마음, 속상한 일

0162 ★
형 아깝다
[아깝따]

형 wasteful 중 可惜，舍不得 일 惜しい、もったいない 베 tiếc

• 경기 종료 3분 전에 역전을 당해 **아깝게** 지고 말았다.

형 wasteful 중 可惜，舍不得 일 惜しい、もったいない 베 tiếc

• 잘못 인쇄된 종이를 버리기 **아까워** 그냥 메모지로 쓰려고요.

🔵 **알아 두면 좋은 표현!** 놓치기 아깝다, 포기하기에 아깝다

📋 **활용형** 아까운, 아까워서, 아까우니까, 아깝습니다

0163 ★
명 안심
파 안심되다

명 relief 중 安心，放心 일 安心 베 sự an tâm
- 의사는 환자에게 위험한 수술이 아니니까 걱정하지 말라고 **안심**을 시켰다.
- 아들이 유학을 간 후부터 **안심**이 되지 않아 잠을 잘 수 없었다.

● 알아 두면 좋은 표현! 안심이 되다, 안심을 시키다

동 안심하다

명 feel easy 중 安心，放心 일 安心する 베 an tâm
- 음식을 아무리 냉장고에 보관했더라도 오래되면 **안심하고** 먹을 수 없다.

0164 ★
형 우울하다

명 depressed 중 郁闷，忧郁 일 憂鬱だ 베 u uất
- 아버지는 나이가 드니 전화번호가 잘 기억나지 않는다며 **우울해하셨다.**
- 지수는 할머니께서 많이 편찮으셔서 그런지 **우울한** 표정을 짓고 있었다.

● 알아 두면 좋은 표현! 우울한 소식, 우울한 심정(심정▸0146)

0165 ★
명 두려움

명 fear 중 恐惧，害怕 일 恐れ 베 sự sợ hãi
- 엘리베이터가 멈추자 모두 **두려움**을 느끼기 시작했다.
- 영화 속 주인공은 강도가 총을 겨누자 **두려움**에 떨었다.

● 알아 두면 좋은 표현! 두려움이 사라지다(사라지다▸0517), 두려움이 크다

0166 ★
명 용서
파 용서되다

명 forgiveness 중 饶恕，原谅 일 赦し 베 sự tha thứ
- 남자는 아내에게 자신의 잘못에 대해 **용서**를 구했다.
- 재판장에서 범인은 피해자와 그 가족에게 **용서**를 빌었다.

● 알아 두면 좋은 표현! 용서를 구하다, 용서를 바라다, 용서를 빌다

동 용서하다

명 forgive 중 饶恕，原谅 일 赦す 베 tha thứ
- 남자 친구가 잘못을 하기는 했지만 **용서하기로** 했다.

0167 ★
명 정

명 affection 중 情，感情 일 情け、人情 베 tình cảm
- 10주 동안 같이 공부하면서 친구들과 **정**이 들었는지 헤어지기 아쉽다.
- 가끔 동생의 차가운 말투에 **정**이 뚝 떨어졌다.

● 알아 두면 좋은 표현! 미운 정 고운 정, 정이 깊다, 정을 나누다, 정을 쏟다

0168 ★
명 호기심

명 curiosity 중 好奇心 일 好奇心 베 sự tò mò

• 아이는 호기심이 강해서 궁금한 것이 있을 때마다 질문을 했다.
• 나는 호기심을 채우기 위해 틈이 날 때마다 책을 읽었다.

알아 두면 좋은 표현! 호기심이 많다, 호기심이 생기다, 호기심을 유발하다

0169 ★
형 대단하다

명 great, amazed 중 了不起, 很厉害 일 すごい、素晴らしい
베 tài giỏi

• 조선 시대에 이렇게 아름다운 건물을 지었다니 정말 대단해요.
• 김 사장은 전 재산을 사회에 기부한 정말 대단한 사람이다.

알아 두면 좋은 표현! 대단한 수준(수준▸ 0497), 대단한 인물(인물▸ 0646),
대단한 작품(작품▸ 0594)

0170 ★
명 불평
파 불평하다

명 complaint 중 不满, 不平 일 文句、不平 베 sự bất bình

• 친구는 졸업 여행 일정이 마음에 들지 않는다며 불평을 했다.
• 한 달 동안 엘리베이터 공사로 이용을 할 수 없다는 공지에 사람
들의 불평이 쏟아졌다.

알아 두면 좋은 표현! 불평을 늘어놓다, 불평이 많다

0171 ★
형 서운하다

명 sad 중 难过，舍不得 일 寂しい 베 buồn

• 나는 생일을 기억하지 못하는 친구에게 서운한 마음이 들었다.
• 오랜만에 고등학교 친구들을 만났더니 헤어지기가 서운했다.

알아 두면 좋은 표현! 서운한 마음, 서운한 생각

0172 ★
형 갑작스럽다
[갑짝스럽따]

명 sudden 중 突然, 突如其来 일 突然だ 베 đột nhiên

• 갑작스러운 폭우로 공연이 연기되었다.
• 갑작스러운 한파로 동파 사고가 많이 발생했다.

알아 두면 좋은 표현! 갑작스러운 말, 갑작스러운 죽음, 갑작스러운 행동
활용형 갑작스러운, 갑작스러워서, 갑작스러우니까, 갑작스럽습니다

0173 ★
형 까다롭다
[까다롭따]

명 picky, demanding 중 苛刻, 挑剔 일 ややこしい、うるさい
베 khó tính, phức tạp

• 면접관의 까다로운 질문에 나는 말문이 막혀 말을 더듬었다.
• 민수는 입맛이 까다로운 편이라 아무 음식이나 먹지 않았다.

알아 두면 좋은 표현! 까다로운 손님, 성격이 까다롭다
활용형 까다로운, 까다로워서, 까다로우니까, 까다롭습니다

0174 ★
형 **번거롭다**
[번거롭따]

명 bothersome, troublesome 중 繁琐，麻烦 일 面倒だ 베 rắc rối

• 주기적으로 비밀번호를 바꾸는 것은 생각보다 번거로운 일이었다.
• 매번 셔츠를 직접 세탁하고 다림질까지 하는 것이 너무 번거로웠다.

🔵 알아 두면 좋은 표현! 번거로운 과정, 번거로운 일

📖 활용형 번거로운, 번거로워서, 번거로우니까, 번거롭습니다

0175 ★
형 **상쾌하다**

명 refreshing 중 清爽，舒畅 일 さわやかだ 베 sảng khoái

• 선선한 가을바람이 상쾌해서 기분이 좋았다.
• 운동을 하니 몸도 가벼워지고 기분도 상쾌해졌다.

🔵 알아 두면 좋은 표현! 상쾌한 공기(공기▸0934), 상쾌한 느낌, 마음이 상쾌하다

0176 ★
형 **흥미롭다**
[흥미롭따]

명 interesting 중 有趣，饶有兴趣 일 興味深い 베 hứng thú

• 새로 보기 시작한 드라마의 이야기가 몹시 흥미로웠다.
• 청소년 만 명을 대상으로 실시한 설문 조사에서 아주 흥미로운 결과가 나왔다.

🔵 알아 두면 좋은 표현! 흥미로운 기사(기사▸0912), 흥미로운 사실

📖 활용형 흥미로운, 흥미로워서, 흥미로우니까, 흥미롭습니다

0177 ★
형 **당황스럽다**
[당황스럽따]

명 embarrassment 중 惊慌，慌张 일 当惑する
베 bàng hoàng, bất ngờ

• 아이가 공공장소에서 울면서 떼를 쓰면 부모는 당황스럽게 마련이다.
• 이유도 말하지 않고 이렇게 화만 내면 내가 너무 당황스럽잖아.

🔵 알아 두면 좋은 표현! 당황스러운 모습, 당황스러운 상황(상황▸1019), 당황스러운 얼굴

📖 활용형 당황스러운, 당황스러워서, 당황스러우니까, 당황스럽습니다

0178 ★
형 **만족스럽다**
[만족스럽따]
반 불만족스럽다

명 satisfactory 중 满足，满意 일 満足だ 베 mãn nguyện

• 논문을 쓸 때는 정말 힘들었지만 결과가 아주 만족스러웠다.
• 내 대답을 들은 면접관들은 만족스러운 듯 고개를 끄덕였다.

🔵 알아 두면 좋은 표현! 만족스러운 결과, 만족스러운 변화(변화▸0511), 만족스러운 표정(표정▸0024)

📖 활용형 만족스러운, 만족스러워서, 만족스러우니까, 만족스럽습니다

0179 ★
형 어색하다
[어새카다]

영 awkward 중 尴尬，别扭 일 ぎこちない、よそよそしい
베 gượng gạo

• 오랜만에 만난 친구가 마치 처음 만난 사람처럼 **어색하게** 느껴졌다.
• 나는 농담으로 첫 만남의 **어색한** 분위기를 깨 보려고 했다.

○ 알아 두면 좋은 표현! 어색한 관계, 어색한 사람, 사이가 어색하다

0180 ★
형 자랑스럽다
[자랑스럽따]

영 proud 중 值得自豪，引以为荣 일 誇らしい、自慢の 베 tự hào

• 어려운 상황에서도 성공을 위해 노력하셨던 아버지가 **자랑스럽다.**
• 나는 아들에게 **자랑스러운** 엄마가 되고 싶다.

○ 알아 두면 좋은 표현! 자랑스럽게 느끼다, 자랑스럽게 말하다

활용형 자랑스러운, 자랑스러워서, 자랑스러우니까, 자랑스럽습니다

QUIZ 1 ( )에 들어갈 가장 알맞은 것을 고르십시오.

1. 나는 외동이어서 어렸을 때 ( )을/를 많이 탔다.
   ① 두려움   ② 자부심   ③ 외로움   ④ 호기심

2. 남편은 자신의 실수를 인정하고 아내에게 진심으로 ( )을/를 구했다.
   ① 안심   ② 용서   ③ 정   ④ 후회

3. 내 동생은 성격이 ( ) 보이지만 사실 단순하고 솔직한 편이다.
   ① 갑작스러워   ② 까다로워   ③ 만족스러워   ④ 번거로워

QUIZ 2 다음 단어를 이용해서 문장을 만드십시오.

1. 가지 못해서 / 고향에 / 너무 / 명절에 / 속상하다.

   _____

2. 그는 / 믿지 못한다. / 쉽게 / 의심이 / 친구도 / 많아서

   _____

3. 결혼기념일을 / 남편에게 / 마음이 들었다. / 서운한 / 아내는 / 잊은

   _____

QUIZ 3 빈칸에 알맞은 단어를 보기 에서 골라 쓰십시오.

> **보기** 괴롭다 / 대단하다 / 불평 / 자랑스럽다

나의 부모님께서 이혼하신 뒤 어머니와 둘이 살았다. 처음에는 너무 **1.**(   )
어서/아서/여서 방황을 하기도 하고 어머니께 **2.**(   )을/를 하기도 했는
데 어머니께서는 그런 나를 정성으로 보살펴 주셨다. 온갖 궂은일도 마다하지 않
고 나를 키워 주신 어머니가 정말 **3.**(   )고 느껴졌다. 그래서 나도 어머니께
4.(   )는/은/ㄴ 아들이 되고 싶어서 열심히 공부했다.

TOPIK II　　36회 듣기 41번-42번　🔊 Track 08-1

다음은 강연입니다. 잘 듣고 물음에 답하십시오. (각 2점)

41. 들은 내용과 일치하는 것을 고르십시오.

① 부정적 감정들은 좌절감에 빠지게 한다.

② 분노의 감정이 없어야만 행복감을 느낀다.

③ 모나리자의 미소는 완전한 행복을 보여 준다.

④ 슬픔은 현실감을 잃지 않게 하는 요소로 작용한다.

42. 남자의 중심 생각으로 맞는 것을 고르십시오.

① 완전한 행복을 위해 슬픔을 이겨야 한다.

② 완전한 행복을 위해 조금은 불행한 것도 좋다.

③ 완벽한 행복을 위해 괴로운 일을 잊어야 한다.

④ 완벽한 행복을 위해 행복감의 유지가 필요하다.

밑줄 친 부분에 나타난 글쓴이의 기분으로 알맞은 것을 고르십시오. (3점)

낙천이 아저씨가 돌아가셨다는 소식을 수화기 저편의 아버지에게서 듣는 순간, 내 입에선 아! 짤막한 탄식이 새어 나왔다. 아침부터 희끄무레하던 하늘에서 막 눈이 쏟아지는 참이었다. 수화기를 든 채로 잠시 눈발을 주시했다. 지난 가을 시골집에 들렀을 때 다른 때와는 달리 아버지가 "작은아버지 한번 보고 갈테냐?"고 물었던 일이 떠올랐다. 아버지는 늘 그를 작은 아버지라 지칭했지만 우리들은 그를 낙천이 아저씨라 불렀다. 뒤늦게 깨닫게 되는 일들. 그때 그랬으면 좋았을 텐데 싶은 일들. (중략) "올 테냐?" 수화기 저편의 아버지가 내 대답을 기다렸다. 귀는 수화기에 대고 있고 시선은 점점 굵어지는 창밖의 눈발을 응시하고 있지만 머릿속은 오늘 일정들을 체크해 보느라 분주하게 움직였다. 지금 열한 시. K와 점심. 한 시부터 회의 세 시에 전체 회의, 네 시에 설치 미술가의 기자 간담회에 참석한 뒤 여섯 시에는 인터뷰 약속이 잡혀 있었다. (중략) "눈이 많이 오네요. 아버지." 수화기 저편의 아버지 목소리에서 힘이 빠졌다. "못 오겠냐아?" 이번에는 내 몸에서 힘이 빠졌다. 당신과 뜻이 달라 실망을 할 때면 상대를 탓하거나 의견을 다시 주장하는 게 아니라 힘이 빠진 목소리로 그러냐며 곧 수납 태세로 들어가는 아버지에게 무력해진 지 오래되었다는 생각.

① 서운하다
② 억울하다
③ 조급하다
④ 괘씸하다

인지와 개념(1)

☐ 양   ☐ 판단   ☐ 예측   ☐ 선호

☐ 가치   ☐ 한참   ☐ 적절하다   ☐ 외

☐ 규모   ☐ 여기다   ☐ 정신   ☐ 계기

☐ 인식   ☐ 형태   ☐ 떠오르다   ☐ 기억력

☐ 예상   ☐ 존재   ☐ 거짓

☐ 기본   ☐ 단위   ☐ 사물

☐ 실제   ☐ 동일   ☐ 량

0181 ★★★★
명 양
반 질
참 량

명 quanitity 중 量 일 量 베 lượng
- 음식 양이 많아서 다 먹을 수 없어요.
- 이 그래프는 한국인이 한 달에 마시는 술의 양을 보여 준다.

🔵 알아 두면 좋은 표현! 곡물 양, 쓰레기 양, 동일한 양, 적은 양

0182 ★★★★
명 가치

명 value 중 价值, 意义 일 価値 베 giá trị
- 우리는 1980년대부터 반도체와 같이 부가 가치가 높은 산업에 투자하고 있습니다.
- 이 그림은 오랜 시간이 지났지만 색이 거의 그대로 보존되어 있어 역사적 가치가 높다.

🔵 알아 두면 좋은 표현! 가치를 두다, 가치가 있다, 가치를 지니다

0183 ★★★
명 규모
참 대규모, 소규모

명 scale, size 중 規模 일 規模 베 quy mô
- 생산 규모가 커질수록 비용이 절감된다.
- 보성에 있는 녹차밭은 한국에서 가장 규모가 크다.

🔵 알아 두면 좋은 표현! 시장 규모(시장▶ 0486), 주차장 규모, 피해 규모(피해▶ 1022), 규모가 작다, 규모가 크다

0184 ★★★

명 인식

　파 인식되다
　　인식시키다

명 recognition 중 认识, 看法 일 認識 베 nhận thức

- 요즘 남자들의 육아 휴직에 대한 인식이 달라지고 있다.
- 비혼이라는 말은 사람들의 결혼에 대한 인식의 변화를 보여 준다.

○ 알아 두면 좋은 표현! 긍정적 인식, 인식이 개선되다(개선▸ 0495), 인식이 달라지다(달라지다▸ 0515), 인식이 변화하다(변화▸ 0511)

동 인식하다

　[인시카다]

동 recognize 중 意识, 认识 일 認識する、わかる 베 nhận thức

- 좋아하는 일을 하면 시간의 흐름을 인식하지 못해 시간 가는 줄 모른다.
- 우울증을 치료하려면 현재의 상황을 제대로 인식하는 것이 필요하다.

0185 ★★★

명 예상

명 expectation 중 预想, 预测 일 予想 베 sự dự đoán

- 연휴라 길이 많이 막힐 거라 생각했는데 우리의 예상과는 달리 도로가 한산했다.
- 우리 팀이 우승할 거라는 내 예상이 딱 들어맞았다.

○ 알아 두면 좋은 표현! 예상과 다르다, 예상대로 진행되다, 혼선이 예상되다

동 예상하다

동 expect 중 预料, 预测 일 予想する 베 dự đoán

- 한국의 월드컵 4강 진출은 누구도 예상하지 못한 일이었다.

동 예상되다

동 forecast 중 预计 일 予想される 베 được dự đoán

- 저녁에는 좀 쌀쌀할 것으로 예상됩니다.

0186 ★★★

명 기본

명 basic 중 基本, 基础 일 基本 베 cơ bản

- 동생은 기본이 안 되어 있는지 아주 쉬운 수학 문제도 어려워했다.
- 사회생활의 기본은 약속을 잘 지키는 것이다.

○ 알아 두면 좋은 표현! 기본 소득(소득▸ 0844), 기본 재료

0187 ★★★

명 실제

명 reality, real 중 实际 일 実際の、実際に 베 thực tế

- 게임에 너무 빠져서 실제 생활과 게임을 구별하지 못하는 사람들도 있다.
- 대부분의 사람들은 자신이 실제 나이보다 젊다고 생각하는 경향이 있다.

○ 알아 두면 좋은 표현! 실제 삶(삶▸ 0003), 실제 사례(사례▸ 0554), 실제 역사

0188 ★★★
명 **판단**
　파 판단력
　　판단하다

명 decision **중** 判断 **일** 判断 **베** sự phán đoán
- 지도자는 어떤 위기 상황이 발생하더라도 신속하게 대처할 수 있는 판단 능력이 필요하다.
- 정보가 지나치게 많으면 오히려 판단을 내리기 어려워질 수 있다.

🔵 **알아 두면 좋은 표현!** 빠른 판단, 정확한 판단, 실력을 판단하다(실력▸ 1064), 긍정적으로 판단하다

0189 ★★★
명 **한참**

명 for a while, quite a bit **중** 差得远，老半天 **일** ずいぶん、相当 **베** một lúc lâu
- 차가 고장 나는 바람에 우리는 도로에서 한참을 고생했다.
- 유명한 식당인지 점심때가 한참 지났는데도 아직도 사람이 많아요.

🔵 **알아 두면 좋은 표현!** 한참 뒤, 한참 전, 한참 동안, 한참을 기다리다

0190 ★★★
동 **여기다**

명 consider, regard **중** 认为，视为 **일** 考える **베** xem như là
- 설탕이 각종 병의 원인으로 여겨지면서 설탕 소비가 줄어들었다.
- 개미처럼 작은 생명이라도 모든 생명을 귀하게 여겨야 한다.

🔵 **알아 두면 좋은 표현!** 가볍게 여기다, 가족으로 여기다, 소중하게 여기다
📋 **활용형** 여기는, 여기어서(=여겨서), 여기니까, 여깁니다

0191 ★★★
명 **형태**

명 form, shape **중** 形态，样子 **일** かたち **베** hình thái
- 예전의 김치는 겨울 동안에 채소를 먹을 수 있도록 소금을 넣어 보관하는 형태였다.
- 나는 새로운 가족의 형태인 1인 가구에 대해 논문을 쓰고 있다.

🔵 **알아 두면 좋은 표현!** 독특한 형태(독특하다▸ 0032), 형태가 비슷하다, 형태를 그리다

0192 ★★★
명 **존재**
　파 존재하다

명 existence, presence **중** 存在 **일** 存在 **베** sự tồn tại
- 휴대 전화는 이제 우리의 일상에서 없어서는 안 될 존재가 되었다.
- 나는 신의 존재를 믿지 않는 무신론자이다.

🔵 **알아 두면 좋은 표현!** 귀찮은 존재, 특별한 존재, 존재를 확인하다(확인하다▸ 0732)

0193 ★★★
명 **단위** [다뉘]

명 unit, measure **중** 单位 **일** 単位、ごと **베** đơn vị
- 사물함은 한 달에 5,000원을 내면 사용 가능하며 월 단위로 연장 가능합니다.
- 새해에 세운 목표를 이루려면 한 주 단위로 계획을 세우는 것이 좋다.

🔵 **알아 두면 좋은 표현!** 화폐 단위, 무게의 단위, 단위가 같다, 단위가 다르다

0194 ★★
명 동일

영 same 중 一样, 同样 일 同一 베 sự đồng nhất

- 우리는 고객들이 전 세계 어디에서나 동일 수준의 서비스를 받을 수 있도록 최선을 다하고 있습니다.
- 저는 쇼핑할 때 동일 조건의 상품이라면 직원이 더 친절한 곳에서 물건을 사게 돼요.

🔵 **알아 두면 좋은 표현!** 동일 반응(반응▸ 135), 동일 수법, 동일 여건

형 동일하다

영 identical 중 同样, 相同 일 同一だ 베 đồng nhất

- 왜 동일한 재료와 방법으로 만드는데 지역마다 빵 가격이 다른지 이해할 수가 없습니다.

0195 ★★
명 예측
   파 예측되다

영 prediction 중 预测, 预料 일 予測, 予想 베 sự dự đoán

- 4차 산업 혁명이 가져올 미래는 전문가들도 예측이 불가능하다고 한다.
- 출산율 감소로 여러 가지 사회 문제가 발생할 것이라는 예측이 나오고 있다.

🔵 **알아 두면 좋은 표현!** 예측 결과, 예측이 가능하다(가능▸ 0322), 예측이 맞다

동 예측하다
[예측카다]

영 predict 중 预测 일 予測する 베 dự đoán

- 요즘 날씨가 변화무쌍해서 도무지 날씨를 예측하기 어렵다.

🔵 **알아 두면 좋은 표현!** 날씨를 예측하다, 수명을 예측하다(수명▸ 0013), 변화를 예측하다(변화▸ 0511)

0196 ★★
형 적절하다
[적쩔하다]
   반 부적절하다

영 appropriate 중 适合, 适宜 일 適切だ 베 thích hợp

- 민수는 적절한 농담으로 첫 만남의 어색한 분위기를 흐트러뜨렸다.
- 5월에는 가족들이 보기에 적절한 영화가 인기가 많았다.

🔵 **알아 두면 좋은 표현!** 적절한 시기(시기▸ 1063), 적절한 장소, 적절하게 대응하다

0197 ★★
명 정신

영 spirit, mind 중 精神 일 精神、バタバタする 베 tinh thần

- 민수는 요즘 논문을 마무리하느라 정신이 없을 거예요.
- 잠깐 산책 후에 맑은 정신으로 다시 일하는 게 어때요?

🔵 **알아 두면 좋은 표현!** 새로운 정신, 정신을 가다듬다, 정신을 집중하다(집중하다▸ 1081)

0198 ★★
통 떠오르다

영 come to mind　중 想起, 想出　일 思い浮かぶ　베 nổi lên

- 내 이름을 부르며 활짝 웃던 친구의 얼굴이 종종 떠오르곤 한다.
- 사람들과 같이 고민하다 보니 새로운 해결 방법이 떠올랐다.

알아 두면 좋은 표현! 생각이 떠오르다, 이름이 떠오르다, 추억이 떠오르다
(추억▸0412)

활용형 떠오르는, 떠올라서, 떠오르니까, 떠오릅니다

참고 떠올리다▶사동과 피동(P.431)

0199 ★★
명 거짓 [거짇]

영 false, lie　중 虛假, 假裝　일 嘘、いつわり　베 sự giả dối

- 목격자의 거짓 증언 때문에 사건은 점점 더 미궁으로 빠졌다.
- 김 대리는 이번 달에 벌써 이틀이나 거짓으로 병가를 냈다.

알아 두면 좋은 표현! 거짓 고백, 거짓을 감추다, 거짓을 말하다

0200 ★★
명 사물

영 object　중 事物　일 もの　베 đồ vật

- 개는 인간보다 후각이 뛰어나 멀리 있는 사물도 냄새로 구별할 수 있다.
- 아기들은 주변 사물을 입에 넣거나 손으로 만지면서 지각 능력을 발달시킨다.

알아 두면 좋은 표현! 사물을 그리다, 사물을 만지다, 사물을 보다

0201 ★★
명 량
참 양

영 quantity, amount　중 量　일 量　베 lượng

- 최근 6개월 간 강수량이 평년보다 적어 가뭄 현상이 나타나고 있다.
- 우리는 늘어난 업무량을 감당하기 위해 직원을 더 뽑았다.

알아 두면 좋은 표현! 거래량, 목표량, 생산량

TIP　주로 한자어 명사 뒤에 붙여 쓴다.

0202 ★★
명 선호
파 선호도

영 preference　중 喜好, 偏愛　일 嗜好　베 sự yêu thích

- 김 대리는 소비자의 구매 욕구, 선호 상품 등을 분석해 마케팅 전략을 세웠다.
- 최근 열대 과일에 대한 선호가 증가하면서 국내에서도 바나나, 망고 등을 재배하는 농가가 늘었다.

알아 두면 좋은 표현! 선호가 나타나다, 선호가 높다, 선호가 확산되다

통 선호하다

영 prefer　중 偏好　일 せんこうする　베 ưa chuộng

- 나는 다양한 종류의 물건을 한 곳에서 살 수 있어 시장보다 대형 할인점을 선호한다.

의 외
[외/웨]
반 내 ▸0348

명 besides, except 중 以外，之外 일 他、以外 베 ngoài

• 연필과 지우개 외에는 모두 가방에 넣으세요.
• 여기는 관계자 외 출입 금지니까 들어가지 마십시오.
알아 두면 좋은 표현! 그 외, 이 외

명 계기
[게기/계기]

명 opportunity, ocassion 중 契机，转机 일 きっかけ、契機
베 dấu mốc, động lực

• 이번 실패를 계기로 삼아 더 나은 모습으로 성장해야지.
• 음악 일을 시작하게 된 특별한 계기가 있으신가요?
알아 두면 좋은 표현! 사건의 계기(사건▸ 1029), 결정적 계기, 계기를 마련하다

명 기억력
[기엉녁]

명 memory, retention 중 记性，记忆力 일 記憶力 베 khả năng ghi nhớ

• 메모하는 습관을 기르면 기억력을 높일 수 있다.
• 동생은 기억력이 너무 좋아서 어렸을 때 했던 사소한 일조차도 정확하게 기억했다.
알아 두면 좋은 표현! 기억력이 나쁘다, 기억력이 떨어지다, 기억력이 좋다

QUIZ 1　(　)에 들어갈 가장 알맞은 것을 고르십시오.

1. 나라마다 무게를 재는 (　　　)이/가 달라서 가끔 헷갈린다.
　　① 규모　　　　　② 단위　　　　　③ 양　　　　　④ 형태

2. 가격이 비싸야 좋은 제품이라는 잘못된 (　　　)을/를 바로잡아야 한다.
　　① 가치　　　　　② 상상　　　　　③ 인식　　　　　④ 판단

3. 오빠는 아버지께서 물려주신 만년필을 그 무엇보다 소중하게(　　　).
　　① 더했다　　　　② 떠올렸다　　　　③ 여겼다　　　　④ 합했다

QUIZ 2　다음 단어를 이용해서 문장을 만드십시오.

1. 가치가 / 높다. / 이 도자기는 / 역사적으로

_____

2. 두 팀의 / 비슷해 / 실력이 / 어려웠다. / 우승팀 / 예측이

_____

3. 보았다. / 실수로 / 손실을 / 엄청난 / 인해 / 판단 / 한순간의

_____

QUIZ 3 빈칸에 알맞은 단어를 **보기** 에서 골라 쓰십시오.

> **보기**
>
> 기억력 / 떠오르다 / 사물 / 적절하다

어릴 때에는 전화번호도 다 외웠는데 나이가 드니 사람 이름도 잘 **1.**(   )지 않고 상황에 맞는 **2.**(   ) 어휘가 생각나지 않는다며 우울해하는 사람이 많다. 하지만 그럴 필요는 없다. 나이가 들수록 **3.**(   )은/는 떨어지는 반면 판단력은 더 좋아지기 때문이다. 나이가 들면 사소한 것을 잊어버리는 일은 많아지지만 **4.**(   )을/를 깊게 보고 문제를 해결할 수 있는 능력은 향상된다.

30회 듣기 11번 🔊 Track 09-1

다음을 듣고 내용과 일치하는 것을 고르십시오. (4점)

① 남자는 한 달 전에 이사를 했다.
② 여자는 이사 시간이 길어 힘들었다.
③ 여자는 해야 할 일들이 많아 정신이 없다.
④ 남자는 이사 후에 정리할 일이 많지 않았다.

64회 듣기 25번 🔊 Track 09-2

남자의 중심 생각으로 알맞은 것을 고르십시오. (2점)

① 소방관의 근무 환경을 개선해야 한다.
② 사람들이 소방관에 대해 관심을 가지면 좋겠다.
③ 사람들은 소방관의 희생정신을 본받아야 한다.
④ 소방관의 안전을 보장하기 위한 대책이 필요하다.

인지와 개념(2)

☐ 당연하다	☐ 핵심	☐ 개별	☐ 대량
☐ 각종	☐ 공동	☐ 그중	☐ 소망
☐ 구별하다	☐ 믿음	☐ 깨닫다	☐ 수많다
☐ 더하다	☐ 몇몇	☐ 별	☐ 개념
☐ 최대	☐ 특정	☐ 시각	
☐ 상상	☐ 관점	☐ 횟수	
☐ 합하다	☐ 측면	☐ 구분	

0206 ★★
형 당연하다

형 obvious 중 当然，理应 일 当然だ 베 hiển nhiên
- 평소 공부를 열심히 했으니 시험 성적이 좋은 것이 당연하다.
- 지갑을 찾아 준 사람에게 사례를 하려고 했는데 그는 당연한 일을 했을 뿐이라며 거절했다.

🔵 알아 두면 좋은 표현! 당연한 결과, 당연한 일

0207 ★★
명 각종
[각쫑]

형 various, all kind 중 各种 일 各種 베 các loại
- 나는 당근, 감자 등 각종 채소를 넣고 채소 볶음밥을 만들었다.
- 대규모 공원을 조성해 각종 나무를 심으려고 합니다.

🔵 알아 두면 좋은 표현! 각종 과일, 각종 질병

TIP 주로 '각종 N'의 형태로 많이 쓴다.

0208 ★★
동 구별하다

형 distinction, differentiation 중 区别，分辨 일 区別する
베 phân biệt
- 이 보석은 가짜와 진짜가 너무 비슷해 구별하기가 힘들었다.
- 개는 인간보다 후각이 뛰어나 멀리 있는 사물도 냄새로 구별할 수 있다.

🔵 알아 두면 좋은 표현! 공과 사를 구별하다, 신분을 구별하다, 정확하게 구별하다

0209 ★★
⑤ 더하다

圏 add 图 增加，增添 圓 加える 圓 thêm
- 이번에 출시된 청소기는 기존의 모델에 인공 지능(AI) 기능을 더했다.
- 학교 축제와 관련해 여러분의 의견을 더해 주세요!

🔵 **알아 두면 좋은 표현!** 매력을 더하다, 자부심을 더하다

0210 ★★
® 최대
   (반) 최소

圏 maximum 图 最大，最多 圓 最大 圓 tối đa
- 도서 대출은 연장 신청 시 최대 30일까지 대출이 가능합니다.
- 김치 만들기 수업은 최대 20명까지 들을 수 있다.

🔵 **알아 두면 좋은 표현!** 사상 최대, 최대 과제, 최대 규모, 최대 성과, 최대 속도

0211 ★★
® 상상
   (참) 상상력

圏 imagination 图 想象，设想 圓 想像 圓 sự tưởng tượng
- 학생들 모두 학교 시설이 이렇게 좋아질지 상상도 못했다고 말하고 있습니다.
- 집집마다 태권도를 배우지 않는 아이가 없을 정도로 태권도의 인기는 상상을 초월할 정도이다.

🔵 **알아 두면 좋은 표현!** 상상을 뛰어넘다, 상상을 펼치다

0212 ★★
⑤ 합하다 [하파다]

圏 sum, combine 图 合并，合起来 圓 合わせる
圓 hợp lại, tổng hợp
- 1차와 2차 성적을 모두 합해 가장 우수한 참가자 3명이 상을 받게 됩니다.
- 월급에 매달 부수입으로 버는 돈까지 합하면 한 달 수입이 적지 않은 편이다.

🔵 **알아 두면 좋은 표현!** 금액을 합하다, 숫자를 합하다

0213 ★★
® 핵심 [핵씸]

圏 core, key point 图 核心 圓 核心、コア 圓 trọng tâm
- 대중문화 산업이야말로 최근 한국을 대표하는 핵심 산업이라고 할 수 있다.
- 나는 교수님 질문의 핵심을 이해하지 못하고 엉뚱한 대답만 했다.

🔵 **알아 두면 좋은 표현!** 사건의 핵심, 핵심 내용, 핵심 인물, 핵심을 다루다

0214 ★★
® 공동

圏 joint, common 图 共同，并列 圓 共同、ともに
圓 chung, cộng đồng
- 한국 대표팀이 지난 승리에 힘입어 공동 1위로 올라섰습니다.
- 각자 방은 따로 사용하지만 주방과 화장실은 네 명이 공동으로 사용한다.

🔵 **알아 두면 좋은 표현!** 공동 개최, 공동 관심사, 공동 시설, 공동 운영, 공동으로 사용하다

0215 ★★
명 믿음 [미듬]

명 faith, belief 중 信任, 信赖 일 信頼 베 niềm tin

• 지수는 평소 말수가 적고 신중해 여러모로 믿음이 간다.
• 남편이 한번 거짓말을 했다가 들킨 뒤로 남편에 대한 믿음이 깨졌다.

◉ 알아 두면 좋은 표현! 강한 믿음, 믿음이 깊다, 믿음을 가지다, 믿음을 저버리다

0216 ★★
수 관 몇몇 [면면]

명 some, a few 중 若干, 几 일 何人か、いくつか 베 một vài

• 수업이 끝난 후에 학생들 몇몇이 모여 점심을 먹으러 갔다.
• 갑자기 출장을 가게 되어 몇몇 물건들만 챙겨서 다급하게 공항으로 갔다.

◉ 알아 두면 좋은 표현! 직원 몇몇, 친구 몇몇, 몇몇 기업(기업▸ 0775), 몇몇 동물

0217 ★★
명 특정 [특쩡]

명 specific, certain 중 特定 일 特定（の） 베 riêng biệt, đặc biệt

• 여론 조사 결과 특정 정당을 지지하지 않는 유권자가 40%나 되는 것으로 나타났다.
• 많은 새내기 직장인들은 미래의 특정 목적을 위해 돈을 모으곤 한다.

◉ 알아 두면 좋은 표현! 특정 계층(계층▸ 0506), 특정 인물(인물▸ 0646), 특정 정보(정보▸ 0975), 특정 집단(집단▸ 0535)

0218 ★★
명 관점 [관쩜]

명 perspective, point of view 중 观点, 看法 일 観点、視点 베 quan điểm

• 나는 책을 읽으며 내 관점이 아닌 아버지의 관점에서 아버지를 이해하는 연습을 해 봤다.
• 이 영화는 내가 세상을 조금 더 따뜻하게 바라볼 수 있는 관점을 만들어 준 작품이다.

◉ 알아 두면 좋은 표현! 날카로운 관점, 새로운 관점, 주관적인 관점, 관점이 다르다, 관점에 따르다

0219 ★★
명 측면 [층면]

명 aspect, side 중 側面, 方面 일 側面 베 phương diện, mặt

• 무인 주문기 도입이 비용 측면에서 효과가 있다고 생각한다.
• 소셜 미디어(social media)의 사용이 부정적 측면만을 가지는 것은 아니다.

◉ 알아 두면 좋은 표현! 공익적 측면, 긍정적 측면, 사회적 측면, 장기적 측면

0220 ★
명 개별

명 individual, separate 중 个别，单个 일 個別 베 riêng biệt

- 심사 결과는 다음 달 1일 홈페이지에서 확인하실 수 있으며 수상자에게는 **개별** 통지할 예정이다.
- 선생님은 매달 학생 한 명 한 명 **개별** 면담 시간을 가졌다.

🔵 알아 두면 좋은 표현! 개별 과제(과제▸¹⁰⁸⁴), 개별 면접(면접▸ ⁰⁷³⁷), 개별 사업자, 개별 특성(특성▸ ¹⁰⁶⁵)

0221 ★
명 그중

명 among them, from them 중 其中，那些里面 일 そのうち(の)
베 trong đó

- 옷을 여러 벌 입어 봤는데 **그중** 마음에 드는 옷은 없었다.
- 나는 사진을 여러 장 뽑은 뒤 **그중**에 하나를 골라 벽에 붙였다.

0222 ★
명 깨닫다 [깨닫따]

명 realize, understand 중 意识到，醒悟 일 気づく、悟る
베 nhận ra

- 아이는 이번 일을 통해 거짓말을 하면 안 된다는 것을 **깨달았다**.
- 얼마 전 병원에 갔다가 건강의 심각성을 **깨닫**고 금연과 금주를 결심했다.

🔵 알아 두면 좋은 표현! 위기를 깨닫다(위기▸ ⁰⁵⁰²), 위험성을 깨닫다(위험성▸ ¹⁰³⁷)

📖 활용형 깨닫는, 깨달아서, 깨달으니까, 깨닫습니다

0223 ★
관 별

명 little, no 중 别的，特别 일 あまり 베 không~mấy

- 속이 불편해서 약국에서 소화제를 사서 먹었지만 **별** 소용이 없었다.
- 정부에서 경기 안정을 위해 여러 대안을 내놓고 있지만 **별** 효과가 없다.

🔵 알아 두면 좋은 표현! 별 관심, 별 도움, 별 사이, 별 차이(차이▸ ⁰⁵⁵³)

0224 ★
명 시각

명 viewpoint 중 角度，视角 일 見方 베 cách nhìn

- 남성의 육아 휴직을 긍정적으로 바라보는 **시각**이 늘어나고 있다.
- 초과 근무에 대한 노사 양측의 **시각**의 차이로 파업이 더 장기화되었다.

🔵 알아 두면 좋은 표현! 남성의 시각, 긍정적인 시각, 새로운 시각, 시각이 다르다

0225 ★
명 횟수
[회쑤/휃쑤]

명 frequency, number of times 중 次数，遍数 일 回数 베 số lần

- 명절에 대비해 지하철 막차 시간을 평소보다 연장하고 시내버스 운행 **횟수**도 늘렸다.
- 그 공연은 **횟수**를 거듭할수록 입소문을 타고 관객이 증가했다.

🔵 알아 두면 좋은 표현! 횟수가 늘다, 횟수가 잦다, 횟수가 줄다

0226 ★
명 구분
파 구분되다

명 division, classification 중 分, 区分 일 区分 베 sự phân loại
- 이 모자는 남녀 **구분** 없이 누구에게나 잘 어울린다.
- 집에서 일하다가 보니 업무와 일상의 **구분**이 애매하다는 단점이 있었다.

◉ 알아 두면 좋은 표현! 공사 구분, 시대 구분(시대▸ 0640), 뚜렷한 구분

동 구분하다

동 distinguish 중 分, 区分 일 区分する 베 phân loại
- 자전거 길과 산책로를 명확하게 **구분**해 놓으니까 이전보다 사고가 줄었다.
- 아내는 거실과 부엌을 **구분**하기 위해 장식장을 세워 놓았다.

0227 ★
명 대량
반 소량

명 large quanitiy, bulk 중 大量, 大批 일 大量 베 số lượng lớn
- 식당 주인은 시장에서 필요한 채소를 **대량**으로 구입하였다.
- 아이스크림에서 기준치의 7배가 넘는 **대량**의 세균이 검출되었다.

◉ 알아 두면 좋은 표현! 대량 공급(공급▸ 0851), 대량 구입(구입▸ 0872), 대량 주문

0228 ★
명 소망

명 hope, wish 중 愿望, 心愿 일 希望, 望み 베 ước muốn
- 끊임없는 노력 끝에 마침내 나는 유학을 가고 싶다는 **소망**을 이루었다.
- 나는 한 해의 **소망**을 글로 적어 잘 보이는 곳에 붙여 두고 매일 아침 소리 내어 읽었다.

◉ 알아 두면 좋은 표현! 간절한 소망, 소망을 갖다, 소망을 품다

0229 ★
형 수많다 [수만타]

형 countless, numerous 중 很多, 众多 일 数多い 베 nhiều, vô số
- 축구 국가 대표 선수단이 **수많은** 사람들의 환호를 받으며 귀국했다.
- **수많은** 실패에 좌절해서 도전을 포기했다면 결코 성공하지 못했을 것이다.

◉ 알아 두면 좋은 표현! 수많은 경쟁자, 수많은 관객(관객▸ 0573), 수많은 문제점
TIP 주로 '수많은'으로 쓴다.

0230 ★
명 개념

명 concept, notion 중 概念, 认识 일 概念 베 khái niệm
- 1학년 전공 수업은 전공에 대한 기본적인 **개념**을 이해하는 것에 도움을 줍니다.
- 동생은 돈에 대한 **개념**이 아직 없어 돈을 어떻게 써야 하는지 모르는 것 같았다.

◉ 알아 두면 좋은 표현! 개념을 정의하다, 개념이 구별되다(구별▸ 0208), 개별이 정립되다, 개념을 익히다

QUIZ 1　( )에 들어갈 가장 알맞은 것을 고르십시오.

1. 유학을 앞두고 ( ) 생각이 머릿속에 떠올랐다.
   ① 달하는　　　② 뚜렷한　　　③ 수많은　　　④ 확실한

2. 나는 복지 센터에 기부를 하려고 겨울옷을 ( )으로/로 주문했다.
   ① 고급　　　② 개별　　　③ 권유　　　④ 대량

3. 그는 무슨 고민이 있는지 최근 술을 마시는 ( )이/가 많아졌다.
   ① 계기　　　② 권유　　　③ 자극　　　④ 횟수

QUIZ 2　다음 단어를 이용해서 문장을 만드십시오.

1. 각종 / 강추위로 / 난방 기구가 / 많이 /팔렸다.
   _____

2. 국민 / 모두가 / 이룩합시다. / 평화를 / 합해 / 힘을
   _____

3. 깨닫고 / 사과했다. / 스스로 / 아이는 / 잘못을 / 친구에게
   _____

QUIZ 3 (   )에 공통적으로 들어갈 수 있는 말을 고르십시오.

누구에게나 (   )이/가 있다. (   )을/를 이루려면 마음속으로만 자신의 (   )을/를 되새기기보다는 글로 써서 잘 보이는 곳에 두거나 소리 내어 이야기하면 좋다. 그렇게 하면 그 (   )은/는 구체적인 목표가 되기 때문이다.

① 끈기   ② 보람   ③ 소망   ④ 욕구

TOPIK II   47회 듣기 24번   🔊 Track 10-1

들은 내용으로 맞는 것을 고르십시오.(2점)

① '숲속 놀이터'는 단체만 이용이 가능하다.
② 남자는 가족과 3일간 호텔에서 묵을 예정이다.
③ 호텔에서는 가족을 위한 체험 활동을 계획 중이다.
④ 자연 체험 교육은 최대 20명까지 수강이 가능하다.

TOPIK II   52회 읽기 46번

위 글에서 <보기>의 글이 들어가기에 가장 알맞은 곳을 고르십시오. (2점)

> 　보수와 진보의 개념은 정치뿐만 아니라 경제 분야에서도 사용된다. (㉠) 자유를 중시하는 보수주의자들은 자유가 최대한 보장될 때 경제 성장이 가능하다고 본다. 그래서 경제를 시장의 자율에 맡기고 정부는 최소한의 역할만을 담당해야 한다고 주장한다. (㉡) 반면 평등을 우선시하는 진보주의자들은 시장을 자율에 맡기기보다 국가가 개입해야 한다고 생각한다. (㉢) 그래야 시장 경제 체제의 문제점인 불평등을 해소할 수 있다고 주장한다. 보수와 진보 중 어느 하나의 입장만이 옳다고 단정하기는 어렵다. 경제 발전을 위해서는 보수가 추구하는 바가 필요하며 경제 발전에 따른 문제점을 해결하기 위해서는 진보의 정책들이 요구된다. 보수와 진보가 서로 보완하여 상호 균형을 이룰 때 경제는 더 발전적인 방향으로 나아갈 수 있을 것이다.(㉣)

보기

경제적 관점에서 보수와 진보는 시장 경제를 조절하는 두 축인 시장과 국가의 역할에 대한 견해에 따라 구분된다.

① ㉠   ② ㉡   ③ ㉢   ④ ㉣

3

일상생활

DAY 11 의생활

DAY 12 식생활

DAY 13 주거 생활

DAY 14 생활용품

DAY 15 시설 이용

DAY 16 시간

DAY 17 교통

의생활

☐ 정장	☐ 달다	☐ 검다	☐ 다리다
☐ 셔츠	☐ 낡다	☐ 담그다	☐ 재다
☐ 무늬	☐ 의류	☐ 묻다	☐ 옷차림
☐ 건조	☐ 보석	☐ 코트	
☐ 부츠	☐ 얼룩	☐ 수선	
☐ 구멍	☐ 희다	☐ 세탁물	

0231 ★★★
명 **정장**

영 suit 중 正裝, 礼服 일 スーツ、正装 베 đồ công sở
- 면접 때 입는 정장을 무료로 빌려주는 곳이 있다고 한다.
- 우리 회사는 대부분 짙은 색 정장을 입고 출근을 한다.

🔵 **알아 두면 좋은 표현!** 맞춤 정장, 신사 정장, 정장 한 벌, 정장 차림

0232 ★★★
명 **셔츠**

영 shirt 중 衬衫 일 シャツ 베 áo sơ mi
- 나는 다리미로 다려 셔츠의 주름을 폈다.
- 동생은 흰색 셔츠에 까만 바지를 즐겨 입었다.

🔵 **알아 두면 좋은 표현!** 긴팔 셔츠, 꽃무늬 셔츠

0233 ★★★
명 **무늬** [무니]

영 pattern 중 纹理, 花纹 일 模様、柄 베 họa tiết
- 나는 봄이 되면 화사한 무늬의 원피스를 자주 입는다.
- 아이는 알록달록 예쁜 무늬가 있는 옷을 마음에 들어 했다.

🔵 **알아 두면 좋은 표현!** 꽃무늬, 체크무늬, 다양한 무늬

0234 ★★
명 **건조**
파 건조되다
건조하다

영 dry 중 干燥 일 乾燥 베 sự khô ráo
- 햇볕이 좋은 날에는 이불을 빨아 햇볕에 자연 건조를 시켰다.
- 건조가 다 끝나지 않았는지 빨랫감에는 아직 물기가 남아 있었다.

🔵 **알아 두면 좋은 표현!** 건조 과정, 건조 속도, 건조를 시키다

0235 ★
명 부츠

명 boots 중 长靴，长筒靴 일 ブーツ 베 đôi bốt, ủng
- 부츠 안에 신문지나 종이를 넣어 보관하면 부츠 모양이 변하지 않는다고 한다.
- 나는 부츠는 신고 벗기 불편해 한겨울에도 부츠를 잘 신지 않는다.

0236 ★★
명 구멍

명 hole 중 洞，窟窿 일 穴 베 lỗ
- 어디에서 뜯겼는지 새로 산 옷에 작은 구멍이 났다.
- 호주머니에 구멍이 뚫려 있었는지 동전이 바닥에 다 떨어졌다.
- ◉ 알아 두면 좋은 표현! 구멍 난 양말, 구멍이 뚫리다

0237 ★★
동 달다

동 hang, attach 중 钉，缝 일 つける 베 lắp, gắn
- 어머니는 블라우스 안쪽에 단추를 하나 더 달아 주셨다.
- 이 옷은 단추 대신에 지퍼를 다는 게 더 편할 것 같은데?
- ◉ 알아 두면 좋은 표현! 단추를 달다, 명찰을 달다, 브로치를 달다
- 📖 활용형 다는, 달아서, 다니까, 답니다

0238 ★★
형 낡다 [낙따]

형 worn out 중 旧，陈旧 일 古びた 베 cũ
- 대학 입학 때 샀던 와이셔츠는 너무 오래되어서 낡고 색도 누렇게 변해 있었다.
- 나는 입지 못하게 된 낡은 옷을 이용해 아이들 인형 옷을 만들었다.
- ◉ 알아 두면 좋은 표현! 낡고 허름하다, 낡아서 버리다

0239 ★★
명 의류

명 clothes 중 服装，衣服 일 衣類 베 quần áo, trang phục
- 남성 의류가 예전보다 색상도 다양하고 디자인도 화려해졌다.
- 최근 저렴한 가격과 다양한 디자인을 앞세운 의류 회사들이 많아졌다.
- ◉ 알아 두면 좋은 표현! 아동 의류(아동▸ 0016), 의류 매장(매장▸ 0876), 의류 업체(업체▸ 0877)

0240 ★★
명 보석

명 jewelry, gem 중 宝石 일 宝石 베 đá quý
- 나는 보석이 박힌 화려한 반지보다는 얇은 금반지가 더 마음에 들었다.
- 신라 시대 당시 상류층의 장신구는 보석을 많이 사용해 화려하게 만들었다.

0241 ★
명 얼룩

영 stain, spot 중 污迹, 污渍 일 染み 베 vết bẩn
- 바지에 케첩을 쏟아 큰 얼룩이 졌다.
- 신문지에 있는 기름기를 사용해 옷의 얼룩을 없앨 수 있다고 한다.

🔵 **알아 두면 좋은 표현!** 작은 얼룩, 얼룩 반점, 얼룩이 찍히다

0242 ★
형 희다 [히다]

영 white 중 白, 白色 일 白い 베 trắng
- 흰 옷은 흰 옷끼리 따로 모아 세탁기를 돌렸다.
- 빨래를 한꺼번에 빨았더니 흰 옷이 분홍색으로 물들어 버렸다.

🔵 **알아 두면 좋은 표현!** 흰 구름, 흰 봉투, 희게 변하다

0243 ★
형 검다 [검따]

영 black 중 黑, 黑色 일 黒い 베 đen
- 우리는 선생님의 죽음을 애도하기 위해 가슴에 검은 리본을 달았다.
- 할머니는 종종 미용실에 가셔서 하얗게 센 머리를 검게 염색하셨다.

🔵 **알아 두면 좋은 표현!** 검은 연기, 검게 타다

0244 ★
동 담그다

영 soak, dip 중 浸泡 일 浸ける 베 ngâm
- 엄마는 물감이 묻은 아이의 옷을 세제를 푼 물에 담가 놓았다.
- 나는 물에 담가 놓았던 셔츠를 꺼내 손으로 비벼 빨았다.

🔵 **알아 두면 좋은 표현!** 빨래를 담그다, 손을 담그다, 물에 담그다

📖 **활용형** 담그는, 담가서, 담그니까, 담급니다

0245 ★
동 묻다 [묻따]

영 bury, stain 중 沾, 沾上 일 くっつく 베 bám, vấy bẩn
- 김치를 먹다 흘려 티셔츠에 빨간 김치 국물이 묻었다.
- 산책을 하다가 넘어져 옷에 흙이 많이 묻어 있었다.

🔵 **알아 두면 좋은 표현!** 때가 묻다, 먼지가 묻다, 물이 묻다

0246 ★
명 코트

영 coat 중 大衣, 外套 일 コート 베 áo khoác
- 겨울에는 코트보다 패딩을 입어야 확실히 더 따뜻하다.
- 첫 출근이라고 정장에 코트까지 갖추어 입었다.

🔵 **알아 두면 좋은 표현!** 모직 코트, 여성 코트, 긴 코드, 두꺼운 코트

0247 ★
명 수선
파 수선되다
수선하다

영 repair, mending 중 修改, 修缮 일 修繕、つくろい 베 sự sửa
- 이 가게는 내가 십 년 동안 구두며 가방 수선을 맡기는 집이야.
- 못에 걸려 옷에 구멍이 났는데 혹시 수선이 가능할까요?

🔵 **알아 두면 좋은 표현!** 구두 수선, 옷 수선, 수선 가게, 수선 작업(작업▸ 0606)

0248 ★
명 세탁물 [세탕물]

명 laundry 중 要洗的衣物 일 洗濯物 베 đồ giặt

• 겨우내 입었던 세탁물을 맡기러 세탁소에 가는 길이다.
• 세탁물에 세제를 너무 많이 풀었는지 아무리 헹궈도 계속 거품이 남아 있었다.

🔵 알아 두면 좋은 표현! 세탁물을 맡기다, 세탁물을 분리하다, 세탁물을 수거하다

0249 ★
동 다리다

명 iron 중 熨, 熨烫 일 アイロンをかける 베 là, ủi

• 나는 정장 바지에 줄을 세워 다렸다.
• 아직 다리지 않은 원피스에 온통 주름이 가 있었다.

🔵 알아 두면 좋은 표현! 바지를 다리다, 셔츠를 다리다, 다려 입다

📖 활용형 다리는, 다리어서(=다려서), 다리니까, 다립니다

0250 ★
동 재다

명 measure 중 量, 测量 일 計る 베 đo, cân

• 엄마는 아이의 치수를 재 직접 옷을 만들어 입혔다.
• 결혼을 준비하며 반지를 낄 손가락의 사이즈를 재러 다녀왔다.

🔵 알아 두면 좋은 표현! 길이를 재다, 무게를 재다, 체온을 재다

📖 활용형 재는, 재어서(=재), 재니까, 잽니다

0251 ★
명 옷차림 [옫차림]

명 dress, outfit 중 衣着, 着装 일 服装 베 cách ăn mặc

• 영주는 패션에 관심이 많아서 항상 옷차림에 신경을 많이 썼다.
• 선생님들은 아이들에게 단정한 옷차림으로 학교에 오라고 했다.

🔵 알아 두면 좋은 표현! 멋있는 옷차림, 옷차림이 가볍다, 옷차림에 신경을 쓰다
(신경▶ 0043)

DAY 11

QUIZ 1 (　　)에 들어갈 가장 알맞은 것을 고르십시오.

1. 바지 길이가 길어 (　　　　)을/를 맡겼다.
   ① 구멍　　　　　② 건조　　　　　③ 수선　　　　　④ 세탁물

2. 날씨가 풀리면서 사람들의 (　　　　)도 가벼워졌다.
   ① 보석　　　　　② 옷차림　　　　　③ 의류　　　　　④ 정장

3. 나는 고등학교 졸업 때까지 교복을 직접 (　　　　) 입었다.
   ① 다려서　　　　② 담가서　　　　③ 달아서　　　　④ 재서

QUIZ 2　다음 단어를 이용해서 문장을 만드십시오.

1. 단추를 / 달아 / 아내가 / 와이셔츠에 / 주었다.

   _____

2. 낡은 / 버리고 / 새 정장을 / 정장을 / 한 벌 샀다.

   _____

3. 교복 가게에 / 데리고 가서 / 치수를 / 아이를 / 재게 / 했다.

   _____

QUIZ

QUIZ 3   빈칸에 알맞은 단어를 **보기** 에서 골라 쓰십시오.

> **보기**
>
> 건조 / 묻다 / 얼룩 / 의류 / 희다

커피나 케첩 등을 쏟아도 1.(   )이/가 생기지 않는 2.(   )이/가 개발
되었다. 이 옷은 겉으로 보았을 때는 일반 옷과 다르지 않지만 커피나 우유, 케첩 등이
3.(   )어도/아도/여도 옷에 스며들지 않고 그대로 흘러내린다. 4.(   )
방법이 다소 까다롭기는 하나 세탁이 곤란한 용품이나 5.(   )는/은/ㄴ 옷 등
에 유용하게 활용이 가능할 것이다.

다음 대화를 잘 듣고 여자가 이어서 할 행동으로 알맞은 것을 고르십시오.(2점)

① 옷을 맡긴다.
② 코트를 산다
③ 세탁소에 간다.
④ 우편물을 가져온다.

남자가 무엇을 하고 있는지 고르십시오.(2점)

① 정장 대여 방법을 알아보고 있다.
② 정장 대여 날짜를 문의하고 있다.
③ 정장 대여 가격을 확인하고 있다.
④ 정장 대여 예약을 변경하고 있다.

식생활

☐ 상하다	☐ 버섯	☐ 간편하다	☐ 지방
☐ 담다	☐ 차리다	☐ 썩다	☐ 껍질
☐ 영양	☐ 덜다	☐ 조리	☐ 냉동
☐ 채우다	☐ 국물	☐ 과식	☐ 삶다
☐ 가루	☐ 끼	☐ 뚜껑	
☐ 뿌리다	☐ 데우다	☐ 식욕	
☐ 아침밥	☐ 쓴맛	☐ 양념	

0252 ★★★
통 **상하다**

영 spoil 중 变质, 坏 일 傷む 베 hỏng, thiu
- 음식이 상하기 쉬운 여름에는 식품 보관에 신경을 써야 한다.
- 반찬에서 쉰 냄새가 나는 걸 보니 상한 것 같다.

🔵 **알아 두면 좋은 표현!** 상한 생선, 고기가 상하다

0253 ★★★
통 **담다** [담따]

영 put in, contain 중 盛, 装 일 盛る 베 đựng, chứa
- 어머니는 반찬을 그릇에 정갈하게 나누어 담곤 하셨다.
- 나는 아이의 접시에 고기를 작게 잘라 담아 주었다.

🔵 **알아 두면 좋은 표현!** 쌀을 담다, 그릇에 담다

0254 ★★
명 **영양**

영 nutrition 중 营养 일 栄養 베 dinh dưỡng
- 우유는 영양이 풍부한 식품으로 알려져 있다.
- 나는 건강을 위해 모든 영양 성분을 골고루 먹으려고 한다.

🔵 **알아 두면 좋은 표현!** 영양 균형(균형▸ 0501), 영양 부족, 영양 상태(상태▸ 0669), 영양을 공급하다(공급▸ 0851), 영양을 보충하다 (보충하다▸ 1092)

0255 ★★
⑧ 채우다

명 fill 중 填满，填饱 일 満たす 베 làm đầy
- 우리는 쇼핑하기 전에 백화점 식당에 가서 배부터 **채웠다**.
- 입덧은 공복에 심해지므로 가벼운 음식으로 속을 **채워** 두는 것이 좋다.

활용형 채우는, 채워서, 채우니까, 채웁니다

0256 ★★
® 가루

명 powder 중 面儿，粉末 일 粉 베 bột
- 아이는 바닥에 **가루**를 흘리며 과자를 먹었다.
- 어머니는 핫케이크 **가루**에 우유를 넣어 반죽을 만들었다.

알아 두면 좋은 표현! 곡물 가루, 가루가 곱다, 가루를 내다

0257 ★★
⑧ 뿌리다

명 sprinkle, spread 중 撒，洒 일 ふる、かける 베 rắc
- 아이는 아이스크림에 초콜릿 시럽을 가득 **뿌려** 먹었다.
- 고기를 굽기 전에 고기에 소금과 후추를 **뿌려** 두었다.

활용형 뿌리는, 뿌리어서(=뿌려서), 뿌리니까, 뿌립니다

0258 ★★
® 아침밥 [아침빱]

명 breakfast 중 早饭，早餐 일 朝ごはん 베 bữa sáng
- 나는 아무리 바빠도 출근 전에 **아침밥**을 꼭 먹으려고 한다.
- 부모님께서는 새벽같이 일어나 **아침밥**을 준비해 두고 회사에 가셨다.

알아 두면 좋은 표현! 아침밥을 거르다, 아침밥을 먹다

0259 ★★
® 버섯 [버섣]

명 mushroom 중 蘑菇 일 キノコ 베 nấm
- 나는 **버섯**에 소금을 뿌려 구워 냈다.
- 독을 가진 **버섯**도 있으므로 산에서 **버섯**을 캐서 먹으면 안 된다.

알아 두면 좋은 표현! 버섯 요리, 버섯을 따다, 버섯을 재배하다

0260 ★★
⑧ 차리다

명 prepare, set 중 准备（饭菜），置办（宴席） 일 整える、支度する 베 dọn, bày biện
- 별로 **차린** 건 없지만 맛있게 드세요.
- 우리 부부는 먼저 퇴근하는 사람이 요리를 해 저녁을 **차린다**.

알아 두면 좋은 표현! 생일상을 차리다, 음식을 차리다
활용형 차리는, 차리어서(=차려서), 차리니까, 차립니다

0261 ★
동 **덜다**

명 scoop out 중 盛 일 取り分ける 베 lấy ra, bớt ra
- 음식을 덜어서 먹을 수 있도록 작은 접시를 많이 준비했다.
- 형은 그릇 대신 냄비 뚜껑에 라면을 덜어서 먹었다.

알아 두면 좋은 표현! 밥을 덜다, 음식을 덜다, 짐을 덜다

활용형 더는, 덜어서, 더니까, 덥니다

0262 ★
명 **국물** [궁물]

명 soup 중 汤 일 スープ 베 nước dùng
- 어머니는 된장국 국물 맛을 보고는 싱겁다며 소금을 넣으셨다.
- 나는 국물이 한 번 끓은 뒤에 찌개에 파와 두부를 넣었다.

알아 두면 좋은 표현! 찌개 국물, 뜨거운 국물, 국물이 진하다, 국물을 끓이다

0263 ★
명 **끼**

명 meal 중 顿 일 一食 베 bữa
- 동생은 살을 빼겠다며 하루에 한 끼만 챙겨 먹었다.
- 하루 세 끼를 거르지 않고 정해진 시간에 잘 먹는 것이 건강에 좋다.

알아 두면 좋은 표현! 끼를 거르다, 끼를 때우다, 끼를 챙기다

0264 ★
동 **데우다**

명 heat up 중 热, 热热 일 温める 베 hâm nóng
- 밥이랑 국 냉장고에 넣어 놓았으니까 먹기 전에 데워서 먹어.
- 나는 전자레인지에 식은 밥을 데웠다.

알아 두면 좋은 표현! 국을 데우다, 물을 데우다, 밥을 데우다

활용형 데우는, 데워서, 데우니까, 데웁니다

0265 ★
명 **쓴맛** [쓴맏]
반 단맛

명 bitter Taste 중 苦味 일 苦味 베 vị đắng
- 나는 커피의 쓴맛에 아직 적응이 안 되어 설탕을 가득 넣어 마셨다.
- 아이는 약을 먹을 때면 약의 쓴맛에 얼굴을 찌푸렸다.

알아 두면 좋은 표현! 쓴맛이 나다, 쓴맛을 내다, 쓴맛을 느끼다, 쓴맛을 없애다

0266 ★
형 **간편하다**

명 convenient 중 简单方便 일 楽だ、かんたんだ 베 đơn giản
- 머리를 짧게 잘랐더니 손질하기 간편했다.
- 휴대 전화를 사용해 물건 값을 간편하게 결제할 수 있다.

알아 두면 좋은 표현! 간편한 방법, 간편한 옷차림(옷차림▶ 0251), 간편하게 먹다

0267 ★
동 **썩다** [썩따]

명 decay 중 腐烂, 变质 일 腐る 베 thiu, thối
- 양파를 잘못 보관했는지 다 썩어서 버려야만 했다.
- 여행을 다녀온 사이에 달걀이 다 썩어 고약한 냄새가 났다.

알아 두면 좋은 표현! 썩는 냄새, 썩은 생선, 고기가 썩다, 나무가 썩다

0268 ★

명 조리

파 조리되다
조리하다

영 cooking 중 烹饪，调制 일 調理 베 sự nấu nướng

• 신입 요리사는 정해진 조리 시간을 넘기는 바람에 음식을 태웠다.
• 한식의 조리 과정에서는 발효가 중요하다고 한다.

🔵 알아 두면 좋은 표현! 조리 기구, 조리 방법

0269 ★

명 과식

파 과식하다

영 overeating 중 暴饮暴食 일 過食 베 sự bội thực

• 나는 건강을 유지하기 위해 과식을 줄이고 매끼 일정한 양을 먹기로 했다.
• 아무리 영양이 풍부한 음식이라도 과식을 하면 소화가 안되게 마련이다.

🔵 알아 두면 좋은 표현! 과식 습관, 과식을 막다(막다▶ 1024), 과식을 삼가다, 과식을 피하다(피하다▶ 0045)

0270 ★

명 뚜껑

영 cover 중 盖子，盖 일 ふた 베 nắp

• 친구는 와인을 마시기 전에 와인 뚜껑을 미리 열어 놓았다.
• 반찬 그릇의 뚜껑을 열어 먹고 싶은 반찬을 그릇에 덜었다.

🔵 알아 두면 좋은 표현! 그릇 뚜껑, 냄비 뚜껑, 뚜껑을 덮다

0271 ★

명 식욕 [시굑]

영 appetite 중 食欲，胃口 일 食欲 베 sự thèm ăn

• 입맛이 없었는데 식탁 위의 음식들을 보자 갑자기 식욕이 생겼다.
• 어디에선가 고기 굽는 냄새가 풍겨 와 식욕을 자극했다.

🔵 알아 두면 좋은 표현! 식욕이 나다, 식욕이 떨어지다

0272 ★

명 양념

영 seasoning 중 调味料，调料 일 タレ 베 gia vị

• 나는 간장, 꿀 등을 넣고 불고기 양념을 만들어 소고기에 넣고 버무렸다.
• 여러 가지 양념을 발라서 구운 닭꼬치가 정말 맛있었다.

🔵 알아 두면 좋은 표현! 양념 국물, 갖은 양념, 매운 양념

0273 ★

명 지방

영 fat 중 脂肪 일 脂肪 베 chất béo

• 지방 함량이 적은 육류는 건강에 좋다.
• 지방을 지나치게 많이 섭취하는 것은 각종 질병의 원인이 될 수 있다.

🔵 알아 두면 좋은 표현! 동물성 지방, 지방이 많다

0274 ★
명 **껍질** [껍찔]

명 peel, skin 중 皮, 壳 일 皮 베 vỏ

• 아이는 귤의 **껍질**을 까 알맹이를 제 입에 넣었다.
• 감자 두 개하고 양파 하나를 깨끗이 씻어 **껍질**을 벗겨 주세요.

🔵 알아 두면 좋은 표현! 과일 껍질, 껍질이 두껍다, 껍질이 얇다

0275 ★
명 **냉동**
  반 냉동되다
    냉동하다
  참 냉장

명 freezing 중 冷冻 일 冷凍 베 sự đông lạnh

• 빵은 냉장 보관보다는 **냉동** 보관을 하는 게 좋아요.
• 이 음식점은 **냉동** 고기를 사용하지 않고 생고기만을 고집한다.

🔵 알아 두면 좋은 표현! 급속 냉동, 냉동 시설(시설▶ 0323), 냉동 창고(창고▶ 0282)

0276 ★
동 **삶다** [삼따]

명 boil 중 煮 일 ゆでる、煮る 베 luộc

• 끓는 물에 소금과 식초를 넣고 달걀을 넣어 10분쯤 **삶았다**.
• 일요일인데 밥 말고 국수를 **삶아서** 먹는 건 어때?

🔵 알아 두면 좋은 표현! 삶은 계란, 푹 삶다

DAY 12

QUIZ 1 (   )에 들어갈 가장 알맞은 것을 고르십시오.

1. 날씨가 더워서 그런지 요즘 영 (   )이/가 없네.
   ① 과식   ② 식욕   ③ 양념   ④ 영양

2. 불고기 만들어 놓았으니까 따뜻하게 (   ) 먹으렴.
   ① 담아서   ② 덜어서   ③ 데워서   ④ 채워서

3. 양념을 한 번에 다 넣지 말고 (   )이/가 끓으면 맛을 보고 넣으세요.
   ① 가루   ② 국물   ③ 껍질   ④ 조리

QUIZ 2 다음 단어를 이용해서 문장을 만드십시오.

1. 달걀을 / 먹었다. / 삶은 / 아침마다 /한 알

   _____

2. 나는 / 났다. / 먹고 / 음식을 / 상한 / 배탈이

   _____

3. 마셔요. / 아침에 / 연한 / 일어나자마자 / 커피를 / 한 잔

   _____

QUIZ 3 빈칸에 공통적으로 들어갈 수 있는 말을 고르십시오.

- 오이의 (   )을/를 없애려면 오이 꼭지부터 제거하세요.
- 감기약을 먹었더니 입에서 약이 녹으며 (   )이/가 느껴졌다.
- 양념장이 타면 (   )을/를 내니까 타지 않도록 조심하세요.

① 가루   ② 껍질   ③ 쓴맛   ④ 지방

다음 글의 내용과 같은 것을 고르십시오. (2점)

> 카카오가 건강에 도움이 된다는 사실이 새롭게 알려졌다. 카카오에 있는 단백질, 지방, 칼슘과 같은 영양 성분이 감기 예방, 집중력 향상 등에 효과가 있다는 것이다. 그러나 카카오는 그 자체로 먹기가 어려워 일반적으로 초콜릿 형태로 먹는다. 그런데 너무 단 초콜릿은 오히려 건강을 해칠 수 있어 많이 먹는 것은 피해야 한다.

① 카카오를 먹으면 집중력을 높일 수 있다.
② 초콜릿은 영양 성분이 풍부해서 많이 먹어야 한다.
③ 카카오보다 초콜릿 형태로 먹는 것이 건강에 더 좋다.
④ 초콜릿의 재료가 카카오라는 사실이 처음으로 알려졌다.

다음을 읽고 (   )에 들어갈 내용으로 가장 알맞은 것을 고르십시오. (2점)

> 사람들은 일반적으로 쓴맛을 꺼린다. 이것은 (   ) 본능과 관계가 있다. 식물 중에는 독성이 있어 몸에 해로운 것들이 있다. 그런데 이런 독이 있는 식물은 보통 쓴맛이 난다. 따라서 사람들은 무의식적으로 쓴맛이 나는 것을 위험하다고 여기고 이를 거부하게 되는 것이다.

① 지나친 과식을 피하려는
② 자신의 몸을 보호하려는
③ 맛없는 음식을 멀리하려는
④ 입맛이 변하는 것을 막으려는

주거생활

☐ 주민	☐ 먼지	☐ 손잡이	☐ 사용법
☐ 공사	☐ 건축	☐ 동	☐ 도심
☐ 골목	☐ 가스	☐ 가꾸다	☐ 베란다
☐ 실내	☐ 향하다	☐ 선	☐ 지저분하다
☐ 건설	☐ 세차	☐ 소음	
☐ 창고	☐ 주택	☐ 시스템	
☐ 닿다	☐ 치우다	☐ 난방	

0277 ★★★★★
명 주민

🟦 residence 🈶 居民 🈯 住民 🇻🇳 cư dân
- 화재로 5층 아파트에서 떨어진 이웃을 아파트 주민들이 이불을 펴 받아 냈다.
- 지역 주민들이 환경 보호를 이유로 골프장 개발에 반대하고 있다.

🔵 **알아 두면 좋은 표현!** 아파트 주민, 지역 주민(지역▸ 0406)

0278 ★★★★
명 공사
파 공사하다

🟦 construction 🈶 工程 🈯 工事 🇻🇳 công trình
- 학교는 3월 개학을 앞두고 마무리 공사가 한창이다.
- 도로 공사로 일부 도로가 통제되어 차가 너무 막혔다.

🔵 **알아 두면 좋은 표현!** 공사 현장(현장▸ 1026), 공사가 중단되다

0279 ★★★
명 골목
유 골목길

🟦 alley 🈶 胡同, 小巷 🈯 路地 🇻🇳 con ngõ, con hẻm
- 밤새 우리 집 앞 골목에 쌓인 눈을 치웠다.
- 나는 택시를 타기 위해 골목을 빠져나와 대로로 향했다.

🔵 **알아 두면 좋은 표현!** 막다른 골목, 컴컴한 골목, 골목이 좁다

0280 ★★★
명 실내 [실래]
반 실외

🟦 indoor 🈶 室內, 屋內 🈯 室內 🇻🇳 trong nhà
- 호흡기 질환 예방을 위해서는 실내 환기를 자주 해야 한다.
- 아이들도 추운지 오늘은 바깥 놀이를 나가지 않고 실내에서만 놀았다.

🔵 **알아 두면 좋은 표현!** 실내 난방(난방▸ 0297), 실내 수영장

0281 ★★★
명 건설
파 건설되다
건설하다

명 construction, building 중 建设, 修建 일 建設 베 sự xây dựng
• 댐 건설로 인해 할머니께서 사시던 마을이 물에 잠기고 말았다.
• 나는 아파트 건설 현장에서 목수로 일하고 있다.
🔵 알아 두면 좋은 표현! 건설 비용(비용* 0871), 아파트 건설, 건설이 중단되다

0282 ★★
명 창고

명 warehouse, storage 중 仓库, 库房 일 倉庫 베 kho
• 새로 이사한 집에는 창고가 있어서 잡동사니를 보관하기에 좋다.
• 학교 창고는 책상, 운동 기계 등으로 가득 차 있었다.
🔵 알아 두면 좋은 표현! 냉동 창고, 부품 창고(부품* 1010), 창고가 비다

0283 ★★
동 닿다 [다타]

동 touch, reach 중 触及, 碰到 일 くっつく、届く 베 chạm đến
• 벽에 닿지 않게 조심했는데 옷에 페인트가 묻었다.
• 의약품은 어린이의 손이 닿지 않는 곳에 보관하십시오.
🔵 알아 두면 좋은 표현! 물에 닿다, 발에 닿다, 불에 닿다, 살에 닿다

0284 ★★
명 먼지

명 dust 중 灰尘, 尘土 일 ほこり 베 bụi
• 나는 졸업 앨범을 찾으러 먼지가 풀풀 날리는 지하 창고로 들어 갔다.
• 나는 밀대로 침대나 소파 밑에 쌓인 먼지를 닦아 냈다.
🔵 알아 두면 좋은 표현! 먼지가 날리다, 먼지가 수북하다

0285 ★★
명 건축
파 건축되다
건축하다

명 construciton 중 建筑 일 建築 베 kiến trúc
• 고딕 양식은 유럽의 성당에서 흔히 볼 수 있는 건축 양식이다.
• 시멘트의 공급이 원활하지 않아 건축 공사가 중단되었다.
🔵 알아 두면 좋은 표현! 건축 공사, 도서관 건축

0286 ★★
명 가스

명 gas 중 燃气, 煤气 일 ガス 베 khí ga, ga
• 가스를 사용한 후에는 30분 이상 충분히 환기를 하는 것이 좋다.
• 며칠 전부터 주방에서 가스 냄새가 나기 시작해 가스 공급 업체에 신고했다.
🔵 알아 두면 좋은 표현! 가스를 공급하다(공급* 0851, 가스가 떨어지다

0287 ★★
동 향하다

동 toward, face 중 向着, 朝向 일 向かう、向く 베 hướng đến
• 건축가는 햇빛이 충분히 들어올 수 있도록 남쪽을 향해 창문을 여럿 내었다.
• 어두운 밤 나방 여러 마리가 가로등 불빛을 향해 모여들었다.
🔵 알아 두면 좋은 표현! 북쪽을 향하다, 앞을 향하다, 우리를 향하다

0288 ★★
몡 세차
　　퐈 세차하다

몡 car wash　중 洗车　일 洗車　베 việc rửa xe

· 우리 주유소에서는 5만 원 이상 주유 시 무료 세차 서비스를 제
　공합니다.
· 흙탕물이 튄 차를 깨끗하게 하고 싶어서 세차를 맡겼다.

🔵 알아 두면 좋은 표현! 자동 세차, 세차 장비, 세차 용품(용품▸ 0302)

0289 ★★
몡 주택

몡 residence, housing　중 住宅　일 住宅　베 nhà ở

· 주택 가격이 계속 올라 이사를 가고 싶어도 이사를 가기 힘들었다.
· 우리 회사는 회사 근처 주택을 몇 채 매입해 직원들에게 저렴하
　게 임대한다.

🔵 알아 두면 좋은 표현! 친환경 주택, 주택을 마련하다

0290 ★★★★★
동 치우다

몡 clean up　중 清扫，打扫　일 片付ける　베 dọn dẹp

· 우리는 부모님께서 오시기 전에 서둘러 집을 치웠다.
· 새벽부터 나가 골목에 쌓인 눈을 치웠는데 금세 다시 쌓였다.

🔵 알아 두면 좋은 표현! 상을 치우다, 장난감을 치우다, 집안을 치우다

📖 활용형 치우는, 치워서, 치우니까, 치웁니다

0291 ★★
몡 손잡이 [손자비]

몡 handle, doornob　중 把手　일 ノブ、取っ手　베 tay cầm

· 방문 손잡이를 여러 번 돌렸는데도 문이 열리지 않았다.
· 언니는 현관문 손잡이에 달린 자물쇠에 열쇠를 넣었다.

🔵 알아 두면 좋은 표현! 손잡이가 달리다, 손잡이를 놓다, 손잡이를 돌리다,
　　　　　　　　　　　손잡이를 잡다, 손잡이를 쥐다

0292 ★★
의 동

몡 neighboorhood, building number　중 栋　일 棟　베 tòa, dãy

· 아파트 107동 앞에서 명절을 앞두고 농산물 장터가 열립니다.
· 동생은 아파트 앞 동에 사는 친구를 놀이터에서 만나 놀았다.

🔵 알아 두면 좋은 표현! 아파트 한 동, 주택 열 동

0293 ★★
동 가꾸다

몡 cultivate　중 种植，栽培　일 耕す、手入れする　베 cắt tỉa

· 나는 어머니로부터 정원 가꾸는 법을 배웠다.
· 나는 텃밭에 가족들이 먹을 채소를 직접 가꾼다.

🔵 알아 두면 좋은 표현! 나무를 가꾸다, 장미를 가꾸다, 화단을 가꾸다

📖 활용형 가꾸는, 가꾸어서(=가꿔서), 가꾸니까, 가꿉니다

0294 ★★
몡 선

몡 line 중 线 일 線 베 vạch

• 아이들은 운동장 위에 막대기로 선을 그어 출발선을 표시했다.
• 컵라면의 용기 안에 표시된 선까지 끓는 물을 부었다.

🔵 **알아 두면 좋은 표현!** 선을 그리다, 선을 넘다, 선을 치다

0295 ★★
몡 소음

몡 noise 중 噪音, 噪声 일 騷音 베 tiếng ồn

• 내가 지냈던 호텔은 기차역 근처에 있어서 소음이 심했다.
• 윗집 공사 소음 때문에 공부에 집중하기가 힘들었다.

🔵 **알아 두면 좋은 표현!** 소음 문제, 자동차 소음, 소음을 일으키다, 소음을 줄이다

0296 ★★
몡 시스템

몡 system 중 系统, 体系 일 システム 베 hệ thống

• 4층 화장실에서 불이 났으나 화재 경보 시스템이 제대로 작동하지 않았다.
• 도둑이 들자 무인 경보 시스템 경보가 울리는 동시에 자동으로 경찰서에도 신고가 되었다.

🔵 **알아 두면 좋은 표현!** 교통 시스템, 사회 시스템, 시스템을 개선하다, 시스템을 유지하다(유지▶ 0668)

0297 ★
몡 난방
반 냉방
파 난방하다

몡 heating 중 供暖, 取暖 일 暖房 베 phòng có sưởi

• 우리 대학 건물은 11월 1일부터 난방을 시작합니다.
• 이 방은 난방이 잘 안 돼서 그런지 겨울을 보내기 너무 춥다.

🔵 **알아 두면 좋은 표현!** 난방 비용(비용▶ 0406), 난방 용품(용품▶ 0302), 난방이 들어오다

0298 ★
몡 사용법 [사용뻡]

몡 usage 중 使用方法, 操作方法 일 使用法 베 cách sử dụng

• 나는 할머니께 스마트폰 사용법을 차근차근 알려 드렸다.
• 오늘 안전사고 교육 시간에는 소화기 사용법에 대해 익혔다.

🔵 **알아 두면 좋은 표현!** 사용법이 나오다, 사용법이 복잡하다, 사용법에 주의하다(주의▶ 1023)

0299 ★
몡 도심

몡 downtown 중 城市中心, 闹市区 일 都心
베 trung tâm thành phố

• 평생을 시골에서만 지내신 할아버지께서는 도심 생활이 힘들다고 하셨다.
• 겨울철 시청 앞 광장에 가면 도심 한복판에서 운영되는 야외 스케이트장을 이용할 수 있다.

🔵 **알아 두면 좋은 표현!** 도심 속, 도심을 벗어나다, 도심에 위치하다

0300 ★
명 베란다

명 balcony 중 阳台 일 ベランダ 베 ban công

• 우리 가족은 아파트 베란다에 작은 화단을 꾸몄다.
• 나는 햇볕이 좋은 날이면 이불을 베란다에 널어 말렸다.

● 알아 두면 좋은 표현! 베란다 난간, 베란다 창문, 아파트 베란다

0301 ★
형 지저분하다

명 dirty, messy 중 杂乱无章，乱七八糟 일 散らかった、汚い
베 bẩn, bừa

• 이번 주말에는 **지저분한** 집을 대청소할 예정이다.
• 가게 주인은 가게 앞에 **지저분하게** 널려 있는 쓰레기를 치웠다.

● 알아 두면 좋은 표현! 방이 지저분하다, 도시가 지저분하다

DAY 13

QUIZ 1 (   )에 들어갈 가장 알맞은 것을 고르십시오.

1. 옆집 공사 (   ) 때문에 텔레비전 소리가 잘 안 들렸다.
   ① 난방   ② 먼지   ③ 불빛   ④ 소음

2. 어머니는 작은 텃밭에서 식구들이 먹을 채소를 직접 (   ).
   ① 가꾸셨다   ② 닿으셨다   ③ 치우셨다   ④ 향하셨다

3. 건물 옥상에 잔디를 깔고 꽃과 나무를 심는다면 훌륭한 (   ) 속 공원으로 바뀌게 된다.
   ① 고층   ② 골목   ③ 도심   ④ 지붕

QUIZ 2 다음 단어를 이용해서 문장을 만드십시오.

1. 골목은 / 너무 좁아서 / 어렵다. / 주차하기가 / 집 앞

   _____

2. 가구를 / 대청소를 하며 / 모두 / 버렸다. / 안 쓰는 / 치워

   _____

3. 거실에 / 많으니까 / 물건이 / 보이는 것 같아. / 지저분해 / 집이

   _____

빈칸에 공통적으로 들어갈 수 있는 말을 고르십시오.

- 에너지를 절약할 수 있는 보일러 (   )을/를 알려 드리겠습니다.
- 새로 나온 휴대 전화는 기능이 많아서 (   )을/를 잘 모르겠어요.
- 아버지께서 쓰시던 카메라를 물려받았는데 (   )이/가 간단하지 않네요.

① 난방　　　　② 사용법　　　　③ 설명서　　　　④ 시스템

TOPIK 중급　30회 읽기 51번

이 글의 중심 생각을 고르십시오. (4점)

> 거실 중심이었던 가족의 생활 방식이 주방 중심으로 변화하고 있다. 모두가 바쁘게 살다 보니 가족들이 집에서 서로 얼굴을 보며 모여 있을 필요가 없어졌다. 그래서 다 같이 한자리에 모여 앉아 식사를 하는 주방에서 가족의 대화가 이루어진다. 주방은 이전에 거실이 맡고 있었던 기능까지 더하게 되었다. 요즘에는 이러한 변화에 맞춰 주방을 열린 공간으로 만든 아파트들이 인기를 끌고 있다. 주방은 식사를 위한 공간에서 대화를 위한 공간으로 점차 바뀌어 가고 있다.

① 요즘 아파트는 주방을 더 크게 만들고 있다.
② 식사를 하면서 많은 대화를 나누는 것이 좋다.
③ 주방이 가족생활의 중심 공간으로 바뀌고 있다.
④ 가족에게는 편안히 쉴 수 있는 자리가 필요하다.

TOPIK II　47회 읽기 22번

이 글의 중심 생각을 고르십시오. (2점)

> 최근 동물 대신 식물을 키우려는 사람들이 늘고 있다. 동물은 돌보려면 많은 시간과 비용이 드는 데 비해 식물은 키우기도 쉽고 실내 공기도 깨끗하게 해주기 때문이다. 또한 식물은 이웃과 담을 쌓고 지내는 많은 현대인들에게 외로움을 달래주거나 정서적으로 위안을 주기도 한다. 이처럼 식물을 삶의 동반자로 생각하는 사람들이 늘면서 '반려식물'이라는 신조어까지 생겼다.

① 동물을 돌보는 데에 시간과 비용이 많이 든다.
② 삶의 반려자로 식물을 찾는 사람들이 늘고 있다.
③ 식물을 키우면 실내 공기를 깨끗하게 할 수 있다.
④ 정서적 안정을 위해 반려동물을 키우는 것이 좋다.

생활용품

☐ 용품	☐ 가습기	☐ 손목시계	☐ 세제
☐ 화분	☐ 신문지	☐ 전자레인지	☐ 일회용품
☐ 기구	☐ 통	☐ 중고	
☐ 건전지	☐ 가전제품	☐ 최신	
☐ 도구	☐ 버튼	☐ 바늘	
☐ 커튼	☐ 베개	☐ 다리미	

0302 ★★★
명 **용품**

형 supplies 중 用品 일 用品 베 đồ dùng
- 나는 이불, 그릇 등 신혼집에 필요한 **용품**을 사러 남대문 시장에 갔다.
- 출산 전에 아기 옷, 기저귀 등 준비해야 할 **용품**이 많았다.

🔵 알아 두면 좋은 표현! 등산 용품, 선물 용품, 주방 용품

TIP 주로 'N 용품'의 형태로 많이 쓴다.

0303 ★★★
명 **화분**

형 pot 중 花盆 일 鉢植え 베 chậu hoa
- 이사를 가면 베란다에 화분에 꽃을 심어 가꾸고 싶다.
- 나는 부모님께서 여행을 가신 동안 **화분**에 물을 주었다.

🔵 알아 두면 좋은 표현! 화분을 깨뜨리다, 화분을 옮기다

0304 ★★
명 **기구**
유 도구▶ 0306

형 apparatus, tool 중 器具, 用具 일 器具 베 đồ dùng
- 이사 후에 주방 조리 **기구** 정리 등 해야 할 일이 많았다.
- 나는 유학 시절에 미용 **기구**를 사서 직접 머리 손질을 했다.

🔵 알아 두면 좋은 표현! 수리 기구(수리▶ 0326), 실험 기구(실험▶ 1000), 의료 기구

TIP 주로 'N 기구'의 형태로 많이 쓴다.

0305 ★★
명 **건전지**

형 battery 중 干电池 일 乾電池 베 cục pin
- 시계가 멈춰 **건전지**를 새것으로 갈아 끼웠다.
- 아이의 장난감 기차의 **건전지**가 다 닳았는지 움직이지 않았다.

🔵 알아 두면 좋은 표현! 건전지를 갈다, 건전지를 교체하다

0306 ★★
명 도구
유 기구▶ 0304

형 tool 중 工具，器具 일 道具 베 dụng cụ
• 대청소를 하려고 걸레, 밀대 등 청소에 필요한 도구를 주문했다.
• 아버지는 한 달에 한 번 낚시 도구를 챙겨 낚시터에 가셨다.
알아 두면 좋은 표현! 실험 도구(실험▶ 1000), 도구를 사용하다
TIP 주로 'N 도구'의 형태로 많이 쓴다.

0307 ★
명 커튼

형 curtain 중 窗帘 일 カーテン 베 rèm
• 아침에 일어나 커튼을 열자 방 안으로 따뜻한 햇살이 들어왔다.
• 나는 매주 한 번 커튼을 모두 떼어 내어 깨끗하게 빨았다.
알아 두면 좋은 표현! 커튼을 매달다, 커튼을 바꾸다, 커튼을 젖히다

0308 ★
명 가습기 [가습끼]

형 humidifier 중 加湿器 일 加湿器 베 máy tạo ẩm
• 방이 너무 건조해 가습기를 틀어 습도를 높였다.
• 나는 코가 막히지 않도록 가습기를 사용해 적당한 습도를 유지했다.
알아 두면 좋은 표현! 가습기를 끄다, 가습기를 켜다

0309 ★
명 신문지
유 신문

형 newspaper 중 报纸 일 新聞紙 베 giấy báo
• 고구마나 시금치 등 채소를 신문지로 싸 두면 오래 보관할 수 있다.
• 아이들은 신문지를 접어 딱지치기를 하며 놀았다.
알아 두면 좋은 표현! 신문지 한 장, 신문지를 펼치다, 신문지로 덮다

0310 ★
명 통

형 container, bucket 중 桶，盒 일 容器 베 thùng, hộp
• 친구가 김치를 나눠 주겠다며 큰 통을 가지고 오라고 했다.
• 아이는 플라스틱 통에 스티커, 지우개 등을 담아 정리했다.
알아 두면 좋은 표현! 통 한 개, 도시락 통(도시락▶ 1086), 통이 차다, 통에 넣다

0311 ★
명 가전제품

형 home appliance 중 家用电器，家电产品 일 家電製品
베 đồ điện gia dụng
• 나는 신혼집에 필요한 냉장고, 세탁기 등을 사러 가전제품 매장
에 갔다.
• 고장 난 가전제품들을 새로 사기 전에 수리를 받아 보기로 했다.
알아 두면 좋은 표현! 수입 가전제품, 가전제품 수리(수리▶ 0326), 가전제품을
고르다, 가전제품을 구입하다(구입▶ 0872)

0312 ★
명 버튼

명 button 중 开关，按钮 일 ボタン 베 công tắc
- 열림 버튼을 눌러 엘리베이터 문이 닫히지 않게 했다.
- 전원 버튼이 고장 났는지 아무리 눌러도 컴퓨터가 켜지지 않았다.

🔵 알아 두면 좋은 표현! 경보 버튼, 재생 버튼, 전원 버튼, 버튼이 망가지다(망가지다▸ 1046), 버튼을 누르다

0313 ★
명 베개

명 pillow 중 枕头 일 枕 베 cái gối
- 형은 베개를 베고 누워 텔레비전을 보았다.
- 아이는 베개 대신 엄마 무릎을 베고 누웠다.

🔵 알아 두면 좋은 표현! 베개를 받치다, 베개를 베다, 베개로 삼다

0314 ★
명 손목시계
[손목씨계/손목씨게]

명 watch 중 手表 일 腕時計 베 đồng hồ đeo tay
- 지수는 연신 손목시계를 보며 친구가 도착하기만을 기다렸다.
- 나는 아버지께서 졸업 선물로 사 주신 손목시계를 늘 손목에 차고 다닌다.

🔵 알아 두면 좋은 표현! 가죽 손목시계, 비싼 손목시계, 손목시계를 풀다

0315 ★
명 전자레인지

명 microwave 중 微波炉 일 電子レンジ 베 lò vi sóng
- 어제 먹다 남은 피자와 치킨을 전자레인지에 데워 먹었다.
- 나는 떡을 냉동 보관했다가 전자레인지에 해동해 먹었다.

🔵 알아 두면 좋은 표현! 전자레인지가 고장 나다, 전자레인지를 이용하다, 전자레인지로 조리하다(조리▸ 0268)

0316 ★
명 중고

명 secondhand 중 二手 일 中古 베 đồ cũ, đồ đã sử dụng
- 나는 친구가 타던 자동차를 중고로 구입했다.
- 요즘에는 중고 서적을 파는 서점에서 책을 사는 편이다.

🔵 알아 두면 좋은 표현! 중고 가구, 중고 자전거, 중고 제품, 중고 자동차

TIP 주로 '중고 N'의 형태로 많이 쓴다.

0317 ★
명 최신 [최신/췌신]

명 latest, newest 중 最新 일 最新（の） 베 mới nhất, tối tân
- 병원에 최신 의료 장비가 도입되어 질병의 진단이 더 정확해졌다.
- 최근 영화관에 안 가서 그런지 최신 영화는 잘 모른다.

🔵 알아 두면 좋은 표현! 최신 기술(기술▸ 0997), 최신 유행, 최신 장비, 최신 정보(정보▸ 0975), 최신의 설비

0318 ★
명 바늘

명 niddle 중 针，缝衣针 일 針 베 cái kim

- 나는 **바늘**에 실을 꿰어 떨어진 양말을 꿰매었다.
- 언니는 **바늘**과 실을 사서 아이에게 줄 인형을 만들었다.

🔵 알아 두면 좋은 표현! 날카로운 바늘, 바늘이 부러지다, 바늘이 휘다, 바늘에
찔리다

0319 ★
명 다리미

명 iron 중 熨斗 일 アイロン 베 cái bàn là

- 나는 구김이 간 바지를 **다리미**로 곱게 다렸다.
- 내일 입을 셔츠의 주름을 **다리미**로 쓱쓱 폈다.

🔵 알아 두면 좋은 표현! 스팀 다리미, 다리미로 누르다, 다리미로 다리다

0320 ★
명 세제

명 detergent 중 洗衣粉，洗涤剂 일 洗剤 베 bột giặt, chất tẩy

- 나는 찬물에 **세제**를 풀어 얼룩이 묻은 옷을 담가 놓았다.
- 설거지를 할 때는 그릇에 **세제**가 남지 않도록 깨끗이 헹궈야 한다.

🔵 알아 두면 좋은 표현! 주방 세제, 천연 세제, 세제를 사용하다, 세제로 닦다,
세제로 빨다

0321 ★
명 일회용품
[일회용품/일훼용품]

명 disposable good 중 一次性用品 일 使い捨て用品
베 đồ dùng một lần

- 아이들은 버려진 **일회용품**을 깨끗이 씻어 만들기 활동을 했다.
- 매장 안에서는 **일회용품** 사용이 전면 금지된다.

🔵 알아 두면 좋은 표현! 일회용품을 모으다, 일회용품을 사용하다

DAY 14

QUIZ

QUIZ 1   ( )에 들어갈 가장 알맞은 것을 고르십시오.

1. ( )을/를 안 눌렀는지 밥이 안 됐다.
   ① 건전지   ② 다리미   ③ 버튼   ④ 통

2. 이사를 앞두고 침대를 ( ) 가게에서 팔았다.
   ① 가전제품   ② 베개   ③ 중고   ④ 최신

3. 바깥바람을 막기 위해 ( )을/를 치면 난방비 절약에도 도움이 됩니다.
   ① 기구   ② 도구   ③ 비닐   ④ 커튼

QUIZ 2   다음 단어를 이용해서 문장을 만드십시오.

1. 닦아 / 더러운 / 보세요. / 신문지로 / 유리창을 / 젖은

_____

2. 담갔다. / 묻은 / 물에 / 세제를 / 얼룩이 / 옷을 / 커피 / 푼

_____

3. 기능이 / 새로워서 / 아직 / 익숙하지 않다. / 최신 / 휴대 전화는

_____

QUIZ 3   다음은 무엇에 대한 글입니까?

흰옷도 깨끗하게, 조금만 넣어도 깨끗해집니다.
시원하고 상쾌한 향으로 기분도 좋아집니다.

① 비누   ② 세제   ③ 치약   ④ 휴지

TOPIK 중급   25회 쓰기 38번

다음의 내용과 <u>다른</u> 것을 고르십오. (4점)

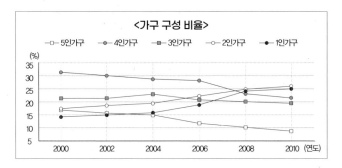

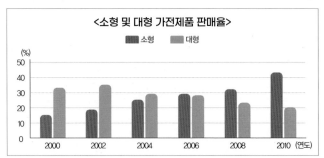

　　최근 발표된 '가구 구성 비율'에 따르면 ① <u>1인 가구와 2인 가구는 꾸준한 증가</u>
<u>세를 보이는 반면에 4인 가구와 5인 가구는 지속적으로 줄어들고 있는 것으로 나</u>
<u>타났다.</u> ② <u>특히 2008년부터 전체 가구에서 차지하는 비율은 2인 가구가 가장 많</u>
<u>았고 그 다음 1인 가구, 4인 가구 순이었다.</u> 이러한 현상은 가전제품의 판매에도
영향을 미쳐 ③ <u>2000년대 초 10% 중반에 불과하던 소형 가전제품 판매율은 2006</u>
<u>년에 대형 가전제품 판매율을 넘어 섰다.</u> ④ <u>게다가 2010년 소형 가전제품의 판매</u>
<u>율은 대형 가전제품 판매율의 2배 가까이 늘어난 것으로 나타났다.</u>

다음은 무엇에 대한 글인지 고르십시오. (3점)

건조한 날씨 때문에 코와 목이 아프세요?
한번 물을 넣으면 하루 종일 우리 집 공기를 촉촉하게~
'촉촉이'로 건강을 지키세요.

① 냉장고   ② 세탁기   ③ 청소기   ④ 가습기

시설 이용

☐ 가능	☐ 사항	☐ 기관	☐ 장애
☐ 시설	☐ 보관	☐ 자세하다	☐ 추가
☐ 설치	☐ 일반	☐ 불가능하다	☐ 편의
☐ 수리	☐ 문의	☐ 국립	☐ 공공
☐ 신청서	☐ 임시	☐ 우편	☐ 내부
☐ 접수	☐ 점검	☐ 일반인	☐ 인원

0322 ★★★★★
명 가능
반 불가능

명 possibility 중 可以, 能够 일 可能 베 khả năng
• 통화 가능 지역으로 나오는데 무슨 문제인지 전화가 되지 않는다.
• 서류를 검토한 후에 계약 가능 여부를 알려 드리겠습니다.
🔵 **알아 두면 좋은 표현!** 연결 가능, 주차 가능, 취소 가능
💡 **참고** 가능성 ▸0427

통 가능하다
반 불가능하다 ▸0336

명 possible 중 可以 일 可能だ 베 có khả năng
• 오후 3시부터 엘리베이터 사용이 가능합니다.
• 토요일에 모임을 가지려고 하는데 모두들 가능해요?
🔵 **알아 두면 좋은 표현!** 실천 가능한 계획, 가능한 시간, 신청이 가능하다

0323 ★★★★
명 시설

명 facility 중 设施 일 施設 베 trang thiết bị
• 이 캠핑장은 샤워실, 수영장 등 시설이 좋아 인기가 많다.
• 학생들은 학교 안에 있는 낙후된 시설이 어떻게 바뀌면 좋을지 의견을 냈다.
🔵 **알아 두면 좋은 표현!** 교육 시설, 편의 시설, 시설을 확충하다, 시설에 투자하다
(투자 ▸ 0846)

0324 ★★★★
명 설치
파 설치되다
설치하다

명 installation 중 设置, 安装 일 設置 베 sự thiết lập
• 우리는 학교 앞 횡단보도 설치에 적극적으로 찬성했다.
• 12월이 되자 서울광장에 크리스마스트리 설치가 한창이다.
🔵 **알아 두면 좋은 표현!** 카메라 설치, 표지판 설치, 설치 예정, 설치를 미루다(미루다 ▸ 0824)

0325 ★★★★
명 수리
파 수리되다
수리하다

영 repair 중 修理，维修 일 修理 베 sự sửa chữa

· 2층 화장실은 현재 수리 중이오니 3층 화장실을 이용하시기 바랍니다.
· 나는 시계가 고장이 나서 수리를 맡겼다.

◉ 알아 두면 좋은 표현! 무료 수리, 방문 수리, 복사기 수리(복사기▸ 0790), 수리 기사, 수리 센터

0326 ★★★★
명 신청서

영 application form 중 申请书，报名表 일 申請書、申込書
베 đơn đăng kí

· 나는 인터넷으로 장학금 신청서를 제출했다.
· 이번 수영 대회에 신청서를 낸 사람은 모두 백 명이다.

◉ 알아 두면 좋은 표현! 신청서를 쓰다, 신청서를 작성하다(작성▸ 0813), 신청서를 제출하다(제출하다▸ 1082)

0327 ★★★★
명 접수 [접쑤]
파 접수되다

영 registration 중 接收，受理 일 受付 베 sự tiếp nhận

· 한국 요리 수업은 다음 주 월요일부터 신청을 받으며 선착순으로 접수 마감한다.
· 문화 센터 강좌 신청 접수는 매달 28일부터 시작합니다.

◉ 알아 두면 좋은 표현! 방문 접수, 작품 접수(작품▸ 0594), 진료 접수, 우편 접수 (우편▸ 0338), 이메일 접수, 접수 방법

동 접수하다
[접쑤하다]

영 register 중 接收，受理 일 受け付ける 베 tiếp nhận

· 학교는 오는 25일까지 지원서를 접수하겠다고 공지했다.
· 수리 신청을 접수하시면 수리 기사가 곧 전화를 드릴 겁니다.

0328 ★★★★
명 사항

영 matter, issue 중 事项 일 事項 베 điều, mục

· 장학금 신청 시 유의할 사항에 대해 알려 드리겠습니다.
· 이번 행사에 구체적인 사항은 다음 주 회의에서 결정하겠습니다.

0329 ★★★
명 보관
파 보관되다
보관하다

영 storage 중 保管 일 保管 베 sự bảo quản

· 책 보관에도 적정한 온도가 있는데 보통 20도가 좋다고 한다.
· 어머니는 우리가 선물한 목걸이를 서랍 깊숙이 보관만 하셨다.

◉ 알아 두면 좋은 표현! 보관 방법, 보관 요령, 보관 창고(창고▸ 0282)

0330 ★★★
명 일반

영 general, ordinary 중 普通，大众 일 一般 베 thông thường

· 제가 연구하는 책들은 20세기 당시 일반 대중들이 보던 책입니다.
· 공원은 마지막 시설 점검을 마친 후 다음 달부터 일반에게 공개될 예정이다.

◉ 알아 두면 좋은 표현! 일반 대중(대중▸ 0619), 일반 범죄(범죄▸ 0471), 일반 학교

0331 ★★★
명 문의 [무늬/무니]

명 inquiry 중 询问, 查询 일 問い合わせ 베 câu hỏi

• 기타 문의 사항은 사무실로 연락하시기 바랍니다.
• 프로그램 관련 문의는 도서관으로 해 주세요.

○**알아 두면 좋은 표현!** 문의 게시판(게시판▶ 0990), 문의가 빗발치다, 문의가 쇄
도하다

동 문의하다
[무늬하다/무니하다]

동 inquire 중 咨询, 询问 일 問い合わせる 베 hỏi

• 호텔에서 무료로 진행하는 프로그램에 대해 호텔 직원에게 문의
했지만 잘 모르겠다는 대답만 들었다.
• 새 학기 등록 기간을 알고 싶으면 사무실에 문의해 봐.

0332 ★★★
명 임시

명 temporary 중 临时, 暂时 일 臨時 베 sự tạm thời

• 회장의 구속 소식이 알려지자 임원들은 임시 총회를 열었다.
• 갑작스런 해고에 임시 노조를 결성해 함께 대응합시다.

○**알아 두면 좋은 표현!** 임시 기구, 임시 정부(정부▶ 0449)

0333 ★★★
명 점검
파 점검되다

명 inspection 중 检查 일 点検 베 sự kiểm tra

• 오늘 점검 중에는 비상벨이 여러 번 울릴 예정이다.
• 오늘 1시부터 아파트 소방 시설 점검이 있습니다.

○**알아 두면 좋은 표현!** 기계 점검, 시설 점검(시설▶ 0323), 인원 점검, 점검을 마
치다

동 점검하다

동 inspect, Check 중 检查 일 点検する 베 kiểm tra

• 가스 시설은 정기적으로 점검해야 합니다.
• 식당이 깨끗한지 점검하고 위생 상태가 나쁜 식당은 영업을 할
수 없게 해야 해.

0334 ★★★
명 기관

명 institution 중 机关, 部门 일 機関 베 cơ quan

• 관계 기관의 허가 없이는 취재를 할 수 없습니다.
• 도서 대여는 개인 10일, 어린이집 등 기관은 30일 동안 가능하다.

○**알아 두면 좋은 표현!** 각급 기관, 보도 기관, 정부 기관(정부▶ 0449)

0335 ★★★
형 자세하다

형 detail 중 详细, 仔细 일 詳細だ, 詳しい 베 cụ thể, tỉ mỉ

• 사전 신청 시 유물에 대한 자세한 설명을 들을 수 있다.
• 기타 자세한 사항은 고객 센터로 연락 주십시오.

○**알아 두면 좋은 표현!** 자세한 내용, 자세한 설명, 자세한 정보(정보▶ 0975)

0336 ★★
📵 불가능하다
📵 가능하다▸0322

📵 impossible 📵 不可能 📵 不可能だ 📵 không có khả năng
- 병원에서 할머니께서 건강을 회복하는 건 불가능하다고 했다.
- 그녀는 도전을 멈추지 않고 모두가 불가능하다고 여겼던 일들을 해냈다.

📵 알아 두면 좋은 표현! 불가능한 목표(목표▸ 0772), 구조가 불가능하다(구조▸ 1027)

0337 ★★
📵 국립 [궁닙]
📵 공립, 도립 사립, 시립

📵 national 📵 国立, 公立 📵 国立 📵 công lập
- 어떤 나라의 대학은 모두 국립으로 등록금을 안 낸다고 한다.
- 서울 내 특수 학교는 사립이 가장 많고 공립, 국립 순이다.

📵 알아 두면 좋은 표현! 국립 기념관, 국립 도서관

0338 ★★
📵 우편

📵 mail, post 📵 邮递, 邮寄 📵 郵便 📵 bưu phẩm
- 제주도에 있는 동생 선물을 우편으로 보냈다.
- 신청서를 우편 접수 시 1월 24일 오후 5시까지 도착해야 합니다.

📵 알아 두면 좋은 표현! 우편 서비스, 우편을 통하다, 우편으로 받다, 우편으로 처리하다

0339 ★★
📵 일반인 [일바닌]

📵 general public, layperson 📵 一般人, 普通人 📵 一般人 📵 người thường
- 9월에 한해 저녁 7시부터 10시까지 일반인에게 천문대를 개방한다.
- 이번 역사 강좌는 대학생 및 일반인을 대상으로 합니다.

0340 ★★
📵 장애

📵 disability 📵 障碍 📵 障害 📵 sự cản trở
- 태풍의 영향으로 몇몇 지역에서 통신 장애가 발생했다.
- 우리는 최근에 발생한 은행 전산 장애의 원인을 파악하기 위해 총력을 기울였다.

📵 알아 두면 좋은 표현! 전산 장애, 전파 장애, 장애 요인

0341 ★★
📵 추가
📵 추가되다

📵 addition 📵 追加 📵 追加 📵 sự thêm
- 서울시는 올겨울 사회 복지 시설에 난방비를 추가 지원하기로 했다.
- 회사에 일손이 부족해 추가로 직원을 더 모집하기로 했다.

📵 알아 두면 좋은 표현! 추가 대책(대책▸ 0459), 추가 비용(비용▸ 0871), 추가로 공급하다(공급▸ 0851)

📵 추가하다

📵 add 📵 追加, 添加 📵 追加する 📵 thêm
- 신제품에 여러 기능을 추가하였다.
- 발표 내용에 신문 기사 자료를 추가하면 좋겠어.

0342 ★★
명 편의 [펴늬/펴니]

영 convenience 중 方便，便利 일 便宜 베 sự tiện lợi

- 새 도서관은 밝은 조명, 넓은 책상 등 학생들 편의를 고려해 설계됐다.
- 국립 중앙 박물관은 관람객의 편의를 위해 셔틀버스를 운영한다.

🔵 **알아 두면 좋은 표현!** 생활의 편의, 고객의 편의(고객▸ 0868), 편의를 고려하다 (고려하다▸ 0756)

0343 ★★
명 공공

영 public 중 公共 일 公共 베 công cộng

- 공공의 이익을 위해서는 개인의 양보가 필요할 때도 있다.
- 나는 공공 도서관에 가서 책을 빌려서 본다.

🔵 **알아 두면 좋은 표현!** 공공 목적, 공공 주차장

TIP 주로 '공공 N'의 형태로 많이 쓴다.

0344 ★★
명 내부
반 외부

영 inside, Interior 중 内部 일 内部 베 nội bộ

- 내일부터 일주일간 도서관 내부 방수 공사를 할 예정입니다.
- 집이 좀 좁은 것 같지만 건물 내부가 밝아 마음에 들어요.

🔵 **알아 두면 좋은 표현!** 내부 수리(수리▸ 0326), 내부 시설(시설▸ 0323), 내부가 넓다

0345 ★★
명 인원 [이눤]
참 인원수

영 number of people 중 人员，人数 일 人数 베 số người

- 이번에 모집하는 인원은 총 11명이다.
- 신청 인원이 열 명 이하면 강좌가 취소된다.

🔵 **알아 두면 좋은 표현!** 인원이 늘다, 인원이 줄다

(   )에 들어갈 가장 알맞은 것을 고르십시오.

1. 자세한 (   )은/는 전화로 문의하시기 바랍니다.

 ① 가능　　　　　 ② 기관　　　　　 ③ 문의　　　　　 ④ 사항

2. 직원들은 사무실 내 오래된 안전시설 (   )을/를 요구했다.

 ① 설치　　　　　 ② 점검　　　　　 ③ 접수　　　　　 ④ 추가

3. 컴퓨터가 고장 나면 (   )을/를 잘 받을 수 있는지도 중요하다.

 ① 보관　　　　　 ② 수리　　　　　 ③ 설치　　　　　 ④ 접수

다음 단어를 이용해서 문장을 만드십시오.

1. 불가능한 / 서비스 / 상태입니다. / 이용이 / 정전으로

   _____

2. 드리겠습니다. / 발급해 / 사용할 수 있는 / 임시로 / 확인서를

   _____

3. 고민하고 있다. / 늘리는 / 방안을 / 복지 시설을 / 주민들을 위한

   _____

QUIZ 3 빈칸에 공통적으로 들어갈 수 있는 말을 고르십시오.

- 십 근저 (　　　) 노서관에서 책을 빌렸다.
- 설 연휴 기간 동안 만 오천여 곳의 (　　　) 주차장을 무료로 이용할 수 있다.
- 시설 이용 시 타인에 대한 배려와 (　　　) 의식이 필요합니다.

① 공공 　　　 ② 국립 　　　 ③ 내부 　　　 ④ 일반

다음을 보고 내용이 같은 것을 고르십시오. (3점)

성북구민회관 체육 시설 이용 안내

이용 가능 종목 : 농구, 탁구, 배드민턴 (실내 체육관)
농구, 축구 (야외 운동장)
이용 가능 시간 : 평일 09:00 ~ 18:00, 주말 08:00 ~ 20:00
이용 신청 방법 : 홈페이지에서 이용 신청서 작성
단체 이용은 3일 전 전화 예약 필수 (02)123-4567

① 체육 시설은 주말에만 이용할 수 있다.
② 농구는 실내와 야외에서 모두 할 수 있다.
③ 이용 신청서는 구민회관에 가서 받으면 된다.
④ 단체는 신청하면 바로 시설 이용이 가능하다.

다음은 무엇에 대한 글인지 고르십시오. (2점)

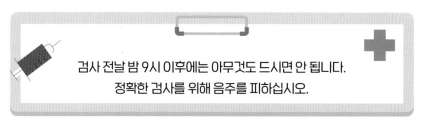

검사 전날 밤 9시 이후에는 아무것도 드시면 안 됩니다.
정확한 검사를 위해 음주를 피하십시오.

① 상품 안내   ② 주의 사항
③ 사용 순서   ④ 장소 문의

시간

☐ 길다	☐ 초기	☐ 당장	☐ 즉시
☐ 순간	☐ 당일	☐ 오늘날	☐ 정오
☐ 내	☐ 올	☐ 당분간	☐ 앞날
☐ 당시	☐ 이르다	☐ 야간	☐ 밤늦다
☐ 종일	☐ 년대	☐ 정기	☐ 한동안
☐ 늦어지다	☐ 초반	☐ 제시간	

0346 ★★★★
형 길다

형 long 중 长, 久 일 長い 베 dài

• 연휴가 길어서인지 여행 업계가 오랜만에 활기를 찾았다.
• 긴 장마와 태풍으로 올해 쌀 수확률이 감소하였다.

● 알아 두면 좋은 표현! 긴 시간, 긴 연휴

📖 활용형 긴, 길어서, 기니까, 깁니다

0347 ★★★
명 순간

형 moment 중 瞬间, 一瞬间 일 瞬間 베 khoảnh khắc

• 친구에게 문자를 보내려던 순간 전화벨이 울렸다.
• 대학에 합격했다는 소식을 듣는 순간 얼마나 행복했는지 몰라.

● 알아 두면 좋은 표현! 위기의 순간(위기▶0502), 결정적인 순간, 순간의 실수

0348 ★★
의 내
반 외▶0203

형 in, within 중 内, 之内 일 内 베 trong, nội

• 정해진 등록 기간 내에 등록금을 납입하지 않으면 합격이 취소된다.
• 빌린 책은 10일 내에 반납해야 한다.

● 알아 두면 좋은 표현! 건물 내, 범위 내, 하루 내

TIP 일부 시간이나 공간의 범위를 나타내는 명사와 함께 쓴다.

0349 ★★
명 당시

형 at that time 중 当时, 那会儿 일 当時 베 thời đó, lúc đó

• 색소폰은 처음 발명되었던 19세기 당시에는 음악계에서 별로 환영을 받지 못했다.
• 사고 당시 비가 많이 내려 앞차가 잘 보이지 않았어요.

● 알아 두면 좋은 표현! 그 당시, 그때 당시, 당시 상황(상황▶1019)

0350 ★★
명 종일

명 all day 중 整天, 一整天 일 一日中 베 cả ngày
- 나는 이삿짐을 정리하는 데만 종일이 걸렸다.
- 지난 주말에는 감기 기운이 있어서 종일을 집에만 있었어요.

◎ 알아 두면 좋은 표현! 종일을 보내다, 종일을 쓰다

0351 ★★
동 늦어지다
[느저지다]

명 be late 중 延迟, 推迟 일 遅くなる 베 bị muộn
- 짙은 안개로 인해 비행기 출발이 늦어진다고 한다.
- 6시까지 회의가 이어지는 바람에 퇴근 시간이 좀 늦어졌다.

◎ 알아 두면 좋은 표현! 도착이 늦어지다, 식사가 늦어지다

📖 활용형 늦어지는, 늦어지어서(=늦어져), 늦어지니까, 늦어집니다

0352 ★★
명 초기
창 말기, 중기

명 early, initial 중 初期, 早期 일 初期 베 thời đầu
- 중세 초기에 서양에서 만들어진 지도를 보면 바다 괴물이 그려져 있다.
- 의사는 아직 초기 단계니까 수술 없이도 치료가 가능하다고 했다.

◎ 알아 두면 좋은 표현! 개발 초기(개발▸ 0998), 중세 초기, 초기 단계(단계▸ 1071)

0353 ★★
명 당일

명 same day 중 当日, 当天 일 当日 베 ngày đó
- 캠핑 당일 오전 8시를 기준으로 비가 올 경우에 행사가 취소됩니다.
- 지난 수요일 휴가를 내고 당일로 부산 여행을 다녀왔다.

◎ 알아 두면 좋은 표현! 사건 당일(사건▸ 1029), 당일 여행

0354 ★★
명 올
유 올해

명 this year 중 今年 일 今年 베 năm nay
- 오늘 기온이 크게 오르면서 올 들어 가장 높은 기온을 보이겠습니다.
- 올 한 해 마무리 잘 하시고 새해 복 많이 받으세요!

◎ 알아 두면 좋은 표현! 올 상반기, 올 한 해

0355 ★★
형 이르다

명 early 중 무, 提前 일 무い 베 sớm
- 나는 첫 출근에 들떠서 이른 아침부터 잠에서 깼다.
- 신제품에 대한 반응을 평가하기에는 아직 이른 감이 있다.

◎ 알아 두면 좋은 표현! 이른 아침, 이른 시간

📖 활용형 이른, 일러서, 이르니까, 이릅니다

0356 ★★
의 **년대**

명 years, decade 중 年代 일 年代 베 niên đại

• 이 책은 2000년대 초 한국 사회의 모습을 그리고 있다.
• 아버지는 1980년대 후반 컴퓨터를 처음 접했다고 하셨다.

TIP 10년, 100년, 1000년 단위의 해를 뜻하는 말 뒤에 쓴다.

0357 ★★
명 **초반**

명 early phase 중 出头, 开局 일 前半 베 nửa đầu

• 경찰은 삼십 대 초반의 남자를 유력한 용의자로 보고 있다.
• 축구 결승전에서 양 팀은 경기 초반부터 치열한 몸싸움을 벌였다.

🔵 알아 두면 좋은 표현! 이십 대 초반, 90년대 초반

💡 참고 중반 명 mid-stage 중 ~岁中旬, 中间阶段, 中期
　　　　　　　　　일 中盤、半ば 베 giữa

　　　　　종반 명 late 중 终局, 结束 일 終盤、終わり 베 đoạn cuối

0358 ★★
명 **당장**

명 right now, immediately 중 现在, 马上 일 今すぐ
베 ngay lập tức

• 집에 당장 먹을거리가 없어서 마트부터 가야 할 것 같다.
• 다음 주부터 운동을 하려고 하다가 당장 오늘부터 시작하게 되었다.

0359 ★★
명 **오늘날** [오늘랄]

명 these days 중 如今, 当今时代 일 今日(こんにち) 베 ngày nay

• 나는 오늘날 사회에서의 남녀 역할에 대한 연구를 하고 있다.
• 오늘날 한국 음악과 가수는 해외에서 큰 인기를 끌고 있다.

0360 ★
명 **당분간**

명 for awhile 중 暂时, 姑且 일 当分 베 tạm thời

• 혼자 생각할 시간이 필요하니까 당분간은 연락하지 말아 줘.
• 병원에서 당분간은 술을 마시지 말라고 했다.

0361 ★
명 **야간**
반 주간

명 night time 중 夜间, 夜晚 일 夜間 베 đêm

• 우리 병원은 환자들의 편의를 위해 매일 저녁 8시까지 야간 진료를 실시합니다.
• 나는 일주일에 세 번 퇴근 후 스페인어 야간 강좌를 듣는다.

🔵 알아 두면 좋은 표현! 야간 근무(근무▶ 0779), 야간 대학

0362 ★
명 **정기**

명 regular, periodical 중 定期 일 定期 베 định kì

• 대부분 박물관의 정기 휴관일은 월요일이다.
• 수도관 정기 점검으로 오전 3시부터 5시까지 수돗물 공급이 중단될 예정입니다.

🔵 알아 두면 좋은 표현! 정기 공연(공연▶ 0570), 정기 노선, 정기 탐사

TIP 주로 '정기 N'의 형태로 많이 쓴다.

0363 ★
명 제시간

명 on time 중 按时，准时 일 定時、決めた時間 베 đúng giờ

• 태풍으로 비행기가 **제시간**에 출발하지 못했다.
• 우리는 약속 장소에 **제시간**에 도착하기 위해 서둘러 출발했다.

◉ 알아 두면 좋은 표현! 제시간에 끝내다, 제시간에 마치다, 제시간에 오다

0364 ★
명 즉시 [즉씨]

명 immediately 중 立刻，马上 일 すぐに、ただちに 베 ngay lập tức

• 평소 취업 준비를 열심히 한 덕분에 졸업 **즉시** 가고 싶던 회사에 취직했다.
• 아버지는 어머니를 처음 본 순간 **즉시**에 사랑에 빠졌었다고 하셨다.

◉ 알아 두면 좋은 표현! 즉시 통과, 즉시에 나오다, 즉시에 퍼지다

0365 ★
명 정오

명 noon 중 中午 일 正午 베 chính ngọ

• 벌써 **정오**가 다 되었으니 점심을 먹고 다시 회의를 시작합시다.
• 광장에는 낮 12시가 되면 **정오**를 알리는 종소리가 울려 퍼졌다.

◉ 알아 두면 좋은 표현! 정오 뉴스, 정오에 가깝다

0366 ★
명 앞날 [암날]

명 future 중 未来，将来 일 将来、未来 베 sau này, tương lai

• 신랑 신부의 **앞날**에 행복이 가득하기를 기원합니다.
• 그날 그 교통사고로 **앞날**이 창창한 대학생이 목숨을 잃었다.

◉ 알아 두면 좋은 표현! 앞날이 걱정되다, 앞날이 다가오다, 앞날을 기약하다, 앞날을 걱정하다

0367 ★
형 밤늦다 [밤늗따]

명 late at night 중 深夜 일 夜遅い 베 khuya, muộn

• 동생은 가족들이 모두 잠든 **밤늦은** 시간까지 공부를 했다.
• 나는 오랜만에 만난 친구들과 **밤늦도록** 밀린 이야기를 했다.

0368 ★
명 한동안
유 한참 ▸ 0189

명 for a while 중 一阵子，一段时间 일 しばらく 베 một lúc lâu

• 사장님은 **한동안**을 침묵을 지키며 직원들의 이야기를 듣기만 했다.
• 의사가 처방해 준 진통제 덕분에 **한동안**은 통증을 잊을 수 있었다.

◉ 알아 두면 좋은 표현! 한동안의 논란, 한동안 기다리다

QUIZ 1 (   )에 들어갈 가장 알맞은 것을 고르십시오.

1. (   ) 가뭄이 계속될 것 같다고 해 걱정이에요.
   ① 내   ② 당분간   ③ 종일   ④ 초반

2. 졸업생 여러분의 (   )에 행복이 가득하길 바랍니다.
   ① 순간   ② 앞날   ③ 오늘날   ④ 일상

3. 종탑에서는 매일 (   )을/를 알리는 종을 울려 퍼졌다.
   ① 당일   ② 야간   ③ 정오   ④ 후반

QUIZ 2 다음 단어를 이용해서 문장을 만드십시오.

1. 비행기가 / 이륙하지 못했다. / 제시간에 / 폭설로

_____

2. 먹고 / 쉬어야 / 임신 / 잘 / 초기에는 / 푹 / 해요.

_____

3. 깼다. / 들떠서 / 아침부터 / 이른 / 잠에서 / 첫 해외여행에

_____

QUIZ 3 빈칸에 공통적으로 들어갈 수 있는 말을 고르십시오.

   • 내일 출발해야 하니 비행기 표부터 (   ) 알아봐야겠다.
   • 신분증을 보여 주시면 (   ) 처리해 드리겠습니다.
   • 나는 돈을 빌려달라는 친구의 부탁을 (   )에 거절하였다.

   ① 당장   ② 순간   ③ 종일   ④ 즉시

다음의 내용과 <u>다른</u> 것을 고르십시오. (4점)

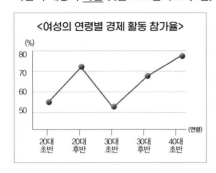

　　'여성의 경제 활동'에 대한 분석 결과에 따르면 ① 40대 초반의 여성이 경제 활동에 가장 활발히 참여하고 있는 것으로 나타났으며 20대 후반이 그 뒤를 이었다. ② 여성의 경제 활동 참가율은 30대 초반에 가장 낮았으나 점차 증가해 30대 후반에 이르면 60%대로 높아진다. 이런 현상은 결혼, 출산 및 육아와 관련된다. ③ 20대 후반의 주요 퇴직 사유가 결혼인 데 비해 30대 초반은 출산 및 육아로 나타났다. 한편 ④ 결혼과 출산 및 육아를 이유로 회사를 그만두는 여성의 비율은 20대 후반이 30대 초반보다 더 높은 것으로 드러났다.

다음을 보고 내용이 같은 것을 고르십시오. (3점)

인주시 캠핑장 이용 안내

◆ 이용 기간: 3월 ~ 11월
◆ 이용 방법: 홈페이지(www.injucamp.com)에서 예약 ※ 당일 예약 불가 이용 요금 기준

기준	평일	주말
1박 2일	30,000원	35,000원
	주차장, 샤워장 이용료 포함	

◆ 이용 요금

◆ 문의: 캠핑장 관리사무소 031) 234-1234

① 주말에는 이용 요금을 더 받는다.
② 캠핑장은 1년 내내 이용할 수 있다.
③ 예약은 이용 당일 홈페이지에서 하면 된다.
④ 주차장을 이용하려면 돈을 따로 내야 한다.

교통

☐ 승객	☐ 차량	☐ 바퀴	☐ 철도
☐ 운행	☐ 구역	☐ 밀리다	☐ 안전띠
☐ 좌석	☐ 승용차	☐ 오토바이	☐ 차도
☐ 지나치다	☐ 교통수단	☐ 귀가	☐ 차도
☐ 놓치다	☐ 통행	☐ 붐비다	
☐ 대중교통	☐ 면허	☐ 차선	

0369 ★★★
명 승객

형 passenger 중 乘客 일 乗客 베 hành khách

- 관광버스가 추락하면서 안전벨트를 하지 않은 승객들이 크게 다쳤다.
- 지금 열차가 들어오고 있으니 승객 여러분께서는 한 걸음 뒤로 물러나 주시길 바랍니다.

◉ 알아 두면 좋은 표현! 버스 승객, 승객이 탑승하다, 승객을 태우다

0370 ★★★
명 운행
반 운행되다
　운행하다

형 operation, running 중 运行，行驶 일 運行 베 sự vận hành

- 승객들의 편의를 위해 버스와 지하철의 운행 간격이 짧아졌다.
- 태풍 북상으로 일부 열차 지연과 운행 중단이 예상된다.

◉ 알아 두면 좋은 표현! 연장 운행(연장▸ 0481), 운행 구간, 운행 시간표, 운행이 지연되다

0371 ★★★
명 좌석
반 입석

형 seat 중 座席，座位 일 座席 베 ghế ngồi, chỗ ngồi

- 나는 비행기를 탈 때 창가 쪽 좌석을 선호한다.
- 휴일이라 그런지 영화관에는 빈 좌석이 하나도 없었다.

◉ 알아 두면 좋은 표현! 공연장 좌석, 좌석을 옮기다, 좌석을 확인하다

0372 ★★★
동 지나치다

형 pass 중 过头(儿)，走过 일 通り過ぎる 베 đi qua

- 나는 지하철에서 졸다가 그만 목적지를 지나쳐 버렸다.
- 나는 단골집을 지나쳐 새로 생긴 식당으로 들어갔다.

◉ 알아 두면 좋은 표현! 가게를 지나치다, 골목길을 지나치다

🔖 활용형 지나치는, 지나치어서(=지나쳐서), 지나치니까, 지나칩니다

0373 ★★★

동 **놓치다** [노치다]

영 miss 중 错过 일 逃す、乗り損なう 베 bỏ lỡ

- 아침에 늦잠을 자서 학교 앞까지 가는 버스를 놓치고 말았다.
- 나는 잠깐 화장실에 갔다가 부산행 막차를 놓쳤다.

🔵 알아 두면 좋은 표현! 기차를 놓치다, 버스를 놓치다, 비행기를 놓치다

📖 활용형 놓치는, 놓치어서(=놓쳐서), 놓치니까, 놓칩니다

0374 ★★★

명 **대중교통**

영 public transportation 중 公共交通 일 公共交通
베 giao thông công cộng

- 서울시는 폭설에 대비해 대중교통 운행 횟수를 늘렸다.
- 자가용 대신 대중교통을 이용하니까 운동도 되고 기름값도 아끼게 되었다.

🔵 알아 두면 좋은 표현! 대중교통을 이용하다, 대중교통을 타다

0375 ★★

명 **차량**

영 vehicle 중 车辆 일 車両 베 xe

- 폭설로 곳곳에서 차량 정체가 빚어지고 교통사고가 잇따랐다.
- 지역 축제로 주말 동안 시청 앞 도로의 차량 통행이 통제될 예정이다.

🔵 알아 두면 좋은 표현! 차량 수리(수리▶ 0326), 차량 용품(용품▶ 0302), 차량 정비, 차량 진입, 차량 흐름(흐름▶ 0607)

0376 ★★

명 **구역**

영 area 중 区域，地段 일 区域 베 khu vực

- 횡단보도는 주정차 금지 구역으로 잠시라도 차를 세우면 안 된다.
- 학교나 유치원 앞 등 어린이 보호 구역에서는 차량의 속도를 줄여야 한다.

🔵 알아 두면 좋은 표현! 출입 금지 구역, 통제 구역

0377 ★★

명 **승용차**

영 passenger car 중 小轿车，轿车 일 乘用車 베 xe ô tô con

- 화물차와 승용차 추돌 사고로 두 명이 사망하는 사고가 발생했다.
- 출퇴근 때 타던 승용차가 고장이 나 당분간 버스를 타고 출근할 예정이다.

🔵 알아 두면 좋은 표현! 승용차를 사다, 승용차를 운전하다, 승용차를 타다

0378 ★★

명 **교통수단**

영 transportation 중 交通方式，交通工具 일 交通手段
베 phương tiện giao thông

- 최근 전기차와 같은 친환경 교통수단에 대한 사람들의 관심이 높다.
- 고속 철도와 같은 교통수단의 발달로 다른 지역으로 출퇴근하는 사람이 많아졌다.

0379 ★★

명 통행

파 통행하다

영 passage, Traffic 중 通行 일 通行 베 sự thông hành

- 주말 나들이 차량으로 고속 도로 곳곳에서 통행이 원활하지 않다.
- 홍수로 차량 운행에 제한되었던 도로의 통행이 재개되었다.

🔘 **알아 두면 좋은 표현!** 차량 통행(차량* 0375), 통행이 원활하다, 통행을 막다

0380 ★

명 면허

영 license 중 驾照, 许可 일 免許 베 giấy phép

- 교통 법규 위반 벌점이 누적되면 면허가 정지되거나 취소될 수 있습니다.
- 요즘 면허를 따려고 운전 학원에 다니고 있다.

🔘 **알아 두면 좋은 표현!** 면허 시험, 택시 면허, 면허를 갱신하다

💡 **참고** 면허증 영 certificate 중 驾照 일 免許証 베 bằng lái
　　　　 운전면허 영 driver license 중 驾照 일 運転免許
　　　　 베 giấy phép lái xe

0381 ★

명 바퀴

영 wheel 중 轮子, 车轮 일 タイヤ, 車輪 베 bánh xe

- 나는 바람이 빠진 자전거 바퀴에 바람을 넣었다.
- 홍수로 차량 바퀴가 침수되었다는 신고가 잇따랐다.

🔘 **알아 두면 좋은 표현!** 자동차 바퀴, 바퀴가 돌다

0382 ★

동 밀리다

영 delay 중 堵车 일 混雑する 베 dồn, ứ

- 터널 안에서 사고가 나서 차가 많이 밀린다.
- 나는 차가 밀리는 게 싫어 가능한 지하철로 출근을 한다.

📖 **활용형** 밀리는, 밀리어서(=밀려서), 밀리니까, 밀립니다

0383 ★

명 오토바이

영 motocycle 중 摩托车 일 オートバイ 베 xe máy

- 나는 방학 때 오토바이를 타고 음식 배달을 했다.
- 영수는 오토바이에 올라타 시동을 걸기 전에 헬멧부터 썼다.

🔘 **알아 두면 좋은 표현!** 배달 오토바이, 오토바이 운전, 오토바이를 몰다

0384 ★

명 귀가

파 귀가하다

영 returning home 중 回家 일 帰宅 베 sự trở về nhà

- 명절 연휴를 앞둔 직원들은 귀가를 서둘렀다.
- 요즘 남편은 야근을 하느라 날마다 귀가가 늦다.

🔘 **알아 두면 좋은 표현!** 귀가 시간, 이른 귀가, 귀가 수단

0385 ★
동 붐비다

형 crowded 중 拥挤，喧闹 일 混む、混雑する
베 tấp nập, đông nghịt

- 서울역은 고향에 가는 기차를 타려는 사람들로 붐볐다.
- 그는 사람들로 붐비는 마트를 지나 근처 재래시장으로 갔다.

🔵 알아 두면 좋은 표현! 붐비는 도로, 공항이 붐비다, 인파로 붐비다

📋 활용형 붐비는, 붐비어서(=붐벼서), 붐비니까, 붐빕니다

0386 ★
명 차선

형 lane 중 车线，车道 일 車線 베 làn xe

- 나는 차선을 바꾸다가 그만 앞차와 부딪치는 사고를 냈다.
- 중앙선을 침범한 트럭이 반대편 차선의 승용차와 충돌하는 사고가 발생했다.

🔵 알아 두면 좋은 표현! 차선을 넘다, 차선을 바꾸다, 차선을 지키다

0387 ★
명 철도 [철또]

형 railroad 중 铁路，火车 일 鉄道 베 đường sắt

- 강릉행 KTX의 개통으로 철도 이용객이 크게 늘었다.
- 앱을 이용한 철도 예약에 문제가 생겨 열차 이용객들이 큰 불편을 겪었다.

🔵 알아 두면 좋은 표현! 철도 분야(분야▸ 0753), 철도 승객(승객▸ 0369), 철도 이용, 철도 회사

0388 ★
명 안전띠
유 안전벨트

형 seat belt 중 安全带 일 シートベルト 베 dây an toàn

- 교통사고가 났지만 안전띠를 매고 있어 크게 다치지 않았다.
- 차에 탈 때는 운전자뿐 아니라 동승자도 안전띠를 매야 한다.

🔵 알아 두면 좋은 표현! 안전띠를 매다, 안전띠를 착용하다

0389 ★
명 차도
유 찻길

형 roadway 중 车道，机动车道 일 車道 베 đường xe ô tô chạy

- 내가 우회전하는 순간 강아지 한 마리가 차도로 뛰어들었다.
- 집 앞 도로는 인도와 차도의 구분이 없어 교통사고가 빈번했다.

🔵 알아 두면 좋은 표현! 차도를 넓히다, 차도를 만들다, 차도를 다니다

QUIZ 1 ( )에 들어갈 가장 알맞은 것을 고르십시오.

1. 이곳은 소방차 전용 주차 ( )이니/니 주차하면 안 됩니다.

① 구역　　　② 좌석　　　③ 차도　　　④ 차선

2. 행사 당일 일부 도로에서는 하루 종일 승용차 ( )이/가 금지됩니다.

① 귀가　　　② 바퀴　　　③ 운반　　　④ 통행

3. 한강 수영장은 대부분 지하철역 근처에 있어 ( )을/를 이용하기에 편리하다.

① 대중교통　　② 승용차　　③ 오토바이　　④ 철도

QUIZ 2 다음 단어를 이용해서 문장을 만드십시오.

1. 놓치는 / 늦었다. / 바람에 / 버스를 / 회사에

_____

2. 가는 데마다 / 복잡하네요. / 붐벼서 / 사람들로

_____

3. 들어서 / 말았다. / 버스에서 / 잠이 / 정류장을 / 지나치고

_____

QUIZ 3 다음 밑줄 친 부분과 의미가 비슷한 것을 고르십시오.

　　출퇴근 시간이어서 그런지 <u>차가 많이 밀린다</u>.

① 차가 많이 나온다　　　　② 길이 많이 막힌다
③ 줄이 길어 보인다　　　　④ 길이 길게 생긴다

TOPIK 중급 **34회 읽기 36번**

다음을 보고 내용이 같은 것을 고르십시오. (3점)

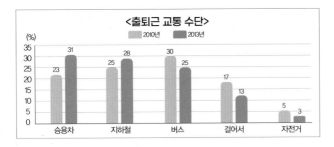

① 두 해 모두 버스를 가장 많이 이용했다.
② 삼 년 사이에 자전거를 타는 사람이 늘었다.
③ 2010년에는 걸어서 가는 사람이 가장 적었다.
④ 승용차와 지하철은 이용하는 사람이 많아졌다.

TOPIK II **60회 읽기 34번**

다음을 읽고 내용이 같은 것을 고르십시오. (2점)

> 19세기 중반까지는 태양의 위치를 기준으로 시간을 정해서 지역마다 시간이 달랐다. 이는 철도 이용이 활발해지면서 문제가 되었다. 철도 회사는 본사가 있는 지역의 시간을 기준으로 열차를 운행했다. 그래서 승객은 다른 지역에서 온 열차를 탈 때마다 자기 지역의 시간과 열차 시간이 달라 불편을 겪었다. 이를 해결하고자 캐나다의 한 철도 기사가 지구의 경도를 기준으로 하는 표준시를 제안하였고 이것이 현재의 표준시가 되었다.

① 표준시 도입의 필요성은 철도 분야에서 제기되었다.
② 예전에는 철도 회사가 지역의 기준 시간을 결정했다.
③ 캐나다에서는 19세기 이전부터 표준시를 사용해 왔다.
④ 철도 승객들은 표준시의 적용으로 불편을 겪게 되었다.

4

여가 생활

DAY 18 여가
DAY 19 여행
DAY 20 스포츠

여가

☐ 활동　　☐ 휴식　　☐ 그네　　☐ 매력

☐ 참가　　☐ 여가　　☐ 날리다　　☐ 만화책

☐ 놀이터　　☐ 벗어나다　　☐ 실감　　☐ 수집

☐ 여유　　☐ 야외　　☐ 등록　　☐ 바둑

0390 ★★★★★
명 **활동** [활똥]
파 활동하다

영 activity 중 活动 일 活動 베 hoạt động
- 나는 요즘 취미 활동으로 테니스를 배우고 있다.
- 남자 친구는 나와 달리 등산이나 스키 등 야외 활동을 즐긴다.

🔵 알아 두면 좋은 표현! 사회 활동(사회▸ 0752), 여가 활동(여가▸ 035), 정치 활동
(정치▸ 0457)

0391 ★★★★
명 **참가**
파 참가시키다

영 participation 중 参加 일 参加 베 sự tham gia
- 나는 스키 동아리에 들어가기 위해 참가 신청서를 냈다.
- 참가 신청은 이달 말까지이며 직접 학교 홈페이지에서 하면 된다.

🔵 알아 두면 좋은 표현! 대회 참가, 훈련 참가(훈련▸ 0434), 참가 대상, 참가 번호,
참가 자격(자격▸ 0744)

통 **참가하다**

영 participate 중 参加 일 参加する 베 tham gia
- 이번 대회에 참가하신 모든 분께는 대회 기념 가방을 무료로 드
립니다.
- 다음 달에 열리는 취업 박람회에 총 만여 곳의 업체가 참가할 예
정이다.

0392 ★★★★
명 **놀이터** [노리터]

영 playground 중 游乐园，游乐场 일 公園、遊び場 베 sân chơi
- 나는 동생들과 집 근처 놀이터에서 미끄럼틀을 타며 놀았다.
- 놀이터 옆에 아이들을 위한 작은 수영장도 만들었다.

🔵 알아 두면 좋은 표현! 동네 놀이터, 어린이 놀이터, 놀이터에 모이다

0393 ★★★
명 **여유**

영 leisure, freetime 중 充裕，富余 일 余裕 베 sự nhàn rỗi
- 출발 시간까지 아직 여유는 있지만 그래도 서둘러야 한다.
- 점심을 먹자마자 커피를 마실 여유도 없이 다시 일을 시작했다.

🔵 알아 두면 좋은 표현! 시간적 여유, 여유가 넘치다, 여유가 생기다

0394 ★★★

명 **휴식**

명 break, rest 중 休息 일 休息、休憩 베 sự giải lao

- 학생들이 쉴 수 있도록 학생회관 내 휴식 공간을 더 확대했다.
- 이번 주말에는 밖에 나가지 않고 집에서 휴식을 취하고 싶다.

🔵 알아 두면 좋은 표현! 충분한 휴식, 휴식을 즐기다

0395 ★★★

명 **여가**

명 leisure 중 业余时间 일 余暇 베 sự giải trí

- 얼마 전부터 일이 바빠서 여가를 전혀 즐기지 못한다.
- 나는 여가를 활용해 외국어를 배우거나 악기를 배우기도 한다.

🔵 알아 두면 좋은 표현! 여가 시간, 여가 활동(활동▸ 0390), 여가가 생기다

0396 ★★★

동 **벗어나다**
[버서나다]

명 get out, escape 중 脱离，摆脱 일 抜け出す、外れる 베 thoát ra

- 반복된 일상에서 벗어나 가까운 곳으로 여행을 떠나고 싶다.
- 지난 주말 도심에서 벗어나 서울에서 가까운 공원에 다녀왔다.

🔵 알아 두면 좋은 표현! 도시를 벗어나다, 시내를 벗어나다, 해안가를 벗어나다

0397 ★★★

명 **야외** [야외/야웨]
창 교외

명 outdoor 중 露天，室外 일 野外 베 ngoài trời, dã ngoại

- 오늘은 공기가 나쁘니 등산이나 야외 활동은 다음으로 미루는 것이 좋겠다.
- 나는 주말이면 야외에서 캠핑하는 것을 즐긴다.

🔵 알아 두면 좋은 표현! 야외 수영장, 야외 음악회, 야외 활동(활동▸ 0390)

0398 ★★★

명 **그네**

명 swing 중 秋千 일 ブランコ 베 xích đu

- 학교 운동장에 있는 그네를 타기 위해 아이들은 밖으로 달려 나갔다.
- 나는 동생을 그네에 태워 밀어 주었다.

🔵 알아 두면 좋은 표현! 그네를 뛰다, 그네에 매달리다, 그네에서 떨어지다

0399 ★★

동 **날리다**

명 fly 중 放飞，使飞走 일 飛ばす、上げる 베 làm bay

- 우리는 공원에서 연을 날리며 놀았다.
- 아이는 종이로 비행기를 접어 하늘로 날렸다.

📋 활용형 날리는, 날리어서(=날려서), 날리니까, 날립니다

0400 ★★

명 **실감**
파 실감되다
실감하다

명 realism 중 真实感 일 実感 베 cảm giác thật

- 아이가 가지고 노는 자동차 장난감은 마치 실제 자동차처럼 실감이 느껴지는 소리를 냈다.
- 내가 일상에서 벗어나 이렇게 여유 있는 시간을 즐기고 있다는 게 아직 실감이 나지 않는다.

🔵 알아 두면 좋은 표현! 실감이 가다, 실감을 주다

0401 ★★
명 등록 [등녹]
파 등록되다
　　등록하다

명 registration 중 登记，注册 일 登録 베 sự đăng kí

- 달리기 대회에 참가를 원하시는 분은 당일 현장에 오셔서 등록을 하시면 됩니다.
- 사내 동아리를 하나 만들려고 하는데 생각보다 등록 절차가 까다로웠다.

🔵 알아 두면 좋은 표현! 강의 등록(등록▸ 1085), 수강 등록

0402 ★★
명 매력

명 charm, attraction 중 魅力，吸引力 일 魅力 베 sự hấp dẫn

- 이번 여행의 매력은 야간 기차를 이용해 도시 간 이동 시간을 아낄 수 있는 것이었다.
- 자전거의 매력은 차를 탔을 땐 볼 수 없던 풍경들과 시원한 바람인 것 같다.

🔵 알아 두면 좋은 표현! 매력이 넘치다, 매력을 느끼다, 매력에 빠지다

0403 ★
명 만화책

명 comic book 중 漫画书 일 マンガ 베 truyện tranh

- 역사를 쉽고 재미있게 설명한 만화책이 큰 인기를 끌고 있다.
- 나는 주말에는 집에서 만화책을 읽으며 시간을 보낸다.

🔵 알아 두면 좋은 표현! 만화책을 내다, 만화책을 만들다, 만화책을 보다

0404 ★
명 수집
파 수집되다
　　수집하다

명 collection 중 收集，收藏 일 収集 베 sự thu thập

- 동생은 크리스마스 우표 수집이 취미이다.
- 나는 수집 중인 비행기 관련 기념품이 많이 모이면 항공 박물관에 기증할 것이다.

🔵 알아 두면 좋은 표현! 동전 수집, 자료 수집(자료▸ 0641)

0405 ★
명 바둑

명 go (The board game) 중 围棋 일 囲碁 베 cờ vây

- 아버지와 삼촌은 만나면 바둑을 두며 시간을 보냈다.
- 집에 할아버지께서 쓰시던 바둑판이 있는데 바둑 한 판 둘래?

🔵 알아 두면 좋은 표현! 바둑 실력(실력▸ 1064), 바둑 한 판, 바둑을 배우다, 바둑을 두다

QUIZ 1 ( )에 들어갈 가장 알맞은 것을 고르십시오.

1. 일정에 ( )은/는 있지만 서둘러야 됩니다.
   ① 매력　　　　② 야외　　　　③ 여가　　　　④ 여유

2. 한국 산의 ( ), 이번 전시회에서 김지원 작가의 사진으로 느껴 보세요.
   ① 높이　　　　② 매력　　　　③ 실감　　　　④ 휴식

3. 대회 ( )을/를 원하는 사람은 10일까지 행사 홈페이지로 신청하면 된다.
   ① 등록　　　　② 수집　　　　③ 참가　　　　④ 활동

QUIZ 2 다음 단어를 이용해서 문장을 만드십시오.

1. 공기가 / 다르네요. / 벗어나도 / 시내를 / 조금만

   _____

2. 기념품을 / 누구나 / 대회에 / 받을 수 있다. / 참가하면

   _____

3. 날려 보냈다. / 매달아 / 밤하늘에 / 소원 편지를 / 풍선에

   _____

QUIZ 3 다음은 무엇에 대한 글인지 고르십시오.

> 실제 눈앞에서 보는 듯한 실감 나는 화면과 생생한 사운드!
> 세련된 디자인에다 각종 스마트 기능까지!

① 오디오　　　　② 카메라　　　　③ 컴퓨터　　　　④ 텔레비전

30회 쓰기 38번

다음의 내용과 <u>다른</u> 것을 고르십오. (4점)

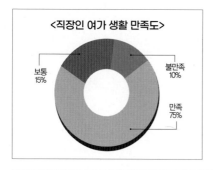

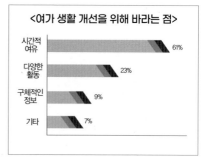

　　최근 발표된 '직장인 여가 생활 만족도 조사'에 따르면 ① 10명 중 7명 이상이 자신의 여가 생활에 만족한다고 답하여 전체적으로 높은 만족도를 보였고 ② 불만족스럽다고 답한 응답자는 10%에 불과했다. 그리고 더 나은 여가 생활을 위해 ③ 시간적 여유가 더 있으면 좋겠다는 응답이 가장 많았고 ④ 다음으로는 자세한 정보가 있으면 좋겠다, 여러 가지 활동이 있으면 좋겠다는 순으로 응답했다.

다음 글 또는 그래프의 내용과 같은 것을 고르십시오. (2점)

제3회 한마음 걷기 대회

- 일   시: 2019년 9월 14일(토) 09:00 · 13:00
- 참가 대상 : 제한 없음
- 내   용: 3.8km 걷기(시민공원부터 인주기념관까지)
- 참 가 비 : 무료

① 이 대회는 이번에 처음으로 열린다.

② 이 대회에는 누구나 참가할 수 있다.

③ 이 대회에 참가하려면 돈을 내야 한다.

④ 이 대회의 출발 장소는 인주기념관이다.

여행

☐ 지역	☐ 추억	☐ 아시아	☐ 머무르다
☐ 축제	☐ 변경하다	☐ 지도	☐ 묵다
☐ 전국	☐ 가득하다	☐ 짜다	☐ 숙박
☐ 박	☐ 기념품	☐ 목적지	
☐ 일정	☐ 둘러보다	☐ 절	
☐ 사전	☐ 유럽	☐ 찾아다니다	

0406 ★★★★★
명 **지역**

영 region, area 중 地区，区域 일 地域 베 khu vực

• 이번 휴가에는 프랑스 남부 지역을 돌아볼 예정이다.
• 나는 여행할 지역을 지도에 표시하며 계획을 짰다.

🔵 알아 두면 좋은 표현! 여러 지역, 지역 축제(축제* 0407), 지역 친화적

0407 ★★★★
명 **축제** [축쩨]

영 festival 중 庆典，庆祝活动 일 祭り、祝祭 베 lễ hội

• 이번 축제 프로그램 중 관심을 끄는 것은 참가자들이 지역 특산물로 디저트를 만드는 것이다.
• 지난 주말 한강에서 총 이십 개국이 참가한 세계 불꽃 축제가 성공리에 열렸다.

🔵 알아 두면 좋은 표현! 축제 기간, 축제 참여(참여* 0528), 축제가 벌어지다

0408 ★★★
명 **전국**

영 nationwide 중 全国 일 全国 베 toàn quốc

• 그는 전국을 여행하며 드라마에 쓸 소재를 수집했다.
• 연휴를 맞아 전국 주요 관광지에 나들이객이 몰렸다.

🔵 알아 두면 좋은 표현! 전국 각지, 전국 대회, 전국 방방곡곡

0409 ★★★
의 **박**

영 night 중 夜，晚 일 泊 베 đêm

• 참가비는 1박 2일에 이십만 원으로 숙박비, 교통비, 스키장 이용료가 포함된 가격입니다.
• 지난 금요일 2박 3일로 제주도 여행을 갔다가 일요일 밤에 돌아왔다.

0410 ★★★
명 일정 [일쩡]

영 schedule, itinerary　중 日程, 行程　일 日程、スケジュール
베 lịch trình

- 여행 첫날 **일정**은 호텔 근처를 둘러보는 것으로 정했다.
- 가이드는 매일 아침 출발 전 오늘 **일정**에 대해 간단히 설명했다.

◎ 알아 두면 좋은 표현! 하루 일정, 바쁜 일정, 일정이 끝나다

0411 ★★★
명 사전

영 in advance　중 事前, 预先　일 事前　베 trước sự việc

- 나는 여행을 떠나기 전에 호텔, 교통편, 식당까지 **사전**에 미리미리 예약하는 편이다.
- 철저한 **사전** 준비 없이 해외 출장을 떠났다가는 시간 낭비를 하기 십상이다.

◎ 알아 두면 좋은 표현! 사전 검토(검토▸ 0830), 사전 작업(작업▸ 0606), 사전에 점검하다(점검▸ 0334), 사전에 예방하다(예방▸ 0670)

TIP 주로 '사전에'로 쓴다.

0412 ★★
명 추억
파 추억되다
　추억하다

영 memory　중 追忆, 回忆　일 思い出　베 kí ức

- 친구들과 같이 본 겨울 바닷가의 모습은 지금도 나에게 **추억**으로 남아 있다.
- 나는 사진을 보며 즐거웠던 유럽 여행의 **추억**을 떠올렸다.

◎ 알아 두면 좋은 표현! 추억이 담기다, 추억을 되새기다, 추억을 만들다, 추억에 빠지다

0413 ★★
동 변경하다

영 change, modify　중 变更, 更改　일 変更する　베 thay đổi

- 나는 비행기를 놓치는 바람에 여행 일정을 **변경해야만** 했다.
- 여객기는 전쟁으로 인해 어쩔 수 없이 남쪽으로 항로를 **변경했다**.

◎ 알아 두면 좋은 표현! 계획을 변경하다, 방향을 변경하다

0414 ★★
형 가득하다
[가드카다]

영 full, filled up　중 挤满, 满是　일 いっぱいだ、埋め尽くす　베 đầy

- 서울 근교 공원은 따뜻한 날씨에 가족 나들이를 나온 방문객들로 **가득했다**.
- 성당에 **가득한** 다른 방문객들처럼 나도 고개를 들어 천장과 벽면을 보았다.

◎ 알아 두면 좋은 표현! 볼거리가 가득하다, 쓰레기로 가득하다

활용형 가득한, 가득하여서(=가득해), 가득하니까, 가득합니다

0415 ★★
圐 **기념품**

圐 souvenir 圐 纪念品 圐 記念品、おみやげ 圐 quà kỉ niệm

• 형은 영국에 여행을 가서 **기념품**으로 영국 차를 하나 사 왔다.
• 대회 참가자 모두에게 소정의 **기념품**이 지급될 예정입니다.

◉ 알아 두면 좋은 표현! 관광 기념품, 기념품을 나눠 주다, 기념품을 받다

0416 ★★
圐 **둘러보다**

圐 look around 圐 环顾，转一转 圐 巡り歩く 圐 nhìn quanh

• 나는 한라산 정상에 서서 산 아래를 **둘러보았다**.
• 이번에 유럽 여행을 가면 박물관과 미술관을 많이 **둘러볼** 예정이다.

◉ 알아 두면 좋은 표현! 미술관을 둘러보다, 주위를 둘러보다

🔲 활용형 둘러보는, 둘러보아서(=둘러봐서), 둘러보니까, 둘러봅니다

0417 ★
圐 **유럽**

圐 Europe 圐 欧洲 圐 ヨーロッパ 圐 Châu Âu

• 나는 이번 여름에 아이를 데리고 **유럽**으로 여름휴가를 다녀올 예정이다.
• 대부분의 **유럽** 도시는 오랜 역사를 갖고 있기에 도심에 오래된 광장이 있다.

0418 ★
圐 **아시아**

圐 Asia 圐 亚洲 圐 アジア 圐 Châu Á

• 쌀은 예로부터 **아시아**의 많은 나라에서 주식으로 사용되었다.
• 나는 오래전부터 **아시아** 여행에 대한 꿈이 있었는데 마침내 타이와 캄보디아로 떠나게 되었다.

0419 ★
圐 **지도**

圐 map 圐 地图 圐 地図 圐 bản đồ

• 나는 한국 **지도**를 펼쳐 놓고 가고 싶은 곳을 표시하며 여행 동선을 짰다.
• 나는 **지도**를 잘 못 읽어서 길을 자주 잃었다.

◉ 알아 두면 좋은 표현! 고대 지도, 중세 지도(고대▸ 0659), 지도를 보다

0420 ★
圐 **짜다**

圐 plan, arrange 圐 制定，拟定 圐 組む、立てる 圐 lập, tạo

• 출장 일정은 모두 **짰고** 숙소만 예약하면 돼요.
• 우리는 여름휴가를 어디서 보낼지 계획을 **짜기**로 했다.

◉ 알아 두면 좋은 표현! 계획을 짜다, 일정을 짜다(일정▸ 0410)

0421 ★
명 목적지 [목쩍찌]
참 경유지

명 destination 중 目的地 일 目的地 베 đích đến
- 승객 여러분, 잊으신 물건이 없는지 확인하시고 가시는 목적지까지 편안히 가십시오.
- 국제선 환승 시 수하물은 최종 목적지에서 찾을 수 있다.

⬤ 알아 두면 좋은 표현! 목적지에 가다, 목적지에 도착하다

0422 ★
명 절
유 사찰

명 temple 중 寺院, 寺庙 일 寺 베 chùa
- 이른 새벽부터 절에서는 목탁 소리가 들렸다.
- 석가 탄신일을 맞아 불국사와 같은 큰 절뿐 아니라 작은 절에서도 다양한 행사가 열렸다.

⬤ 알아 두면 좋은 표현! 고즈넉한 절, 조용한 절, 절을 짓다, 절을 찾다

0423 ★
동 찾아다니다
[차자다니다]

동 search, look for 중 到处寻找 일 巡る、訪ね歩く 베 đi tìm
- 전국의 유명한 식당을 찾아다닌 결과 마침내 맛있는 국물을 만드는 방법을 배울 수 있었다.
- 우리는 주말이면 경치 좋은 곳을 찾아다니며 자연을 즐겼다.

⬤ 알아 두면 좋은 표현! 가게를 찾아다니다, 명소를 찾아다니다, 음식점을 찾아다니다, 식당을 찾아다니다

▦ 활용형 찾아다니는, 찾아다니어서(=찾아다녀서), 찾아다니니까, 찾아다닙니다

0424 ★
동 머무르다

동 stay 중 停留，暂住 일 滞在する、とどまる 베 lưu trú lại
- 이 동네가 마음에 들어 일주일을 더 머물기로 했다.
- 유럽 여행을 떠났지만 한 도시에 머무르는 시간이 짧아 제대로 구경을 하기 부족했다.

⬤ 알아 두면 좋은 표현! 한곳에 머무르다, 이틀을 머무르다

▦ 활용형 머무르는, 머물러서, 머무르니까, 머무릅니다

0425 ★
동 묵다 [묵따]

동 stay 중 住宿，停留 일 泊まる 베 ở lại
- 나는 제주도에 사는 친구 집에 며칠 묵으며 여행을 할 예정이다.
- 공사가 끝날 때까지 집 근처 호텔에 묵기로 했다.

⬤ 알아 두면 좋은 표현! 하룻밤을 묵다, 여관에서 묵다

0426 ★
명 숙박 [숙빡]
파 숙박하다

명 accomdation 중 住宿 일 宿泊 베 nơi nghỉ trọ
- 밤늦게 공항에 도착 예정이라 공항 근처로 숙박을 잡았다.
- 이번 연휴에 어디에 가든 숙박이 어려울 것 같아 당일로 여행을 다녀오기로 했다.

⬤ 알아 두면 좋은 표현! 숙박을 알아보다, 숙박을 예약하다

DAY 19 QUIZ

QUIZ 1 ( )에 들어갈 가장 알맞은 것을 고르십시오.

1. 이번 워크숍 ( )을/를 안내해 드리겠습니다.
   ① 변경 　　② 숙박 　　③ 일정 　　④ 축제

2. 참가비는 없지만 반드시 홈페이지를 통해 ( ) 예약을 해야 한다.
   ① 목적지 　　② 변경 　　③ 사전 　　④ 지도

3. 서울을 떠올릴 수 있는 관광 ( )을/를 새로 만들어서 제출하세요.
   ① 기념품 　　② 볼거리 　　③ 숙박 　　④ 축제

QUIZ 2 다음 단어를 이용해서 문장을 만드십시오.

1. 가득한 / 거리에 / 관광객이 / 신기했다.
   _____

2. 머물 / 유럽에 / 예정이에요. / 한 달 동안
   _____

3. 관광지를 / 둘러보다 / 많이 / 생각이다. / 유명한
   _____

QUIZ 3 빈칸에 공통적으로 들어갈 수 있는 말을 고르십시오.

- 저희와 함께 특별한 ( )을/를 만드십시오.
- 이 사진 속에는 어릴 때 ( )이/가 담겨 있다.
- 그렇게 힘들었던 일도 이제는 모두 ( )이/가 되었다.

① 관심 　　② 계획 　　③ 습관 　　④ 추억

TOPIK II   47회 읽기 9번

다음을 보고 내용이 같은 것을 고르십시오. (2점)

제8회 음식문화축제

기간: 2016년 8월 20일(토) ~ 8월 21일(일)
장소: 인주 시청 앞 광장
행사 내용: 한국 전통 요리 무료 시식 및 체험 행사

체험을 원하시는 분은 현장에서 직접 신청하시기 바랍니다.

---

① 축제는 올해 처음 열린다.
② 축제는 주말 이틀 동안 진행된다.
③ 축제에서 체험을 하려면 예약해야 한다.
④ 축제에서 전통 요리를 사 먹을 수 있다.

TOPIK II   47회 읽기 40번

다음 글에서 <보기>의 문장이 들어가기에 가장 알맞은 곳을 고르십시오. (2점)

소설가 김병용 씨가 전국의 강 길과 산길을 여행하면서 쓴 글을 엮어 산문집 길 위의 풍경을 펴냈다. (㉠) 작가는 길이 자신과 세상을 이어주는 통로이며, 끊임없이 이어지는 길 위에서 자신도 변화하고 성장한다고 말한다. (㉡) 여기에서 소개하는 길을 따라 그곳 사람들의 소박하지만 단단한 일상을 들여다보고 있으면 포기하고 좌절했던 나의 모습들이 부끄러워진다. (㉢) 길이 주는 떨림을 느끼면서 그 속에서 변화·성장하고 싶다면 주저 없이 이 책을 읽기를 권한다. (㉣)

보기

그리고 깨닫지 못하는 사이에 다시 일어나 걸을 수 있는 용기를 받는다.

---

① ㉠   ② ㉡   ③ ㉢   ④ ㉣

스포츠

- ☐ 가능성
- ☐ 해설
- ☐ 상금
- ☐ 응원
- ☐ 극복하다
- ☐ 훈련
- ☐ 부상
- ☐ 시합
- ☐ 최선
- ☐ 따다
- ☐ 경기장
- ☐ 심판
- ☐ 개최
- ☐ 운동선수
- ☐ 우승
- ☐ 관계자
- ☐ 요가
- ☐ 메달
- ☐ 마라톤
- ☐ 체조
- ☐ 결승

0427 ★★★
몡 가능성 [가능썽]

몡 possibility 중 可能性 일 可能性 베 tính khả thi

- 한국 선수가 이번 대회에서 우승 가능성이 가장 높은 것으로 조사되었다.
- 김 감독은 선수들의 가능성을 믿고 열심히 훈련을 도왔다.

🔵 **알아 두면 좋은 표현!** 성공 가능성, 발전 가능성(발전▸0513), 가능성이 높다, 가능성이 크다, 가능성을 인정받다(인정▸0602), 가능성을 지니다

0428 ★★★
동 극복하다
[극뽀카다]

몡 overcome 중 克服，战胜 일 克服する 베 khắc phục

- 박 선수는 부상을 극복하고 이번 시즌 화려하게 복귀하였다.
- 미나는 장애를 극복하고 마침내 국가 대표가 되었다.

🔵 **알아 두면 좋은 표현!** 난관을 극복하다, 시련을 극복하다, 불황을 극복하다

0429 ★★★
몡 최선

몡 best (effort) 중 全力，竭尽全力 일 最善 베 hết mình, tốt nhất

- 나는 최선을 다해 경기에 임했기 때문에 비록 졌지만 후회는 없었다.
- 여러분 모두 언제나 최선을 다하는 아름다운 사람이 되기 바랍니다.

🔵 **알아 두면 좋은 표현!** 최선의 노력, 최선을 발휘하다, 최선을 쏟다

0430 ★★★
명 개최
   파 개최되다

명 to host　중 举办, 召开　일 開催　베 việc tổ chức
- 어떻게 하면 우리 도시가 올림픽 개최 도시로 선정될 수 있을까요?
- 국제 대회 개최를 앞두고 행사장 및 편의 시설 점검이 한창이다.
  ◉알아 두면 좋은 표현! 월드컵 개최, 행사 개최, 개최 경쟁(경쟁▶ 0847), 개최가
  　　　　　　　　　　확정되다

동 개최하다

명 hold, host　중 举办, 召开　일 開催する　베 tổ chức
- 어린이날을 맞아 어린이 장난감 전시회와 도서전을 개최한다.
- 2002년 월드컵은 대한민국과 일본이 공동 개최하였다.

0431 ★★★
명 관계자
   [관계자/관게자]

명 stakeholder　중 相关人员　일 関係者　베 người có phận sự
- 대표팀 관계자는 김 선수는 발목 부상으로 인해 이번 훈련에 참
  가하지 못한다고 밝혔다.
- 경기가 펼쳐지는 1층 체육관 내부는 출전 학교 및 관계자 외에는
  출입 금지이다.
  ◉알아 두면 좋은 표현! 해당 관계자, 관계자에게 연락하다

0432 ★★
명 마라톤

명 marathon　중 马拉松　일 マラソン　베 chạy ma-ra-tông
- 나는 고등학교 때까지 마라톤 선수로 활동해서 달리기 하나는 자
  신있다.
- 이번 주말에 한강에서 열리는 마라톤 대회에 참가할 예정이다.
  ◉알아 두면 좋은 표현! 마라톤 경기, 마라톤 연습, 마라톤 코스, 마라톤을 완주
  　　　　　　　　　　하다

0433 ★★
명 해설
   파 해설되다
   　해설하다

명 commentary　중 解说, 讲解　일 解説　베 sự diễn giải
- 그는 복잡한 경기 규칙을 쉬운 해설로 풀어내 인기가 많았다.
- 이번 체조 경기는 은퇴한 국가 대표 선수가 해설을 맡아 화제이다.
  ◉알아 두면 좋은 표현! 뉴스 해설, 해설이 어렵다, 해설을 늘어놓다, 해설을 보다

0434 ★★
명 훈련 [훌련]
   파 훈련되다
   　훈련시키다
   　훈련하다

명 training　중 训练　일 訓練　베 sự huấn luyện
- 동생은 공을 받는 훈련을 계속한 끝에 그 어떤 공도 잘 받게 되었다.
- 아직 기본 동작도 잘 못하는 것이 아무래도 훈련이 부족한 것 같아.
  ◉알아 두면 좋은 표현! 훈련이 힘들다, 훈련을 마치다

0435 ★★
⑧ 따다

图 win 图 赢得，取得 圓 取る、獲得する 團 đạt, hái

• 그는 처음 출전한 올림픽에서 금메달을 땄다.
• 대회에서 메달을 딴 선수들은 포상금 외에도 자동차를 선물로 받는다.

🔵 알아 두면 좋은 표현! 메달을 따다(메달▶ 0443), 상금을 따다(상금▶ 0439)

0436 ★★
⑨ 운동선수

图 athlete 图 运动选手 圓 運動選手、スポーツ選手
團 vận động viên

• 동생은 중학생 때부터 전국 대회에서 메달을 딸 정도로 뛰어난 운동선수이다.
• 나는 운동선수를 꿈꿨지만 경기에서 부상을 당하는 바람에 꿈을 포기해야 했다.

🔵 알아 두면 좋은 표현! 전직 운동선수, 운동선수가 되다, 운동선수가 은퇴하다

0437 ★★
⑨ 요가

图 yoga 图 瑜伽 圓 ヨガ 團 môn yo-ga

• 선생님은 본격적인 요가 수업에 앞서 호흡법부터 익히라고 했다.
• 몸에 유연성이 없다 보니 쉬운 요가 동작조차도 따라하기 어려웠다.

0438 ★★
⑨ 체조
⑩ 체조하다

图 gymnastics 图 体操 圓 体操 團 việc tập thể dục

• 우리는 수영장에 들어가기 전에 간단한 체조로 몸을 풀었다.
• 잠들기 전에 가벼운 체조를 하면 건강에 좋다고 해서 매일 밤 10분 정도 체조를 한다.

🔵 알아 두면 좋은 표현! 규칙적인 체조, 체조 연습

0439 ★★
⑨ 상금

图 award 图 奖金 圓 賞金 團 tiền thưởng

• 이번 대회 우승팀에게는 우승 트로피와 오백 만 원의 상금이 지급된다.
• 선수단은 우승 상금 전액을 어린이 축구단에 기부했다.

🔵 알아 두면 좋은 표현! 상금을 걸다, 상금을 받다, 상금을 타다

0440 ★★
⑨ 부상
⑩ 부상당하다
부상하다

图 injury 图 负伤，受伤 圓 負傷 團 việc bị thương

• 주전 선수 두 명이 부상으로 경기에 나서지 못해 팀 전력이 많이 약해졌다.
• 경기 중 무릎에 부상을 입은 선수가 다른 선수로 교체되었다.

🔵 알아 두면 좋은 표현! 발목 부상, 부상을 당하다(당하다▶ 1028)

0441 ★
명 경기장

영 stadium, arena 중 体育场，竞技场 일 競技場 베 sân vận động

- 축구 경기가 끝나자마자 사람들이 모두 **경기장**을 빠져나갔다.
- 오늘 저녁에 국가 대표 축구 경기가 있어 **경기장**에 응원하러 갈 거예요.

알아 두면 좋은 표현! 노천 경기장, 실내 경기장(실내▸ 0280)

0442 ★
명 우승

영 victory 중 冠军，夺冠 일 優勝 베 sự chiến thắng

- 우리 학교는 축구 대회 때마다 매번 아깝게 **우승**을 놓쳤다.
- 그는 세계 신기록 보유자로 이번 대회의 강력한 **우승** 후보로 꼽힌다.

알아 두면 좋은 표현! 우승이 결정되다, 우승을 거머쥐다, 우승을 다투다, 우승으로 이끌다(이끌다▸ 0485)

동 우승하다

영 win 중 夺冠，获胜 일 優勝する 베 chiến thắng

- 이번 월드컵에서는 아르헨티나가 **우승**했다.
- 열심히 준비해서 이번에는 꼭 **우승하도록** 하겠습니다.

0443 ★
명 메달

영 medal 중 奖牌 일 メダル 베 huy chương

- 이번 올림픽에서도 한국 양궁 대표팀이 **메달**을 모두 휩쓸었다.
- 그는 올림픽 첫 출전에서 우수한 성적으로 **메달**을 목에 걸었다.

알아 두면 좋은 표현! 메달을 기대하다(기대▸ 0592), 메달을 놓치다, 메달을 획득하다

0444 ★
명 결승 [결씅]
파 결승하다

영 final 중 决赛 일 決勝 베 chung kết

- 첫 경기부터 강팀을 만나게 되어 **결승** 진출이 어려울 것 같다.
- 나는 이번 수영 대회 **결승**에 나가는 것을 목표로 날마다 훈련에 매진했다.

알아 두면 좋은 표현! 결승을 마치다, 결승을 치르다, 결승에서 이기다

0445 ★
명 응원
파 응원하다

영 support, cheer 중 助威，加油 일 応援 베 sự cổ vũ

- 대한민국 국민들의 열정적인 **응원** 덕분에 오늘 경기를 이길 수 있었습니다.
- 우리는 우리 학교 야구 경기가 있는 날이면 늘 경기장에 나가 **응원**을 한다.

알아 두면 좋은 표현! 응원 소리, 응원 연습, 응원 함성, 응원을 보내다

0446 ★

명 시합

파 시합하다

영 competition 중 比赛，竞赛 일 試合 베 trận đấu

• 우리 학교는 자매 학교와의 축구 시합에서 아쉽게 지고 말았다.
• 오늘 옆 반과 야구를 하기로 했었는데 비 때문에 시합이 취소되었다.

● 알아 두면 좋은 표현! 야구 시합, 시합을 벌이다, 시합에서 이기다

0447 ★

명 심판

파 심판하다

영 referee, judge 중 裁判，审判 일 審判 베 sự phán quyết

• 선수들은 심판의 부당한 판정에 거칠게 항의했다.
• 감독은 심판의 판정에 불복하다가 경기장 밖으로 쫓겨났다.

● 알아 두면 좋은 표현! 심판을 보다, 심판을 서다

QUIZ

QUIZ 1 ( )에 들어갈 가장 알맞은 것을 고르십시오.

1. 경기장 ( ) 외 출입을 금합니다.
   ① 관계자   ② 심판   ③ 운동선수   ④ 훈련

2. 내일 경기에서 패할 ( )이/가 크다.
   ① 가능성   ② 응원   ③ 의지   ④ 해설

3. 오늘 경기에서 이기면 우리 팀이 이번 대회의 ( )을/를 차지하게 된다.
   ① 개최   ② 결승   ③ 시합   ④ 우승

QUIZ 2 다음 단어를 이용해서 문장을 만드십시오.

1. 그는 / 극복하고 / 성공했다. / 신체적인 / 장애를 / 체조 선수로

   _____

2. 감동적이었다. / 거둔 / 모습이 / 부상을 / 선수가 / 우승을 / 이겨내고

   _____

3. 모든 선수들이 / 메달을 / 딴 / 선물을 / 이번 올림픽에서 / 특별한 / 받았다.

   _____

QUIZ 3 ( )에 들어갈 가장 알맞은 것을 고르십시오.

- 가벼운 ( )으로/로 몸을 풀었다.
- 뭉친 어깨에 도움이 되는 ( )을/를 소개합니다.
- 아침에는 ( )이나/나 산책과 같은 가벼운 운동을 하는 것이 좋다.

① 마라톤   ② 씨름   ③ 체조   ④ 훈련

TOPIK II　　**41회 듣기 29번**　🔊 Track 20-1

남자는 누구인지 맞는 것을 고르십시오.(2점)

① 축구 선수
② 축구 감독
③ 축구 경기 심판
④ 축구 경기 해설가

TOPIK II　　**64회 듣기 17번**　🔊 Track 20-2

다음을 듣고 남자의 중심 생각을 고르십시오. (2점)

① 운동을 제대로 배워서 하고 싶다.
② 인터넷의 운동 정보는 도움이 된다.
③ 건강을 위해 꾸준히 운동을 해야 한다.
④ 따라 하기 쉬운 요가 영상을 선택해야 한다.

5

국가와 정치

DAY 21 국가와 정치(1)

DAY 22 국가와 정치(2)

국가와 정치(1)

☐ 제도	☐ 국가	☐ 필요성	☐ 확대
☐ 정부	☐ 보호	☐ 도입하다	☐ 발급
☐ 정책	☐ 국민	☐ 선거	☐ 주요
☐ 지원	☐ 정치	☐ 반영하다	
☐ 실시하다	☐ 운영	☐ 제한	
☐ 시행	☐ 대책	☐ 예산	

0448 ★★★★★
명 제도
형 제도적

명 system 중 制度 일 制度 베 chế độ
• 저소득층의 생활 안정을 위한 **제도**가 마련되어야 한다.
• 현재 한국의 결혼 **제도**로는 동성끼리 결혼할 수가 없습니다.

● 알아 두면 좋은 표현! 육아 휴직 제도, 제도가 바뀌다, 제도를 시행하다(시행하다▸ 0453)

0449 ★★★★★
명 정부

명 government 중 政府 일 政府 베 chính phủ
• 외국에서 어려움을 겪고 있는 우리 국민을 도와주는 데에 **정부**가 먼저 나서야 한다.
• **정부**의 지원을 받아 새로운 기술을 개발하는 연구를 시작했습니다.

● 알아 두면 좋은 표현! 정부의 대책(대책▸ 0459)

0450 ★★★★★
명 정책
형 정책적

명 policy 중 政策 일 政策 베 chính sách
• 새로운 **정책**을 통해 일자리가 늘어날 것으로 기대됩니다.
• 경제 상황이 어려운 이때 국민에게 필요한 **정책**은 무엇인가?

● 알아 두면 좋은 표현! 지원 정책(지원▸ 0451), 정책이 요구되다(요구▸ 00531), 정책을 마련하다

0451 ★★★★★

명 지원

명 support 중 支援, 援助 일 支援 베 sự hỗ trợ

- 회사의 **지원**으로 외국에서 유학을 할 기회가 생겼다.
- 가족과 연락을 끊은 지 오래되었지만 가족이 있다는 이유로 정부의 **지원**을 받지 못하는 노인들이 많습니다.

  🔵 알아 두면 좋은 표현! **지원** 방안(방안▸ 0491), **지원** 현황, 예산 **지원**(예산▸ 0465), 추가 **지원**, **지원**을 받다

동 지원하다

명 support 중 支援, 援助 일 支援する、助ける 베 hỗ trợ

- 홍수로 피해를 입은 수재민들을 **지원하기**로 결정했습니다.

0452 ★★★★

동 실시하다

명 implement 중 实施, 进行 일 実施する 베 thực hiện

- 고등학생들의 학습 수준을 확인하기 위해 전국의 고등학생들을 대상으로 시험을 **실시한다**.

동 실시되다

명 be implemented 중 实施, 进行 일 実施される
베 được thực hiện

- 전 국민을 대상으로 정부에 대한 만족도 조사가 **실시된다면** 정부의 태도도 조금 바뀌지 않겠습니까?

0453 ★★★★

명 시행

명 enforcement, implementation 중 实施 일 試行、施行
베 sự thi hành

- 이 사업은 **시행** 단계에서 벽에 부딪혀 진행되지 못했다.

동 시행하다

명 enforce, implement 중 实施 일 施行する 베 thi hành

- 새로운 제도를 **시행하기** 전에 국민들의 의견을 들어 보는 것이 중요합니다.

동 시행되다

명 be enforced 중 实施 일 施行される 베 được thi hành

- 아르바이트생과 같은 임시직을 위한 고용보호법이 올해부터 **시행됩니다**.

0454 ★★★★

명 국가 [국까]
　　관 국가적

명 nation, country 중 国家 일 国家 베 quốc gia

- 이번 회의에서는 **국가** 이미지 개선을 위한 방안을 논의하였다.
- **국가** 간의 문제는 외교로 해결해야지요.

  🔵 알아 두면 좋은 표현! **국가**의 역할(역할▸ 0512), **국가** 예산(예산▸ 0465), 아시아 **국가**

Day 21 국가와 정치(1)　**173**

0455 ★★★★
명 보호
파 보호되다

명 protection 중 保护 일 保護 베 sự bảo vệ
- 옷은 신체 **보호**의 기능이 있다.
- 개인 정보 **보호**를 위해 비밀번호는 세 달에 한 번씩 바꿔주십시오.

🔵 알아 두면 좋은 표현! 환경 보호, 문화재 보호(문화재▶ 0643), 보호를 받다

통 보호하다

명 protect 중 保护 일 保護する 베 bảo vệ
- 소외된 노인들을 **보호하기** 위해 법이 개정될 필요가 있습니다.

0456 ★★★★
명 국민 [궁민]
파 국민적

명 citizen 중 国民 일 国民 베 nhân dân
- 정부는 **국민**의 안전을 최우선으로 생각하고 있습니다.
- 새로운 제도에 대한 **국민**들의 불만의 목소리가 높아지고 있다.

🔵 알아 두면 좋은 표현! 국민의 협조(협조▶ 0536)

0457 ★★★★
명 정치
파 정치적
정치하다

명 politics 중 政治 일 政治 베 chính trị
- 할아버지와 아버지는 **정치** 성향이 달라서 선거철만 되면 열띤 토론을 하신다.
- 10년 전보다 국민들의 **정치**에 대한 관심이 대단히 높아졌습니다.

🔵 알아 두면 좋은 표현! 정치 형태(형태▶ 0191), 정치 세력, 정치 철학

0458 ★★★
명 운영 [우녕]
파 운영되다

명 operation, management 중 运营, 经营 일 運営 베 sự vận hành
- **운영** 자금이 부족해 폐업하기로 결정했다.
- 사람들이 외식을 하지 않아서 식당 **운영**이 어려워졌어요.

통 운영하다
[우녕하다]

명 operate 중 运营, 经营 일 運営する 베 vận hành
- 아버지께서는 작은 회사를 **운영하십니다**.

0459 ★★★
명 대책

명 solution 중 对策, 解决方案 일 対策 베 đối sách
- 이런 산불이 다시는 일어나지 않도록 **대책**을 마련해야 한다.
- 대통령께서는 젊은이들의 취업률 감소에 대한 **대책**을 가지고 계십니까?

🔵 알아 두면 좋은 표현! 대책이 필요하다, 대책을 세우다

0460 ★★★
명 필요성 [피료썽]

명 necessity, need 중 必要性 일 必要性 베 tính cần thiết
- 제도의 **필요성**을 인지한 국회의원들이 새로운 법안을 상정했다.
- **필요성**을 잘 못 느껴서 그 앱을 지워버렸어.

🔵 알아 두면 좋은 표현! 교육의 필요성, 필요성이 강조되다(강조하다▶ 1067)

0461 ★★★

⑧ 도입하다
[도이파다]

⊗ introduce ⊗ 引进, 采用 ⊗ 導入する ⊗ đưa vào

- 우리 시는 다음 달부터 시내를 운행하는 전기 버스를 도입하기로 하였다.
- 식당에 들어오지 않아도 앱을 통해 주문할 수 있는 시스템을 도입했으니 많은 이용 부탁드립니다.

⑧ 도입
㉤ 도입되다

⊗ introduction ⊗ 引进, 采用 ⊗ 導入 ⊗ sự đưa vào

- 새로운 제도 도입에 반대하는 시민들이 반대 운동을 벌이고 있습니다.

🔵 알아 두면 좋은 표현! 제도 도입(제도▸ 0448), 도입을 미루다(미루다▸ 0824)

0462 ★★★

⑧ 선거
㉤ 선거하다
선거되다

⊗ election ⊗ 选举 ⊗ 選挙 ⊗ cuộc bầu cử

- 지난 선거에서 야당이 승리하였다.
- 선거를 앞두고 후보들의 선거 운동이 시작되었습니다.

🔵 알아 두면 좋은 표현! 대통령 선거(대통령▸ 0484), 선거 전략, 선거에 나가다

0463 ⑧ 반영하다
[바녕하다]

⊗ reflect ⊗ 反映 ⊗ 反映する ⊗ phản ánh

- 이번의 정책은 국민들의 의견을 반영하여 일부 수정되었습니다.
- 회의 결과를 반영해서 보고서를 다시 작성하세요.

⑧ 반영되다
[바녕되다/바녕뒈다]

⊗ be reflected ⊗ 反映 ⊗ 反映される ⊗ được phản ánh

- 이 책에는 제 고민이 반영되어 있습니다.

0464 ★★★

⑧ 제한
㉤ 제한되다
제한적

⊗ limitation ⊗ 限制, 控制 ⊗ 制限 ⊗ sự hạn chế

- 이 행사에는 참가자의 나이 제한이 없으니까 한 번 참가해 보세요.
- 다음 주부터 이 도로에서는 최고 속도가 50km/h로 제한이 됩니다.

🔵 알아 두면 좋은 표현! 관람 제한(관람▸ 0572), 사용 제한

⑧ 제한하다

⊗ limit ⊗ 限制, 控制 ⊗ 制限する ⊗ hạn chế

- 정부는 안전성이 확실하지 않은 약품의 수입을 제한하기로 하였다.

0465 ★★★

⑧ 예산
㉤ 예산하다

⊗ budget ⊗ 预算 ⊗ 予算 ⊗ ngân sách

- 우리 회사는 무엇보다 광고에 예산을 많이 들인다.
- 예산 부족으로 공사를 내년으로 미뤄야 할 거 같아.

🔵 알아 두면 좋은 표현! 예산 부담(부담▸ 0849), 예산 지원(지원▸ 045), 예산안

0466 ★★★

명 확대 [확때]
반 축소

명 expansion 중 扩大 일 拡大 베 sự mở rộng
- 이번 정책이 청년들을 위한 일자리 확대에 도움이 될 것으로 기대된다.
- 새로운 제도의 확대를 위해 정부의 지원이 필요합니다.

🔵 알아 두면 좋은 표현! 시장 확대, 이용 확대

동 확대하다
[확때하다]
반 축소하다

동 expand 중 扩大 일 拡大する、拡大させる 베 mở rộng
- 정부는 미혼모를 위한 지원 예산을 확대하기로 하였다.

동 확대되다
[확때되다/확때뒈다]
반 축소되다

동 be expanded 중 扩大 일 拡大する、広がる 베 được mở rộng
- 케이팝(K-pop)의 인기가 높아지면서 케이팝 시장의 규모도 확대되었다.

0467 ★

명 발급
파 발급되다

명 issurance 중 发给，发放 일 発給 베 sự cấp phát
- 주민등록증은 만 17세 이상의 국민에게 발급이 된다.
- 이번에 외국인등록증 발급을 받으려고 하는데 필요한 서류가 뭔지 아세요?

💡 참고 재발급 명 reissurance 중 发发，补发 일 再発給 베 cấp lại

동 발급하다

동 issue 중 发给，办理 일 発給する 베 cấp phát
- 회원 카드를 발급해 드릴까요?

0468 ★★

명 주요
파 주요하다

명 main, major 중 主要 일 主要 베 chính, chủ yếu
- 주요 대학들이 비대면 강의를 실시하기로 했다.
- 작가가 이 책에 나오는 주요 인물들의 심리를 아주 잘 드러냈더라고.

🔵 알아 두면 좋은 표현! 주요 수출 품목, 주요 원인

QUIZ 1 (   )에 들어갈 가장 알맞은 것을 고르십시오.

1. 여권을 (   ) 받기 위해서는 구청에 가야 합니다.
   ① 도입   ② 지원   ③ 발급   ④ 시행

2. 대사관은 외국에 나간 국민의 안전을 (   ) 일을 한다.
   ① 보호하는   ② 반영하는   ③ 처벌하는   ④ 제안하는

3. 정부는 경제를 회복하기 위해 다른 나라와의 무역을 확대하는 (   ) 내놓았다.
   ① 법을   ② 제도를   ③ 정책을   ④ 정치를

QUIZ 2 다음 단어를 이용해서 문장을 만드십시오.

1. 보호할 / 의무가 / 국민을 / 있다. / 정부는

_____

2. 발급 / 어렵다. / 비자를 / 저지른 / 받기가 / 범죄를 / 사람은

_____

3. 확대하기로 / 출산과 / 결정했다. / 예산을 / 출산율이 / 관련된 / 떨어져

_____

QUIZ 3 다음 글을 읽고 중심 내용을 고르십시오.

> 높이뛰기 국가 대표 김민수 선수는 오늘도 운동할 곳을 찾아다닌다. 축구나 야구와 같은 인기 스포츠와 달리 높이뛰기는 사람들의 관심이 적어 선수에 대한 국가의 지원도 적은 편이다. 그렇기 때문에 선수가 스스로 운동 장소를 알아보거나 훈련을 위한 비용을 마련해야 할 때가 많다. 국제 대회에서 우리나라가 좋은 성적을 얻기 위해서는 선수들이 편하게 훈련할 수 있는 환경을 국가가 마련해 주어야 할 것이다.

① 운동선수에 대한 지원의 필요성
② 훈련 비용 마련을 위한 대책의 필요성
③ 국제 대회에 대한 예산 확대의 필요성
④ 국제 대회 준비를 위한 새로운 제도 도입의 필요성

Part 5 국가와 정치

TOPIK II   41회 듣기 49번-50번   🔊 Track 21-1

다음은 강연입니다. 잘 듣고 물음에 답하십시오. (각 2점)

49. 들은 내용과 일치하는 것을 고르십시오.

   ① 최근 선거 운동은 개인의 성향을 반영한다.
   ② 같은 지역 사람들의 정치 성향은 비슷하다.
   ③ 후보자를 평가할 수 있는 기회가 늘어나고 있다.
   ④ 유권자는 후보자의 정보를 다각적으로 얻을 수 있다.

50. 여자의 태도로 가장 알맞은 것을 고르십시오.

   ① 이번 선거 운동의 결과를 낙관하고 있다.
   ② 선거 운동의 긍정적 변화를 기대하고 있다.
   ③ 선거를 대하는 유권자의 태도에 실망하고 있다.
   ④ 새로운 선거 전략의 부작용에 대해 우려하고 있다.

국가와 정치(2)

☐ 법 ☐ 적용하다 ☐ 연장하다 ☐ 허가

☐ 불법 ☐ 투표 ☐ 개방하다 ☐ 민주주의

☐ 범죄 ☐ 펼치다 ☐ 각국 ☐ 정당

☐ 처벌 ☐ 양심 ☐ 대통령

☐ 제안 ☐ 권력 ☐ 이끌다

☐ 추진 ☐ 의무 ☐ 시장

0469 ★★★★
명 **법**
파 법적

명 law 중 法律 일 法 베 pháp luật

• 개정된 법에 따라 어린이 보호 구역 내의 주정차가 금지된다.
• 국회에서 지금 어떤 법을 만들려고 하는지 관심을 두는 게 어때?

🔵 알아 두면 좋은 표현! 도로교통법, 법을 지키다

0470 ★
명 **불법**
[불법/불뻡]
파 불법적

명 illegal 중 非法, 违法 일 違法 베 sự bất hợp pháp

• 한국에서 허가 없이 총을 소지하는 것은 불법이다.
• 여기에 차를 세우는 게 불법인지 몰랐어요.

🔵 알아 두면 좋은 표현! 불법 주차

0471 ★★★
명 **범죄** [범죄/범줴]
파 범죄적

명 crime 중 犯罪 일 犯罪 베 tội phạm

• 도시 디자인을 바꿔 범죄를 줄이는 방안이 논의되고 있다.
• 범죄를 저지르고도 저렇게 뻔뻔하게 인터뷰를 한단 말이야?

🔵 알아 두면 좋은 표현! 범죄 예방(예방⁺ ⁰⁶⁷⁰), 범죄율, 범죄자, 범죄를 저지르다

💡 참고 죄 명 sin 중 罪, 罪行 일 延長 베 tội
죄를 짓다 명 commit a sin 중 犯罪 일 罪を犯す 베 phạm tội

0472 ★★
명 **처벌**
파 처벌되다

명 punishment 중 处罚, 惩处 일 処罰 베 sự trừng phạt

• 음주 운전자에 대한 처벌이 강화되어야 한다는 목소리가 높아지고 있다.
• 내 잘못에 대한 회사의 처벌을 받아들이겠습니다.

등 처벌하다
영 punish 중 处罚，惩处 일 処罰する 베 trừng phạt
- 범죄자를 제대로 처벌하지 않으면 사람들이 어떻게 안심하고 살아갈 수 있겠어요?

0473 ★★
명 제안
영 suggestion 중 提案，提议 일 提案 베 sự đề xuất
- 주민들의 제안으로 마을의 공공시설을 청소년들을 위한 시설로 만들었다.
- 국민들의 제안을 받아들여 대통령직에서 물러나겠습니다.

등 제안하다
영 suggest 중 建议，提议 일 提案する 베 đề xuất
- 우리 마을 환경을 어떻게 꾸미면 좋을지 제안해 주세요.

등 제안되다
[제안되다/제안뒈다]
영 be suggested 중 提案，提议 일 提案される 베 được đề xuất
- 오늘 회의에서 상품 판매를 늘리기 위한 새로운 마케팅 방법이 제안되었다.

0474 ★★
명 추진
파 추진시키다
영 promotion 중 推进，促进 일 推進 베 sự xúc tiến
- 추진 중이던 정책이 국민들의 반대로 중단되었다.
- 동료들이 도와주지 않으니 업무 추진이 쉽지 않아.

등 추진하다
영 promote 중 推进，促进 일 推進する 베 xúc tiến
- 여러 어려움 속에서도 우리 팀은 새로운 사업을 추진해 나갔다.

등 추진되다
영 be promoted 중 推进，促进 일 推進される 베 được xúc tiến
- 인주시에 새 공항 건설이 추진되고 있습니다.

0475 ★★
등 적용하다
[저굥하다]
영 apply, implement 중 适用 일 適用する 베 áp dụng
- 20% 할인율을 적용해서 모두 십만 원에 구입할 수 있었다.
- 엄격한 기준을 적용해 후보를 선발해야 합니다.

등 적용되다
[저굥되다/저굥뒈다]
영 be applied, be impleemented 중 适用 일 適用される 베 được áp dụng
- 법은 누구에게나 공평하게 적용되어야 한다.

0476 ★★
명 투표
파 투표되다
영 vote 중 投票 일 投票 베 sự bỏ phiếu
- 학생들을 대표하는 학생회장을 뽑기 위한 투표가 진행됩니다.
- 다음 여행지는 동아리 회원들의 투표로 결정하기로 하였다.

등 투표하다
영 to vote 중 投票 일 投票する 베 bỏ phiếu
- 만 18세가 넘어서 이제 투표할 수 있어!

0477 ★
펼치다

명 unfold 중 展現, 提出 일 展開する 베 bày ra

• 근거를 들어서 논리적으로 자신의 주장을 펼치세요.

명 immediately after unfolding 중 翻开, 打开 일 広げる、開く
베 mở ra

• 책을 펼치자마자 잠이 들어 버렸다.

활용형 펼치는, 펼치어(=펼쳐), 펼치니, 펼칩니다

0478 ★
명 양심
파 양심적

명 conscience 중 良心, 天良 일 良心 베 lương tâm

• 양심상의 이유로 군 복무를 거부하는 사람들이 늘고 있다.
• 제 양심이 거짓된 삶을 살지 말라고 말하더군요.

0479 ★
명 권력 [궐력]

명 authority 중 权利 일 権力 베 quyền lực

• 몇몇 사람이 권력을 독점하는 것은 결코 좋은 현상이 아니다.
• 권력을 가지더니 다른 사람을 대하는 행동이 변하더라.

0480 ★
명 의무
파 의무적
유 책무

명 duty 중 义务 일 義務 베 nghĩa vụ

• 투표는 시민의 권리이자 의무다.
• 국가가 국민을 보호해야 할 의무가 있지 않겠습니까?

알아 두면 좋은 표현 의무 교육

0481 ★★
동 연장하다
반 단축하다

명 extend 중 延长 일 延長する 베 kéo dài

• 비자를 연장하지 못해 결국 고향으로 돌아가게 되었다.
• 여행을 가기 위해서 여권을 연장해야 해.

명 연장
반 단축

명 extension 중 延长 일 延長 베 sự kéo dài

• 장학금 신청 기간이 연장이 되어서 다음 주까지 신청할 수 있게 되었다.

0482 ★
동 개방하다
반 폐쇄하다

명 open 중 开放 일 開放する 베 mở ra

• 이번 협상을 통해 쌀 시장을 개방하기로 하였다.
• 시험을 준비하는 학생들을 위해 방학 기간에도 도서관을 개방합니다.

동 개방되다
[개방되다/개방뒈다]
유 공개되다
반 폐쇄되다

명 be opened 중 开放 일 開放される 베 được mở ra

• 40년 만에 북한산 북쪽 등산 코스가 개방되었다는데 같이 가 볼래?

0483 ★
명 **각국** [각꾹]

형 each country 중 各国 일 各国 베 mỗi quốc gia
- 세계 각국의 입장이 다르기 때문에 각국의 의견을 하나로 모으기가 어려울 것으로 보인다.
- 각국을 대표하는 선수단이 입장하고 있습니다.

🔵 알아 두면 좋은 표현! 세계 각국, 각국의 문화

0484 ★
명 **대통령**
[대통녕]

형 president 중 总统 일 大統領 베 tổng thống
- 대통령은 한 나라를 대표하고 이끌어가는 행정부의 수장이다.
- 각국의 대통령들이 모여 세계 평화를 위한 협의를 진행하였다.

🔵 알아 두면 좋은 표현! 대통령 선거

0485 ★★
동 **이끌다**
유 끌다

형 lead 중 带, 引领 일 連れる、導く 베 dẫn dắt, lãnh đạo
- 아버지는 아픈 나를 이끌고 병원으로 가셨다.
- 미래 사회를 이끌어 나갈 수 있는 새로운 기술을 개발했습니다!

🔵 활용형 이끄는, 이끌어서, 이끄니까, 이끕니다

0486 ★
명 **시장**

형 mayor 중 市长 일 市長 베 thị trưởng
- 인주시 시장을 뽑는 선거가 두 달 뒤로 다가왔습니다.
- 시민들을 위한 시장이 되도록 노력하겠습니다.

0487 ★
명 **허가**
파 허가되다
허가하다
유 승낙, 허락

형 approval 중 准许, 许可 일 許可 베 sự cho phép, giấy phép
- 인주시는 다음 달부터 허가를 받지 않은 노점상을 단속할 예정이다.
- 여기 촬영 허가는 받고 찍고 있는 거예요?

🔵 알아 두면 좋은 표현! 허가를 받다, 입학 허가서

0488 ★
명 **민주주의**
[민주주의/민주주이]
파 민주주의적
유 민주

형 democracy 중 民主主义 일 民主主義 베 chủ nghĩa dân chủ
- 민주주의는 고대 그리스에서 시작되었다.
- 민주주의 방식에 따라 선거로 우리의 대표를 뽑겠습니다.

0489 ★
명 **정당**

형 political Party 중 政党 일 政党 베 chính đảng
- 국공립 학교의 교사는 정당에 가입할 수 없다.
- 넌 어느 정당을 지지해?

DAY 22

QUIZ 1 (   )에 들어갈 가장 알맞은 것을 고르십시오.

1. 기후 변화를 해결하기 위해 세계 각국의 (   )들이 모였다.

   ① 국가   ② 시장   ③ 연장   ④ 대통령

2. 좋은 공부 방법이라고 해서 다 좋은 게 아니니까 네 상황에 맞게 (   ) 수 있어야 해.

   ① 적용할   ② 제안할   ③추진할   ④ 연장할

3. 많은 관람객들이 모여서 청와대 개방 시간을 저녁 9시까지 (   ) 결정했다.

   ① 이끌기로   ② 제안하기로   ③ 연장하기로   ④ 제한하기로

QUIZ 2 다음 단어를 이용해서 문장을 만드십시오.

1. 권력을 / 저지르면 / 범죄를 / 안 / 지위와 / 이용해 / 된다.

   _____

2. 정당에 / 선거법을 / 대통령이라도 / 자신의 / 유리하게 / 고칠 수 없다.

   _____

3. 한국인은 / 북한에 / 모든 / 허가 / 정부의 / 없이 / 방문할 수 없어요.

   _____

QUIZ 3   다음은 무엇에 대한 글인지 고르십시오.

> # 여러분 손으로
> # 인주시를 위해 일할
> # 시장을 직접 뽑아주세요!
>
> 2025년 3월 9일 오전 6시부터 오후 6시까지
> 18세 이상의 국민이라면 누구나!
> 신분증을 가지고 가까운 투표소로

① 투표 방법
② 비자 연장 방법
③ 지원 제도 안내
④ 시장 선거 안내

TOPIK II **52회 듣기 49번** 🔊 Track 22-1

다음은 강연입니다. 들은 내용과 일치하는 것을 고르십시오. (2점)

① 붕당은 초반부터 심한 갈등을 겪었다.
② 현대의 정당 정치는 탕평책에서 비롯되었다.
③ 탕평책은 여론을 효율적으로 모으기 위한 정책이다.
④ 붕당 정치의 폐단을 해결하기 위해 탕평책이 나왔다.

TOPIK II **64회 읽기 26번**

다음 신문 기사의 제목을 가장 잘 설명한 것을 고르십시오. (2점)

침묵 깬 김민수 의원, 대통령 선거 출마설 부인

---

① 김 의원이 대통령 선거에 나가느냐는 질문에 계속 답하지 않고 있다.
② 김 의원이 마음을 바꾸어 대통령 선거에 나가겠다고 최종 발표하였다.
③ 김 의원이 대통령 선거에 나간다고 선언하자 사람들이 열렬히 환영했다.
④ 김 의원이 대통령 선거에 나간다는 것이 사실이 아니라고 입장을 밝혔다.

6

현대사회

DAY 23 사회 현상과 문제

DAY 24 사회 변화

DAY 25 사회 활동

DAY 26 설문과 통계

사회 현상과 문제

☐ 문제점	☐ 커지다	☐ 위기	☐ 마찰
☐ 방안	☐ 수준	☐ 대비	☐ 사생활
☐ 현상	☐ 혜택	☐ 시선	☐ 불평등
☐ 가난	☐ 식량	☐ 곳곳	
☐ 갈등	☐ 현실	☐ 계층	
☐ 개선	☐ 균형	☐ 해소	

0490 ★★★★
명 **문제점** [문제쩜]

영 problem 중 问题，症结 일 問題点 베 vấn đề

• 박 부장은 이번 기획안의 문제점을 지적하며 팀원들에게 수정을 지시했다.
• 이번 사태의 문제점을 정확히 파악하여 개선 방안을 찾읍시다.

🔵 **알아 두면 좋은 표현!** 중독의 문제점(중독▸0726), 제도의 문제점(제도▸0448), 문제점 지적(지적▸0917), 문제점 진단(진단▸0721)

0491 ★★★★
명 **방안**

영 alternative, plan 중 方案 일 方案、方法 베 phương án

• 환경 단체가 온실가스를 줄일 수 있는 방안을 제시하였다.
• 서울시에서는 어린이 보호 구역에서 제한 속도를 낮추는 방안을 검토 중이다.

🔵 **알아 두면 좋은 표현!** 개선 방안(개선▸0495), 구체적인 방안, 방안을 제안하다(제안▸0473)

0492 ★★★
명 **현상**

영 phenomenon 중 现象 일 現象 베 hiện tượng

• 노인 인구가 많아지는 것은 일시적인 현상이 아니므로 고령화 사회에 대비해야 한다.
• 사교육 과열 현상이 날로 심각해지면서 가정마다 교육비 부담이 점점 커지고 있다.

🔵 **알아 두면 좋은 표현!** 물 부족 현상, 사회 현상, 반대되는 현상, 현상이 나타나다

0493 ★★★
명 가난

명 poverty 중 贫穷，贫困 일 貧しさ、貧困 베 sự nghèo khó

• 우리 회사는 가난으로 고생하는 학생들에게 장학금을 지원한다.
• 나는 가난에서 벗어나기 위해 밤낮으로 일해 돈을 모았다.

🔵 알아 두면 좋은 표현! 극심한 가난, 가난을 극복하다(극복하다▶ 0428), 가난에
　　　　　　　　　　　　빠지다

형 가난하다

명 poor 중 贫穷，贫困 일 貧しい 베 nghèo

• 1960년대까지만 해도 한국은 가난한 나라였지만 국민들의 노력
  으로 가난을 극복할 수 있었다.
• 가난하다고 해서 사랑을 모르는 것은 아니다.

0494 ★★★
명 갈등 [갈뜽]

명 conflict 중 矛盾，分歧 일 葛藤、対立 베 mâu thuẫn

• 남편과 나는 서로의 생각이 달라 갈등을 겪는 경우가 많다.
• 나는 남자 친구와 종교 문제로 갈등이 생겨 크게 다투게 되었다.

🔵 알아 두면 좋은 표현! 심한 갈등, 갈등을 겪다, 갈등이 생기다

0495 ★★★
명 개선
　　파 개선되다
　　　 개선하다

명 improvement 중 改善，改进 일 改善 베 sự cải thiện

• 소방관의 근무 환경 개선에 모두가 동의했다.
• 노사는 근무 여건 개선 방안을 마련해 다음달부터 시행하기로 했다.

🔵 알아 두면 좋은 표현! 상황 개선(상황▶ 1019), 개선 방향, 개선이 시급하다, 개선
　　　　　　　　　　　　이 어렵다

0496 ★★★
동 커지다

명 grow, enlarge 중 变大，扩大 일 大きくなる 베 mở rộng, to lên

• 식료품 새벽 배달 시장의 규모가 빠른 속도로 커졌다.
• 태풍 피해가 커지자 전국에서 자원봉사자들이 모였다.

🔵 알아 두면 좋은 표현! 고통이 커지다, 문제가 커지다

📋 활용형 커지는, 커지어서(=커져서), 커지니까, 커집니다

0497 ★★★
명 수준

명 level, standard 중 水准，水平 일 レベル、水準 베 tiêu chuẩn

• 번역가는 충실한 번역 태도와 높은 수준의 어휘력을 갖춰야 한다.
• 정부는 소득 수준에 따라 지원금을 지급하기로 했다.

🔵 알아 두면 좋은 표현! 인구 수준(인구▶ 0514), 높은 수준, 심각한 수준, 수준을
　　　　　　　　　　　　높이다

0498 ★★
명 혜택

명 benefit 중 实惠，优惠 일 恩恵 베 ưu đãi

- 복지 혜택을 늘리겠다는 정부는 이에 반대하는 집단과 갈등을 빚었다.
- 그는 사재를 털어 아직 교육의 혜택이 부족한 지역에 학교를 세웠다.

● 알아 두면 좋은 표현! 혜택을 누리다, 혜택을 받다, 혜택을 얻다

0499 ★★
명 식량 [싱냥]

명 food 중 粮食 일 食糧 베 lương thực

- 식량 문제를 해결하기 위한 세계 각국의 도움의 손길이 이어지고 있다.
- 국제기구는 지진으로 식량이 부족한 국가에 먹을거리를 보냈다.

● 알아 두면 좋은 표현! 비상 식량, 식량이 남다, 식량을 구하다(구하다▸ 0733)

0500 ★★
명 현실

명 reality 중 现实 일 現実 베 hiện thực

- 나는 지금의 현실에 만족하지 않고 끊임없이 새로운 것을 배우고 도전했다.
- 선생님의 따끔한 말씀 덕분에 현실을 제대로 볼 수 있었습니다.

● 알아 두면 좋은 표현! 현실을 부정하다, 현실을 직시하다, 현실로 다가오다, 현실에 만족하다(만족▸ 0138)

0501 ★★
명 균형

명 balance 중 均衡，平衡 일 均衡、バランス 베 sự cân bằng

- 요즘 신입 사원들은 연봉만큼이나 일과 삶의 균형을 중요하게 생각한다.
- 언론은 여당과 야당의 입장을 균형 있게 전달하려고 노력했다.

● 알아 두면 좋은 표현! 균형이 깨지다, 균형을 유지하다(유지▸ 0668), 균형을 지키다

0502 ★★
명 위기

명 crisis, danger 중 危机 일 危機 베 nguy cơ

- 국가 차원에서 멸종 위기에 처한 동물들을 보호하기 위해 노력하고 있다.
- 노사가 힘을 합친 덕분에 부도 위기를 극복했다.

● 알아 두면 좋은 표현! 위기를 넘기다, 위기를 맞다(맞다▸ 0950), 위기를 초래하다

0503 ★★
명 대비
파 대비되다

명 preparation 중 应对 일 備え 베 sự phòng bị
- 주민들은 태풍 **대비**에 힘을 쏟았다.
- 홍수 피해를 줄이기 위해서는 적극적이고 신속한 **대비**가 필요하다.

🔵 알아 두면 좋은 표현! 만반의 대비, 사전 대비(사전▸ 0411)

동 대비하다

명 prepare 중 应对 일 備える 베 phòng bị
- 정부는 만일의 사태에 **대비해** 광장 곳곳에 경찰을 배치했다.

0504 ★★
명 시선

명 gaze, look 중 视线, 目光 일 視線 베 cái nhìn, ánh mắt
- 사람들은 길에 침을 뱉은 남자에게 따가운 **시선**을 보냈다.
- 그는 이번에도 사회를 향한 날카로운 **시선**이 담긴 노랫말을 썼다.

🔵 알아 두면 좋은 표현! 시선을 끌다(끌다▸ 0620), 시선을 의식하다

0505 ★
명 곳곳 [곧꼳]

명 everywhere 중 到处, 处处 일 あちこち, 各地 베 mọi nơi
- 전국 **곳곳**에서 현 정부에 반대하는 집회가 열렸다.
- 사람들이 모두 빠져나간 경기장 **곳곳**에 쓰레기가 버려져 있었다.

0506 ★
명 계층

명 class, layer 중 阶层, 阶级 일 階層 베 tầng lớp
- 소득 격차가 크게 벌어지면서 **계층** 간 갈등이 유발되었다.
- 서울시는 건강, 문화 등을 주제로 다양한 **계층**이 만족할 수 있는 시민 교실을 열었다.

🔵 알아 두면 좋은 표현! 계층 문제, 계층 사회

0507 ★
명 해소
파 해소되다

명 resolution 중 解决 일 解消 베 sự giải tỏa
- 출퇴근길 교통난 **해소**를 위해 버스를 확충했다.
- 정부는 사교육비 부담 **해소**를 위해 방과 후 교육을 대폭 확대하기로 했다.

🔵 알아 두면 좋은 표현! 갈등 해소(갈등▸ 0494), 불안 해소, 실업 해소, 인력난 해소

동 해소하다

명 resolve 중 解决 일 解消する 베 giải tỏa
- 선거철만 되면 양극화를 **해소하기** 위해 모든 국민에게 일정한 생활비를 주자는 주장이 나온다.

🔵 알아 두면 좋은 표현! 갈등을 해소하다, 불만을 해소하다, 빈부 격차를 해소하다

0508 ★

몡 마찰

영 friction, conflict 중 摩擦, 分歧 일 摩擦、対立 베 sự ma sát

- 쓰레기 처리 시설 설립과 관련해 정부와 주민 사이에 **마찰**이 빚어지고 있다.
- 타 부서 사람들과 협업을 하다가 보면 입장 차이 때문에 **마찰**이 생길 수밖에 없다.

● 알아 두면 좋은 표현! 계속되는 마찰, 마찰이 많다, 마찰이 일다

0509 ★

몡 사생활

영 privacy, private life 중 私生活, 个人生活 일 私生活
베 đời sống riêng, đời tư

- 연예인에 대한 일부 기자의 **사생활** 침해가 심각하다.
- 그 선배는 남의 **사생활**에 간섭을 많이 해서 동료들에게 미움을 받는다.

● 알아 두면 좋은 표현! 사생활 관리(관리▸ 0667), 사생활이 노출되다, 사생활을 캐묻다

0510 ★

몡 불평등
  파 불평등하다
  반 평등

영 inequality 중 不平等 일 不平等 베 sự bất bình đẳng

- 우리 사회는 아직 남녀 간 **불평등** 문제를 겪고 있다.
- 저는 정치가 여러 사회적 **불평등**을 해소시켜야 한다고 생각합니다.

● 알아 두면 좋은 표현! 교육 불평등, 소득 불평등(소득▸ 0844), 불평등을 개선하다(개선▸ 0495), 불평등을 낳다, 불평등을 바로잡다, 불평등을 키우다

QUIZ 1 ( )에 들어갈 가장 알맞은 것을 고르십시오.

1. 새로운 제도의 ( )을/를 비판하고 있다.
   ① 마찰　　　　　② 방안　　　　　③ 현상　　　　　④ 문제점

2. 구성원 간 협의를 진행했지만 극심한 ( )을/를 빚었다.
   ① 가난　　　　　② 갈등　　　　　③ 개선　　　　　④ 위기

3. 아무리 친한 사이여도 서로의 ( )을/를 함부로 간섭해서는 안 된다.
   ① 수준　　　　　② 시선　　　　　③ 현실　　　　　④ 사생활

QUIZ 2 다음 단어를 이용해서 문장을 만드십시오.

1. 것입니다. / 대비한 / 상황에 / 이번 / 조치는 / 최악의

   _____

2. 구조를 / 교육을 / 불평등한 / 통해 / 해결할 수 있다.

   _____

3. 갈등이 / 것을 / 열어 / 예방할 수 있었다. / 커지는 / 학생 위원회를

   _____

QUIZ 3 빈칸에 공통적으로 들어갈 수 있는 말을 고르십시오.

> • 병원 측과( )을/를 빚었다.
> • 태양광 발전소 사업자와 주민 사이에 ( )이/가 생겼다.
> • 주민들과의 계속되는 ( )으로/로 계획대로 진행이 어려웠다.

① 균형　　　　　② 마찰　　　　　③ 위기　　　　　④ 불평등

41회 읽기 50번

밑줄 친 부분에 나타난 필자의 태도로 알맞은 것을 고르십시오. (2점)

> 현대 사회는 다양한 이익 집단의 관계가 복잡하게 얽혀 있기 때문에 많은 사회적 갈등이 존재한다. 사회 문화적 요소가 포함된 갈등에서부터 경제적 요인이 포함된 갈등, 일상생활과 관련된 갈등까지 사회적 갈등들은 여러 요인에 의해 끊임없이 발생한다. 그런데 이러한 사회적 갈등이 타협을 통해 합리적으로 조정된다면 사회를 통합하는 동력으로 작용할 수 있을 것이다. 따라서 사회적 갈등을 합리적으로 해결하기 위해 사회 구성원 모두가 합의할 수 있는 해결 원칙을 세울 필요가 있다. 먼저 자율적으로 해결하는 것이 중요하다. 즉 당사자 간의 자유로운 대화와 협상을 통해 쟁점을 해결 하려는 노력이 우선되어야 한다. 다음으로 갈등의 당사자 모두에게 이익이 되는 방향으로 해결해야 한다. 갈등 해결에 따른 이익이 한쪽에만 돌아가면 쟁점을 둘러싼 갈등이 계속 이어지기 때문이다. 또한 국민 전체의 이익과 부합되는 방향으로 해결되어야 그 해결 방안이 국민의 지지를 받을 수 있다는 점도 잊지 말아야 한다.

① 사회적 갈등 발생에 대해 경계하고 있다.
② 타협을 통한 갈등 해결에 대해 회의적이다.
③ 사회 통합의 어려움에 대해 공감하고 있다.
④ 사회적 갈등의 긍정적인 측면을 인정하고 있다.

다음 신문 기사의 제목을 가장 잘 설명한 것을 고르십시오. (4점)

출산율 또 하락, 정부 대책 효과 없어

① 정부가 대책을 세워 노력했으나 출산율은 다시 떨어졌다.

② 정부는 출산율이 낮아지지 않도록 효과적인 정책을 마련하였다.

③ 정부의 정책 중 시급히 개선되어야 할 부분이 출산 관련 정책이다.

④ 출산과 관련한 정부의 지원이 축소되자 출산율이 급격히 낮아졌다.

DAY 24 사회 변화

🔊 Track 24

☐ 변화	☐ 달라지다	☐ 기존	☐ 생겨나다
☐ 역할	☐ 높아지다	☐ 현대	☐ 나아가다
☐ 발전	☐ 사라지다	☐ 농촌	☐ 농민
☐ 인구	☐ 발달	☐ 경계	☐ 맞벌이

0511 ★★★★★

명 **변화**
파 변화되다

영 change 중 变化 일 変化 베 sự thay đổi
• 휴대 전화의 발달은 사람들의 생활에 큰 변화를 가져왔다.
• 미국으로 이민을 떠났는데 생각보다 아이들이 변화에 잘 적응했다.

🔵 알아 두면 좋은 표현! 시장의 변화, 인식의 변화(인식▸0184), 환경의 변화, 변화에 대응하다

동 **변화하다**

영 to change 중 变化 일 変化する 베 thay đổi
• 우리는 새롭게 변화하기 위해 공정한 경쟁을 통해 내외부 전문가들을 채용할 예정이다.

0512 ★★★★★

명 **역할** [여칼]

영 role 중 作用, 责任 일 役割 베 vai trò
• 직업을 선택할 때에도 남자, 여자의 역할을 크게 구분하지 않는다.
• 국민 모두가 각자의 자리에서 자신의 역할을 다할 때 우리 사회는 발전할 수 있다.

🔵 알아 두면 좋은 표현! 역할 분담, 역할이 크다, 역할을 담당하다(담당▸0810), 역할을 정하다, 역할에 충실하다

0513 ★★★★★

명 **발전** [발쩐]
파 발전되다
   발전시키다

영 development 중 发展, 进步 일 発展 베 sự phát triển
• 후보자들은 국가의 발전을 위해 자신을 지지해 달라고 부탁하고 있다.
• 의학의 눈부신 발전 덕분에 불치병으로 여겨졌던 많은 질병들을 치료할 수 있게 되었다.

🔵 알아 두면 좋은 표현! 경제 발전(경제▸0843), 기술 발전, 사회 발전(사회▸0527), 산업 발전(산업▸0842)

동 **발전하다**

영 develop 중 发展, 进步 일 発展する 베 phát triển
• 과학 기술이 계속 발전하면서 우리 생활도 더욱 편리해진다.

0514 ★★★★

명 **인구**

명 population 중 人口 일 人口 배 dân số

• 2021년 기준 전 세계 인구는 78억 명이 넘는다고 한다.
• 사람들이 일자리를 찾아 도시로 떠나면서 농촌 인구가 계속 감소하고 있다.

🔵 알아 두면 좋은 표현! 도시 인구, 인구 문제, 인구가 늘다, 인구가 줄다

0515 ★★★★

동 **달라지다**

명 change, Alter 중 变样，改变 일 変わる 배 trở nên khác biệt

• 오토바이 전용 주차장을 설치한 뒤 지저분한 거리가 달라졌다.
• 5년 만에 고향으로 돌아온 삼촌은 많이 달라진 고향 모습에 많이 놀랐다.

🔵 알아 두면 좋은 표현! 시대가 달라지다(시대▸ 0640), 크게 달라지다

📖 활용형 달라지는, 달라지어서(=달라져서), 달라지니까, 달라집니다.

0516 ★★★★

동 **높아지다**
[노파지다]

명 increase 중 提高，升高 일 高まる、拡大する 배 cao lên

• 간접흡연의 피해에 대한 흡연자들의 인식이 높아졌다.
• 쓰레기 수거 사업은 주민들의 참여도가 높아져 추가 사업을 실시하기로 했다.

🔵 알아 두면 좋은 표현! 가능성이 높아지다, 관심이 높아지다, 수준이 높아지다

📖 활용형 높아지는, 높아지어서(=높아져서), 높아지니까, 높아집니다

0517 ★★★★

동 **사라지다**

명 disappear 중 消失，消逝 일 消える、なくなる 배 biến mất

• 대가족 제도가 점차 사라지고 자녀와 따로 사는 경우도 많아졌다.
• 이러다 종이 신문이 사라지지는 않을지 걱정이다.

📖 활용형 사라지는, 사라지어서(=사라져서), 사라지니까, 사라집니다

0518 ★★★★

명 **발달** [발딸]
피 발달되다

명 development 중 发达，发展 일 発達 배 sự phát triển

• 교통수단의 발달로 서울에서 대전까지 출퇴근하는 사람도 생겼다.
• 의학 기술의 발달은 사람들의 수명 연장과 건강 유지에 크게 기여했다.

🔵 알아 두면 좋은 표현! 과학 기술의 발달(기술▸ 0997), 문화의 발달, 인터넷의 발달, 통신의 발달(통신▸ 0989)

동 **발달하다**

명 develop 중 发达，发展 일 発達する 배 phát triển

• 인터넷이 발달하면서 출근하지 않고 집에서 일을 하는 것도 가능해졌다.

0519 ★
명 기존

명 formal, existing 중 現存，現有 일 既存（の） 베 sẵn có, vốn có

- 새 시설을 다 지을 때까지는 불편하더라도 기존 시설을 이용하십시오.
- 정부는 기존 정책을 확대하는 동시에 새로운 지원을 추진할 것이다.

🔵 **알아 두면 좋은 표현!** 기존 방침, 기존 세력, 기존 질서

0520 ★
명 현대

명 modern 중 現代 일 現代 베 hiện đại

- 현대에 들어 여성의 사회 진출이 활발해졌다.
- 현대의 환경 오염 문제는 과학 기술이 발전하면서 생긴 결과이다.

🔵 **알아 두면 좋은 표현!** 현대 과학, 현대 의학

0521 ★
명 농촌

명 rural area 중 农村 일 農村 베 nông thôn

- 환경 보호 측면에서 농촌의 논밭, 산은 대기를 깨끗하게 하는 효과가 있다.
- 농사일이 힘들다고 모두 도시로 떠나 농촌은 인력난에 시달리고 있다.

🔵 **알아 두면 좋은 표현!** 농촌 생활, 농촌에 살다, 농촌에서 자라다

0522 ★
명 경계
[경계/경게]

명 boundary 중 界限 일 境界 베 biên giới, ranh giới

- 첨단 기술의 발달로 인해 산업 간 경계가 허물어졌다.
- 세계화로 국가 간의 경계가 약화되었다.

🔵 **알아 두면 좋은 표현!** 모호한 경계, 경계가 무너지다, 경계를 넘다, 경계를 짓다

0523 ★
동 생겨나다

명 arise, appear 중 出现，产生 일 起きる、発生する 베 phát sinh

- 많은 사람이 동시에 시설을 이용하다가 보니 자연스레 쓰레기 문제가 생겨나고 있다.
- 일자리가 있는데도 이토록 많은 실업자가 생겨나는 이유는 도대체 무엇일까?

🔵 **알아 두면 좋은 표현!** 문제가 생기다, 의구심이 생기다

0524 ★
동 나아가다

명 go ahead, proceed 중 前进，迈进 일 進んでいく 베 tiến lên

- 우리 사회는 한 걸음씩 민주화 사회로 나아갔다.
- 대통령은 국가가 나아갈 방향을 제시하고 더 나은 미래를 구상하는 연설을 했다.

🔵 **알아 두면 좋은 표현!** 목표로 나아가다(목표* 0772), 좋은 방향으로 나아가다

0525 ★
명 농민

명 farmer 중 农民 일 農民 베 nông dân

• 올해 수박 생산량이 작년보다 적어 농민들이 실망했다.
• 벌써 한 달 가까이 비가 내리지 않아 농민들이 힘들어한다.

0526 ★
명 맞벌이 [맏뻐리]

명 dual-income 중 双职工 일 共稼ぎ 베 vợ chồng cùng đi làm

• 구청에서는 맞벌이 부부의 자녀를 위해 어린이집을 지었다.
• 여성의 사회 진출이 늘어나면서 맞벌이 가정이 많아졌다.

🔵 **알아 두면 좋은 표현!** 맞벌이 가정(가정⁺ ⁰⁰⁰⁶), 맞벌이 부모, 맞벌이 생활

DAY 24

(   )에 들어갈 가장 알맞은 것을 고르십시오.

1. 대한민국은 경제 부문에서 눈부신 (   )을/를 이뤘다.
   ① 경계　　　　　② 발전　　　　　③ 방안　　　　　④ 역할

2. 무슨 일이 있어도 우리는 (   ) 태도를 유지할 것입니다.
   ① 경계　　　　　② 기존　　　　　③ 발달　　　　　④ 변화

3. 재난에 대한 사회적 인식이 (   ) 대피 훈련을 하는 곳이 많아졌다.
   ① 나아가　　　　② 높아져　　　　③ 발전해　　　　④ 사라져

QUIZ 2　다음 단어를 이용해서 문장을 만드십시오.

1. 농촌의 / 달라진 / 방송은 / 분위기를 / 소개했다.

   _____

2. 되었다. / 사라지게 / 역사 속으로 / 전통적인 / 풍습이

   _____

3. 김 교수는 / 나아가야 할 / 방향을 / 앞으로 / 우리가 / 제언했다.

   _____

QUIZ

QUIZ 3 빈칸에 알맞은 단어를 보기 에서 골라 쓰십시오.

보기   맞벌이 / 달라지다 / 생겨나다 / 역할 / 현대

1.(   ) 사회 여성의 교육 수준 향상과 취업 증대로 2.(   ) 부부가 증가하면서 가정 내에서 부부 3.(   )이/가 4.(   )는/은/ㄴ 등 많은 변화가 5.(   )었다/았다/였다.

TOPIK II   **52회 읽기 41번**

다음 글에서 <보기>의 문장이 들어가기에 가장 알맞은 곳을 고르십시오. (2점)

> 지금 우리는 기계가 인간의 인지적인 영역까지 대신하는 제2의 기계 시대로 접어들고 있다. (㉠) 이러한 비약적인 기계 발전의 시대가 인간의 삶을 더 윤택하게 할지 더 소외시킬지 단정 지을 수는 없다. (㉡) 하지만 급속한 기술의 발달로 현재의 산업 구조가 크게 바뀐다는 것만은 분명하다. (㉢) 그래서 지금 초등학교에 진학하는 아이들의 65%는 현재에는 없는 직업을 갖게 될 것으로 전망된다. (㉣)

보기

산업 구조의 변화에 따라 당연히 일자리의 변동성도 커질 것이다.

---

① ㉠   ② ㉡   ③ ㉢   ④ ㉣

TOPIK II   **64회 듣기 27번**   🔊 Track 24-1

남자가 여자에게 말하는 의도를 고르십시오. (2점)

① 남성 육아의 필요성을 일깨우기 위해
② 남성 육아를 위한 제도를 설명하기 위해
③ 남성 육아의 문제점에 대해 지적하기 위해
④ 남성 육아에 대한 인식 변화를 말하기 위해

DAY 25 사회 활동

🔊 Track 25

☐ 사회	☐ 단체	☐ 권리	☐ 앞장서다
☐ 참여	☐ 비판하다	☐ 현대인	☐ 언론
☐ 제시	☐ 기부	☐ 기여하다	☐ 형성하다
☐ 봉사	☐ 집단	☐ 보도	
☐ 요구	☐ 협조	☐ 취재	

0527 ★★★★★
명 사회 [사회/사훼]

형 society 중 社会 일 社会 베 xã hội

- 그 영화는 한국 사회의 현실을 자세히 다뤘다는 점에서 주목을 받았다.
- 태풍 피해를 입을 사람들을 위해 사회 각계에서 기부가 이어졌다.

🔵 알아 두면 좋은 표현! 노인들의 사회, 사회 문제, 우리 사회, 정보화 사회, 현대 사회

0528 ★★★★★
명 참여 [차며]
파 참여시키다

형 participation 중 参与 일 参加 베 sự tham gia

- 파업 참여 여부는 신중하게 판단 후 결정해야 한다.
- 요즘은 여성들의 사회 참여가 늘면서 드라마 속 여성들의 역할도 바뀌고 있다.

🔵 알아 두면 좋은 표현! 자발적 참여, 행사 참여, 참여를 유도하다(유도하다▶ 0061), 참여가 활발하다(활발하다▶ 0027)

동 참여하다
[차며하다]

형 participate 중 参与 일 参加する 베 tham gia

- 일주일에 한 번 사내 영화 동호회에 참여해 동료들과 영화를 봤다.

0529 ★★★★★
명 제시
파 제시되다

형 proposal 중 提示, 提出 일 提示 베 sự đưa ra

- 오늘 회의도 구체적인 해결책의 제시 없이 겉돌다 끝났다.
- 학생들은 학교 축제와 관련해 의견 제시를 적극적으로 했다.

🔵 알아 두면 좋은 표현! 대안 제시, 의견 제시(의견▶ 0910)

동 제시하다

명 propose, suggest 중 提示，提出 일 提示する 베 đưa ra
- 마지막에 제시한 방법이 실현 가능성이 적어 마음에 걸린다.
- 김 박사는 구체적인 사례를 제시하며 자신의 주장을 뒷받침했다.

알아 두면 좋은 표현! 방안을 제시하다(방안▸ 0490), 해결책을 제시하다(해결책▸ 0928)

0530 ★★★★
명 봉사

명 service, volunteer work 중 奉献，服务 일 奉仕、ボランティア 베 việc làm từ thiện
- 자신만의 재능으로 봉사를 하는 사람들이 많아지고 있다.
- 연말을 앞두고 봉사 동아리 회원들과 함께 근처 사회 복지 센터를 방문했다.

알아 두면 좋은 표현! 자발적인 봉사, 봉사를 나서다

동 봉사하다

명 serve 중 奉献，服务 일 奉仕する、ボランティア活動する 베 làm từ thiện
- 할머니는 일생을 가난한 사람들을 위해 봉사하는 삶을 사신 분이다.

0531 ★★★★
명 요구

명 demand 중 需求，需要 일 要求 베 yêu cầu
- 대형 쇼핑몰의 편의 시설들은 소비자의 다양한 요구를 만족시켜 준다.
- 학교 측은 휴식 공간을 늘려 달라는 학생들의 요구를 받아들였다.

알아 두면 좋은 표현! 소비자 요구(소비자▸ 0870), 신청자 요구, 주민 요구(주민▸ 0277), 요구가 늘다, 요구에 맞다

동 요구하다

명 to demand 중 要求，请求 일 要求する 베 yêu cầu
- 학생들은 학교 측에 교내 가로등 추가 설치를 요구했다.

동 요구되다

명 be demanded 중 要求，需要 일 求められる 베 được yêu cầu
- 쓰레기 무단 투기 금지 등 시민들의 협조가 요구된다.

0532 ★★★
명 단체

명 organization 중 团体，群体 일 団体 베 đoàn, nhóm
- 15인 이상 단체로 표를 구입하면 조금 싸게 살 수 있다.
- 골프장 건설을 막기 위해 지역 주민들이 단체를 결성했다.

알아 두면 좋은 표현! 단체를 만들다, 단체를 조직하다, 단체에 가입하다(가입▸ 0983)

0533 ★★★
동 비판하다

명 criticize 중 批评，批判 일 批判する 베 phê phán
- 직원들은 여름휴가 제도의 문제점을 비판했다.
- 국민들은 정부가 제시한 복지 제도를 날카롭게 비판했다.

알아 두면 좋은 표현! 결과를 비판하다, 정부를 비판하다(정부▸ 0449)

0534 ★★★
명 **기부**

명 donation 중 捐献，捐赠 일 寄付 베 sự quyên góp
- 기부 방법이 간편해지고 다양화되면서 기부액이 크게 늘었다.
- 나는 매달 급여의 일부를 병원에 기부를 실천하고 있다.

🔘 알아 두면 좋은 표현! 익명의 기부, 기부 문화

동 **기부하다**

명 donate 중 捐赠，捐助 일 寄付する 베 quyên góp
- 아픈 아이들을 위해 써 달라며 용돈을 모아 병원에 기부했다.
- 나는 내가 가진 땅 일부를 학교에 기부할 생각이다.

🔘 알아 두면 좋은 표현! 장학금을 기부하다(장학금▸1083), 전 재산을 기부하다

0535 ★★
명 **집단** [집딴]

명 group 중 集团，集体 일 集団 베 nhóm, tập thể
- 아이들은 네다섯 명씩 집단을 이루어 몰려다녔다.
- 노동 환경 개선을 요구하는 직원들이 집단으로 회사 측에 항의했다.

🔘 알아 두면 좋은 표현! 대규모 집단, 집단 간 차이(차이▸0553), 집단을 구성하다(구성▸0920)

0536 ★★
명 **협조** [협쪼]

명 cooperation 중 协助，帮助 일 協力 베 sự phối hợp
- 정부는 제도 시행을 앞두고 국민들의 협조를 당부했다.
- 시민들의 적극적인 협조가 뒤따르지 않으면 쓰레기 문제는 해결하기 힘들다.

🔘 알아 두면 좋은 표현! 자발적인 협조, 협조가 필요하다, 협조를 구하다

동 **협조하다**
[협쪼하다]

명 cooperate 중 协助，帮助 일 協力する 베 phối hợp
- 전시실 내 사진 촬영은 금지되어 있으니 협조해 주시기 바랍니다.

0537 ★
명 **권리** [궐리]

명 right 중 权利 일 権利 베 quyền lợi
- 누구나 이동의 자유와 권리를 누릴 수 있어야 한다.
- 부패로 인해 개인의 권리가 부당하게 침해 받을 수 있다.

🔘 알아 두면 좋은 표현! 국민의 권리(국민▸0456), 시민의 권리, 정당한 권리, 권리를 주장하다(주장▸0911)

0538 ★
명 **현대인**

명 modern people 중 现代人 일 現代人 베 người hiện đại
- 현대인들이 앓는 질병 중 대부분은 스트레스와 관계가 깊다.
- 각박한 도시 생활 때문에 현대인의 고립감이 심화되었다.

🔘 알아 두면 좋은 표현! 현대인의 문제, 현대인의 성향, 현대인의 특징(특징▸0804)

0539 ★
동 **기여하다**

명 contribution 중 贡献，做贡献 일 寄与する 베 đóng góp
• 선생님은 통일 발전에 기여한 공로로 훈장을 받았다.
• 그의 탄탄한 수비가 우리 팀의 승리에 결정적으로 기여했다.
🔵 알아 두면 좋은 표현! 세계화에 기여하다, 회사에 기여하다

0540 ★
명 **보도**
파 보도되다
보도하다

명 press 중 报道 일 報道 베 sự đưa tin
• 오늘 뉴스에서는 정부의 정책에 반대하는 내용의 보도가 많았다.
• 정치인 비리에 대한 보도 기사를 읽고 크게 실망했다.
🔵 알아 두면 좋은 표현! 보도 뉴스, 보도가 정확하다, 보도를 쓰다

0541 ★
명 **취재**
파 취재되다
취재하다

명 coverage, reporting 중 取材，采访 일 取材 베 sự lấy tin
• 방송국에서 이번 마라톤 대회 취재를 나온다고 한다.
• 신문사에서 파업과 관련해 인터뷰 요청이 있었지만 취재를 거부
했다.
🔵 알아 두면 좋은 표현! 단독 취재, 심층 취재, 취재 경쟁(경쟁▸ 0847), 취재 현
장, 취재에 응하다

0542 ★
동 **앞장서다**
[압짱서다]

명 lead 중 领头，带头 일 先頭に立つ 베 dẫn đầu
• 환경 문제 해결에 앞장서 달라고 부탁했다.
• 기부 문화가 활성화되기 위해서는 지도층이 앞장서야 한다.

0543 ★
명 **언론** [얼론]

명 press, media 중 媒体，言论 일 言論、メディア 베 ngôn luận
• 이번 행사는 언론에 공개하지 않고 조용하게 진행할 예정이다.
• 언론의 자유는 보장되어야 하지만 사생활도 존중 받아야 한다.
🔵 알아 두면 좋은 표현! 언론 기관(기관▸ 0335), 언론 매체(매체▸ 0627), 언론 활동
(활동▸ 0390)

0544 ★
동 **형성하다**

명 form, establish 중 形成 일 形成する 베 hình thành
• 두 부서는 우호적인 관계를 형성하기 위해 함께 노력했다.
• 김 후보자는 에스엔에스(SNS)를 활용해 자신에게 호의적인 여론
을 형성하였다.
🔵 알아 두면 좋은 표현! 세력을 형성하다, 여론을 형성하다, 특성을 형성하다
(특성▸ 1065)

DAY 25　QUIZ

QUIZ 1　(　　)에 들어갈 가장 알맞은 것을 고르십시오.

1. 방송국 기자인 남편은 (　　　) 때문에 집을 자주 비운다.
   ① 단체　　　　　② 보도　　　　　③ 언론　　　　　④ 취재

2. 주차난 해결을 위해 시민 여러분의 적극적인 (　　　)을/를 구합니다.
   ① 기부　　　　　② 비판　　　　　③ 요구　　　　　④ 협조

3. 15인 이상 (　　　)으로/로 시설을 이용하시면 이용료를 15% 할인해 드립니다.
   ① 기여　　　　　② 단체　　　　　③ 봉사　　　　　④ 형성

QUIZ 2　다음 단어를 이용해서 문장을 만드십시오.

1. 교내 곳곳에 / 등록금 / 붙었다. / 비판하는 / 인상을 / 종이가

   _____

2. 감사의 마음을 / 군인들에게 / 복구에 / 수해 / 앞장선 / 전했다.

   _____

3. 고등학생 때 / 덕분에 / 되었다. / 봉사 활동 / 의사가 / 참여한

   _____

QUIZ 3 빈칸에 알맞은 단어를 보기 에서 골라 쓰십시오.

보기   기부 / 단체 / 봉사 / 앞장서다 / 참여

우리 **1.**(   )은/는 이번 화재로 피해를 입으신 분들을 **2.**(   )어서/아서/여서 돕고 있습니다. 이번 주말에는 화재 이재민을 위한 주택 복구 **3.**(   ) 활동을 할 예정입니다. 음식, 의복, 기타 생필품 등 물품 **4.**(   )도 환영합니다. 여러분의 적극적인 **5.**(   )을/를 부탁드립니다.

36회 읽기 38번

다음 글의 주제로 가장 알맞은 것을 고르십시오. (2점)

> 자동차 업계에서만 공유되던 부품 가격이 소비자의 알 권리와 유통의 투명성을 높이기 위해 공개되고 있다. 국내의 모든 자동차 회사들은 의무적으로 회사 홈페이지에 부품 가격을 게시한다. 그런데 자동차 회사들 중에는 초기 화면이 아닌 곳에 가격 정보를 공개하거나 회원 가입을 해야 정보를 볼 수 있도록 해 소비자들의 불신을 초래하는 경우가 있다. 이에 대해 이 제도가 기업에 대한 소비자의 신뢰를 되찾는 계기가 될 수 있도록 업계의 자성이 필요하다는 목소리가 커지고 있다.

① 가격 게시를 통해 유통 과정이 공개되고 있다.
② 부품 가격 공개는 소비자의 알 권리와 관계가 있다.
③ 업계는 홈페이지에 부품 가격 정보를 게시해야 한다.
④ 기업은 정직한 부품 가격 공개로 신뢰를 회복해야 한다.

64회 읽기 30번

다음을 읽고 (   )에 들어갈 내용으로 가장 알맞은 것을 고르십시오. (2점)

> 취재 경계선은 취재가 과열되어 발생할 수 있는 불상사를 예방하기 위해 설정한 것이다. 수백 명의 취재진이 화제의 인물에게 몰려들 경우 사고가 발생해 취재를 망칠 수 있다. 그래서 선을 그어 놓고 그 바깥에서 취재하자는 합의를 본 것이다. 비록 법으로 정해져 있지 않지만 언론계가 이 선을 지키려고 노력하는 것은 (   ) 순간 원활한 보도가 어려워진다는 것을 누구보다 잘 알고 있기 때문이다.

① 취재 정보를 공유하는
② 취재 경계선이 무너지는
③ 취재 내용을 잘못 해석하는
④ 취재 경계선이 새로 설정되는

설문과 통계

☐ 조사	☐ 줄어들다	☐ 이내	☐ 그래프
☐ 연구	☐ 차이	☐ 미만	☐ 벌이다
☐ 늘어나다	☐ 사례	☐ 평균	☐ 통계
☐ 많아지다	☐ 설문	☐ 절반	☐ 유형
☐ 증가하다	☐ 요인	☐ 이하	
☐ 감소하다	☐ 요소	☐ 앞서다	
☐ 비율	☐ 연도	☐ 보장하다	

0545 ★★★★★

명 조사

명 investigation 중 调查 일 調査 베 sự điều tra

• 방학 중 계획에 대한 설문 조사에 응답한 학생이 많지 않았다.
• 이번 조사에서 가장 먹고 싶은 한국 음식은 김치인 것으로 나타났다.

🔵알아 두면 좋은 표현! 통계청 조사, 조사 결과, 조사를 실시하다(실시하다▸ 0452)

동 조사하다

명 investigate 중 调查 일 調査する 베 điều tra

• 정부와 환경 단체가 함께 환경 오염 실태를 조사하였다.

동 조사되다

명 be investigated 중 调查 일 明らかになる 베 được điều tra

• 올해 물 소비량이 작년보다 약간 줄어든 것으로 조사되었다.

0546 ★★★★★

명 연구
　피 연구되다

명 research 중 研究 일 研究 베 nghiên cứu

• 과학자는 연구에 도움을 준 사람들에게 감사 인사를 전했다.
• 적절한 휴식이 일에 도움이 된다는 연구 보고가 있었다.

🔵알아 두면 좋은 표현! 실험 연구(실험▸ 1000), 참신한 연구, 훌륭한 연구, 연구 결과, 연구 성과(성과▸ 0827)

동 연구하다

명 to research, study 중 研究 일 研究する 베 nghiên cứu

• 많은 연구자들이 암의 예방과 치료에 대해 연구하고 있다.

0547 ★★★★

⑧ 늘어나다
[느러나다]

영 increase, grow 중 增加，增长 일 増える、伸びる 베 tăng lên

• 도시화가 진행됨에 따라 서울 인구가 급격히 늘어났다.
• 친환경 제품에 대한 수요가 급격히 늘어날 것으로 보인다.

0548 ★★★★

⑧ 많아지다
[마나지다]

영 increase, become numerous 중 增多 일 多くなる、増える
베 nhiều lên

• 날씨가 따뜻해지면서 등산을 하는 사람들이 많아졌다.
• 건강한 식생활에 대한 관심이 더 많아진 것으로 나타났다.

🔵 **알아 두면 좋은 표현!** 기회가 많아지다, 기능이 많아지다(기능▸0666)

📃 **활용형** 많아지는, 많아지어서(=많아져서), 많아지니까, 많아집니다

0549 ★★★★

⑧ 증가하다
반 감소하다▸0550

영 increase 중 增加 일 増加する 베 tăng

• 경기 침체 때문에 실업률이 대폭 증가한 것으로 나타났다.
• 명절에 해외로 여행을 떠나는 사람들이 증가하고 있다.

🔵 **알아 두면 좋은 표현!** 인구가 증가하다(인구▸0514), 다소 증가하다, 크게 증가
하다

0550 ★★★★

⑧ 감소하다
반 증가하다▸0549

영 decrease 중 减少 일 減少する 베 giảm

• 종이책의 매출은 감소한 반면 전자책의 매출은 늘어났다.
• 정부의 방역 지침 시행으로 대중교통 이용 수요가 매우 감소하였다.

🔵 **알아 두면 좋은 표현!** 비용이 감소하다(비용▸0871), 수익이 감소하다, 양이 감
소하다

0551 ★★★★

⑨ 비율

영 ratio 중 比率，比例 일 比率、割合 베 tỉ lệ

• 전체 실업자 중 장기 실업자 비율이 지난해 12월 16.7%에서 1월
14.7%로 낮아졌다.
• 1990년 이후 초등학교 여성 교사 비율이 50%를 넘어섰다.

🔵 **알아 두면 좋은 표현!** 비율이 같다, 비율이 낮다, 비율이 높다, 비율이 비슷하다

0552 ★★★★

⑧ 줄어들다
[주러들다]

영 decrease 중 变少，减少 일 減る 베 giảm

• 학교 앞에서 장사를 하다가 보니까 방학에는 매출이 좀 줄어들었다.
• 식사 후 양치질만 잘해도 치과에 갈 일이 훨씬 줄어들 겁니다.

🔵 **알아 두면 좋은 표현!** 숫자가 줄어들다, 인구가 줄어들다(인구▸0514)

📃 **활용형** 줄어드는, 줄어들어서, 줄어드니까, 줄어듭니다

0553 ★★★★
명 차이

명 difference 중 差异，差别 일 差、違い 베 sự khác biệt
- 남성이 여성보다 소득이 2.7배 높아 남녀 간 경제적 **차이**가 큰 것으로 조사되었다.
- 설문 조사 방법에 따라 조사 결과에 있어 약간의 **차이**가 발생하기도 한다.

　알아 두면 좋은 표현! 차이가 나다, 차이가 크다, 차이를 보이다, 차이를 살피다(살피다▸ 0047), 차이를 이해하다

0554 ★★★
명 사례

명 example, case 중 事例，实例 일 事例、ケース
베 ví dụ điển hình
- 김 박사는 몇 가지 **사례**를 들어 자신의 의견을 뒷받침했다.
- 실제 기내에서 발생했던 **사례**를 모아 책으로 펴냈다.

　알아 두면 좋은 표현! 모범 사례, 성공 사례, 우수 사례(우수▸ 0788), 구체적인 사례

0555 ★★★
명 설문
　파 설문하다

명 survey 중 问卷，问卷调查 일 設問、アンケート 베 việc khảo sát
- 100명 중 무응답 2명을 제외한 98명이 **설문**에 참여하였다.
- 이번 **설문** 조사 결과 신제품 만족도는 30%에 그쳤다.

　알아 두면 좋은 표현! 설문을 실시하다(실시하다▸ 0452), 설문에 답하다, 설문에 응하다

0556 ★★
명 요인

명 factor 중 要因，主要因素 일 要因 베 lí do
- 대표적인 비만의 **요인**으로 운동 부족과 잘못된 식습관을 들 수 있다.
- 부모의 양육 태도는 자녀와 부모 간 애착 형성에 결정적 **요인**이 된다.

　알아 두면 좋은 표현! 중요한 요인, 다양한 요인, 성공 요인

0557 ★★
명 요소

명 element, factor 중 要素，因素 일 要素 베 yếu tố
- 구매자의 쇼핑 경험을 분석해 물건 구매에 영향을 미치는 **요소**를 찾았다.
- 면접의 합격 여부를 결정 짓는 중요한 **요소**는 자신감이다.

　알아 두면 좋은 표현! 결정적 요소, 문화적 요소, 핵심 요소(핵심▸ 0213)

0558 ★★
명 연도

명 year 중 年度 일 年度 베 niên đại, năm
- 이 책은 표지가 찢어져 있어 출판 **연도**를 알 수 없었다.
- 정부는 아파트 준공 **연도**에 따른 층간 소음 조사를 실시했다.

　알아 두면 좋은 표현! 연도 표기, 생산 연도(생산▸ 0848), 완공 연도, 연도를 추정하다

0559 ★★
명 이내
반 이외

명 within 중 以内, 之内 일 以内 베 trong vòng

• 학교 300m **이내** 흡연 시 과태료 10만 원이 부과된다.
• 퇴근 후 1시간 **이내** 귀가한다는 응답이 가장 많았다.

알아 두면 좋은 표현! 십 분 이내, 일곱 장 이내

TIP 주로 '~ 이내'로 쓰며, 시간, 거리, 수량 등을 나타낼 때 쓴다.

0560 ★★
명 미만
반 초과

명 less than, below 중 不满, 未满 일 未満 베 dưới

• 8세 **미만**의 어린이에게는 입장료를 받지 않는다.
• 조사 결과 하루 평균 세 시간 **미만**으로 스마트폰을 사용하는 경우가 많았다.

알아 두면 좋은 표현! 백 개 미만, 십팔 세 미만, 오 퍼센트 미만

참고 이하▸0563

0561 ★★
명 평균

명 average 중 平均 일 平均 베 bình quân

• 요즘 아이들은 인터넷을 하루 **평균** 두 시간 이용한다는 조사 결과가 있었다.
• 우리 학교의 취업률이 전국 **평균**보다 높은 것으로 조사되었다.

알아 두면 좋은 표현! 월 평균, 평균 수입, 평균을 구하다

0562 ★★
명 절반

명 half 중 一半 일 半分 베 một nửa

• 조사 결과 **절반** 이상의 학생들이 따돌림을 경험한 적이 있다고 한다.
• 석유 가격이 우유의 **절반**으로 떨어진 것으로 조사되었다.

알아 두면 좋은 표현! 절반 가량, 절반으로 나누다

0563 ★★
명 이하
반 이상

명 less than 중 以下 일 以下 베 dưới

• 직장인들의 1인당 휴가 비용은 150만 원 **이하**인 것으로 조사됐다.
• 10세 **이하** 어린이들의 미디어 노출이 늘어난 것으로 나타났다.

알아 두면 좋은 표현! 기대 이하(기대▸0592), 기준치 이하

참고 미만▸0560

0564 ★★
동 앞서다 [압써다]

명 lead, be ahead 중 领先 일 優位に立つ 베 đứng trước, đi trước

• 이날 여론 조사 결과 다른 후보자들보다 지지율이 **앞선** 것으로 조사되었다.
• 친환경 포장재의 경우에는 우리나라의 기술이 **앞서는** 것으로 판단된다.

0565 ★
동 **보장하다**

영 gurantee 중 保障, 保证 일 保障する 베 bảo đảm

• 국민들은 소방관의 안전을 보장하기 위한 대책 마련에 모두 동의했다.
• 지지 정당을 자유롭게 표현할 자유를 보장하라는 응답이 가장 높았습니다.

● 알아 두면 좋은 표현! 미래를 보장하다, 안전을 보장하다

0566 ★
명 **그래프**

영 graph 중 图表, 曲线图 일 グラフ 베 đồ thị, biểu đồ

• 연구원들은 지난 한 달 동안의 강수량을 그래프로 나타냈다.
• 다음 그래프를 보고 각 연령대가 선호하는 여가 방식에 대해 글을 써라.

● 알아 두면 좋은 표현! 그래프를 그리다, 그래프를 해석하다(해석▶ 0654), 그래프로 표시하다

0567 ★
동 **벌이다** [버리다]

영 conduct 중 展开, 开展 일 繰り広げる 베 bắt đầu, gây ra

• 선호도 조사에서 두 후보가 근소한 차이를 보이면서 경쟁을 벌이는 것으로 나타났다.
• 우리는 회의 시간에 열띤 논쟁을 벌였지만 결론은 내지 못했다.

● 활용형 벌이는, 벌이어서(=벌여서), 벌이니까, 벌입니다

0568 ★
명 **통계** [통ː계/통ː게]

영 statistic 중 统计 일 統計 베 sự thống kê

• 통계에 따르면 우리나라는 근무 시간이 높은 대표적인 국가이다.
• 통계 결과에 따르면 이혼을 하는 사람들이 점점 늘어나는 것을 알 수 있다.

● 알아 두면 좋은 표현! 정확한 통계, 통계 결과, 통계 자료(자료▶ 0641)

0569 ★
명 **유형**

영 type 중 类型 일 類型、パターン 베 loại hình

• 직장인을 대상으로 일하기 싫은 동료 유형을 조사한 결과 흥미로운 답변이 많았다.
• 요즘 사람의 성격을 16가지 유형으로 나누어 설명하는 것이 유행이다.

● 알아 두면 좋은 표현! 유형을 고려하다(고려하다▶ 0756), 유형을 파악하다

QUIZ 1 (   )에 들어갈 가장 알맞은 것을 고르십시오.

1. 전체 인구 중 농어촌 인구 (   )이/가 점점 낮아지고 있다.

   ① 조사   ② 비율   ③ 차이   ④ 통계

2. 건강을 위해 채식을 하는 사람들이 점점 (   ) 있다.

   ① 벌이고   ② 늘어나고   ③ 앞서고   ④ 조사하고

3. 성인의 53%가 한 달에 책을 1권 미만으로 읽는다고 답해 (   ) 이상의 성인들이
   거의 독서를 하지 않는 것으로 나타났다.

   ① 미만   ② 이상   ③ 이하   ④ 절반

QUIZ 2 다음 단어를 이용해서 문장을 만드십시오.

1. 감소하고 있다. / 계속 / 쌀 소비량이 /10년 / 이상

   _____

2. 것으로 / 나타났다. / 금요일 통화량이 / 토요일 통화량을 / 앞서는

   _____

3. 결과이다. / 대상으로 / 벌인 / 설문 조사를 / 이 그래프는 / 직장인 700명을

   _____

QUIZ 3 빈칸에 알맞은 단어를 **보기** 에서 골라 쓰십시오.

> **보기** 많아지다 / 앞서다 / 절반 / 조사 / 차이

모바일 쇼핑 경험에 대한 설문 **1.**(   )을/를 실시한 결과 스마트폰 사용자가 **2.**(   )으면서/면서 모바일 쇼핑 이용객이 급격히 증가한 것으로 나타났습니다. 20대는 전체 응답자의 **3.**(   ) 이상인 55%가 모바일 쇼핑을 하는 것으로 나타났다. 30대와 40대가 모바일 쇼핑 경험에서 10대를 **4.**(   )는/은/ㄴ 것으로 조사되었다. 50대와 60대는 별다른 **5.**(   )이/가 없는 것으로 나타났다.

다음의 내용과 <u>다른</u> 것을 고르십시오. (4점)

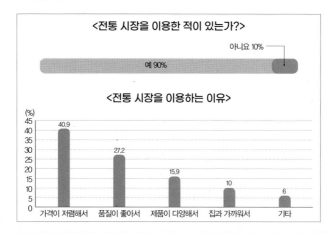

<전통 시장을 이용한 적이 있는가?>

아니요 10%

예 90%

<전통 시장을 이용하는 이유>

(%)
45
40 40.9
35
30
25 27.2
20
15   15.9
10   10
5   6
0
가격이 저렴해서   품질이 좋아서   제품이 다양해서   집과 가까워서   기타

얼마 전 발표된 '2013년 전통 시장 이용'에 대한 조사 결과를 살펴보면 ① 대부분의 사람들이 전통 시장을 이용했다고 응답했으며 ② 시장을 이용 하지 않았다는 응답은 10%에 불과했다. 전통 시장을 이용한 이유에 대해서는 ③ 물건의 질이 좋아서 간다는 대답이 가장 높은 비율을 보였고 ④ 여러 가지 물건이 있어서 간다는 사람보다 가격이 싸서 간다는 사람이 더 많은 것으로 나타났다.

다음을 듣고 알맞은 그림을 고르십시오. (2점)

①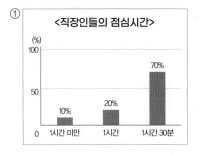

②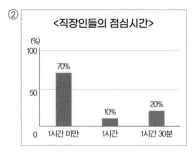

③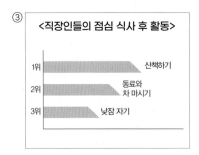

④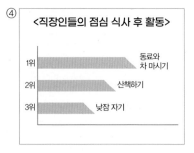

7

문화

DAY 27   공연과 전시

DAY 28   문학과 예술

DAY 29   대중문화

DAY 30   역사와 전통문화

공연과 전시

☐ 공연	☐ 등장	☐ 기획	☐ 연출
☐ 공간	☐ 연주	☐ 음악회	☐ 평
☐ 관람	☐ 미술	☐ 조명	☐ 무용
☐ 관객	☐ 무대	☐ 표	☐ 신기하다
☐ 연기	☐ 뮤지컬	☐ 진행	☐ 기대
☐ 전시	☐ 주인공	☐ 장면	☐ 자연스럽다

0570 ★★★★★
명 공연
파 공연되다

명 performance 중 公演，演出 일 公演 베 buổi biểu diễn
• 그 공연은 인기가 많아서 한 달 전에는 표를 예매해야 한다.
• 엊그제 학교 앞에서 한 댄스 공연 봤어? 구경하는 사람들이 정말 많더라.

🔵 알아 두면 좋은 표현! 무료 공연, 공연을 관람하다(관람▸ 0572), 공연에 초대하다

📍 참고 공연장 명 concert hall 중 演出现场 일 公演会場 베 rạp, sân khấu

동 공연하다

명 perform 중 公演，演出 일 公演（を）する 베 biểu diễn
• 내가 좋아하는 그 가수가 올해에도 한국에서 공연했으면 좋겠다.

0571 ★★★★★
명 공간
파 공간적

명 space 중 空間，地方 일 スペース、空間 베 không gian
• 우리 학교에는 학생들의 작품을 전시한 공간이 있다.
• 차에 공간이 부족해서 짐을 더 실을 수 없어.

🔵 알아 두면 좋은 표현! 대피 공간, 상업적 공간, 공간이 부족하다, 공간을 제공하다

0572 ★★★★
명 **관람** [괄람]

명 viewing 중 观看, 观赏 일 観覧 베 sự tham quan
- 공포 영화 〈컵〉은 18세 이상 관람이 가능하다.
- 전시회 단체 관람 신청은 다음 주부터 홈페이지를 통해 가능합니다.
  🔵 **알아 두면 좋은 표현!** 관람 시간, 공연 관람(공연▸ 0570), 관람석, 관람료
  💡 **참고** 관람객 명 audience 중 观众, 游客 일 観客
  　　　　　베 khách tham quan

동 **관람하다**
[괄람하다]

명 view 중 观览, 观看 일 観覧する 베 tham quan
- 평일에도 공연을 관람하러 온 사람들이 많더라.

0573 ★★★★
명 **관객**
　유 관람자, 구경꾼

명 audience 중 观众 일 観客 베 khách tham quan
- 노래가 끝나고 관객들이 모두 일어나 박수를 치기 시작했다.
- 이 연극은 관객의 반응에 따라 내용이 바뀐대.
  🔵 **알아 두면 좋은 표현!** 관객 수, 관객의 반응(반응▸ 0135), 관객이 참여하다
  　　　　　　　　　　　　　(참여▸ 0528)

0574 ★★★
명 **연기**

명 acting 중 演技, 表演 일 演技 베 sự diễn xuất
- 배우 김민수의 연기는 그 역할이 실제로 존재한다는 착각을 일으
  킬 정도였다.
- 그 연극에 나온 배우가 연기를 정말 잘 하더라.
  🔵 **알아 두면 좋은 표현!** 연기를 보여주다, 배우의 연기, 연기자

동 **연기하다**

명 act 중 表演, 演出 일 演技する 베 diễn xuất
- 무대 위에서 연기하는데 긴장해서 실수를 많이 했어.

0575 ★★★
명 **전시**

명 exhibition 중 展示, 展出 일 展示 베 sự trưng bày
- 이번 대회의 수상작 전시 때문에 여기를 비워둬야 한대요.
- 아이들이 일 년 동안 미술 시간에 만든 작품 전시가 다음 주부터
  있을 예정이다.
  💡 **참고** 전시회 명 exhibition 중 展览会, 展示会 일 展示会
  　　　　　베 triển lãm
  　　　　전시장 명 exhibition 중 展厅, 展览场 일 展示会场
  　　　　　베 nơi triển lãm

동 **전시하다**

명 exhibit 중 展示, 展出 일 展示する 베 trưng bày
- 어머니께서는 거실 한쪽에 해외여행에서 사 온 커피잔을 전시해
  놓으셨다.

동 **전시되다**
[전시되다/전시뒈다]

명 be exhibited 중 展示, 展出 일 展示される 베 được trưng bày
- 매장에 전시되었던 제품들은 30% 싸게 판매하고 있습니다.

0576 ★★★
명 등장
파 등장시키다
반 퇴장

명 appearance, enterance 중 登場, 出現 일 登場 베 sự xuất hiện
• 인공 지능(AI)의 **등장**으로 산업의 많은 부분이 바뀌었다.
• 한국의 게임 시장은 스마트폰의 **등장**과 함께 많은 변화를 겪게 된다.

동 등장하다
반 퇴장하다

명 appear, enter 중 登場, 出現 일 登場する 베 xuất hiện
• 그 가수가 공연장에 **등장하자마자** 관객들이 소리를 질러서 가수가 뭐라고 하는지 들을 수 없었어.
🔵 알아 두면 좋은 표현! 새로운 상품이 등장하다

0577 ★★★
명 연주

명 performance 중 演奏, 弹奏 일 演奏 베 sự biểu diễn
• 어릴 때 악기 **연주**를 배우는 것은 아이의 음악적 감각뿐만 아니라 지적 능력 발달에도 도움을 준다.
• 피아노 **연주** 소리가 너무 아름다워서 서서 한참을 듣고 있었어.
💡 참고 연주자 명 performer 중 演奏者 일 奏者、演奏者
　　　　　　　 베 người biểu diễn
　　　　　 연주회 명 performance, concert 중 演奏会 일 演奏会
　　　　　　　 베 buổi trình diễn

동 연주하다

명 perform 중 演奏, 弹奏 일 演奏する 베 biểu diễn
• 이 곡은 너무 어려워서 **연주하기**가 쉽지 않아요.

동 연주되다
[연주되다/연주뒈다]

명 be played 중 演奏 일 演奏される 베 được biểu diễn
• 경기를 시작하기 전에 양 팀의 국가가 **연주되겠습니다**.

0578 ★★★
명 미술
파 미술적

명 art 중 美术 일 美術 베 mĩ thuật
• **미술**은 자신의 감정을 표현하는 하나의 방법이다.
• 제가 좋아하는 화가가 **미술** 잡지에 소개되었어요.
🔵 알아 두면 좋은 표현! 미술 교육, 미술 작품(작품* 0594), 미술 치료, 미술관, 미술가, 미술계

0579 ★★★
명 무대

명 stage 중 舞台 일 舞台 베 sân khấu
• 친구들과 열심히 춤을 연습했지만 **무대** 위에서는 너무 떨려서 실수를 많이 했다.
• 오늘 본 연극 **무대**가 정말 화려했어요.
🔵 알아 두면 좋은 표현! 무대에 서다

0580 ★★★
명 뮤지컬

영 musical 중 音乐剧 일 ミュージカル 베 nhạc kịch

• 우리나라에서 만든 뮤지컬이 미국 브로드웨이에 진출했다.
• 뮤지컬 배우는 노래, 춤, 연기를 모두 잘해야 하니까 정말 힘들겠어요.

0581 ★★★
명 주인공

영 protagonist 중 主人公, 主角 일 主人公 베 nhân vật chính

• 언니의 생일 파티에서 동생은 자신이 주인공이 되지 못해 울어 버렸다.
• 주인공의 연기가 정말 훌륭했어.

0582 ★★
명 기획

영 design 중 企划, 策划 일 企画 베 kế hoạch

• 이번 공연 기획을 위해서 어떤 노력을 하셨나요?
• 프로그램의 실패는 프로그램의 기획부터 잘못되었기 때문이다.

🔵 알아 두면 좋은 표현! **공연 기획, 기획자, 기획안**

동 기획하다
[기회카다]

영 to design 중 企划, 策划 일 企画する 베 lên kế hoạch

• 백화점 고객을 끌어들이기 위해 전과 다른 새로운 행사를 기획하기로 했다.

동 기획되다
[기획뙤다/기획뛔다]

영 be designed 중 企划, 策划 일 企画される 베 được lập kế hoạch

• 가정의 달을 맞아 가족들을 위해 기획된 다양한 공연들이 관객들을 기다리고 있습니다.

0583 ★★
명 음악회
[으마쾨/으마퀘]
유 콘서트

영 concert 중 音乐会 일 音楽会 베 nhạc hội

• 음악회 입장권이 생겼는데 같이 보러 갈래?
• 야외 공연장에서 열리는 음악회가 성공적으로 끝났다.

🔵 알아 두면 좋은 표현! **야외 음악회(야외 ▸ 0397), 음악회를 보다**

0584 ★★
명 조명

영 lighting 중 照明, 灯光 일 照明 베 ánh sáng

• 조명 장치에 문제가 생겨 공연이 잠시 중단되었다.
• 주황색 조명이 음식을 더 맛있어 보이게 해서 식탁 조명은 주황색이 좋대.

🔵 알아 두면 좋은 표현! **조명을 사용하다, 조명의 위치**

0585 ★
명 표

영 ticket 중 票, 券 일 チケット、きっぷ 베 vé

• 한 달 전에 예매하면 표를 반값에 살 수 있다.
• 주말에는 관람객이 많을 테니 표를 예매해 놓자.

🔵 알아 두면 좋은 표현! **표를 끊다, 표를 취소하다, 비행기표, 영화표**

0586 ★★★★
명 진행

명 progress 중 进行 일 進行 베 sự tiến hành

• 현재 회의가 **진행** 중이다.
• 집중하지 못하고 돌아다니는 아이들 때문에 행사 **진행**이 어려워요.

📍 참고 진행자 명 MC 중 主持人 일 司会者 베 người tiến hành

동 진행하다

명 to progress 중 进行, 展开 일 進行する 베 tiến hành

• 우리 회사에서는 새로운 사업을 **진행**하기로 했다.

동 진행되다
[진행되다/진행뒈다]

명 be progressed 중 进行, 展开 일 進行される 베 được tiến hành

• 인주시 축구팀이 대단하기는 하지만 실제 경기는 어떻게 **진행**될 지 아무도 몰라.

0587 ★★
명 장면

명 scene 중 场面 일 場面 베 cảnh tượng

• 아이들이 보기에 적절하지 않은 **장면**이 포함되었으니 아이들은 부모의 지도 아래 시청할 수 있게 해 주십시오.
• 주인공이 죽는 마지막 **장면**에서 눈물이 나더라.

⊙ 알아 두면 좋은 표현! 전쟁 장면, 기억나는 장면

0588 ★★
명 연출

명 direction 중 演出, 导演 일 演出 베 sự đạo diễn

• 감독의 개성을 나타낸 **연출**이 뛰어났다.
• 연극영화과에 진학해서 연극 **연출**을 배워보려고요.

⊙ 알아 두면 좋은 표현! 공연 연출(공연▸ 0570), 분위기 연출, 연출을 맡다(맡다▸ 0819)

동 연출하다

명 direct 중 执导 일 演出する 베 đạo diễn

• 이 영화는 유명한 배우 김민수 씨가 감독으로서 처음 **연출**한 작품입니다.

0589 ★
명 평

명 evaluation 중 评价 일 評価、レビュー 베 sự đánh giá

• 여행을 가기 전에 그곳의 식당이나 숙소에 대한 **평**을 읽어 보고 가면 여행을 준비하는 데 도움이 된다.
• 이번 공연에 대한 **평**이 좋더라.

⊙ 알아 두면 좋은 표현! 평이 나쁘다, 감상평, 상품평

동 평하다

명 evaluate 중 评论, 评价 일 評価する 베 đánh giá

• 역사학자들은 이 드라마가 잘못된 역사 지식을 전달할 수 있다고 **평**했다.

⊙ 알아 두면 좋은 표현! 신제품에 대하여 좋게 평하다(신제품▸ 0814)

0590 ★
명 무용
　파 무용하다

영 dance　중 舞蹈　일 舞踊　베 múa

• 배우 김민수 씨는 아직 초보 연기자이지만 대학에서 무용을 전공한 프로 무용가이다.
• 무용 수업을 들으려면 무용 신발을 꼭 사야 한다던데?
　🔵 알아 두면 좋은 표현! 무용을 시작하다, 무용수, 무용가

0591 ★★
형 신기하다

영 amaze　중 神奇, 新奇　일 不思議だ、珍しい　베 kì lạ

• 뮤지컬 공연 중에 주인공이 무대에서 사라졌다가 관객석에서 나타나서 너무 신기했다.
• 건전지도 없는데 인형이 스스로 움직이는 게 너무 신기하지 않아?

0592 ★★★★
명 기대
　파 기대되다

영 expectation　중 期待, 期盼　일 期待　베 sự kì vọng

• 미나는 언젠가는 성공할 것이라는 기대를 품고 하루하루 열심히 살았다.
• 제 아들은 크면서 한 번도 부모 기대를 저버린 적이 없었던 만큼 이번 입시 결과도 좋을 거예요.
　🔵 알아 두면 좋은 표현! 기대가 높다, 기대가 크다, 기대를 걸다, 기대를 받다, 기대를 버리다, 기대에 어긋나다, 변화를 기대하다(변화⁺ 0511)

동 기대하다

영 expect　중 期待, 期盼　일 期待する、楽しみだ　베 kì vọng

• 우리는 교내 축구 대회에서 우리 반이 우승하기를 기대했다.

0593 ★★
형 자연스럽다
　[자연스럽따]

영 natural　중 自然, 自然而然　일 自然だ　베 tự nhiên

• 학생들이 한국어를 자연스럽게 배울 수 있도록 가요, 드라마 등을 활용했습니다.
• 아이들이 카메라를 의식하지 않아서 자연스러운 표정을 찍을 수 있었어요.
　📋 활용형 자연스러운, 자연스러워서, 자연스러우니까, 자연스럽다

DAY 27

QUIZ 1 (   )에 들어갈 가장 알맞은 것을 고르십시오.

1. 그 뮤지컬이 (   )이/가 좋더라.
   ① 표   ② 평   ③ 미술   ④ 무용

2. 그 영화에서 주인공들이 다시 만나는 (   )이 가장 기억에 남아.
   ① 기획   ② 진행   ③ 공간   ④ 장면

3. 공연이 끝나면 모든 배우들과 사진을 찍을 수 있다고 하니 (   )이/가 되었다.
   ① 공연   ② 기대   ③ 관람   ④ 연기

QUIZ 2 다음 단어를 이용해서 문장을 만드십시오.

1. 장면이 / 인상적인 / 뭐였어요? / 가장

   _____

2. 배우들의 / 직접 / 연극은 / 연기를 / 볼 수 있다.

   _____

3. 관심이 / 같이 / 갈래요? / 미술에 / 전시회에 / 이번 주에 / 있으면

   _____

QUIZ 3 다음은 무엇에 대한 글인지 고르십시오.

> 더위에 지쳐있는 시민들을 위해 인주시에서 공연을 준비하였습니다.
> 뮤지컬 배우 강진주 씨의 사회와 함께 인주시 시립 합창단의 합창과
> 가수 김민수 씨의 공연이 준비되어 있습니다.
> 여름밤, 신나는 음악으로 더위를 날려 보내세요!
>
>
>
> 일시 : 2023년 7월 25일 오후 8시
> 장소 : 호수공원 야외 무대
> 입장료 : 무료

① 뮤지컬   ② 연주회   ③ 음악회   ④ 전시회

TOPIK 3급　7회 듣기 26번　🔊 Track 27-1

위의 내용을 듣고 알 수 <u>없는</u> 것을 고르십시오. (3점)

① 관람료
② 관람 시간
③ 전시회 내용
④ 미술관 위치

TOPIK Ⅱ　52회 읽기 12번

다음 글의 내용과 같은 것을 고르십시오. (2점)

> 　최근 공연을 혼자 보는 사람들이 많아졌다. 친구나 연인이 함께 보는 장르로 생각했던 뮤지컬, 연극 등도 혼자 보는 사람들이 늘어난 것이다. 한 조사 결과에 따르면 열 명 중 네 명이 혼자 공연을 관람하는 것으로 나타났다. 혼자 공연을 보는 사람들은 함께 간 사람에게 신경을 쓰지 않고 공연에만 집중할 수 있어서 좋다고 말한다.

① 사람들은 연극과 뮤지컬을 혼자 보는 장르로 생각한다.
② 혼자 공연을 보면 공연에 집중할 수 있다는 장점이 있다.
③ 사람들은 공연을 볼 때 다른 사람에게 신경을 쓰지 않는다.
④ 조사 결과에 따르면 공연을 혼자 보는 사람들이 줄고 있다.

문학과 예술

- [ ] 작품
- [ ] 장르
- [ ] 도서
- [ ] 서적
- [ ] 주제
- [ ] 소재
- [ ] 작가

- [ ] 독자
- [ ] 인정
- [ ] 감각
- [ ] 선정
- [ ] 문학
- [ ] 작업
- [ ] 흐름

- [ ] 번역
- [ ] 분류
- [ ] 배경
- [ ] 귀하다
- [ ] 감상
- [ ] 감상문
- [ ] 조각

- [ ] 출판
- [ ] 묘사하다
- [ ] 부문
- [ ] 분량

0594 ★★★★★
명 **작품**

명 piece of art 중 作品 일 作品 베 tác phẩm
- 작품에 대한 느낌은 보는 사람마다 다르다.
- 인주시 시민공원에서 아이들이 직접 만든 작품들을 전시한다.

🔵 알아 두면 좋은 표현! 문학 작품(문학▸0605), 작품을 만들다, 작품을 발표하다

0595 ★
명 **장르**

명 genre 중 类型, 形式 일 ジャンル 베 thể loại
- 나는 한 가지 장르의 영화만 보지는 않는다.
- 좋아하시는 소설 장르가 뭐예요?

🔵 알아 두면 좋은 표현! 새로운 장르에 도전하다(도전▸0758)

0596 ★
명 **도서**
유 책, 서적▸0597

명 book 중 图书 일 図書 베 sách báo
- 연예인 김민수 씨가 시골 지역 학교에 청소년 도서를 기부하였다.
- 도서 신청은 도서관 홈페이지에서 하실 수 있습니다.

🔵 알아 두면 좋은 표현! 추천 도서(추천▸0743), 도서 상품권, 도서관

0597 ★
명 **서적**
유 책

명 book 중 书, 书籍 일 書籍 베 sách, ấn phẩm
- 중고 서적을 판매하는 서점들이 모인 골목을 구경했다.
- 인터넷 서점이 많아지면서 동네 서점이 사라져서 전공 서적을 직접 보고 사려면 시내까지 나가야 해.

🔵 알아 두면 좋은 표현! 관련 서적, 전문 서적(전문▸0811)

명 주제

명 topic 중 主題 일 主題、テーマ 베 chủ đề

- 김미나 씨는 세계 여성을 주제로 한 책을 낸 뒤 강연을 다니고 있다.
- 우리 조 보고서 주제는 뭐로 정할까?

🔵 알아 두면 좋은 표현! 주제를 표현하다(표현* 0131), '사랑하는 사람'이라는 주제로 글을 쓰다

명 소재

명 material 중 材料, 原材料 일 素材 베 nguyên liệu

- 이 건물은 불에 잘 타는 소재로 만들어져 한 번 불이 나면 위험해질 수 있어요.

명 topic 중 題材 일 題材 베 đề tài

- 핸드볼을 소재로 한 영화가 2008년 최우수 작품상을 수상하게 되었다.

명 topic 중 素材 일 素材、主題 베 chủ đề

- 선생님이 글을 써 오라고 하셨는데 뭘 소재로 써야 할지 모르겠어요.

명 작가 [작까]

명 author, writer 중 作家 일 作家 베 tác giả

- 천체 사진 작가 권오철 씨는 3년 만에 울릉도에서 일출을 배경으로 한 독도를 찍을 수 있었다.
- 문학은 작가가 살고 있는 사회나 문화의 영향을 받을 수밖에 없습니다.

🔵 알아 두면 좋은 표현! 사진 작가, 작가와의 만남, 작가의 의도, 작가 지망생, 동화 작가, 드라마 작가, 세계적인 작가

명 독자 [독짜]

명 reader 중 读者 일 読者 베 người đọc

- 많은 독자들이 기사의 제목만 보고 기사의 내용을 판단하기 때문에 기사의 제목은 무엇보다 중요하다.
- 직접 출판사로 전화해서 잡지에 대한 불만을 이야기하는 독자도 있었다니까요?

명 인정
피 인정되다

명 acknowledgement 중 认可, 肯定 일 認めること、認定 베 sự công nhận

- 그는 영화를 찍으면서 감독에게서 연기력이 훌륭한 배우라는 인정을 받았다.
- 실력이 없는데 누가 그 사람을 상사로 인정을 하겠어.

동 인정하다

명 acknowledge 중 承认 일 認める 베 công nhận

- 아직도 그 사람은 자신의 잘못을 인정하지 않고 있다.

0603 ★★

명 **감각**

파 감각적

명 sense 중 感觉 일 感覚 베 cảm giác

• 아이가 첫 미술 수업을 받고 난 뒤 선생님으로부터 아이의 예술 감각이 뛰어나다는 이야기를 들을 수 있었다.
• 아이의 감각 발달을 위해 어릴 때부터 여러 사물을 만져보게 하는 게 중요해요.

🔵 알아 두면 좋은 표현! 예술적 감각, 감각을 기르다

0604 ★★

명 **선정**

명 selection 중 选定, 评选 일 選定 베 sự tuyển chọn

• 학생들은 학교에 작품 선정 과정을 밝히라고 요구했다.
• 장학생 선정 결과는 다음 주에 홈페이지에서 확인하시기 바랍니다.

🔵 알아 두면 좋은 표현! 위치 선정, 선정 결과

동 **선정하다**

동 select 중 选定, 选出 일 選定する 베 tuyển chọn

• 인주시는 시민 공원에 설치할 예술 작품을 시민들의 투표로 선정할 계획이다.

동 **선정되다**

[선정되다/선정돼다]

동 be selected 중 获选, 被选定 일 選定される 베 được tuyển chọn

• 인주시가 가장 살기 좋은 도시로 선정되었습니다.

0605 ★★

명 **문학**

파 문학적

명 literature 중 文学, 文艺 일 文学 베 văn học

• 이번 행사에는 아동 문학 작가들도 참가해 청소년들에게 문학에 대해 이야기하는 시간을 갖는다.
• 가장 좋아하는 문학 작품은 뭐예요?

🔵 알아 두면 좋은 표현! 아동 문학, 문학 작가(작가▸ 0600), 문학 분야, 문학 작품 (작품▸ 0594), 문학 장르(장르▸ 0595)

0606 ★★

명 **작업**

명 work 중 工作 일 作業 베 sự tác nghiệp, sự làm việc

• 그림을 그리는 작업은 결코 쉽지 않다.
• 중학생들도 공원 디자인 작업에 참여할 수 있대.

🔵 알아 두면 좋은 표현! 작업장, 작업물

동 **작업하다**

[자거파다]

동 to work 중 做, 工作 일 作業する 베 tác nghiệp

• 디자인 과제를 컴퓨터로 작업해 놓았는데 파일을 어디에 저장했는지 모르겠어.

0607 ★★

명 **흐름**

파 경향, 동향

명 flow 중 动向. 趋势 일 流れ 베 dòng chảy, mạch

• 방송 중 나오는 광고가 프로그램의 흐름을 깨뜨린다는 의견도 있다.
• 유행의 흐름을 따라가지 않고 자신만의 개성을 살리는 게 더 멋진 거 아냐?

🔵 알아 두면 좋은 표현! 글의 흐름, 흐름을 바꾸다

0608 ★★
명 번역 [버녁]

명 translation 중 翻译 일 翻訳 베 việc biên dịch

- 번역은 원작의 느낌을 그대로 보여줘야 하는 작업입니다.
- 대학생 때 아르바이트로 번역을 하면서 근근이 살아날 수 있었지요.

● 알아 두면 좋은 표현! 번역가

동 번역하다
[버녀카다]

동 translate 중 翻译 일 翻訳する 베 biên dịch

- 외국 용어를 한국어로 정확하게 번역하는 게 쉽지 않습니다.

동 번역되다
[버녁뙤다/버녁뛔다]

동 be translated 중 被译成 일 翻訳される 베 được biên dịch

- 신경림 작가의 소설이 영어로 번역되어 출판되었다.

0609 ★★
명 분류 [불류]

명 classification 중 分类, 类别 일 分類 베 sự phân loại

- 기준에 따라서 분류 내용이 달라질 수 있어요.
- 도서관에서 책을 찾을 때는 먼저 도서 분류 번호를 확인하세요.

동 분류하다
[불류하다]

동 classify 중 分类, 划分 일 分類する 베 phân loại

- 시대별로 문학을 분류할 수 있다.

동 분류되다
[불류되다/불류뛔다]

동 be classified 중 被分类为, 被归类为 일 分類される
베 được phân loại

- 아프가니스탄은 중앙아시아 또는 서남아시아로 분류된다.

0610 ★★
명 배경

명 background 중 背景 일 背景 베 bối cảnh

- 이 소설은 제주도에서 일어났던 사건을 배경으로 한다.
- 배경이 아름다워서 여기에서 사진을 찍으면 정말 예쁠 거야.

0611 ★
동 귀하다

명 precious 중 宝贵, 珍贵 일 貴重だ 베 quý, hiếm

- 이 작품은 작가의 유작으로 굉장히 귀한 작품입니다.
- 옛날에 한국에서 밀가루는 귀한 재료여서 밀가루로 만든 음식은 대부분 궁중 음식들이었다.

0612 ★
명 감상

명 appreciation 중 鉴赏, 欣赏 일 鑑賞 베 cảm nghĩ

- 가족이 함께 책을 읽고 감상을 나누는 것은 아이가 다양한 사고를 할 수 있게 해 준다.
- 제 취미는 음악 감상이에요.

동 감상하다

명 appreciate 중 观赏, 鉴赏 일 鑑賞する 베 thưởng thức

- 인터넷의 발달로 집에서 편하게 영화를 감상할 수 있게 되었다.

0613 ★
명 **감상문**

명 review 중 读后感，观后感 일 感想文 베 bài cảm nhận
- 숙제로 독서 감상문을 제출했다.
- 영화를 보고 가장 인상 깊었던 부분에 대해 자세히 쓴다면 좋은 감상문을 쓸 수 있을 것입니다.

0614 ★
명 **조각**

명 piece 중 块，片 일 片、切れ端 베 miếng
- 저녁으로 피자 한 조각과 콜라 한 잔을 마셨다.

◉ 알아 두면 좋은 표현! 조각이 나다, 조각을 내다, 조각조각

명 sculpt 중 雕刻 일 彫刻 베 việc điêu khắc
- 그가 만든 인물 조각은 너무 자연스러워서 살아 숨쉴 것 같았다.

0615 ★
명 **출판**
　　파 출판되다

명 publication 중 出版 일 出版 베 sự xuất bản
- 김미영 작가의 출판 기념회에 오신 여러분, 안녕하세요?
- 많은 사람들이 게임이나 영상 같은 것들을 즐기면서 출판 시장이 어려워졌다.

동 **출판하다**

명 publish 중 出版 일 出版する 베 xuất bản
- 이 출판사에서는 주로 외국 소설을 번역해 출판한다.

0616 ★
동 **묘사하다**

명 describe 중 描写，描绘 일 描写する 베 miêu tả
- 이 책은 현대 사회를 살아가는 사람들의 감정을 잘 묘사한 책이다.
- 그림에서 어떻게 이렇게 인물의 표정을 사실적으로 묘사했을까?

◉ 알아 두면 좋은 표현! 묘사 대상

0617 ★
명 **부문**
　　파 분야▶ 0753
　　　영역▶ 0969

명 sector, division 중 部分 일 部門 베 lĩnh vực, phần
- 이 책은 비소설 부문에서 베스트셀러가 되었다.
- 배우 김민수 씨가 이번 영화제에서 남우주연상 부문 후보에 올랐다고 합니다.

◉ 알아 두면 좋은 표현! 모집 부문(모집▶ 0734)

0618 ★
명 **분량** [불량]

명 amount 중 分量，量 일 分量 베 số lượng, lượng
- 감상문의 원고 분량은 10장 정도로 써 오기 바랍니다.
- 마실 수 있는 물을 모아보니 한 병 분량의 물이 모였다.

QUIZ 1 (   )에 들어갈 가장 알맞은 것을 고르십시오.

1. 김민수 작가의 신작이 추천 문학 도서로 (   ).

① 묘사하였다   ② 감상하였다   ③ 선정되었다   ④ 번역되었다

2. 영화 한 편을 보고 다음 주까지 (   )을/를 제출하세요.

① 감상문   ② 기사문   ③ 출판물   ④ 작업물

3. 여기는 중고 (   )을/를 전문적으로 판매하는 서점입니다.

① 출판   ② 도서   ③ 소재   ④ 작품

QUIZ 2 다음 단어를 이용해서 문장을 만드십시오.

1. 보고서의 / 걱정이 돼. / 분량을 / 봐 / 못할까 / 채우지

_____

2. 이렇게 / 않아요. / 귀한 / 기회는 / 흔하지 / 볼 수 있는 / 작품을

_____

3. 장르별로 / 있어서 / 도서들이 / 골라볼 수 있다. / 쉽게 / 분류되어

_____

QUIZ 3   빈칸에 알맞은 단어를 보기 에서 골라 쓰십시오.

> 보기
>
> 번역되다 / 출판되다 / 작품 / 배경 /주제 / 장르 / 독자들

인기 작가 김민수의 신작 소설이 오늘 1.(   )었/았/였다. 그의 이번
2.(   )은/는 그동안 김민수 작가가 보여 준 것과는 다른 매력을 보여 준다.
'인간과 로봇의 사랑'을 3.(   )으로/로 한 이번 작품은 미래를 4.(   )
으로/로 일어나는 여러 사건들을 감각적인 묘사로 흥미롭게 나타냈다. 주로 공포 소
설을 써 왔던 김민수 작가의 첫 로맨스 소설이라는 점도 5.(   )의 기대를
모으기에 충분하다. 새로운 6.(   )에 도전한 김민수 작가의 신작은 영어
로도 7.(   )어/아/여 미국에서도 출판될 예정이다.

TOPIK II   41회 듣기 20번   🔊 Track 28-1

다음을 듣고 남자의 중심 생각을 고르십시오. (2점)

① 번역할 때는 한국의 정서를 반영해야 한다.
② 번역은 원작의 표현을 그대로 옮겨야 한다.
③ 주인공의 성격에 중점을 두고 번역해야 한다.
④ 번역가는 높은 수준의 어휘력을 갖춰야 한다.

TOPIK II   60회 읽기 37번

다음 글의 주제로 가장 알맞은 것을 고르십시오. (2점)

유명 드라마가 소설책으로 출간되는 일이 많아졌다. 소설이 인기를 끌면 그 후에 영상물로 제작되던 것과는 반대되는 현상이 생긴 것이다. 이러한 현상의 영향 탓인지 처음부터 영상물을 염두에 두고 글을 쓰는 소설가들이 늘고 있다. 그러나 이와 같이 영상물 중심으로 창작과 출판이 이루어진다면 순수 문학이 가진 고유한 특성들이 하나둘씩 사라질지도 모른다.

① 작가들의 창작열을 높이기 위한 보상 체계 마련이 시급하다.
② 출판물의 판매를 늘리기 위해 영상물을 활용한 홍보가 필요하다.
③ 영상물이 책으로 많이 출간되어야 출판 시장이 활성화될 수 있다.
④ 영상물이 갖는 영향력이 커지면 순수 문학이 위기를 맞을 수 있다.

대중문화

☐ 대중	☐ 시청	☐ 화면	☐ 색다르다
☐ 끌다	☐ 제작	☐ 가사	☐ 공포
☐ 주목	☐ 매체	☐ 다루다	☐ 팬
☐ 사로잡다	☐ 영상	☐ 인터뷰	
☐ 위	☐ 출연	☐ 상영	
☐ 곡	☐ 촬영	☐ 별다르다	

0619 ★★
명 대중
　파 대중적

명 public 중 大众，公众 일 大衆 베 đại chúng
- 그 노래는 대중의 사랑을 받았다.
- 좋은 제품은 대중이 반드시 선택할 겁니다.

💡 참고 대중문화 명 pop culture 중 大衆文化 일 大衆文化
베 văn hóa đại chúng

0620 ★★★★
동 끌다
　파 끌리다

명 attract 중 吸引，引起 일 惹きつける、集める 베 kéo
- 사람들의 시선을 끌기 위해서는 지금까지 보여 준 적 없는 광고를 만들어야 합니다.
- 드라마 〈두 여자〉는 진부한 사랑 이야기가 아닌 두 여자의 우정 이야기를 다루면서 인기를 끌었다.

🔵 알아 두면 좋은 표현! 관심을 끌다, 흥미를 끌다(흥미▸ 0769)

　활용형 끄는, 끌어서, 끄니까, 끕니다

0621 ★★
명 주목
　파 주목되다

명 attention 중 瞩目，关注 일 注目 베 sự chú ý
- 새로 나온 아이돌 그룹이 주목을 받고 있다.
- 사교육이 학업에 반드시 도움이 되는 것은 아니라는 연구 결과가 주목을 끌고 있습니다.

동 주목하다
[주모카다]

명 focus on 중 瞩目，关注 일 注目する 베 chú ý
- 우리가 주목해야 할 것은 정부의 새로운 정책에도 출산율이 떨어지고 있다는 것입니다.

0622 ★

동 **사로잡다**
[사로잡따]
피 사로잡히다

영 captivate 중 (指想法或心)抓住．吸引 일 とりこにする
베 thu hút

• 초원과 눈 덮인 산의 모습이 관광객들의 시선을 **사로잡았다**.
• 외국인의 입맛을 **사로잡은** 맛! 한국의 '비빔밥'을 소개합니다.

● 알아 두면 좋은 표현! 마음을 사로잡다

활용형 사로잡은, 사로잡아서, 사로잡으니까, 사로잡습니다

0623 ★★★

의 **위**
유 등

명 top 중 位 일 位 베 vị trí, hạng

• 이번 경기에서 아쉽게 2위를 차지했지만 국민들 마음속에서는 그
녀가 1위였다.
• BTS의 신곡이 음원 순위 1위를 달성했다.

● 알아 두면 좋은 표현! 1위로 나타나다, 1위로 뽑히다, 2위를 차지하다

참고 순위 영 ranking 중 名次, 排名 일 順位 베 thứ tự, vị trí

0624 ★★★

명 **곡**

영 song 중 歌曲, 曲子 일 曲 베 bài hát

• 노래 대회에서 부를 곡을 신청서에 적어 주십시오.
• 3부에서는 70년대 인기 있었던 팝송 몇 곡을 소개해 드리겠습니다.

● 알아 두면 좋은 표현! 곡을 노래하다, 곡을 바꾸다

0625 ★

명 **시청**

영 watch 중 收看, 观看 일 視聴 베 sự nghe nhìn

• 아이들의 동영상 **시청** 시간이 길어질수록 학업 능력이 떨어진다
는 조사 결과가 나왔다.
• 외국 방송 프로그램 **시청**을 위해 인터넷 TV 서비스에 가입했어요.

참고 시청자 영 viewer 중 (电视)观众 일 視聴者 베 khán giả
시청률 영 TV rating 중 收视率 일 視聴率 베 tỉ suất người xem

동 **시청하다**

영 to watch 중 收看, 观看 일 視聴する 베 nghe nhìn

• 밤늦게까지 **시청**해 주신 시청자 여러분, 감사합니다.

0626 ★★

명 제작

명 production 중 制作, 制造 일 製作 베 sự sản xuất

• 이 영화는 박진호 씨가 **제작**과 주연을 맡았다.
• 영화 **제작**에 필요한 자금을 먼저 모아야 합니다.

⦿ 알아 두면 좋은 표현! **제작** 기술(기술▸ 0997), **제작** 비용(비용▸ 0871), **제작**자, **제작**사

동 제작하다
[제자카다]

명 produce 중 制作, 制造 일 製作する 베 sản xuất

• 이런 물건을 **제작**하기 위한 기술이 1000년 전에도 있었다는 것이 놀라웠다.

동 제작되다
[제작뙤다/제작뛔다]

명 be produced 중 制作, 制造 일 製作される 베 được sản xuất

• 기원전 500년부터 우리나라에서 철기가 **제작**되었다.

0627 ★★

명 매체

명 media 중 媒体 일 媒体 베 phương tiện

• 인터넷은 서로 동시에 함께 소통할 수 있는 쌍방향 **매체**이다.
• 뉴스와 같은 방송 **매체**를 통한 파급력을 생각해 뉴스는 항상 진실만을 전달해야 해.

⦿ 알아 두면 좋은 표현! **매체**의 발달(발달▸ 0518), **매체** 환경, 대중 **매체**(대중▸ 0619)

0628 ★★

명 영상

명 video 중 影像, 视频 일 映像 베 hình ảnh

• 김 모 씨는 범죄 현장을 찍은 CCTV **영상**이 공개되자 범죄를 인정했다.
• 인터넷에 내가 만든 **영상**을 올렸는데 반응이 엄청 좋아.

0629 ★★

명 출연 [추련]

명 appearnce 중 出演, 参演 일 出演 베 sự xuất hiện

• 연예인 이 씨의 범죄 사실이 드러나면서 이 씨의 방송 **출연**이 금지되었다.
• 배우 김민수 씨가 드라마 **출연**을 결정하면서 많은 팬들이 기대하고 있습니다.

⦿ 알아 두면 좋은 표현! **출연**자, **출연**작, **출연**을 요청하다(요청하다▸ 0818)

동 출연하다
[추련하다]

명 appear 중 出演, 参演 일 出演する 베 xuất hiện

• 대통령이 TV에 **출연**해 앞으로 국가 운영에 대해 설명할 예정이다.

0630 ★★
명 촬영 [촤령]
　파 촬영되다

　명 shooting, filming　중 拍摄，摄制　일 撮影　베 sự quay phim
- 내년 초 개봉 예정인 영화의 **촬영**이 시작되었다.
- 드라마 **촬영**을 위해 이동 중이던 배우 김민수 씨의 차가 고속도로에서 교통사고를 당했다는 소식입니다.

동 촬영하다
[촤령하다]

　동 shoot, film　중 拍摄，摄制　일 撮影する　베 quay phim, chụp
- 결혼식이 끝나고 가족 친지들과 기념사진을 **촬영했다**.

0631 ★★
명 화면

　명 screen　중 画面，屏幕　일 画面　베 màn hình
- 잠깐 화장실을 다녀온 사이 경기장 전광판 **화면**을 보니 우리 팀이 역전을 당한 상황이었다.
- 컴퓨터 전원을 켜도 **화면**이 제대로 보이지 않아서 수리 맡겼어.

0632 ★★
명 가사

　명 lyrics　중 歌词　일 歌詞　베 lời
- 그녀는 자신이 만든 노래의 **가사**를 보여 주었다.
- 처음에는 멜로디가 좋았는데 **가사**를 잘 들어 보니 가사가 정말 아름다운 거야.

0633 ★
동 다루다

　명 deal with　중 讲述，探讨　일 扱う，描く　베 lấy, dùng
- 이 영화는 젊은 여성 사업가와 은퇴한 노인의 우정을 **다루었다**.
- 그 책은 전쟁을 다룬 소설인데 재미있어.

　활용형 다루는, 다루어서(=다뤄서), 다루니까, 다룹니다

0634 ★
명 인터뷰

　명 interview　중 采访　일 インタビュー　베 sự phỏng vấn
- 영화 개봉을 앞두고 배우들을 직접 만나 **인터뷰**를 했습니다.
- **인터뷰** 현장에서 그 가수의 불성실한 태도가 문제가 되었다.

동 인터뷰하다

　동 to interview　중 采访　일 インタビューする　베 phỏng vấn
- 축제 현장에 계신 분과 **인터뷰해** 보겠습니다.

0635 ★
명 상영
　파 상영되다

　명 screening　중 上映，放映　일 上映　베 sự trình chiếu
- **상영** 중에는 자리 이동은 다른 관객들의 관람에 방해가 된다.
- 영화 **상영**이 곧 시작되오니 입장을 서둘러 주십시오.

　알아 두면 좋은 표현! 무료 상영, 상영작

동 상영하다

　명 screen　중 上映，放映　일 上映する　베 trình chiếu
- 1935년에 개봉했던 한국 영화〈춘향전〉을 문화 회관에서 **상영합니다**.

0636 ★
형 **별다르다**

형 special 중 特別，特殊 일 特別だ 베 khác biệt

• 새로 나온 노래는 **별다른** 반응을 불러일으키지 못했다.
• 암이 운동과 **별다른** 관계가 없다는 연구 결과가 나왔대.

📖 활용형 별다른, 별달라, 별다르니, 별다릅니다

0637 ★
형 **색다르다**
[색따르다]

형 unique 중 特別，与众不同 일 変わった 베 đặc sắc, khác lạ

• 레모네이드에 라임을 넣으면 **색다른** 맛을 느낄 수 있다.
• 머리 모양을 바꿨더니 느낌이 **색다르지**?

📖 활용형 색다른, 색달라서, 색다르니까, 색다릅니다

0638 ★
명 **공포**

명 horror 중 恐怖，恐惧 일 恐怖 베 sự khiếp sợ

• 인간은 11m의 높이에서 가장 큰 **공포**를 느낀다.
• 난 **공포** 영화 혼자서 못 봐.

0639 ★
명 **팬**

명 fan 중〈体育、文艺〉迷，粉丝 일 ファン 베 người hâm mộ

• 한 가수의 집에 **팬**이 무단으로 침입하는 일이 벌어졌다.
• 넌 어느 배우 **팬**이야?

🔵 알아 두면 좋은 표현! 뮤지컬 팬(뮤지컬▶ 0580), 열성 팬

DAY 29

QUIZ 1 (   )에 들어갈 가장 알맞은 것을 고르십시오.

1. 요즘은 드라마 (   )이/가 5%만 넘어도 대단하다고들 한다.
   ① 출연   ② 주목   ③ 시청률   ④ 인터뷰

2. 그 배우를 직접 봤는데 화면에서 본 모습과 (   )지 않더라.
   ① 끌다   ② 다루다   ③ 색다르다   ④ 별다르다

3. 영화 <타이타닉>이 다시 영화관에서 상영된다는 소식이 여러 (   )을/를 통해
   서 전해졌다.
   ① 영상   ② 매체   ③ 진행자   ④ 대중문화

QUIZ 2 다음 단어를 이용해서 문장을 만드십시오.

1. TV에 / 꼭 / 오늘은 / 봐야지. / 내가 / 좋아하는 / 배우가 / 출연하니까

   _____

2. 다룬 / 가정 폭력을 / 주목을 / 끌었다. / 심사위원들의 / 영화제 / 영화가

   _____

3. 가수 / 인터넷으로 / 곡의 / 확인한대. / 새로 / 매일 / 나온 / 순위를 / 팬들은

   _____

QUIZ 3 다음 글의 내용과 같은 것을 고르십시오.

요즘 많은 방송사들이 울상을 짓고 있다. 방송사들의 매출은 보통 광고 수익으로 이루어지는데 광고료를 결정하는 기준인 시청률이 전체적으로 낮아졌기 때문이다. 2010년대 인터넷 속도가 빨라지면서 젊은이들을 중심으로 TV보다는 인터넷 방송을 시청하는 사람들이 많아졌고, 최근에는 '그물플릭스', '영챠', '쥐돌이 플러스' 같이 인터넷으로 영화나 방송 프로그램을 시청할 수 있는 OTT(Over-the-top) 이용률이 늘어났다. 심지어 집에 TV가 없는 가정도 늘어나면서 방송사는 그동안 광고 수익에 의존하던 구조를 바꾸고 OTT를 통한 방송 프로그램 다시 보기 서비스 제공, 프로그램 수출과 같은 새로운 수익 구조를 만들어 내고 있다.

*OTT(Over-the-top): TV 프로그램이나 영화 등을 인터넷을 통해 소비자에게 제공하는 서비스

① 시청자들은 광고를 좋아하지 않는다.
② 젊은이들이 OTT를 가장 많이 이용한다.
③ 방송사들은 새로운 방법으로 매출을 늘리려고 하고 있다.
④ 인터넷 속도가 빨라져서 더 쉽게 방송 프로그램을 볼 수 있다.

TOPIK 기출 문제

TOPIK II　36회 읽기 36번

다음 글의 주제로 가장 알맞은 것을 고르십시오. (2점)

> 최근 대중문화의 소비에 새로운 경향이 나타나기 시작했다. 과거에는 세대에 따라 흥미를 가지는 대중문화가 구별되어 있었다면 현재는 세대를 넘나드는 문화 콘텐츠들이 연령의 구분 없이 확산되고 있는 것이다. 예전에 유행했던 원로 가수들의 노래를 젊은 가수가 현대적인 감각으로 재해석해 부르면서 원곡이 폭발적인 인기를 얻기도 한다. 그런가 하면 랩을 하는 어르신, '아이돌' 가수의 춤을 추는 중년의 회사원 등 젊은 감각을 즐기는 연령층이 넓어지고 있다.

① 세대를 구분하는 대중문화가 늘어나고 있다.
② 대중문화에 대한 중년층의 관심이 높아지고 있다.
③ 원로 가수의 노래가 젊은이들의 관심을 끌고 있다.
④ 대중문화를 즐기는 세대 간의 경계가 사라지고 있다.

TOPIK II　47회 읽기 10번

다음 글 또는 그래프의 내용과 같은 것을 고르십시오. (2점)

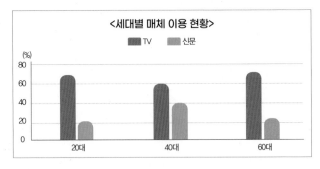

① 신문을 보는 사람의 비율은 20대와 60대가 같다.
② 모든 세대가 텔레비전보다 신문을 더 많이 본다.
③ 신문을 보는 사람의 비율은 60대가 40대보다 낮다.
④ 텔레비전을 보는 사람의 비율은 20대가 40대보다 높다.

244　Part 7 문화

역사와 전통문화

☐ 시대	☐ 보존	☐ 해석	☐ 오랜
☐ 자료	☐ 인류	☐ 공개	☐ 유교
☐ 기록	☐ 문명	☐ 독립	☐ 위대하다
☐ 문화재	☐ 최초	☐ 업적	☐ 유적
☐ 알려지다	☐ 영웅	☐ 무덤	
☐ 세기	☐ 되찾다	☐ 고대	
☐ 인물	☐ 탑	☐ 고유	

0640 ★★★★
명 **시대**
파 시대적

명 period, generation 중 时代 일 時代 베 thời đại
• 조선 시대 전기와 후기의 의복은 차이가 있다.
• 시대가 빠르게 변하면서 사람들의 언어 습관에도 많은 변화가 생겼습니다.

🔘 **알아 두면 좋은 표현!** 로마 시대, 인터넷 시대, 시대가 급변하다

0641 ★★★★★
명 **자료**

명 document 중 资料, 材料 일 資料 베 tài liệu
• 조선 시대 사람들의 생활을 알아보기 위해 자료를 조사할 것이다.
• 회사에서 자료를 정리하는 일을 하고 있어요.

🔘 **알아 두면 좋은 표현!** 자료를 만들다, 자료를 이용하다

0642 ★★★★★
명 **기록**
파 기록적

명 record 중 记录 일 記録 베 sự ghi chép
• 회의 기록은 메일로 보내 드리겠습니다.
• 범인이 그 시간에 병원에 간 것이 맞는지 진료 기록을 조사해 봤습니다.

🔘 **알아 두면 좋은 표현!** 기록물

동 **기록하다**
[기로카다]

동 to record 중 记录, 记载 일 記録する 베 ghi chép
• 사관은 궁에서 일어나는 일들을 기록하는 사람이었습니다.

동 **기록되다**
[기록뙤다/기록뛔다]

동 be recorded 중 记录, 记载 일 記録される 베 được ghi chép
• 이 책은 고려 시대 이전에 기록되었다.

0643 ★★★★
명 문화재

명 cultural poverty 중 文化遗产 일 文化財 베 di sản văn hóa

- 우리나라의 문화재를 알리는 일을 하고 싶습니다.
- 해외에 있는 우리나라 문화재를 돌려받기 위한 노력이 계속되고 있다.

🔵 알아 두면 좋은 표현! 문화재 복원, 문화재 환수, 문화재를 발굴하다, 문화재를 보호하다(보호▸ 0455)

0644 ★★★
동 알려지다

명 be known 중 众所周知 일 知られる 베 được biết đến

- 알려진 것과 다르게 김 교수님이 친절하시던데요?
- 최고의 금속 활자본은 〈직지심체요절〉로 알려졌으나 이보다 앞선 금속 활자본이 새롭게 발견되었다.

🔵 알아 두면 좋은 표현! 잘못 알려지다, 사실로 알려지다

📲 활용형 알려진, 알려지어서(=알려져서), 알려지니까, 알려집니다

0645 ★★★
명 세기
파 세기적

명 century 중 世纪 일 世紀 베 thế kỉ

- 이 문화재는 5세기에 만들어졌습니다.
- 20세기 후반에 들어서야 여성들의 경제적 활동이 활발해졌다.

0646 ★★★
명 인물

명 character 중 人物 일 人物 베 nhân vật

- 존경하는 역사적인 인물이 있습니까?
- 영화 속 인물을 실존 인물이라고 생각한 사람이 있었다.

0647 ★★★
명 보존
파 보존적

명 preservation 중 保存, 保护 일 保存 베 sự bảo tồn

- 냉동식품은 오랫동안 보존이 가능하다.
- 박물관의 실수로 유물의 보존 상태가 그리 좋지 못했다.

동 보존하다

명 preserve 중 保存, 保护 일 保存する 베 bảo tồn

- 문화재는 발굴하는 것보다 보존하는 것이 중요하다.

🔵 알아 두면 좋은 표현! 기록을 보존하다(기록▸ 0642)

동 보존되다
[보존되다/보존뒈다]

명 be preserved 중 保存, 保护 일 保存される 베 được bảo tồn

- 역사 기록물은 특별히 제작된 공간에서 보존된다.

0648 ★★
명 인류 [일류]
파 인류적

명 humanity 중 人类 일 人類 베 nhân loại

- 흑사병은 인류의 역사를 바꾼 큰 사건이었다.
- 과학 기술의 발달과 함께 인류는 새로운 세계를 맞이할 것이다.

🔵 알아 두면 좋은 표현! 인류 문명(문명▸ 0649)

0649 ★★

명 문명

명 civilization 중 文明 일 文明 베 văn minh

• 고대 4대 **문명**은 모두 큰 강의 강변에서 시작되었다.
• 인류의 **문명**이 발달하는 데 가장 필요한 것은 무엇이었을까?

0650 ★★

명 최초

형 The first 중 最早, 首次 일 最初 베 đầu tiên

• 권기옥 의사는 우리나라 **최초**의 여성 비행사이다.
• 1974년 우리나라에서 **최초**로 지하철이 운행되었습니다.

0651 ★★

명 영웅

명 hero 중 英雄 일 英雄 베 anh hùng

• 나라를 위해 싸우다가 돌아가신 **영웅**들을 끝까지 기억합시다.
• 어렸을 때는 만화나 영화에 나오는 **영웅**들의 모습을 따라 할 때
  도 많았지요.

0652 ★★

동 되찾다
[되찯따/뒈찬따]

동 retrieve 중 恢复, 找回 일 取り戻す 베 tìm lại

• 열심히 운동하고 몸에 좋은 음식을 먹어서 건강을 **되찾**을 수 있
  었다.
• 시민 단체에서는 해외로 유출된 문화재를 **되찾**기 위한 운동을 시
  작하기로 하였습니다.

0653 ★★

명 탑

명 tower 중 塔 일 塔 베 tháp

• 불국사 다보탑은 신라 시대에 만들어졌다.
• 등을 들고 **탑** 주위를 돌며 노래를 부르는 탑돌이는 불교문화라고
  볼 수 있습니다.

0654 ★★

명 해석

명 interpretation 중 解释 일 解釈 베 sự giải nghĩa

• 러시아어로 쓰인 글도 **해석**할 수 있나요?
• 고전 문학이 현대적으로 **해석**이 되어 많은 사람들에게 읽히고 있다.

동 해석하다
[해서카다]

동 interprete 중 解释 일 解釈する 베 giải nghĩa

• 고고학자들이 옛날 언어로 쓰인 글을 **해석하**려고 노력하고 있다.

동 해석되다
[해석뙤다/해석뛔다]

동 be interpreted 중 解释 일 解釈される 베 được giải nghĩa

• 역사는 시대에 따라 다르게 **해석된**다.

0655 ★★
명 공개
　파 공개적
　반 비공개

명 disclosure　중 公开　일 公開　베 sự công khai
• 저희와 함께 무대에 설 배우를 공개 모집합니다.
• 이번 공개 연주회에서는 아직 발표하지 않은 연주곡들을 관객들에게 최초로 들려드릴 예정입니다.

● 알아 두면 좋은 표현! 특별 공개, 장소 공개, 공개 연주회

동 공개하다

명 disclose　중 公开　일 公開する　베 công khai
• 우리 제품의 제조 과정은 공개할 수 없습니다.

동 공개되다
[공개되다/공개뒈다]

명 be disclosed　중 公开　일 公開される　베 được công khai
• 두 사람이 데이트하는 사진이 공개되어 둘의 열애설이 사실로 밝혀졌다.

0656 ★★
명 독립 [동닙]
　파 독립적
　　독립되다
　　독립시키다

명 independence　중 独立, 自立　일 独立　베 độc lập
• 경제적으로 독립할 수 없다면 진정한 독립이라고 할 수 없다.
• 경제 상황이 어려워지면서 독립을 원하지 않는 자녀들이 많아지고 있다.

동 독립하다
[동니파다]

명 be independent　중 独立, 自立　일 独立する　베 độc lập
• 한국은 1945년에 일본으로부터 독립하였다.

0657 ★
명 업적 [업쩍]

명 achievement　중 业绩, 功绩　일 業績　베 thành tựu
• 이순신 장군의 업적을 기리는 기념비가 세워졌다.
• 계속해서 대학에서 교수로 일을 하려면 연구 업적을 쌓아야 해요.

0658 ★
명 무덤
　유 묘지

명 tomb, grave　중 坟墓, 墓地　일 墓、陵墓　베 mộ
• 영릉은 세종대왕의 무덤이다.
• 주인을 모르는 무덤 안에서 수십 개의 유물이 나왔습니다.

0659 ★
명 고대

명 ancient time　중 古代　일 古代　베 cổ đại
• 박물관에서 고대 유물 전시회가 열립니다.
• 고대 이집트 문명은 기원전 3200년부터 시작된 것으로 알려져 있다.

0660 ★
명 **고유**

형 unique, intrisic 중 固有，传统 일 固有 베 sự cố hữu, sự đặc thù
- 한옥은 한국 고유의 주거 양식이다.
- 김치와 같은 한국 고유의 발효 식품에 대한 연구가 계속되고 있습니다.

TIP 주로 '고유(의) N'의 형태로 쓴다.

형 **고유하다**

형 to be unique 중 固有的．传统的 일 固有だ 베 cố hữu, đặc thù
- 각 나라의 국민들은 고유한 문화를 발달시켜 왔다.

0661 ★★★
관 **오랜**

형 old 중 老，很久 일 古くからの、昔の 베 lâu
- 새해에 떡국을 먹는 것은 한국의 오랜 전통이다.
- 오랜 친구를 만나 밤새 이야기를 나누었어요.

◉ 알아 두면 좋은 표현! 오랜 논의, 오랜 시간

0662 ★
명 **유교**

형 confucianism 중 儒教，儒家 일 儒教 베 Nho giáo
- 한국은 유교의 영향을 받은 문화들이 많이 남아 있다.
- 유교 사회에서는 윗사람에 대한 예의가 중요하지.

◉ 알아 두면 좋은 표현! 유교 문화, 유교 예법

0663 ★
형 **위대하다**

형 great, magnificient 중 伟大 일 偉大だ 베 vĩ đại
- 이순신 장군은 조선을 지킨 위대한 인물이다.
- 역사상 가장 위대한 지도자는 누구라고 생각해요?

◉ 알아 두면 좋은 표현! 위대한 발명품, 위대한 업적(업적▶ 0657), 위대한 작품 (작품▶ 0594)

0664 ★
명 **유적**

형 historic site 중 遗迹，遗址 일 遺跡 베 di tích
- 멕시코에서 새로운 마야 유적이 발견되었다.
- 유적을 보호하기 위해 일반인의 입장을 제한합니다.

DAY 30

QUIZ 1 (   )에 들어갈 가장 알맞은 것을 고르십시오.

1. 그 (   )의 주인은 고대에 살았던 것으로 밝혀졌다.

① 세기　　　　　② 시대　　　　　③ 무덤　　　　　④ 업적

2. 세종대왕은 조선 시대를 대표하는 (   ) 중 한 명입니다.

① 인류　　　　　② 인물　　　　　③ 유적　　　　　④ 유교

3. 우리는 문화재를 (   ) 다음 세대에게 전해줄 책임이 있다.

① 알려　　　　　② 합쳐　　　　　③ 보존해　　　　　④ 해석해

QUIZ 2 다음 단어를 이용해서 문장을 만드십시오.

1. 이 / 751년에 / 것으로 / 있어. / 알려져 / 탑은 / 만들어진

_____

2. 인류 / 달에 / 보냈다. / 미국은 / 문명 / 사람을 / 최초로

_____

3. 따르면 / 합니다. / 발전해 / 수천 년 / 자료에 / 이 지역은 / 왔다고 / 전부터

_____

QUIZ 3   다음을 보고 내용과 <u>다른</u> 것을 고르십시오.

한국 유교는 예로부터 한국 사회에 많은 영향을 끼쳤습니다. 유교에서 중요하게 생각하는 '인', '예', '지'가 있는데, '인'은 상대방을 존중하고 배려하는 마음을 뜻합니다. 그리고 '예'는 예절과 예의로 사회에서 행동할 때 지켜야 하는 것들이지요. 그래서 한국인들은 어른을 존경하고 그들의 지혜와 경험을 존중하는 것을 중요하게 생각했습니다. 마지막을 '지'는 지식을 뜻하는데 그래서 아이들을 잘 가르치는 것도 중요하다고 생각했습니다. 지금은 다양한 문화가 들어오면서 한국 사회에서의 유교의 역할은 줄어들고 있지만 여전히 유교는 가족 제도나 교육, 예절과 같은 것에 큰 영향을 미치고 있습니다.

① 한국 사회에는 여전히 유교가 많은 영향을 끼친다.
② 한국의 가족 제도나 교육은 여러 문화의 영향을 받았다.
③ 한국에서는 유교의 영향으로 교육을 중요하게 생각한다.
④ 한국에서는 상대를 존중하고 예절을 지키는 것이 중요하다.

다음은 대담입니다. 잘 듣고 물음에 답하십시오. (각 2점)

47. 들은 내용과 일치하는 것을 고르십시오.

    ① 전승자들은 대학에서 재교육을 받을 예정이다.

    ② 기존의 정책은 전승 종목을 사유화할 우려가 있다.

    ③ 전승자들의 작품을 인증하는 제도가 사라질 것이다.

    ④ 젊은 사람들은 전승자와의 일대일 교육을 선호한다.

48. 남자가 말하는 방식으로 가장 알맞은 것을 고르십시오.

    ① 새로운 정책의 문제점을 예측하고 있다.

    ② 기존 정책의 개선 방향을 제시하고 있다.

    ③ 새로운 정책의 시행 결과를 분석하고 있다.

    ④ 기존 정책의 내용을 기준별로 분류하고 있다.

8

건강과 질병

DAY **31**   건강(1)

DAY **32**   건강(2)

DAY **33**   질병

건강(1)

☐ 효과	☐ 뇌	☐ 금연	☐ 빠지다
☐ 기능	☐ 피부	☐ 비타민	☐ 소화
☐ 관리	☐ 부작용	☐ 신체	☐ 수면
☐ 유지	☐ 숨	☐ 심리	☐ 시력
☐ 상태	☐ 중요성	☐ 피로	☐ 회복
☐ 예방	☐ 생명	☐ 약품	☐ 조절

0665 ★★★★★
명 효과 [효과/효꽈]

명 effect 중 效果 일 効果 베 hiệu quả
• 약 30분 정도의 낮잠이 일의 능률을 올리는 데 **효과**가 있다고 한다.
• 병원에 계속 다녔지만 큰 치료 **효과**를 거두지 못했다.
🔵 **알아 두면 좋은 표현!** 효과가 나타나다, 효과가 크다, 효과를 보다

0666 ★★★★★
명 기능

명 function 중 功能, 机能 일 機能 베 tính năng
• 4~6주 정도 술을 끊으면 간 **기능**이 정상으로 회복될 거예요.
• 전에 잘 소화시키던 음식도 못 먹겠고, 소화 **기능**이 떨어진 것 같다.
🔵 **알아 두면 좋은 표현!** 심장의 기능(심장▸ 0703), 인체의 기능

0667 ★★★★★
명 관리 [괄리]
파 관리되다

명 management 중 管理 일 管理 베 sự quản lí
• 나는 건강 **관리**를 위해서 아침에 사과를 먹고 틈틈이 운동도 한다.
• 언니는 6개월에 한 번 치과에 가서 치아와 잇몸 **관리** 상태를 점검한다.
🔵 **알아 두면 좋은 표현!** 성인병 관리, 질병 관리, 관리에 힘쓰다

동 관리하다
[괄리하다]

명 manage 중 管理, 注意 일 管理する 베 quản lí
• 봄에는 특히 감기에 걸리지 않도록 건강을 잘 **관리해야** 한다.

0668 ★★★★
명 **유지**
파 유지되다

명 maintenance 중 维持, 保持 일 維持 베 sự duy trì
- 건강 유지를 위해 적당한 운동과 올바른 식습관은 필수이다.
- 건강한 식단으로 매일 아침을 챙겨 먹으면 체중 유지에 효과적이다.

🔵 알아 두면 좋은 표현! 건강 유지, 현상 유지(현상▸ 0492)

동 **유지하다**

명 maintain 중 维持, 保持 일 維持する 베 duy trì
- 밤에 양말을 신으면 따뜻한 체온을 유지하는 데 도움이 된다.

0669 ★★★★
명 **상태**

명 condition 중 状态, 状况 일 状態 베 trạng thái
- 동생은 현재 건강 상태가 좋지 않아 병원에 입원했다.
- 할머니께서는 정신이 희미한 상태에서 가족들을 찾았다.

🔵 알아 두면 좋은 표현! 관리 상태(관리▸ 0667), 심리 상태(심리▸ 0680), 위생 상태, 상태가 나쁘다, 상태가 심각하다(심각하다▸ 0942), 상태가 좋다

0670 ★★★★
명 **예방**
파 예방되다

명 prevention 중 预防 일 予防 베 sự phòng ngừa
- 전문가들은 독감 예방을 위해 손 씻기를 강조했다.
- 양배추를 먹으면 성인병 예방에 도움이 된다.

🔵 알아 두면 좋은 표현! 감기 예방

동 **예방하다**

명 prevent 중 预防 일 予防する 베 phòng ngừa
- 잠을 잘 자는 것만으로도 많은 병을 예방할 수 있다.

🔵 알아 두면 좋은 표현! 감기를 예방하다, 암을 예방하다, 전염병을 예방하다

0671 ★★★★
명 **뇌** [뇌/눼]

명 brain 중 脑 일 脳 베 não
- 머리를 크게 부딪쳐서 뇌 손상을 입었을까 봐 걱정이 되었다.
- 3분 동안 기분 좋게 웃고 나면 뇌가 자극되면서 기운이 난다.

🔵 알아 두면 좋은 표현! 뇌 기능(기능▸ 0666), 뇌 신경, 뇌 질환, 뇌를 다치다, 뇌를 수술하다

0672 ★★★
명 **피부**

명 skin 중 皮肤 일 皮膚、肌 베 da
- 장시간 햇볕에 노출되는 것은 피부 건강에 좋지 않다.
- 나는 피부가 약해 옷을 고를 때 천연 소재를 골랐다.

🔵 알아 두면 좋은 표현! 건성 피부, 아기 피부, 피부 관리, 피부가 민감하다

0673 ★★★
명 부작용 [부자굥]

명 side effect 중 副作用 일 副作用 베 tác dụng phụ

- 아무리 몸에 좋은 약도 잘못 복용하면 부작용이 생길 수 있으므로 조심해야 한다.
- 약의 부작용이 일어났는지 피부가 가렵고 속도 좋지 않았다.

> **알아 두면 좋은 표현!** 부작용 증세, 심각한 부작용(심각하다▸ 0942), 부작용에 대비하다(대비▸ 0503)

0674 ★★★
명 숨

명 breath 중 气, 呼吸 일 息 베 hơi thở

- 무더운 날씨 탓에 가벼운 산책만 하더라도 숨이 차고 답답한 느낌이 들었다.
- 가장 깊게 숨을 들이마신 다음 7초 동안 천천히 숨을 내쉬어 보세요.

> **알아 두면 좋은 표현!** 숨이 거칠다, 숨이 막히다, 숨을 고르다, 숨을 쉬다, 숨을 헐떡이다

0675 ★★★
명 중요성 [중요썽]

명 importance 중 重要性 일 重要性 베 tính quan trọng

- 영양과 건강의 중요성은 아무리 강조해도 지나치지 않다.
- 아이에게 어렸을 때부터 건강한 식습관의 중요성을 가르쳐야 한다.

> **알아 두면 좋은 표현!** 생명의 중요성(생명▸ 0676), 환경의 중요성, 중요성이 강조되다(강조되다▸ 1067), 중요성을 인식하다(인식▸ 0184)

0676 ★★★
명 생명

명 life 중 生命 일 生命 베 sinh mệnh

- 단골 가게 사장님이 교통사고로 생명이 위독하다고 한다.
- 시민들의 협조 덕분에 아이의 생명을 구할 수 있었다.

> **알아 두면 좋은 표현!** 생명의 은인, 생명을 구하다(구하다▸ 1036), 생명을 보호하다(보호▸ 0455), 생명을 잃다

0677 ★★★
명 금연 [그면]
파 금연하다

명 no smoking 중 禁烟, 戒烟 일 禁煙 베 việc cấm hút thuốc

- 학교 주변 통학로와 버스 정류장 등은 금연 구역이므로 담배를 피울 수 없다.
- 회사에서는 직원들의 건강을 위해 정기적으로 금연 교육을 실시한다.

> **알아 두면 좋은 표현!** 금연 장소, 금연 좌석(좌석▸ 0371), 금연 지역(지역▸ 0406), 금연 표시

0678 ★★★

뗭 비타민

몡 vitamin 쫑 维生素，维他命 엘 ビタミン 볘 vi-ta-min

- 우리 몸에 비타민이 떨어지면 면역력이 떨어지고 쉽게 피로를 느낀다.
- 음식으로 충분한 비타민을 섭취하기 어려워 영양제를 따로 복용한다.

🔵 알아 두면 좋은 표현! 비타민 함량, 비타민이 풍부하다(풍부하다▸ 0701), 비타민을 함유하다

0679 ★★★

뗭 신체

몡 body, physique 쫑 身体 엘 身体 볘 thân thể

- 형은 아침저녁으로 꾸준히 운동을 하며 신체를 단련했다.
- 아버지는 교통사고 후유증으로 신체의 일부를 마음대로 움직이지 못하셨다.

🔵 알아 두면 좋은 표현! 건강한 신체, 신체가 튼튼하다, 신체가 허약하다

0680 ★★

뗭 심리 [심니]

몡 mentality 쫑 心理 엘 心理 볘 tâm lí

- 우리는 날씨가 사람의 심리에 어떤 영향을 끼치는지를 연구한다.
- 그림은 그리는 사람의 성격이나 현재 심리 상태를 알려 주기도 한다.

🔵 알아 두면 좋은 표현! 심리를 나타내다, 심리를 표현하다(표현▸ 0132)

0681 ★★

뗭 피로
퐈 피로하다

몡 fatigue 쫑 疲劳 엘 疲労 볘 sự mệt mỏi

- 주말에 집에서 잠을 푹 잤더니 피로가 많이 풀렸다.
- 계속된 야근으로 피로가 많이 쌓여 두통까지 생겼다.

🔵 알아 두면 좋은 표현! 눈의 피로, 피로가 몰려오다, 피로를 풀다

0682 ★★

뗭 약품
윾 약

몡 medicine 쫑 药品 엘 薬品 볘 dược phẩm

- 억지로 식욕을 없애기 위한 여러 약품들이 개발되기도 한다.
- 나는 여행을 갈 때 혹시 모를 상황에 대비해 비상 약품을 챙겼다.

🔵 알아 두면 좋은 표현! 약품 개발(개발▸ 0998), 약품 광고, 약품 판매(판매▸ 0869), 약품을 구입하다(구입▸ 0872)

0683 ★★

뫙 빠지다

몡 fall out 쫑 掉，脱落 엘 抜ける 볘 rơi, rụng

- 머리를 감을 때마다 머리카락이 많이 빠져 고민이다.
- 어머니는 이가 다 빠진 할머니를 위해 죽을 끓였다.

🔵 알아 두면 좋은 표현! 앞니가 빠지다

📙 활용형 빠지는, 빠지어서(=빠져서), 빠지니까, 빠집니다

0684 ★★
몡 소화
파 소화되다
　소화시키다
　소화하다

영 digestion 중 消化 일 消化 베 sự tiêu hóa
- 아침을 급하게 먹었더니 소화가 잘 안 되어서 속이 답답하다.
- 우리는 저녁을 먹은 뒤 소화도 시키고 산책도 할 겸 밖으로 나갔다.

알아 두면 좋은 표현! 소화 불량, 소화 장애(장애▸ 0341), 소화를 돕다

0685 ★★
몡 수면
파 수면하다

영 sleep 중 睡眠 일 睡眠 베 giấc ngủ
- 의사는 충분한 수면을 취해야 감기가 나을 것이라고 했다.
- 아이 엄마는 수면 부족으로 계속 하품을 했다.

알아 두면 좋은 표현! 수면 상태(상태▸ 0669), 수면 습관, 수면 시간, 수면을 방해하다(방해▸ 0796)

0686 ★★
몡 시력

영 vision 중 視力 일 視力 베 thị lực
- 달리는 차 안에서 책을 자주 읽었더니 시력이 떨어진 것 같다.
- 아이는 안경으로 시력을 교정하기로 했다.

알아 두면 좋은 표현! 시력 교정, 시력이 나쁘다, 시력이 좋아지다

0687 ★★
몡 회복
[회복/훼복]
파 회복시키다

영 recovery 중 恢复 일 回復 베 sự hồi phục
- 형은 평소 건강 관리를 한 덕분에 수술 후 회복도 빨랐다.
- 출산 후 빠른 회복을 위해서는 충분한 단백질을 섭취해야 한다.

알아 두면 좋은 표현! 건강 회복, 회복이 늦다, 회복을 기대하다(기대▸ 0592)

동 회복하다
[회복하다/훼복하다]

영 recover 중 恢复 일 回復する 베 hồi phục
- 건강을 회복하면 다시 학교로 돌아가 학업을 이어나가고 싶습니다.

동 회복되다
[회복되다/훼복뒈다]

영 be recovered 중 恢复 일 回復する、回復される 베 được hồi phục
- 다 회복되려면 3개월을 걸릴 거예요.

0688 ★★
몡 조절
파 조절되다

영 control, adjustment 중 调节, 调整 일 調節 베 sự điều chỉnh
- 나는 평소 과식하는 식습관 때문에 체중 조절이 어렵다.
- 산책이 스트레스 조절에 효과가 있는 것으로 나타났다.

알아 두면 좋은 표현! 식사 조절, 체중 조절, 호흡 조절

동 조절하다

영 adjust 중 调节, 调整 일 調節する 베 điều chỉnh
- 방 안이 건조해지지 않도록 가습기를 사용해 습도를 조절했다.

QUIZ 1   (   )에 들어갈 가장 알맞은 것을 고르십시오.

1. 과일은 피로 (   )에 좋아서 피곤할 때 먹으면 좋다.
   ① 관리   ② 유지   ③ 예방   ④ 회복

2. 안경을 제때 바꾸지 않으면 (   )이/가 더 나빠질 수 있다.
   ① 뇌   ② 시력   ③ 신체   ④ 심장

3. 길을 비켜 주는 이러한 배려로 누군가는 (   )을/를 지킬 수 있게 된다.
   ① 상태   ② 생명   ③ 중요성   ④ 피부

QUIZ 2   다음 단어를 이용해서 문장을 만드십시오.

1. 건강을 / 관리하신다. / 부모님께서는 / 소식으로 / 운동과

   _____

2. 건강을 / 산책을 / 아침마다 / 위하여 / 유지하기 / 한다.

   _____

3. 기운이 / 먹지 못했다. / 몸에 / 배탈로 / 빠져 / 심한 / 죽조차

   _____

QUIZ 3   빈칸에 알맞은 단어를 보기 에서 골라 쓰십시오.

보기   관리 / 부작용 / 비타민 / 피부 / 예방

나는 건강 **1.**(   )을/를 위해 여러 가지 약을 먹는다. 특히 **2.**(   )을/
를 많이 먹는데 **3.**(   )에도 좋고 감기 **4.** (   )에도 좋기 때문이다.
다만 과량 섭취 시 **5.**(   )이/가 생길 수 있으니 유의해야 한다.

TOPIK II   **52회 듣기 37번**   🔊 Track 31-1

여자의 중심 생각으로 알맞은 것을 고르십시오. (2점)

① 숙면을 돕는 보조용품이 다양해져야 한다.
② 수면 장애는 인간의 심리에 영향을 미친다.
③ 불면증 치료법 개발에 적극적으로 나서야 한다.
④ 수면 장애가 생긴 원인을 파악하는 것이 중요하다.

TOPIK II   **64회 듣기 37번-38번**   🔊 Track 31-2

다음을 듣고 (   )에 들어갈 내용으로 가장 알맞은 것을 고르십시오. (각 2점)

37. 여자의 중심 생각으로 알맞은 것을 고르십시오.

    ① 잇몸병의 원인을 명확하게 밝혀야 한다.
    ② 젊을 때부터 잇몸 관리에 신경을 써야 한다.
    ③ 치매 예방을 위해서 잇몸 관리가 중요하다.
    ④ 잇몸병에 대한 잘못된 정보를 바로잡아야 한다.

38. 들은 내용과 일치하는 것을 고르십시오.

    ① 잇몸은 손상되더라도 바르게 회복된다.
    ② 잇몸병 환자의 절반 이상이 젊은 사람들이다.
    ③ 젊은 층의 잇몸병 환자가 줄고 있는 추세이다.
    ④ 잇몸병을 일으키는 세균은 다른 질환도 유발할 수 있다.

건강(2)

☐ 호르몬 ☐ 해롭다 ☐ 풍부하다 ☐ 몸무게

☐ 비만 ☐ 몸속 ☐ 감다 ☐ 나빠지다

☐ 뼈 ☐ 부위 ☐ 심장 ☐ 활기

☐ 체온 ☐ 접촉 ☐ 장수

☐ 근육 ☐ 체력 ☐ 나아지다

☐ 입맛 ☐ 흡수 ☐ 음주

0689 ★★
명 **호르몬**

명 hormone 중 激素，荷尔蒙 일 ホルモン 베 hóc-môn

• 밤에 깊은 잠을 잘 때 성장 호르몬이 많이 나와 키가 큰대.
• 청소년기에는 호르몬이 과잉 분비되어 여드름이 날 수도 있다.

🔘 알아 두면 좋은 표현! 남성 호르몬, 호르몬을 만들다, 호르몬 분비되다

0690 ★★
명 **비만**
파 비만하다

명 obesity 중 肥胖 일 肥満 베 sự béo phì

• 잘못된 식습관과 운동 부족은 비만의 원인이 된다.
• 하체 비만을 해결하기 위해 날마다 두 시간씩 공원에서 걷는다.

🔘 알아 두면 좋은 표현! 복부 비만, 상체 비만

0691 ★★
명 **뼈**

명 bone 중 骨头，骨骼 일 骨 베 xương

• 문에 팔이 끼는 바람에 뼈에 금이 갔다.
• 어머니는 가족들의 뼈 건강을 위해 여러 음식을 챙겨 주셨다.

🔘 알아 두면 좋은 표현! 뼈가 가늘다, 뼈가 굵다, 뼈가 튼튼하다

0692 ★★
명 **체온**

명 body temperature 중 体温 일 体温 베 nhiệt độ cơ thể

• 아이의 체온을 재니 섭씨 39도여서 바로 병원으로 갔다.
• 감기를 예방하려면 체온을 일정하게 유지하는 것이 좋다.

🔘 알아 두면 좋은 표현! 체온이 낮다, 체온이 떨어지다, 체온을 높이다

0693 ★★
명 근육 [그뉵]

명 muscle 중 肌肉 일 筋肉 베 cơ bắp
- 팔 근육을 단련하기 위해 날마다 아령을 들었다.
- 오랜만에 마라톤을 했더니 다리 근육이 딴딴해졌다.
- ⊙ 알아 두면 좋은 표현! 근육 운동, 근육이 약해지다, 근육에 좋다

0694 ★★
명 입맛 [임맏]

명 appetite 중 食欲，胃口 일 食欲、味覚 베 vị, khẩu vị
- 한 시간 전에 케이크를 먹었더니 입맛이 없었다.
- 심한 감기에 걸려 입맛을 잃었는지 먹고 싶은 것이 없었다.
- ⊙ 알아 두면 좋은 표현! 입맛이 나다, 입맛이 당기다, 입맛이 돌다, 입맛에 맞다

0695 ★
형 해롭다 [해롭따]

형 harmful 중 有害，危害 일 害になる、損なう 베 làm hại
- 담배와 지나친 음주는 건강에 해롭게 마련이다.
- 폭식이 건강에 해로운 습관이라고 해서 고치고 싶어요.
- ⊙ 알아 두면 좋은 표현! 인체에 해롭다, 피부에 해롭다(피부▸ 0672)
- 💬 활용형 해로운, 해로워서, 해로우니까, 해롭습니다

0696 ★
명 몸속 [몸쏙]

명 inside the body 중 体内 일 体内 베 trong cơ thể
- 운동을 하면 몸속의 노폐물을 배출할 수 있을 거예요.
- 약을 먹었더니 몸속에 약 기운이 돌아 잠이 쏟아졌다.
- ⊙ 알아 두면 좋은 표현! 몸속 세포, 몸속 지방(지방▸ 0273), 몸속을 들여다보다

0697 ★
명 부위

명 part 중 部位 일 部位 베 chỗ, phần
- 벌레 물린 부위에 이 약을 수시로 바르면 도움이 될 거예요.
- 마취에서 깨니 수술 부위에 통증이 느껴졌다.
- ⊙ 알아 두면 좋은 표현! 다리 부위, 상처 부위, 어깨 부위, 화상 부위

0698 ★
명 접촉
파 접촉되다
접촉하다

명 contact, touch 중 接触 일 接触 베 sự tiếp xúc
- 이 곤충은 피부 접촉만으로 상처가 날 수 있으니 조심해야 한다.
- 아기는 엄마와의 접촉을 통해 정서적으로 안정감을 느꼈다.

0699 ★
명 체력

명 stamina 중 体力，体能 일 体力 베 thể lực
- 요즘 야근을 계속했더니 체력이 떨어진 것 같다.
- 나는 약해진 체력을 단련하기 위하여 등산을 시작했다.
- ⊙ 알아 두면 좋은 표현! 강인한 체력, 허약한 체력, 체력 관리(관리▸ 0667), 체력
  이 달리다

0700 ★
흡수 [흡쑤]
파 흡수되다
흡수시키다
흡수하다

영 absortion 중 吸收 일 吸収 베 sự hấp thụ
- 충분한 수분의 흡수를 위해 하루 8~10컵 정도의 물을 마신다.
- 알약에 비해 가루약이 몸속에서 흡수 속도가 빠르다고 한다.

🔵 알아 두면 좋은 표현! 흡수 능력, 흡수 속도, 흡수 작용(작용▸1014)

0701 ★
풍부하다

영 aboundance 중 丰富 일 豊富だ、豊かだ 베 phong phú
- 비타민이 풍부한 음식을 먹으면 감기에 잘 걸리지 않는다.
- 나는 얼마 전 퇴원한 아버지를 위해 영양이 풍부한 음식을 만들었다.

🔵 알아 두면 좋은 표현! 영양이 풍부하다(영양▸0254), 자원이 풍부하다(자원▸0944)

0702 ★
감다 [감따]

영 strap 중 缠, 绕 일 巻く 베 băng bó
- 아이는 다친 손에 붕대를 칭칭 감고 학교에 왔다.
- 의사 선생님은 내 다리에 붕대를 감은 후 진통제를 줬다.

🔵 알아 두면 좋은 표현! 반창고를 감다

0703 ★
심장

영 heart 중 心脏 일 心臓 베 tim
- 갑자기 심장이 빨리 뛰어서 응급실에 갔다.
- 그는 응급실에 도착하자마자 심장이 멈추면서 의식을 잃었다.

🔵 알아 두면 좋은 표현! 심장 수술, 심장 질환, 심장이 멈추다, 심장이 약하다

0704 ★
장수
파 장수하다

영 longevity 중 长寿 일 長寿 베 sự trường thọ
- 올해 백 세이신 할머니는 장수의 비결로 좋은 식습관을 꼽았다.
- 규칙적인 운동과 건강한 식습관으로 장수를 누릴 수 있다.

🔵 알아 두면 좋은 표현! 장수 노인, 장수의 비법

0705 ★
나아지다

영 get better, improve 중 好转, 变好 일 良くなる 베 tốt lên
- 할아버지의 병세는 더 이상 나아지지 않았다.
- 꾸준히 약을 먹고 운동도 열심히 한 덕분에 건강이 나아졌다.

🔵 알아 두면 좋은 표현! 관계가 나아지다, 생활이 나아지다
🔷 활용형 나아지는, 나아지어서(=나아져서), 나아지니까, 나아

0706 ★
음주
파 음주하다
반 금주

영 drinking 중 饮酒, 喝酒 일 飲酒 베 việc uống rượu
- 지나친 음주는 건강에 해롭게 마련이다.
- 병원에서 당분간 음주를 자제해야 병이 나을 거라고 했다.

🔵 알아 두면 좋은 표현! 음주 문화, 음주 습관, 적당한 음주

0707 ★
명 몸무게

명 weight 중 体重 일 体重 베 trọng lượng cơ thể

• 나는 식습관을 바꾸고 운동을 열심히 한 끝에 몸무게를 십 킬로 그램이나 줄였다.
• 아이는 키에 비해 몸무게가 적게 나가는 편이다.

🔵 알아 두면 좋은 표현! 몸무게가 늘다, 몸무게가 붙다, 몸무게를 달다, 몸무게를 재다

0708 ★
동 나빠지다
반 좋아지다

명 get worse 중 变坏, 变差 일 悪くなる 베 xấu đi

• 요새 눈이 나빠졌는지 간판 글씨가 잘 안 보였다.
• 최근 건강이 나빠져서 당분간 일을 쉬기로 했다.

🔵 알아 두면 좋은 표현! 건강이 나빠지다, 기분이 나빠지다, 관계가 나빠지다

💡 참고 악화되다 영 Deteriorate 중 恶化, 变坏 일 悪化する 베 bị yếu đi

🔲 활용형 나빠지는, 나빠지어서(=나빠져서), 나빠지니까, 나빠집니다

0709 ★
명 활기

명 vitality 중 生气, 活力 일 活気 베 hoạt khí, sinh khí

• 스트레스를 받을 때 매운 음식을 먹는 대신 운동을 하면 몸의 활기를 되찾을 수 있다.
• 오랜만에 만난 동생은 건강하고 활기가 넘쳐 보였다.

🔵 알아 두면 좋은 표현! 활기가 있다, 활기를 돋우다, 활기를 띠다

DAY 32

QUIZ 1 ( )에 들어갈 가장 알맞은 것을 고르십시오.

1. 일주일에 4일 이상 ( )에 무리가 가지 않도록 운동하세요.
   ① 몸무게　　　② 심장　　　③ 체력　　　④ 호르몬

2. 아이들은 부모와의 신체적 ( )을/를 통해 심리적 안정을 느낀다.
   ① 부위　　　② 접촉　　　③ 흡수　　　④ 활기

3. 무더위에 지친 가족들을 위해 ( )을/를 돋우는 음식을 준비했다.
   ① 몸무게　　　② 몸속　　　③ 입맛　　　④ 호르몬

QUIZ 2 다음 단어를 이용해서 문장을 만드십시오.

1. 건강에 / 것이다. / 담배는 / 술과 / 해로운

   _____

2. 나빠진 / 시력은 / 좋아지기 / 한번 / 힘들다.

   _____

3. 버섯의 / 성인병 / 영양은 / 예방 / 풍부한 / 효과가 있다.

   _____

QUIZ 3 빈칸에 공통적으로 들어갈 수 있는 말을 고르십시오.

> • ( )을/를 정확하게 잴 수 있습니다.
> • 땀은 ( )을/를 조절하는 역할을 한다.
> • 몸의 건강을 위해서는 늘 따뜻한 ( )을/를 유지하는 것이 좋다.

① 기능　　　② 상태　　　③ 체온　　　④ 피부

TOPIK 중급 **30회 읽기 40번**

다음을 읽고 중심 생각을 고르십시오. (4점)

> 몸무게가 많이 나간다고 해서 모두 비만인 것은 아니다. 비만은 몸무게가 표준보다 많이 나가고 몸속에 지방이 많이 쌓여 있는 것을 말한다. 운동선수들은 일반인보다 체중이 많이 나가는데도 비만이 아닌 경우가 많다. 몸속에 지방보다는 근육이 훨씬 많기 때문이다.

① 비만이 되지 않기 위해 근육을 키워야 한다.
② 체중이 표준 몸무게보다 많이 나가면 비만이다.
③ 몸무게가 많이 나가는 사람은 체중을 줄여야 한다.
④ 비만은 몸무게와 몸속 지방의 양에 의해서 결정된다.

TOPIK II **64회 읽기 36번**

다음을 읽고 내용이 같은 것을 고르십시오. (2점)

> 아기는 주변 사물을 손으로 더듬고 만지면서 지각 능력을 발달시킨다. 그런데 이렇게 능동적인 경험뿐만 아니라 사람, 햇빛, 바람 등에 의한 접촉도 주요한 촉각 경험이 된다. 그중 주변 인물과의 피부 접촉은 사랑, 유대감, 신뢰감 등 유아의 정서 발달과 사회성 발달에 매우 중요하다. 연구에 따르면 아기가 태어난 후 몇 년 사이에 이루어진 피부 접촉은 정서 발달에 필수적인 호르몬 분비를 촉진할 뿐만 아니라 지능 발달에도 영향을 미친다고 한다.

① 인간은 촉각을 통해 주변 사물을 이해한다.
② 정서 발달과 지능 발달은 상관관계가 높다.
③ 촉각 경험의 중요성에 대한 연구가 필요하다.
④ 유아의 발달을 위해서는 피부 접촉이 중요하다.

DAY 33 질병

- ☐ 일으키다
- ☐ 의식
- ☐ 복용하다
- ☐ 처방
- ☐ 고생
- ☐ 해치다
- ☐ 간호하다
- ☐ 시달리다
- ☐ 쓰러지다
- ☐ 토하다
- ☐ 질병
- ☐ 앓다
- ☐ 통증
- ☐ 퍼지다
- ☐ 두통약
- ☐ 식중독
- ☐ 증상
- ☐ 중독
- ☐ 응급실
- ☐ 진단
- ☐ 피부병

0710 ★★★

⑧ 일으키다
[이르키다]

영 cause 중 引起, 引发 일 引き起こす 베 gây nên

- 과다한 나트륨의 섭취는 각종 질환을 **일으킬** 수 있다.
- 식당에서 회를 먹은 손님이 복통을 **일으켜** 병원 치료를 받았다.

알아 두면 좋은 표현! 배탈을 일으키다, 빈혈을 일으키다

활용형 일으키는, 일으키어서(=일으켜서), 일으키니까, 일으킵니다

0711 ★★★

⑨ 고생

영 suffering 중 辛苦, 吃苦 일 苦労 베 sự cực khổ

- 평생을 **고생**만 하다 돌아가신 할머니 생각에 마음이 아팠다.
- 나는 출산 후 우울증을 앓으면서 **고생**을 참 많이 했었다.

알아 두면 좋은 표현! 고생이 심하다, 고생을 겪다(겪다▸0004), 고생을 참다

⑧ 고생하다

영 suffer 중 受苦, 受罪 일 苦労する 베 cực khổ

- 할아버지는 돌아가시기 전 오랫동안 암으로 **고생하셨다.**

0712 ★★

⑧ 쓰러지다

영 fall down 중 晕倒, 病倒 일 倒れる 베 ngất

- 나는 아버지의 사고 소식을 듣고 놀라 **쓰러졌다.**
- 남편이 과로로 **쓰러져서** 병원에 입원했다.

알아 두면 좋은 표현! 병으로 쓰러지다, 의식을 잃고 쓰러지다(의식▸0716)

활용형 쓰러지는, 쓰러지어서(=쓰러져서), 쓰러지니까, 쓰러집니다

0713 ★

명 **통증** [통쯩]

영 pain 중 痛症, 疼痛 일 痛み 베 triệu chứng đau

- 환자는 오른쪽 아랫배가 아프다며 **통증**을 호소했다.
- 진통제를 먹었더니 **통증**이 조금 좋아졌다.

🔵 알아 두면 좋은 표현! 허리 통증, 통증이 가시다, 통증이 퍼지다(퍼지다▶ 0719),
통증을 느끼다

0714 ★

명 **식중독** [식쭝독]

영 food poisoning 중 食物中毒 일 食中毒 베 ngộ độc thực phẩm

- 여름철에는 음식이 쉽게 상해 **식중독**에 걸리기 쉽다.
- 김밥을 먹고 **식중독**에 걸려 병원에서 치료를 받았다.

🔵 알아 두면 좋은 표현! 단체 식중독(단체▶ 0532), 식중독 예방(예방▶ 0670), 식중
독을 일으키다(일으키다▶ 0710)

0715 ★

명 **응급실** [응급씰]

영 emergency room 중 急诊室 일 救急救命室 베 độ ẩm

- 아이가 고열이 나서 **응급실**에 갔다.
- 구급 대원들은 교통사고 환자를 **응급실**로 이송했다.

🔵 알아 두면 좋은 표현! 병원 응급실, 응급실 환자, 응급실로 실려가다

0716 ★

명 **의식**

영 consciousness 중 意识 일 意識 베 ý thức

- 할아버지 한 분이 길에서 **의식**을 잃고 쓰러졌다.
- 갑자기 쓰러졌다가 병원으로 옮겨져 **의식**을 되찾았다.

🔵 알아 두면 좋은 표현! 의식이 돌아오다, 의식을 차리다, 의식을 회복하다
(회복▶ 0687)

0717 ★

동 **해치다**

영 harm 중 危害, 损害 일 損なう 베 gây hại

- 과식과 폭식은 건강을 **해친다**.
- 낮잠을 길게 자는 것은 오히려 건강을 **해칠** 수 있다.

🔵 알아 두면 좋은 표현! 간을 해치다, 몸을 해치다, 정서를 해치다

📋 활용형 해치는, 해치어서(=해쳐서), 해치니까, 해칩니다

0718 ★

동 **토하다**

영 vomit 중 呕吐, 吐 일 吐く 베 nôn, ói

- 먹은 것을 **토하기도** 하고 설사도 두 번이나 했다.
- 동생은 상한 음식을 먹었는지 계속 먹은 것을 **토했다**.

🔵 알아 두면 좋은 표현! 음식을 토하다, 피를 토하다

0719 ★
동 퍼지다

영 spread 중 扩散, 蔓延 일 広がる 베 lan ra
- 바이러스가 **퍼지면서** 전국적으로 감염자가 급증했다.
- 학교에 독감이 **퍼져** 학생들이 학교에 나오지 못했다.

🔵 알아 두면 좋은 표현! 냄새가 퍼지다, 독이 퍼지다, 전염병이 퍼지다

📋 활용형 퍼지는, 퍼지어서(=퍼져서), 퍼지니까, 퍼집니다

0720 ★
명 증상

영 symptom 중 症状 일 症状 베 triệu chứng
- 찬물을 마셨더니 배탈 **증상**이 더 심해졌다.
- 이번 감기는 **증상**이 다양하게 나타났다.

🔵 알아 두면 좋은 표현! 빈혈 증상, 장염 증상, 증상이 심각하다(심각하다▶ 0942), 증상을 보이다

0721 ★
명 진단
㉤ 진단되다
진단하다

영 check up 중 诊断 일 診断 베 sự chẩn đoán
- 나는 당장 입원해 치료를 받으라는 **진단**을 받았다.
- 의사는 고열과 복통을 호소하는 아이들에게 식중독 **진단**을 내렸다.

🔵 알아 두면 좋은 표현! 조기 진단(조기▶ 1072), 진단에 따르다

0722 ★
동 복용하다
[보공하다]

영 take 중 服用 일 服用する 베 dùng thuốc, uống thuốc
- 이 약을 하루 세 번, 식사 후 30분 이내 **복용하세요**.
- 잠도 푹 자고 약도 끝까지 **복용하면** 감기가 나을 거예요.

🔵 알아 두면 좋은 표현! 소화제를 복용하다, 영양제를 복용하다

0723 ★
동 간호하다

영 nurse 중 看护, 照料 일 看護する 베 chăm sóc
- 밤새 독감에 걸린 아이를 **간호하느라** 잠을 설쳤다.
- 선생님께서 잘 **간호해** 주신 덕분에 퇴원하게 되었어요.

🔵 알아 두면 좋은 표현! 환자를 간호하다, 극진히 간호하다

0724 ★
명 질병

영 disease 중 疾病 일 疾病 베 bệnh tật
- 외출 후 손발을 잘 씻지 않으면 각종 **질병**에 걸릴 수 있다.
- 우리는 충분한 휴식과 건강한 식습관으로 **질병**을 예방할 수 있다.

🔵 알아 두면 좋은 표현! 위험한 질병, 질병을 앓다(앓다▶ 0730), 질병을 치료하다

0725 ★
명 두통약 [두통냑]

영 headache medicine 중 头疼药 일 頭痛薬 베 thuốc đau đầu
- 나는 머리가 자주 아파서 **두통약**을 항상 가지고 다닌다.
- 선생님, **두통약**을 먹었는데도 벌써 몇 시간째 머리가 아파요.

🔵 알아 두면 좋은 표현! 두통약 한 알, 두통약을 복용하다(복용하다▶ 0722)

0726 ★
명 **중독**

명 addiction 중 中毒，上癮 일 中毒 베 sự nghiện

• 그렇게 매일같이 술을 마시다가는 알코올 중독이 될 거야.
• 이 약은 장기간 복용하면 중독에 빠질 위험이 높으니 장기 복용을 하지 마세요.

◎ 알아 두면 좋은 표현! 만성 중독, 카페인 중독

0727 ★
명 **피부병** [피부뼝]

명 skin disease 중 皮肤病 일 皮膚病 베 bệnh da liễu

• 수영장에만 다녀오면 피부병에 걸려 온몸에 붉은 반점이 생겼다.
• 피부병 때문에 가려워 긁었더니 몸에 상처가 생겼다.

◎ 알아 두면 좋은 표현! 피부병이 나타나다, 피부병이 번지다

0728 ★
명 **처방**

명 prescription 중 处方 일 処方（せん） 베 sự kê đơn

• 의사는 환자를 진단한 후 환자의 증상에 맞는 처방을 내렸다.
• 나는 의사의 처방에 따라 약도 복용하고 연고도 발랐다.

◎ 알아 두면 좋은 표현! 처방을 바꾸다, 처방을 쓰다

0729 ★
동 **시달리다**

명 suffer 중 受折磨，受罪 일 苦しむ 베 khổ sở

• 할머니는 계단을 오를 때마다 무릎 통증에 시달렸다.
• 스트레스로 자주 두통에 시달리고 있지만 병원에 갈 시간이 없다.

◎ 알아 두면 좋은 표현! 멀미에 시달리다, 병에 시달리다

▥ 활용형 시달리는, 시달리어서(=시달려서), 시달리니까, 시달립니다

0730 ★
동 **앓다** [알타]

명 suffer from, sick 중 得病，受苦 일 病む，患う 베 mắc bệnh, đau

• 할아버지는 병을 앓다가 작년에 돌아가셨다.
• 나는 독감에 걸려 밤새 끙끙 앓았다.

◎ 알아 두면 좋은 표현! 감기를 앓다, 배를 앓다, 장염을 앓다

DAY 33

QUIZ 1 (   )에 들어갈 가장 알맞은 것을 고르십시오.

1. 두통약을 먹었더니 (   )이/가 조금 가셨다.
   ① 간호   ② 고생   ③ 복용   ④ 통증

2. 약사는 의사의 (   )에 따라 약을 지어 주었다.
   ① 보조   ② 복용   ③ 진단   ④ 처방

3. 심한 복통에 (   ) 약을 먹고서야 겨우 잠이 들었다.
   ① 맡다가   ② 시달리다가   ③ 쓰러지다가   ④ 일으키다가

QUIZ 2 다음 단어를 이용해서 문장을 만드십시오.

1. 몸을 / 병을 / 얻었다. / 음주로 / 잦은 / 해쳐

   _____

2. 병이 / 온몸에 / 이미 / 치료할 수 없다. / 퍼져서

   _____

3. 감기를 / 앓은 / 이렇게 / 적은 / 지독하게 / 처음이었다.

   _____

QUIZ 3 빈칸에 알맞은 단어를 **보기** 에서 골라 쓰십시오.

보기   간호 / 응급실 / 의식 / 진단 / 통증

지난주에 형이 갑자기 머리가 아프다더니 **1.**(   )을/를 잃고 쓰러졌다. 나는 즉시 119에 전화를 했고 형은 **2.**(   )으로/로 급하게 이송되었다. 형은 **3.**(   )이/가 점점 심해질 거라는 의사의 **4.**(   )을/를 받은 뒤 병원에 입원했고 어머니의 지극한 **5.**(   )으로/로 건강을 되찾았다.

TOPIK II   52회 읽기 24번

글의 내용과 같은 것을 고르십시오. (2점)

> 친정아버지가 손자들이 보고 싶다며 오랜만에 우리 집에 오셨다. 내가 집안일을 하는 사이에 아버지는 큰애를 데리고 놀이터에 다녀온다며 나가셨다. 한 시간쯤 지났는데 아버지가 다급한 목소리로 전화를 하셨다. 아이가 다쳐서 병원 응급실로 데리고 가신다는 것이었다. 나는 너무 놀라 허둥지둥 응급실로 달려갔다. 아이는 이마가 찢어져 치료를 받고 있었다. 나도 모르게 "아버지, 애 좀 잘 보고 계시지 그러셨어요?"라며 퉁명스럽게 말했다. 아버지는 아무 말씀 없이 치료받는 아이의 손만 꼭 잡고 계셨다. 집에 와서 아이를 재우고 나서야 아버지 손등의 상처가 눈에 들어왔다. 아이의 상처에는 그렇게 가슴 아파하면서 아버지의 상처는 미처 살피지 못했다. 나는 아버지에게 홧김에 내뱉은 말을 생각하며 약을 발라 드렸다.

① 나는 친정아버지를 모시고 살고 있다.
② 아버지는 다친 큰애를 데리고 응급실에 가셨다.
③ 나는 병원에서 아이가 다쳤다는 전화를 받았다.
④ 아버지는 매일 큰애와 놀이터에서 놀아 주셨다.

다음을 읽고 내용이 같은 것을 고르십시오. (각 2점)

> 정부는 환자의 의약품 처방 이력을 제공하는 '의약품 안전 사용 서비스'를 실시
> 하고 있다. 이 제도는 의료 기관에서 의약품을 처방하기 전에 환자가 다른 기관에
> 서 어떤 약을 처방받았는지 온라인으로 점검하도록 하는 것이다. 함께 먹으면 안
> 되는 약이나 같은 약이 여러 번 처방될 경우 생기는 부작용을 방지하려는 목적이
> 다. 이 제도를 통한 적절한 의약품 처방이 국민의 건강 증진에 도움이 될 것으로
> 기대된다.

① 이 제도를 온라인에서 이용할 수 있도록 할 예정이다.
② 환자들은 의약품을 처방받기 전에 이 제도를 이용해야 한다.
③ 환자들은 의료 기관에 방문하지 않고 의약품을 처방받을 수 있다.
④ 의약품의 부적절한 처방을 예방하기 위해 이 제도가 시행되고 있다.

9

직장생활

DAY 34 구인 구직

DAY 35 직업과 진로

DAY 36 직장

DAY 37 업무와 능력(1)

DAY 38 업무와 능력(2)

DAY 34 구인 구직

🔊 Track 34

☐ 발표하다	☐ 면접	☐ 추천	☐ 최종
☐ 확인하다	☐ 비결	☐ 자격	☐ 대기
☐ 구하다	☐ 신입	☐ 경력	☐ 입사
☐ 모집	☐ 취업	☐ 거치다	☐ 지원
☐ 기준	☐ 이력서	☐ 인재	
☐ 갖추다	☐ 일자리	☐ 자격증	

0731 ★★★★
동 발표하다

영 announce 중 发表, 公布 일 発表する 베 phát biểu
- 입사 시험 결과를 오는 금요일 1시에 발표할 예정이다.
- 잠시 후에 오디션 결과를 발표하겠습니다.

명 발표

영 announcement 중 发表 일 発表 베 sự phát biểu
- 발표 준비를 하느라고 다른 과제를 못 했어요.

🔵 알아 두면 좋은 표현! 발표 내용, 발표 자료(자료▸ 0641), 발표를 시작하다

동 발표되다
[발표되다/발표뒈다]

영 be announced 중 发表, 公布 일 発表される 베 được phát biểu
- 최근에 발표된 연구 결과에 따르면 일주일에 세 번 이상 운동을 하는 것이 가장 건강에 좋다고 한다.

0732 ★★★★★
동 확인하다
[화긴하다]

영 confirm 중 确认 일 確認する 베 xác nhận
- 입사 시험 결과를 확인했는데 이번에도 떨어졌다.
- 전화를 잘못 거신 것 같습니다. 전화번호를 다시 확인해 보세요.

🔵 알아 두면 좋은 표현! 가격을 확인하다, 이메일을 확인하다(이메일▸ 0817)

명 확인 [화긴]
파 확인시키다

영 confirmation 중 确认 일 確認 베 sự xác nhận
- 술을 팔기 전에 신분증 확인이 필요해서요.

동 확인되다
[화긴되다/화긴뒈다]

영 be confrimed 중 确认 일 確認される、確認できる
베 được xác nhận
- 김민수 씨는 지난달에 퇴사한 것으로 확인됩니다.

0733 ★★★★
동 구하다

図 get, obtain 중 找, 招 일 募集する、求める 베 tìm kiếm

• 일자리를 구하는 젊은이들을 위한 취업 설명회가 열릴 예정이다.
• 여기에서 일할 사람을 구한다고 하던데 맞나요?

🔵 **알아 두면 좋은 표현!** 신혼집을 구하다

0734 ★★★★
명 모집
　파 모집되다

図 recruitment 중 招募，招聘 일 募集 베 việc tuyển

• 이번 신입 사원 모집에 이천 명이 넘는 사람들이 몰렸다.
• 연극 동아리 회원 모집을 하던데 관심 있어요?

🔵 **알아 두면 좋은 표현!** 작품 모집(작품▸0594), 직원 모집

동 모집하다
[모지파다]

図 recuite 중 招募 일 募集する 베 tuyển

• 학교 행사에 일할 사람이 부족해서 자원봉사자를 모집해야 할 것
같아요.

0735 ★★★★
명 기준

図 standard 중 基准，标准 일 基準 베 tiêu chuẩn

• 청년들의 직업 선택 기준이 적성에서 돈으로 바뀌었다.
• 배우 선발 기준은 당연히 연기여야 하지 않습니까?

🔵 **알아 두면 좋은 표현!** 선발 기준, 기준이 마련되다, 기준을 정하다, 적성을 직
업 선택의 기준으로 하다(적성▸0792)

0736 ★★★
동 갖추다 [갇추다]

図 equip, possess 중 具备 일 保有する、備える 베 có, trang bị

• 교사가 되기 위해서는 국가에서 정한 자격을 갖추어야 한다.
• 취업에 있어서 경쟁력을 갖추려면 무엇을 해야 할까요?

🔵 **알아 두면 좋은 표현!** 능력을 갖추다

🔲 **활용형** 갖추는, 갖추어서(=갖춰서), 갖추니까, 갖춥니다

0737 ★★★
명 면접

図 interview 중 面试 일 面接 베 cuộc phỏng vấn

• 면접에서 가장 중요한 것은 자신감이다.
• 다음 주에 입사 면접이 있어서 연습해야 할 것 같아.

🔵 **알아 두면 좋은 표현!** 면접시험, 면접을 보다

0738 ★★★
명 비결
　유 기술▸0997
　　노하우
　　비법

図 secret , Key 중 秘诀 일 秘訣 베 bí quyết

• 선배들의 취업 비결을 들을 수 있는 선배들과의 대화가 예정되어
있다.
• 음식이 정말 맛있어요. 요리 비결이 뭐예요?

🔵 **알아 두면 좋은 표현!** 성공 비결, 특별한 비결

0739 ★★★
圏 **신입** [시닙]

圀 newcomer, new member 图 新人, 新进 囝 新人、新入社員
圌 sự mới gia nhập

- 대표 이사에 선임된 김민수 씨는 1985년에 **신입** 사원으로 입사했다.
- 오늘 **신입**들을 축하하는 자리가 있으니까 빠지지 말고 모두 참석 하세요.

  🔵 알아 두면 좋은 표현! **신입** 회원, **신입**생

0740 ★★★
圏 **취업**
유 취직

圀 employment 图 就业, 工作 囝 就職、就業 圌 sự tìm việc

- 대학에 입학하자마자 **취업** 준비를 시작하는 학생들이 늘고 있다.
- 경제 상황을 해결하기 위해서 먼저 **취업** 문제를 해결해야 합니다.

  🔵 알아 두면 좋은 표현! **취업** 비율(비율▸ 0551)

图 **취업하다**
[취어파다]
유 취직하다

圀 employ 图 就业, 工作 囝 就職する 圌 tìm việc

- 갈수록 **취업**한 청년들의 비율이 줄어들고 있다.

0741 ★★★
圏 **이력서** [이력써]

圀 resume 图 履历, 简历 囝 履歴書 圌 sơ yếu lí lịch

- 민수는 책상에 앉아 증명사진을 **이력서**에 붙였다.
- 취직을 하려면 먼저 **이력서**부터 작성하십시오.

0742 ★★★
圏 **일자리** [일짜리]

圀 job 图 工作, 工作岗位 囝 就職口、働き口 圌 việc làm, chỗ làm

- 단순히 **일자리** 수를 늘리는 것보다는 좋은 **일자리**를 늘리는 것이 중요하다.
- 아직도 마음에 드는 **일자리**를 찾지 못했어?

0743 ★★
圏 **추천**

圀 recommendation 图 推荐, 举荐 囝 推薦 圌 sự giới thiệu

- 교수님의 **추천**으로 회사에 취직할 수 있었다.
- 누구의 **추천**을 받는 게 취업에 유리할까?

图 **추천하다**

圀 recommend 图 推荐, 举荐 囝 推薦する 圌 giới thiệu

- 화장품 가게 직원이 **추천**해 주는 것으로 그냥 사 왔어.

  💡 참고 **추천서** 圀 recommendation letter 图 推荐信 囝 推薦書
  圌 thư giới thiệu

0744 ★★
圏 **자격**

圀 qualification 图 资格 囝 資格 圌 tư cách

- 변호사로 일하기 위해서는 변호사 **자격**이 필요하다.
- 이 일을 하기 위한 **자격**에는 무엇이 있나요?

  🔵 알아 두면 좋은 표현! 지원 **자격**(지원▸ 0752), 참가 **자격**(참가▸ 0391)

0745 ★★
명 **경력** [경녁]

명 experience, Career 중 资历, 经验 일 経験、経歴
베 kinh nghiệm
- 이 자리는 3년 이상의 **경력**이 요구된다.
- 어느 회사든 들어가서 **경력**을 쌓는 게 좋지 않겠어요?

🔵 알아 두면 좋은 표현! 경력 사원, 경력자

0746 ★★
동 **거치다**

영 go through 중 经过, 通过 일 経る、通過する 베 thông qua
- 서류 심사와 면접 심사를 **거쳐** 최종 합격했음을 통지합니다.
- 의사가 되기 위해 어떤 과정을 **거치셨**습니까?

📖 활용형 거치는, 거치어서(=거쳐서), 거치니까, 거칩니다

0747 ★★
명 **인재**

명 talent 중 人才 일 人材 베 nhân tài
- 대기업들이 **인재** 채용에 나섰다.
- 이런 연구들을 이어서 해 줄 **인재**가 없어요.

🔵 알아 두면 좋은 표현! 인재를 등용하다, 인재를 양성하다

0748 ★
명 **자격증** [자격쯩]

명 license, certificate 중 资格证 일 資格 베 chứng chỉ
- 이 업무는 특별한 **자격증**이 필요하지 않다.
- 교사나 의사가 되려면 먼저 **자격증**부터 따야지요.

🔵 알아 두면 좋은 표현! 요리사 자격증

0749 ★
명 **최종**
파 최종적

명 final 중 最终 일 最終 베 cuối cùng
- **최종** 결과를 홈페이지에서 확인할 수 있다.
- 사장님의 **최종** 승인만 남아 있는 상태입니다.

0750 ★
명 **대기**
파 대기하다
대기시키다

명 witing 중 等待, 等候 일 待機 베 sự chờ đợi
- 대학 병원은 진료 **대기** 시간이 길다.
- 면접 순서가 될 때까지 여기에서 **대기**를 해 주십시오.

🔵 알아 두면 좋은 표현! 신호 대기

0751 ★
명 **입사** [입싸]
반 퇴사

명 entry into a company 중 入职 일 入社 베 việc vào công ty
- 우리는 같이 이 회사에 **입사**한 입사 동기이다.
- 그는 **입사** 후에도 언젠가 자신의 사업을 시작하기 위해 준비했다.

🔵 알아 두면 좋은 표현! 입사 지원서

동 **입사하다**
[입싸하다]
반 퇴사하다

명 join a company 중 入职 일 入社する 베 vào công ty
- **입사**한 지 1년 안에 퇴사하는 비율이 늘고 있다.

0752 ★
명 지원

명 application 중 志愿, 申请 일 志願 베 sự đăng kí

· 20세 이상이면 누구나 이 회사에 **지원**이 가능하다.
· 신입 사원 **지원** 자격은 홈페이지에서 확인할 수 있습니다.

◉ 알아 두면 좋은 표현! 지원자

동 지원하다

명 apply 중 申请, 报名 일 志願する 베 đăng kí

· 자격증을 가진 사람만 **지원할** 수 있다.

QUIZ 1 ( )에 들어갈 가장 알맞은 것을 고르십시오.

1. 취업하려면 ( )이/가 필요하다고 해서 이번에 새로 하나 따려고.
   ① 이력서　　　② 추천서　　　③ 지원서　　　④ 자격증

2. 우리 회사의 지원자들은 사장님과의 ( )을/를 거쳐야 최종 합격할 수 있었다.
   ① 모집　　　　② 면접　　　　③ 추천　　　　④ 기준

3. 최종 합격자를 오늘 ( ) 해서 홈페이지 게시판을 계속 확인하고 있어.
   ① 발표한다고　　② 확인한다고　　③ 취업한다고　　④ 추천한다고

QUIZ 2 다음 단어를 이용해서 문장을 만드십시오.

1. 자격을 / 못한 / 갖추지 / 합격할 수 없어요. / 지원자는

　_____

2. 일하고 / 제출하면 돼. / 확인하고 / 지원서를 / 이 회사에서 / 싶으면 / 모집 공고를

　_____

3. 취업에 / 시간을 / 선배들이 / 이번 / 갖는다. / 알려주는 / 성공한 / 비결을 / 행사에는

　_____

QUIZ 3 다음을 읽고 ( )에 알맞은 문장을 쓰십시오.

( ) 2000년대 이전에 면접은 채용 과정에서 형식적인 절차로 진행되었다. 2000년대에 들어서는 면접을 통해서 지원자의 자질과 업무 능력을 파악하기 위해 지원자가 예상하지 못한 질문을 하거나 지원자를 긴장시키는 질문을 하고 그 반응을 보는 압박 면접이 많이 이루어졌다. 요즘에는 압박 면접 대신에 예비 직원 교육 등을 통해서 지원자들이 얼마나 성장하는지를 확인하는 면접 방식이 주목받고 있다.

다음은 교양 프로그램입니다. 잘 듣고 물음에 답하십시오. (각 2점)

37. 남자의 중심 생각을 고르십시오.

　① 기업은 신입 사원의 능력 개발을 장려해야 한다.
　② 입사하고 싶은 기업의 선발 기준을 파악하고 있어야 한다.
　③ 이력서에 있는 개인 정보가 공정한 선발을 방해할 수 있다.
　④ 능력 있는 인재가 되기 위해서는 노력하는 자세가 필요하다.

38. 들은 내용과 일치하는 것을 고르십시오.

　① 이 남자는 '익명이력서'에 대해 부정적이다.
　② 이 남자는 이력서에 사진이 있어야 한다고 본다.
　③ 기업들이 사진 없는 이력서 도입을 계속 미루고 있다.
　④ '익명이력서'로는 지원자의 성별과 나이를 알 수 없다.

직업과 진로

☐ 분야	☐ 감독	☐ 꿈꾸다	☐ 기술자
☐ 택하다	☐ 모델	☐ 통역	☐ 목표
☐ 체험	☐ 과학자	☐ 소설가	☐ 달성하다
☐ 고려하다	☐ 가정주부	☐ 작곡가	☐ 기업가
☐ 직장인	☐ 조언	☐ 흥미	
☐ 도전	☐ 농부	☐ 장래	

0753 ★★★★
몡 **분야** [부냐]
윾 부분
영역▸ 0969

영 field, area 중 领域，方面 일 分野 베 lĩnh vực
• 김민수 씨는 인공 지능(AI) 분야에서 주목 받는 인재다.
• 앞으로 우리가 연구해야 할 분야가 많습니다.

🔵 알아 두면 좋은 표현! 교육 분야, 과학 분야, 다양한 분야

0754 ★★★★
동 **택하다** [태카다]

영 choose 중 选择 일 選ぶ 베 lựa chọn
• 내가 택한 사람이 나를 택하지 않더라도 너무 슬퍼하지 마라.
• 전공을 택할 때 무엇이 가장 중요하다고 생각해요?

🔵 알아 두면 좋은 표현! 전공으로 영어영문학을 택하다

0755 ★★★★
몡 **체험**

영 experience 중 体验 일 体験 베 sự trải nghiệm
• 문화 체험을 하기 위해 박물관을 찾았다.
• 아이들을 위한 직업 체험 프로그램이 인기입니다.

🔵 알아 두면 좋은 표현! 농촌 체험(농촌▸ 0521), 체험 활동, 체험비

동 **체험하다**

영 to experience 중 体验 일 体験する 베 trải nghiệm
• 저희 회사에서는 저희 회사에 관심이 있는 우수한 대학생들에게 저희 회사를 체험해 볼 기회를 드립니다.

0756 ★★★★

동 고려하다

명 consider 중 考虑 일 考慮する 베 sự cân nhắc

• 직업을 고를 때 고려해야 할 것은 뭐가 있을까요?
• 여러 상황을 충분히 고려한 결과 전공을 바꾸기로 결정했다.

🔵 알아 두면 좋은 표현! 서로의 입장을 고려하다(입장▸ 0914), 특성을 고려하다
(특성▸ 1065)

명 고려
유 감안
   참작

명 consideration 중 考虑 일 考慮 베 cân nhắc

• 제가 새 집을 구할 때 중요한 고려 사항 중 하나는 학교와의 거리
입니다.

동 고려되다
[고려되다/고려돼다]

명 be considered 중 考虑 일 考慮される 베 được cân nhắc

• 공사를 계획할 때는 안전이 최우선으로 고려되어야 합니다.

0757 ★★★★

명 직장인 [직짱인]

명 office worker, employee 중 上班族 일 会社員 베 người đi làm

• 종로나 강남에 가면 정장을 입은 직장인들을 많이 볼 수 있다.
• 직장인이 되고 싶어서 노력했지만 매번 입사 시험에서 떨어지고
말았다.

0758 ★★★

명 도전
파 도전적

명 challenge 중 挑战 일 挑戦 베 sự thử thách

• 꿈을 이루기 위해 새로운 도전을 시작했다.
• 도전은 언제나 두려운 것이지만 그만큼 가치 있는 일입니다.

🔵 알아 두면 좋은 표현! 도전 정신(정신▸ 0197), 도전을 두려워하지 않다

동 도전하다

명 to challenge 중 挑战 일 挑戦する 베 thử thách

• 어려움이 있어도 계속 도전하는 사람이 결국 승리하게 된다.

🔵 알아 두면 좋은 표현! 새로운 분야에 도전하다(분야▸ 0753)

0759 ★★★

명 감독

명 director 중 导演, 教练 일 監督 베 đạo diễn

• 이 작품의 감독은 누구예요?
• 영화 감독이 되기 위해서 영화 아카데미에 입학했다.

🔵 알아 두면 좋은 표현! 뮤지컬 감독(뮤지컬▸ 0580), 축구 감독

동 감독하다
[감도카다]

명 direct 중 監督 일 監督する 베 giám sát

• 공사 과정을 감독한 결과 여러 가지 문제점이 있는 것으로 밝혀
졌다.

0760 ★★★

명 모델

명 model 중 模特(儿) 일 モデル 베 người mẫu

• 모델이 되어 패션쇼에 선 나의 모습을 상상해 보았다.

명 role model 중 榜样 일 ロールモデル、手本 베 hình mẫu

• 저는 제 아버지를 모델로 삼고 아버지와 같은 훌륭한 축구 선수
가 되려고 노력했어요.

0761 ★★
명 **과학자** [과학짜]

명 scientist 중 科学家 일 科学者 베 nhà khoa học
- 우주 과학 분야를 연구하는 **과학자**가 되는 것이 제 꿈입니다.
- 세계 여러 **과학자**들이 모여 환경 문제를 해결할 수 있는 방안에 대해 논의한다.

0762 ★★
명 **가정주부**
유 주부

명 housewife 중 家庭主妇 일 主婦（主夫） 베 nội trợ gia đình
- 남편은 퇴사 후에 **가정주부**로 살기를 원했다.
- 어머니는 **가정주부**로 사셨지만 언제나 새로운 것을 배우려고 노력하셨다.

0763 ★★
명 **조언**

명 advice 중 建议，意见 일 助言、アドバイス 베 lời khuyên
- 진로에 대해 선배의 **조언**을 구했다.
- 모든 **조언**을 꼭 귀담아들어야 하는 것은 아니야.

동 **조언하다**

명 advise 중 建议，意见 일 助言する 베 khuyên
- 올바른 길로 갈 수 있게 **조언해** 줄 수 있는 사람이 옆에 있다는 것은 감사한 일이다.

0764 ★
명 **농부**
유 농사꾼

명 farmer 중 农夫，农民 일 農家の人、農民 베 nông dân
- 봄이면 **농부**들이 밭에 씨를 뿌리지요.
- **농부**가 되기 위해 귀농하는 인구가 늘고 있다.

0765 ★
동 **꿈꾸다**

명 dream 중 梦想，憧憬 일 夢見る 베 mơ
- 연예인을 **꿈꾸는** 청소년들의 수가 증가했다.
- 무엇을 **꿈꾸든지** 그 꿈을 위해 노력하는 것이 중요합니다.

　　활용형　꿈꾸는, 꿈꾸어서(=꿈꿔서), 꿈꾸니까, 꿈꿉니다

0766 ★★
명 **통역**

명 translation 중 翻译 일 通訳 베 sự phiên dịch
- 김민수 씨가 이번 외교 행사에서 **통역**을 담당했다.
- 해외 거래처 사람과 오늘 회의 예정인데 **통역**을 부탁드리려고요.

　　🔵 알아 두면 좋은 표현!　통역 봉사자, 통역 서비스, 통역사

동 **통역하다**
[통여카다]

명 translate 중 翻译 일 通訳する 베 phiên dịch
- 3개 국어를 동시에 **통역할** 사람을 찾습니다.

0767 ★
명 **소설가**

명 novelist 중 小说家 일 小説家 베 người viết tiểu thuyết
- 인터넷에서 글을 연재하는 **소설가**들이 늘고 있다.
- **소설가** 박경리의 소설 〈토지〉는 반드시 읽어보기를 권합니다.

0768 ★
명 작곡가 [작꼭까]

영 composer 중 作曲家 일 作曲家 베 nhà soạn nhạc, nhạc sĩ

• 작곡가의 허락 없이 노래를 사용할 수 없다.
• 이번 연주회에서는 작곡가가 직접 나와 자신이 작곡한 음악에 대해 소개해 준다.

0769 ★
명 흥미

영 interest 중 兴趣, 趣味 일 興味 베 sự hứng thú

• 어릴 때부터 운동에 흥미를 느껴 운동선수가 되었습니다.
• 아이들이 흥미를 끌 수 있는 교육 방법을 찾는 것이 중요합니다.

🔵 알아 두면 좋은 표현! 흥미가 떨어지다, 흥미를 끌다, 흥미롭다

0770 ★
명 장래 [장내]

영 future 중 将来, 未来 일 将来(の) 베 tương lai

• 장래 희망이 연예인이었던 아이는 노력 끝에 유명한 연예인이 되었다.
• 우리 아이들이 장래에 살아갈 지구를 생각하신다면 환경오염 문제에 관심을 가져 주세요.

0771 ★
명 기술자 [기술짜]

영 technician 중 技术人员 일 技術者 베 kĩ sư

• 기술자라고 하면 우리는 보통 남성을 떠올리지만 여성 기술자의 수는 날로 증가하고 있다.
• 집에 전기가 들어오지 않아서 전기 기술자를 불러야 할 것 같아.

0772 ★
명 목표

영 goal, objective 중 目标 일 目標 베 mục tiêu

• 목표가 없는 것은 지도도 없이 여행을 떠나는 것과 같다.
• 목표를 정할 때는 이룰 수 있는 현실적인 목표를 세우는 것이 좋다.

🔵 알아 두면 좋은 표현! 목표 달성(달성▸ 0773), 목표를 세우다, 목표를 이루다 (이루다▸ 0007)

0773 ★
동 달성하다
[달썽하다]

영 achive 중 达成, 实现 일 達成する 베 đạt được

• 날마다 계획한 목표를 달성하다 보면 일 년 후에는 달라진 자신을 확인할 수 있을 것이다.
• 긍정적인 태도는 목적을 달성하는 데에 도움을 준다.

명 달성 [달썽]
　　파 달성되다

영 achievement 중 达成, 实现 일 達成 베 sự đạt được

• 5Kg 감량이라는 목표 달성에 실패했다.

0774 ★
명 기업가 [기업까]
　　유 기업인

영 entrepreneur 중 企业家 일 企業家、経営者 베 doanh nhân

• 한 기업가가 어려운 이웃을 위해 자신의 재산을 모두 기부했다.
• 대학에서 경영학을 전공하고 회사에서 경력을 쌓은 뒤 내 회사를 운영하는 기업가가 되고 싶어요.

DAY 35

QUIZ 1 ( )에 들어갈 가장 알맞은 것을 고르십시오.

1. ( )은/는 두 개 언어를 모두 잘 할 수 있어야 합니다.
   ① 통역사 　　　　② 전문가 　　　　③ 기술자 　　　　④ 작곡가

2. 과학자를 꿈꾸는 초등학생들을 위해 ( ) 한마디 해 주시겠습니까?
   ① 조언 　　　　② 체험 　　　　③ 도전 　　　　④ 시인

3. 자신의 장단점을 파악하고 흥미와 적성을 ( ) 적절한 직업을 선택해야 한다.
   ① 택해 　　　　② 달성해 　　　　③ 고려해 　　　　④ 마음먹어

QUIZ 2 다음 단어를 이용해서 문장을 만드십시오.

1. 사람이 / 통역할 / 영어 / 알아요? / 할 / 필요한데 / 줄

   _____

2. 어려움이 / 마세요. / 멈추지 / 마음먹었으면 / 어떤 / 있어도 / 도전을

   _____

3. 부모님의 / 디자이너를 / 후회된다. / 것이 / 꿈꾸던 / 포기한 / 조언으로

   _____

QUIZ

QUIZ 3　다음을 읽고 내용과 같은 것을 고르십시오.

초등학생을 위한 직업 체험 프로그램 늘고 있어

　대학 입학을 최종 목표로 삼던 예전과는 달리 일찍 꿈을 찾고 취업에 성공하는 것이 더 중요하다고 보는 학부모들이 늘어나면서 아이가 어릴 때부터 진로를 선택할 수 있도록 도움을 주려고 하는 부모들이 많아졌다. 올해 문을 연 어린이 직업 체험관에서는 소방관, 의사, 변호사, 디자이너 같은 여러 분야의 직업 체험 프로그램을 운영하고 있을 뿐만 아니라 매주 각 분야에서 일하는 직장인들을 초대해 이야기를 들을 수 있는 자리를 마련하고 있다. 어린이 직업 체험관을 찾은 초등학생들과 학부모들은 전문가들과 소통하면서 다양한 직업에 흥미를 갖게 되었고, 관심이 있던 직업에 대해서 더 잘 이해할 수 있는 기회가 되었다며 만족감을 드러냈다.

인주일보 김현주 기자

① 취업보다는 대학 진학을 우선시하는 학부모들이 늘고 있다.
② 어린이 직업 체험관에서는 몇 가지 직업만을 체험해 볼 수 있다.
③ 어린이 직업 체험관을 방문한 사람들은 프로그램에 대해 만족한다.
④ 어린이 직업 체험관에서는 한 달에 한 번 직장인의 이야기를 듣는 시간을 갖는다.

다음을 듣고 내용과 일치하는 것을 고르십시오. (2점)

① 여자는 현재 구청에서 일하고 있다.
② 남자는 프로그램에 대해 알아볼 것이다.
③ 여자는 이 프로그램에 참여한 적이 있다.
④ 남자는 이 프로그램에 대해 들은 적이 없다.

다음 그래프의 내용과 같은 것을 고르십시오. (2점)

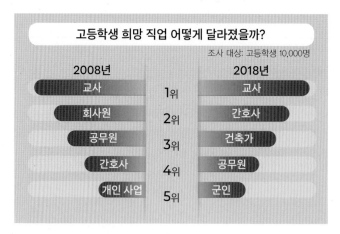

① 1위 순위의 직업이 바뀌었다.
② 공무원은 순위의 변화가 없었다.
③ 군인이 새롭게 5위 안에 들었다.
④ 간호사는 4위로 순위가 떨어졌다.

직장

☐ 기업	☐ 대표	☐ 승진	☐ 심사
☐ 과장	☐ 사정	☐ 우수	☐ 조정하다
☐ 대리	☐ 퇴직하다	☐ 복사	☐ 설립하다
☐ 명함	☐ 부서	☐ 복사기	☐ 방해
☐ 근무	☐ 사무소	☐ 업계	
☐ 동료	☐ 회식	☐ 적성	

0775 ★★★★★
명 기업
　형 기업적

명 company, corporation 중 企業 일 企業 베 doanh nghiệp
• 기업마다 가지고 있는 기업 문화가 다르다.
• 국내 한 기업은 회사 내에 직원들의 자녀를 위한 교육 시설을 만들었다.
🔵 알아 두면 좋은 표현! 중소기업, 대기업

0776 ★★★★
명 과장

명 manger 중 科長 일 課長 베 trưởng phòng
• 김 과장님은 출장 중이십니다.
• 입사하고 과장이 되기까지 10년이 걸렸다.
💡 참고 사원, 대리(대리▸0777), 부장, 사장

0777 ★★
명 대리

명 deputy 중 代理 일 代理 베 đại diện
• 이 대리가 이번에 우수 사원으로 뽑혔다.
• 컴퓨터가 고장이 났는데 김 대리님이 고쳐주셨어요.

0778 ★★★
명 명함

명 business card 중 名片 일 名刺 베 danh thiếp
• 거래처 직원의 명함을 받았다.
• 취업하고 처음 만든 내 명함을 봤을 때 그 기분을 잊을 수가 없어.
🔵 알아 두면 좋은 표현! 명함을 읽다, 명함을 주고받다(주고받다▸0100), 명함을 만들다, 명함을 교환하다

0779 ★★★

명 **근무**

图 work, duty 图 上班，办公 图 勤務 圃 sự làm việc

• 신청자에 한해 재택근무를 실시하기로 하였다.
• 그 회사는 근무 조건이 맞지 않아서 합격하기는 했지만 가지 않으려고.

● 알아 두면 좋은 표현! 근무 시간, 근무 조건(조건▸ 0807), 재택근무

동 **근무하다**

图 to work 图 工作，上班 图 勤務する 圃 làm việc

• 어느 회사에서 근무하세요?

0780 ★★★

명 **동료** [동뇨]

图 co-worker 图 同僚，同事 图 同僚 圃 đồng nghiệp

• 직장 동료들과 동호회를 만들었다.
• 저는 혼자 일하는 것보다는 동료와 함께 일하는 게 좋아요.

● 알아 두면 좋은 표현! 팀 동료, 동료 사원, 동료를 챙기다(챙기다▸ 0097)

0781 ★★★

명 **대표**

파 대표되다
대표적
유 대표자

图 CEO, president 图 代表 图 代表 圃 đại diện

• 그는 한 회사의 대표로 일한 지 10년이 넘었다.
• 열심히 해서 올림픽 대표가 되는 것이 꿈입니다.

● 알아 두면 좋은 표현! 국가 대표, 대표팀

동 **대표하다**

图 represent 图 代表 图 代表する 圃 đại diện

• 김치는 한국을 대표하는 음식입니다.

0782 ★★

명 **사정**

图 condition 图 事情，情况 图 事情 圃 lí do, hoàn cảnh

• 집안 사정 때문에 내일 휴가를 써야 할 것 같습니다.
• 회사 사정으로 많은 직원들이 회사를 떠나야 했다.

● 알아 두면 좋은 표현! 개인 사정(개인▸ 0002), 사정이 어렵다

0783 ★★

동 **퇴직하다**
[퇴지카다/퉤지카다]
유 퇴임하다

图 retire 图 退休，离职 图 退職する 圃 nghỉ hưu

• 아버지께서 30년 넘게 일하신 회사에서 퇴직하셨다.
• 퇴직한다고 해서 내 경력이 사라지는 것은 아니니까요.

명 **퇴직** [퇴직/퉤직]
유 퇴임

图 retirement 图 退休，离职 图 退職 圃 sự nghỉ hưu

• 퇴직 후에 무엇을 하며 어떻게 살아야 할지 고민이다.

0784 ★★

명 **부서**

图 department 图 部门 图 部署 圃 bộ phận

• 3월에 부서 이동이 이루어질 예정이다.
• 영업 부서에서 마케팅 부서로 자리를 옮기게 되었습니다.

0785 ★★

명 사무소

명 office 중 事务所，办事处 일 事務所、事務室 베 văn phòng

• 아파트 관리 사무소에서 쓰레기를 버리는 방법에 대해 안내해 준다.
• 지방 사무소로 발령 나서 다음 주에는 이사를 해야 할 것 같아요.

◉ 알아 두면 좋은 표현! 관리 사무소

0786 ★★

명 회식

[회식/훼식]

명 company dinner 중 会餐，聚餐 일 会食 베 buổi liên hoan

• 회식 장소는 다 같이 정합시다.
• 이번 금요일 저녁에 부서 사람들과 회식이 있다.

동 회식하다

[회시카다/훼시카다]

명 dinner together 중 会餐，聚餐 일 会食する 베 liên hoan

• 점심시간을 이용해 회식하는 회사들이 늘었다.

0787 ★

명 승진

패 승진시키다

명 promotion 중 晋升，升职 일 昇進、出世 베 sự thăng tiến

• 승진을 위해서만 일하다 보면 정말 중요한 것은 잊게 된다.
• 이 프로젝트가 성공하면 승진 기회를 잡는 거니까 열심히 해봐.

동 승진하다

명 promote 중 晋升，升职 일 昇進する、出世する 베 thăng tiến

• 김민수 대리가 이번에 과장으로 승진했대.

0788 ★

명 우수

명 excellent 중 优秀 일 優秀 베 sự ưu tú

• 그 선수가 이번에 우수 선수로 뽑혔대요.
• 성과에 따라 선정된 우수 사원들은 해외로 연수를 떠날 수 있다.

◉ 알아 두면 좋은 표현! 우수 학생, 최우수

형 우수하다

형 to be excellent 중 优秀 일 優秀だ 베 ưu tú

• 우리 학교에서는 성적이 우수한 학생들에게 장학금을 드립니다.

0789 ★

명 복사 [복싸]

명 copy 중 复印 일 コピー 베 sự sao chép

• 김민수 씨, 이 서류 두 부만 복사 부탁합니다.
• 회사에 들어와서 한 첫 번째 일이 서류 복사였다.

동 복사하다

[복싸하다]

명 to copy 중 复印 일 コピーする 베 sao chép

• 복사하는 방법을 잘 모르는데 가르쳐 주시겠어요?

0790 ★★

명 복사기 [복싸기]

명 copying machine 중 复印机 일 コピー機 베 máy phô-tô

• 복사기가 고장이 나서 수리를 맡겨야 할 것 같아요.
• 회사에 새 복사기 구매를 신청했다.

◉ 알아 두면 좋은 표현! 복사기를 고치다, 복사기를 사용하다

명 업계 [업계/업께]

명 industry 중 业界, 行业 일 業界 베 ngành, giới

• 우리 업계에서는 보통 한 직장에서 오래 일하는 것 같아.
• 가나다 백화점이 업계 최초로 무료 배달 서비스를 실시한다.

● 알아 두면 좋은 표현! 건설 업계(건설▶ 0281), 광고 업계, 식품 업계

명 적성 [적썽]

명 aptitude 중 性格, 适应能力 일 適性 베 sự phù hợp

• 진로를 정할 때 가장 중요한 것은 자신의 적성이다.
• 고등학생 때 적성 검사를 한번 받아보는 것도 좋아.

명 심사
파 심사되다

명 examination 중 审查, 评审 일 審査 베 sự thẩm định

• 그림 그리기 대회에서 누가 심사를 맡았어요?
• 열심히 준비했지만 서류 심사에서 떨어지고 말았다.

● 알아 두면 좋은 표현! 서류 심사, 심사 결과

동 심사하다

명 interview 중 审查, 评审 일 審査する 베 thẩm định

• 주민들이 정책을 심사할 기회가 있어야 한다.

동 조정하다

명 adjust, regulate 중 调整 일 調整する 베 sự điều chỉnh

• 출근 시간을 스스로 조정할 수 있는 근무 환경이 조성되기를 원합니다.
• 사장님이 급한 일이 생기셨다고 하셔서 회의 일정을 조정해야 할 것 같습니다.

● 알아 두면 좋은 표현! 에어컨 온도를 조정하다, 의견을 조정하다(의견▶ 0910)

명 조정

명 adjustment 중 调整 일 調整 베 điều chỉnh

• 근무가 가능한 인원이 부족해 근무 시간 조정이 필요한 상황이다.

동 조정되다
[조정되다/조정뒈다]

명 be adjusted 중 调整 일 調整される、改善される
베 được điều chỉnh

• 직원들의 의견을 반영해 직원 식당 메뉴가 조정되었다.

0795 ★
⑤ 설립하다
[설리파다]

図 Estabilsh 图 建立，创建 圆 設立する 団 thành lập

• 유학 후에는 고향에 돌아가 제 회사를 설립하는 것이 제 목표입니다.
• 인주시는 지역 내의 청소년들이 이용할 수 있는 청소년 문화 센터를 설립하였다.

⑨ 설립

図 establishment 图 创立，建立 圆 設立 団 sự thành lập

• 도서관 설립을 위한 자금을 모으고 있습니다.

◎ 알아 두면 좋은 표현! 기관 설립(기관▶ 0335), 설립 과정, 회사 설립

⑤ 설립되다
[설립띄다/설립뛔다]

図 be established 图 設立，建立 圆 設立される 団 được thành lập

• 환경 보호를 위한 시민 단체가 설립되었다.

0796 ★★★
⑨ 방해

図 interference 图 妨碍，干扰 圆 妨害 団 sự cản trở

• 가게에 들어가 소동을 일으키는 건 영업 방해에 해당한다.
• 그렇게 시끄럽게 대화하는 건 다른 사람들 공부에 방해가 돼요.

⑤ 방해하다

図 interupt 图 妨碍，干扰 圆 妨害する 団 cản trở

• 지금 빨리 과제를 해야 하는데 옆에서 방해하지 마세요.

⑤ 방해되다
[방해되다/방해뛔다]

図 be interupted 图 妨碍，干扰 圆 妨害になる 団 bị cản trở

• 아이의 공부에 방해될까 부모는 작은 소리도 내지 않으려고 노력했다.

DAY 36 QUIZ

QUIZ 1 (   )에 들어갈 가장 알맞은 것을 고르십시오.

1. 이번 일의 성과에 따라서 과장 (   )이/가 결정됩니다.
   ① 지원   ② 추진   ③ 승진   ④ 상태

2. 기업을 설립하기 전에 먼저 (   ) 상황을 분석해 보는 게 어때?
   ① 업계   ② 근무   ③ 사정   ④ 심사

3. 회사 사정이 어려워지면서 (   ) 사람들이 늘고 있다.
   ① 승진하려는   ② 퇴직하려는   ③ 조정하려는   ④ 근무하려는

QUIZ 2 다음 단어를 이용해서 문장을 만드십시오.

1. 사무소로 / 가서 / 퇴직할래. / 그냥 / 일하느니 / 지방

   _____

2. 이번 / 성공시키면 / 기회가 / 우리 / 프로젝트를 / 모두 / 승진의 / 생길 거야.

   _____

3. 사원들에게 / 나누어 / 소개했다. / 부장님이 / 주면서 / 자신을 / 신입 / 명함을

   _____

QUIZ 3 다음은 무엇에 대한 글인지 고르십시오.

> 1. 복사할 면을 아래를 향하게 올려놓으십시오.
> 2. 종이의 크기, 복사 수를 선택하고 '시작' 버튼을 누르십시오.

① 컴퓨터 수리 방법   ② 복사기 수리 방법   ③ 복사기 사용 방법   ④ 프린터 사용 방법

13회 읽기 53번

다음을 읽고 물음에 답하십시오. (3점)

> 요즘 직장인들의 최대 관심은 '자기 계발'이다. 그러나 실제로는 회사 업무가 많아서 자기 계발에 투자할 여유를 갖기 어려운 것이 현실이다. 여유는 자신이 만들어 가는 것이다. 여유 시간이 많지 않다면, 회사 내의 동호회에 참여하거나 주말을 이용해서 외국어 학습 같은 자기 계발을 실천할 수 있다. 필요하다는 생각이 들었을 때 바로 실천하는 것이 성공의 지름길이다.

53. 글쓴이는 직장인들의 '자기 계발'에 대해 어떻게 생각합니까?

① 실천이 중요하다고 확신하고 있다.
② 외국어 학습이 자기 계발의 핵심이다.
③ 시간이 없을 때는 어쩔 수 없다고 생각한다.
④ 자기 계발에 투자할 시간이 없는 현실이 안타깝다.

24회 듣기 5번   🔊 Track 36-1

다음 대화를 잘 듣고 이어질 수 있는 말을 고르십시오. (3점)

① 저도 이번 기회에 승진하고 싶어요.
② 지금처럼 최선을 다해서 일해 주세요.
③ 열심히 해서 꼭 과장으로 승진하세요.
④ 사장님께서도 김 과장을 믿고 있어요.

업무와 능력(1)

☐ 해결하다	☐ 분석하다	☐ 책임	☐ 아이디어
☐ 활용하다	☐ 특징	☐ 담당	☐ 거래처
☐ 방식	☐ 평가	☐ 전문	☐ 이메일
☐ 대신	☐ 처리하다	☐ 참석하다	☐ 요청하다
☐ 홍보하다	☐ 조건	☐ 작성	
☐ 업무	☐ 경영	☐ 신제품	

0797 ★★★★★

⑤ 해결하다

뗑 solve 중 解決 일 解決する 베 giải quyết

• 물 부족 문제를 **해결하기** 위한 여러 나라의 노력이 계속되고 있습니다.
• 회사 동료와의 갈등을 **해결하기** 위해서 회사 밖에서 이야기를 나누기로 했다.

🔵 **알아 두면 좋은 표현!** 고민을 해결하다

몡 해결

뗑 solution 중 解決 일 解決 베 sự giải quyết

• 이렇게 큰 문제가 **해결**이 될까요?

⑤ 해결되다
[해결되다/해결뒈다]

뗑 be solved 중 解決 일 解決できる 베 được giải quyết

• 지난번에 고민하던 남자 친구와의 문제는 잘 **해결되었어요?**

0798 ★★★★★

⑤ 활용하다
[화룡하다]

뗑 utilize 중 充分利用, 活用 일 活用する 베 dùng, sử dụng

• 숙제는 인터넷을 **활용해도** 좋습니다.
• 한글을 하나의 디자인으로 **활용하는** 사례가 늘고 있다.

🔵 **알아 두면 좋은 표현!** 능력을 활용하다, 아이디어를 활용하다(아이디어▸ 0815)

몡 활용 [화룡]

뗑 usage 중 利用, 活用 일 活用 베 việc sử dụng

• 물 부족 문제를 해결하기 위한 한 가지 방법으로 빗물 **활용** 방안이 제시되었다.

⑤ 활용되다
[화룡되다/화룡뒈다]

뗑 be used 중 利用, 活用 일 活用される 베 được sử dụng

• 이 공간은 전시회장으로도 **활용됩니다.**

0799 ★★★★★
명 방식

영 method 중 方式，形式 일 やり方、方式 베 phương thức
- 회사 동료와 일을 하는 **방식**의 차이에서 갈등이 생길 수 있다.
- 기부하고 싶으시다면 여러 가지 **방식**으로 기부에 참여할 수 있습니다.

0800 ★★★★
명 대신

영 instead 중 代替 일 代わりに 베 sự thay thế
- 시험은 누가 **대신** 봐 줄 수 없다.
- 바쁘면 도서관에 가는 김에 내가 **대신** 책을 반납해 줄게.
  ● 알아 두면 좋은 표현! -는 / 은 / ㄴ 대신에 ▶ 표현(p.436)

동 대신하다

영 instead of 중 代替 일 代わる 베 thay thế
- 과장님을 **대신**해 회의에 참석하였다.

0801 ★★★★
동 홍보하다

영 promote 중 宣传 일 広報する 베 quảng bá
- 시식은 회사의 제품을 **홍보**하기 위한 하나의 수단이다.
- 이번 신제품을 **홍보**할 좋은 방법은 뭘까요?

명 홍보

영 promotion 중 宣传 일 広報 베 sự quảng bá
- 한국 문화 **홍보**를 위한 정부의 노력이 계속되고 있다.
  ● 알아 두면 좋은 표현! 영화 홍보, 회사 홍보, 홍보 효과(효과▶ 0665), 홍보팀,
  홍보부, 홍보물

0802 ★★★★
명 업무 [엄무]

영 task 중 工作，业务 일 業務 베 công việc
- 입사 첫날에는 서류 정리 같은 간단한 **업무**를 하게 됩니다.
- 새로 맡은 **업무**가 너무 많아서 쉴 틈이 없어.
  ● 알아 두면 좋은 표현! 업무 내용, 업무 시간, 업무가 많다, 업무를 맡다(맡다
  ▶ 0819), 업무에 집중하다(집중하다▶ 1081)

0803 ★★★★
§ 분석하다
[분서카다]

명 analyze 중 分析 일 分析する 베 phân tích
- 이번 달 판매량을 분석해서 마케팅 전략을 새로 세워봅시다.
- 목소리를 분석하는 인공지능(AI)의 발달로 집안에서 목소리만으로 가전제품들을 켜고 끌 수 있게 되었다.

🔵 **알아 두면 좋은 표현!** 상황을 분석하다(상황▸ 1019), 전략을 분석하다

명 분석
파 분석적

명 analysis 중 分析 일 分析 베 sự phân tích
- 정부의 취업률 감소 원인 분석이 객관적이지 못하다는 비판이 이어졌다.

🔵 **알아 두면 좋은 표현!** 문제점 분석(문제점▸ 0490), 분석 결과

§ 분석되다

명 be analyzed 중 分析 일 分析される 베 được phân tích
- 소비가 줄고 저축이 늘어난 것은 불안한 경제 상황 때문으로 분석된다.

0804 ★★★★
명 특징 [특찡]
파 특징적
유 특색

명 feature 중 特征, 特点 일 特徴 베 đặc trưng
- 우리 제품과 경쟁 회사 제품의 특징을 파악해 마케팅 전략을 세우는 것이 무엇보다 중요합니다.
- 한국 문화의 특징은 무엇입니까?

🔵 **알아 두면 좋은 표현!** 고유한 특징(고유하다▸ 0490), 특징을 보이다, 특징을 설명하다

0805 ★★★
명 평가 [평까]

명 evaluation 중 评价 일 評価 베 sự đánh giá
- 동료 평가는 주관적일 수밖에 없지 않아?
- 신제품이 고객들 사이에서 좋은 평가를 받고 있다.

§ 평가하다
[평까하다]

명 evaluate 중 评价 일 評価する 베 đánh giá
- 우리 회사에서는 분기마다 업무 능력을 평가한다.

§ 평가되다
[평까되다/평까뒈다]

명 be evaluated 중 评价 일 評価される 베 được đánh giá
- 한국 인삼은 예전부터 해외에서도 높게 평가되고 있다.

0806 ★★★★
§ 처리하다

명 to process 중 处理 일 処理する 베 xử lí
- 급하게 처리해야 할 일이 있어 주말에도 출근하게 됐다.
- 이건 담당자가 처리해야 할 문제예요.

명 처리
파 처리되다

명 process 중 处理 일 処理 베 sự xử lí
- 아침에 교통사고가 나서 사고 처리 때문에 좀 늦을 것 같습니다.

🔵 **알아 두면 좋은 표현!** 업무 처리(업무▸ 0802), 처리 상황(상황▸ 1019)

0807 ★★★

명 조건 [조껀]
  형 조건적

명 condition 중 条件 일 条件 베 điều kiện
- 카드를 발급받을 수 있는 조건이 있나요?
- 아르바이트를 시작하기 전에 근무 조건을 확인해 보는 게 좋아.

  알아 두면 좋은 표현! 지원 조건(지원▸ 0451), 조건을 갖추다(갖추다▸ 0736)

0808 ★★★

명 경영
  동 경영되다

명 management 중 经营 일 経営 베 việc kinh doanh
- 많은 회사의 경영 방식이 소비자 중심의 경영으로 바뀌고 있다.
- 회사에 투자하기 전에 그 회사 경영에는 문제가 없는지 확인해
  보아야 한다.

  알아 두면 좋은 표현! 경영 이익(이익▸ 0845)

동 경영하다

명 manage 중 经营, 运营 일 経営する 베 kinh doanh
- 대학교 졸업 후 내 회사를 경영하는 것이 꿈입니다.

0809 ★★★

명 책임 [채김]

명 responsibility 중 责任 일 責任 베 trách nhiệm
- 이 사업의 실패는 나의 책임이다.
- 이 프로젝트는 제가 책임을 지고 성공시키겠습니다.

  💡 참고 책임감[채김감] 명 responsibility 중 责任感, 责任心
                        일 責任感 베 tinh thần trách nhiệm

       책임지다[채김지다]
       명 be responsible for, take responsibility 중 负责, 承担责任
       일 責任を取る、責任を負う 베 chịu trách nhiệm

0810 ★★★

명 담당

명 responsible for 중 担任, 负责 일 担当 베 sự đảm nhiệm
- 우리 학교에 음악 담당 선생님이 새로 오셨다.
- 이 일이 누구 담당인지 따지기 전에 먼저 같이 해결 방안을 찾는
  게 좋지 않을까요?

  알아 두면 좋은 표현! 담당 구역(구역▸ 0376), 담당 경찰관, 담당 의사

동 담당하다

명 in charge of 중 负责, 承担 일 担当する 베 đảm nhiệm
- 해외 영업 업무를 담당하면서 출장이 잦아졌다.

  💡 참고 담당자 명 person in charge, manager 중 负责人 일 担当者
                      베 người phụ trách

0811 ★★★
명 전문
파 전문적

명 expert 중 专门 일 專門 베 chuyên môn
- 취미였던 사진을 전문으로 배우기 시작한 것은 3년 전의 일이다.
- 입사 후에도 자신이 맡은 업무에 대한 전문 지식을 쌓는 노력을 계속해야 한다.

알아 두면 좋은 표현! 출장 전문, 전문 업체(업체▸ 0877), 전문 학원

💡 **참고** 전문가 명 expert 중 专家, 行家 일 專門家 베 chuyên gia

0812 ★★
동 참석하다
[참서카다]

명 participate 중 参加, 出席 일 出席する 베 tham dự
- 내일 회의가 있는데 참석할 수 있어요?
- 친구의 결혼식에 참석하기 위해서 비행기를 탔다.

알아 두면 좋은 표현! 모임에 참석하다

명 참석
파 참석시키다

명 participation 중 参加, 出席 일 出席 베 sự tham dự
- 집안 행사 때문에 주말 회의엔 참석이 어려울 것 같습니다.

알아 두면 좋은 표현! 참석 인원, 참석자

0813 ★★★
명 작성 [작썽]

명 compose, write 중 撰写, 填写 일 作成 베 việc viết, việc lập
- 자기소개서 작성 방법에 대한 특강이 진행될 예정이다.
- 답을 제대로 적지 못한 학생들이 많은 걸 보니 이번 시험 문제의 답안 작성이 어려웠나 봐요.

알아 두면 좋은 표현! 목록 작성(목록▸ 0907), 명단 작성(명단▸ 08833), 지원서 작성

동 작성하다
[작썽하다]

명 write, Compose 중 撰写 일 作成する 베 viết, lập
- 리포트를 작성하기 위해 자료를 찾는 중이다.

동 작성되다
[작썽되다/작썽뒈다]

명 be written 중 填写 일 作成される 베 được lập, được viết
- 이력서는 사실대로 작성되어야 한다.

0814 ★★★
명 신제품

명 new product 중 新产品 일 新製品 베 sản phẩm mới
- 회의에서 신제품에 대한 아이디어를 모았다.
- 신제품이 아무래도 더 비싸지.

알아 두면 좋은 표현! 신제품 개발(개발▸ 0998), 신제품 홍보(홍보▸ 0801), 신제품을 발표하다(발표하다▸ 0731)

0815 ★★★
명 **아이디어**

영 idea 중 想法, 主意 일 アイデア 베 ý tưởng
- 조 발표를 해야 하는데 좋은 아이디어가 떠오르지 않아.
- 새로운 아이디어를 잘 생각해 내는 사람이라면 마케팅 부서에서 일해 보는 것도 좋겠지요.

🔵 **알아 두면 좋은 표현!** 아이디어 경쟁(경쟁▸ 0847), 창의적인 아이디어

0816 ★★★
명 **거래처**

영 client 중 客户 일 取引先 베 nơi giao dịch
- 오늘 거래처 담당자들과 회의가 있다.
- 거래처에서 전화가 올 때마다 우리 제품에 무슨 문제가 생긴 건 아닌지 걱정이 돼.

0817 ★★★
명 **이메일**

영 E-mail 중 电子邮件 일 E-Mail(Eメール) 베 e-mail
- 관련 서류를 이메일로 보내 주세요.
- 대부분의 회사원들은 출근 후 이메일을 열어보는 것으로 하루를 시작한다.

0818 ★★
동 **요청하다**

영 ask, request 중 要求, 请求 일 要請する、頼む 베 yêu cầu
- 요청하신 자료는 찾을 수가 없네요.
- 이번 달 판매량 관련 자료를 영업 부서에 요청했다.

🔵 **알아 두면 좋은 표현!** 구조를 요청하다(구조▸ 1027), 면담을 요청하다, 발급을 요청하다(발급▸ 0467), 도움을 요청하다

명 **요청**
  파 요청되다

영 request 중 邀请, 请求 일 要請 베 sự yêu cầu
- 선배의 요청으로 선배와 함께 일하게 되었다.

DAY 37

QUIZ

QUIZ 1 ( )에 들어갈 가장 알맞은 것을 고르십시오.

1. 시장 데이터를 분석한 결과를 신제품 개발에 ( ).

   ① 해결하겠다 ② 활용하고 있다 ③ 홍보할 것이다 ④ 처리하는 편이다

2. 이번에 거래처와의 문제는 제가 ( ) 해결하도록 하겠습니다.

   ① 책임지고 ② 담당하고 ③ 보고해서 ④ 요청해서

3. 현재 시장 상황을 ( ) 이것을 바탕으로 앞으로의 영업 활동을 계획했다.

   ① 홍보하고 ② 활용하고 ③ 분석하고 ④ 처리하고

QUIZ 2 다음 단어를 이용해서 문장을 만드십시오.

1. 신제품 / 홍보를 / 담당자입니다. / 맡은 / 제가

   _____

2. 보낸 / 확인했어요? / 거래처에서 / 이메일을

   _____

3. 처리하는 / 더 / 효율적이었다. / 새로운 / 업무를 / 것이 / 방식으로

   _____

QUIZ 3 빈칸에 알맞은 단어를 고르십시오.

이 대리님은 ( ) 맡은 업무는 반드시 끝까지 처리했다.

① 책임감이 강해서 ② 아이디어가 좋아서
③ 보고서를 작성해서 ④ 거래처에 요청해서

TOPIK 기출 문제

13회 쓰기 45번

다음 글을 읽고 (   )에 알맞은 말을 쓰십시오. (6점)

> 최근 많은 기업에서 인턴사원제를 도입하고 있다. 예비 취업생 입장에서도 이 제도는 환영할 만하다. 자신이 입사하고자 하는 회사의 업무도 미리 경험하고 분위기도 파악하는 등 회사 생활을 경험할 수 있을 뿐만 아니라, 큰돈은 아니지만 어느 정도 돈도 벌 수 있기 때문이다. 그래서 예비 취업생들은 회사 생활도 경험하고
> (   )해서 이 인턴 사원제도에 지원을 하고 있다.

17회 듣기 16번   🔊 Track 37-1

다음 대화를 듣고 여자가 어떤 생각을 하고 있는지 맞는 것을 고르십시오. (3점)

① 재택근무는 회사에서 일할 때보다는 불편함이 많다.
② 집에서도 효과적으로 회사 일을 하는 것이 가능하다.
③ 회사에서는 집중해서 일할 수 있는 시간이 부족하다.
④ 개인 사정에 따라 근무 시간을 바꿀 수 있어야 한다.

업무와 능력(2)

- ☐ 맡다
- ☐ 보고하다
- ☐ 영업
- ☐ 완성하다
- ☐ 뛰어나다
- ☐ 미루다
- ☐ 경쟁력
- ☐ 논의
- ☐ 성과
- ☐ 적응하다
- ☐ 각자
- ☐ 검토
- ☐ 지시
- ☐ 마무리
- ☐ 명단
- ☐ 재능
- ☐ 수정
- ☐ 여부
- ☐ 완벽하다
- ☐ 서투르다
- ☐ 문서
- ☐ 절차
- ☐ 계약

0819 ★★★

동 맡다

명 undertake 중 担任, 负责 일 引き受ける、任される
베 đảm nhiệm

- 올해부터 인사 업무를 맡게 되었다.
- 자기가 맡은 일은 끝까지 책임져야 해요.

0820 ★★

동 보고하다

명 to report 중 报告, 汇报 일 報告する 베 báo cáo

- 매주 금요일에 프로젝트 진행 상황을 사장님께 보고한다.
- 월요일에 출장 결과를 보고하려면 주말에도 출근해야 할 것 같아.

명 보고

명 report 중 报告, 汇报 일 報告 베 báo cáo

- 업무 보고는 이메일로 하세요.

💡 참고 보고서 명 report 중 报告, 报告书 일 報告書 베 bản báo cáo

0821 ★

명 영업

명 sales 중 营业, 营销 일 営業 베 việc kinh doanh

- 판매하는 일에 흥미가 있으면 영업을 해 보는 게 어때?
- 영업 부서의 김민수 팀장이 이번 달 가장 많은 판매량을 기록했다.

동 영업하다
[영어파다]

명 run 중 营业, 运营 일 営業する 베 kinh doanh

- 24시간 영업하는 카페가 많이 늘었어요.

0822 ★★
⑧ 완성하다

⑲ complete ⑪ 完成, 做完 ⑫ 完成する ⑭ hoàn thành

• 서론 본론 결론으로 짜인 한 편의 글을 완성했다.
• 동료의 도움으로 보고서를 완성할 수 있었습니다.

🔘 알아 두면 좋은 표현! 안내문을 완성하다, 신청서를 완성하다

⑨ 완성
　　⑪ 미완성

⑲ completion ⑪ 完成, 做完 ⑫ 完成 ⑭ sự hoàn thành

• 작품 완성까지 몇 달 더 걸릴 거예요.

⑧ 완성되다
　[완성되다/완성뒈다]

⑲ be completed ⑪ 完成, 做完 ⑫ 完成する、完成される ⑭ được hoàn thành

• 완성된 제품은 배송비가 비싸요.

0823 ★★
⑬ 뛰어나다
　[뛰어나다/뛰여나다]

⑲ outstanding ⑪ 出众, 出色 ⑫ 優れる ⑭ nổi trội

• 그는 어릴 때부터 그림에 뛰어났다.
• 영업부 김민수 씨가 업무 능력이 뛰어나서 이번에 대리로 승진했대.

0824 ★★
⑧ 미루다

⑲ postpone ⑪ 推迟, 拖延 ⑫ 延ばす ⑭ dời lại, lùi lại

• 게을러서 일을 자꾸 미루게 된다.
• 지금 여기서 일정을 더 미루면 다음 계획에 차질이 생깁니다.

📖 활용형 미루는, 미루어서(=미뤄서), 미루니까, 미룹니다

0825 ★★
⑨ 경쟁력 [경쟁녁]

⑲ competitiveness ⑪ 竞争力 ⑫ 競争力 ⑭ tính cạnh tranh

• 국가 경쟁력 강화를 위해 FTA 협정에 들어갔다.
• 나 자신의 경쟁력을 키우기 위해 계속 공부하고 있어요.

0826 ★
⑨ 논의 [노늬]
　　⑮ 의논

⑲ phase ⑪ 论议 ⑫ 議論、話し合い ⑭ việc bàn luận, việc thảo luận

• 다음은 제품의 개선 방안에 대한 논의를 진행하겠습니다.
• 긴 논의 끝에 이번 프로젝트는 진행하지 않는 것으로 결정되었다.

⑧ 논의하다
　[노늬하다/노니하다]
　　⑮ 의논하다

⑲ discuss, debate ⑪ 议论, 谈论 ⑫ 議論する、話し合う ⑭ bàn luận, thảo luận

• 해외 사업에 대해 부서원들이 함께 논의하기로 하였다.

⑧ 논의되다
　[노늬되다/노니뒈다]
　　⑮ 의논되다

⑲ be discussed, be debated ⑪ 议论, 谈论 ⑫ 議論される、話し合われる ⑭ được bàn luận, được thảo luận

• 우리 지역의 쓰레기장 설립에 대해 논의되어야 할 부분이 많습니다.

0827 ★★
명 **성과** [성꽈]

영 achievemet 중 成果 일 成果 베 thành quả

· 우리 회사는 경영진이 바뀌면서 눈에 보이는 성과를 이루었다.
· 노력도 중요하지만 성과가 보이지 않으면 회사에서 인정받기 힘들 거야.

● 알아 두면 좋은 표현! 업무 성과(업무▶ 0802), 연구 성과(연구▶ 0546)

0828 ★★
동 **적응하다**
[저긍하다]

영 adapt, adjust 중 适应, 习惯 일 適応する 베 thích nghi

· 물속에 들어가 바로 수영을 시작하지 말고 먼저 물에 적응하는 시간을 가져야 한다.
· 새로운 업무에 적응하기가 쉽지 않네요.

명 **적응** [저긍]
파 적응되다
적응시키다

영 adaption 중 适应, 习惯 일 適応 베 sự thích nghi

· 이 동물은 앞으로 자연에서 살아나가기 위한 적응 훈련 중이에요.

0829 ★★
명 **각자** [각짜]

영 each 중 各自, 各人 일 各自 베 từng người

· 각자 맡은 업무를 충실히 수행해야 이 프로젝트를 성공으로 이끌 수 있다.
· 회의는 이것으로 끝내고 각자 자리로 돌아가서 계속 일합시다.

0830 ★★
명 **검토**

영 review, examinatinon 중 研究, 探讨 일 検討 베 sự kiểm tra

· 시험지 검토 시간이 생각보다 오래 걸렸다.
· 부장님, 보고서 완성했습니다. 검토 부탁드립니다.

동 **검토하다**

영 to review 중 研究, 探讨 일 検討する 베 kiểm tra

· 사업 계획서를 검토할 때는 관련 자료도 꼼꼼히 보아야 한다.

동 **검토되다**
[검토되다/검토뒈다]

영 be reviewed 중 (被)研究, 探讨 일 検討される 베 được điểm tra

· 제 제안서가 이번 회의에서 검토되었다고 들었습니다. 새로운 사업으로 추진될 수 있을까요?

0831 ★
명 **지시**

영 direction 중 指示 일 指示 베 sự chỉ thị

· 사장님의 지시로 이번 주에 출장을 가야 해.
· 김민수 씨는 상사의 지시를 따르지 않아 해고되었다.

동 **지시하다**

영 direct 중 指示 일 指示する 베 chỉ thị

· 대통령은 이번 사고에 대한 원인을 분석하라고 관계 기관에 지시했다.

0832 ★★
명 마무리

명 final 중 完成, 收尾 일 仕上げ 베 sự hoàn thành
- 이제 이 마무리 작업만 끝나면 건물이 곧 완공됩니다.
- 이 일만 마무리가 되면 우리는 다시 만날 일이 없을 거야.

동 마무리하다

동 conclude 중 完成, 收尾 일 仕上げる 베 hoàn thành
- 오늘까지 이 일을 마무리해야 한다.

동 마무리되다
[마무리되다
/마무리뒈다]

동 be concluded 중 完成, 收尾 일 仕上がる、終わる
베 được hoàn thành
- 내일 발표인데 준비는 다 마무리되었니?

0833 ★
명 명단

명 list 중 名单 일 名簿 베 danh sách
- 행사에 참석할 사람들의 명단을 만들어 놓았다.
- 예약자 명단에 이름이 없는데 저희 호텔을 예약한 게 맞나요?

🔵 알아 두면 좋은 표현! 지원자 명단, 참석자 명단

0834 ★★
명 재능

명 talent 중 才能 일 才能 베 tài năng
- 타고난 재능보다 중요한 건 노력이다.
- 그 피아니스트는 어렸을 때부터 피아노에 재능이 있었대요.

0835 ★
명 수정
  파 수정되다

명 revision 중 修改, 改正 일 修正 베 sự sửa chữa
- 출판되기 전에 원고 수정을 몇 차례 진행했다.
- 이미 프로그램이 시작되어서 프로그램 내용은 수정이 어려워요.

동 수정하다

동 revise 중 修改, 改正 일 修正する 베 sửa chữa
- 사업을 시작하기 전에 급히 계획을 수정했다.

0836 ★★
명 여부

명 weather 중 是否, 能否 일 是非、可否 베 có hay không
- 회의실 사용 가능 여부를 확인하십시오.
- 이번 행사 참석 여부를 회신해 주시기 바랍니다.

🔵 알아 두면 좋은 표현! 사실 여부

0837 ★
형 완벽하다
[완벼카다]

형 perfect 중 完美 일 完璧だ 베 hoàn hảo
- 그 직원은 새로 맡은 업무도 완벽하게 처리해서 인정을 받았다.
- 완벽한 사람을 찾다가는 평생 결혼하지 못할 거야.

0838 ★
형 서투르다

형 clumsy 중 不熟练, 生疏 일 未熟だ、心もとない 베 vụng về
• 입사한 지 얼마 되지 않아 아직 업무에 서투르다.
• 영어로 통화를 못 할 정도로 서투르면 틈틈이 영어 공부를 하세요.

　　활용형　서투른, 서툴러서, 서투르니까, 서투릅니다

0839 ★
명 문서

명 document 중 文件, 公文 일 文書 베 văn bản, hồ sơ
• 업무 협조를 요청하는 공식 문서를 타 부서에 전달했다.
• 외부로 유출되면 안 되는 문서들이 있으니까 잘 관리해야 합니다.

0840 ★
명 절차

명 process 중 程序, 步骤 일 手続き 베 quy trình
• 행정 절차에 따라 이 시설은 곧 문을 닫을 것이다.
• 문제가 생기면 절차에 따라서 바로 상사에게 보고했어야지요.

　　알아 두면 좋은 표현!　심사 절차(심사▸ 0793), 탑승 절차, 절차가 복잡하다

0841 ★
명 계약 [계약/게약]
　　파 계약되다

명 contract 중 合同, 合约 일 契約 베 hợp đồng
• 거래처와의 계약 담당은 김민수 씨입니다.
• 임대 계약이 끝나서 식당을 다른 곳으로 옮길 예정입니다.

　　알아 두면 좋은 표현!　계약이 성사되다, 계약을 성공시키다, 계약서

동 계약하다
[계야카다/게야카다]

동 make contract 중 签约, 签合同 일 契約する 베 kí hợp đồng
• 집을 계약할 때 계약서를 잘 읽고 서명을 해야 해요.

DAY 38   QUIZ

QUIZ 1   (   )에 들어갈 가장 알맞은 것을 고르십시오.

1. 이 대리는 항상 열심히 일하지만 (   )은/는 좋지 못해.
   ① 절차   ② 자격   ③ 성과   ④ 한계

2. 김민수 씨가 낸 의견에 대해 한번 (   ) 볼 필요가 있을 것 같습니다.
   ① 미뤄   ② 내놓아   ③ 적용해   ④ 검토해

3. 신입 사원들은 아직 업무에 (   ) 주어진 일을 다 해내지 못했다.
   ① 서툴러서   ② 완벽해서   ③ 뛰어나서   ④ 적응해서

QUIZ 2   다음 단어를 이용해서 문장을 만드십시오.

1. 의욕만 / 쉬워. / 실수하기 / 앞서면

   _____

2. 있는 / 한다. / 자기 개발을 / 위해서는 / 경쟁력 / 사람이 / 해야 / 되기

   _____

3. 보완하기로 / 계약서를 / 사장님의 / 지시로 / 검토해 / 하였다.

   _____

QUIZ 3 다음을 읽고 내용과 <u>다른</u> 것을 고르십시오.

구인 공고

지원 기간 : 2023년 6월 1일~15일
지원 자격 : 컴퓨터 활용 자격증 보유, TOPIK 4급 이상
근무 기간 : 2023년 7월 1일~2022년 6월 30일 (1년 계약)
업무 : 영어로 작성된 문서 검토와 수정
급여 : 성과에 따라서 결정함
채용 절차 : 서류 심사 - 1차 면접 - 2차 면접

① 이 일은 1년만 할 수 있다.
② 이 일을 하기 위해서 면접을 두 번 봐야 한다.
③ 이 일을 하면 매달 정해진 만큼의 돈을 받는다.
④ 컴퓨터 자격증을 가지고 있는 사람만 지원할 수 있다.

TOPIK 기출 문제

다음을 읽고 (   )에 알맞은 것을 고르십시오. (4점)

> 다양한 분야에서 활동 중인 디자이너들이 사회를 위해 노력하고 있다. 자신의 재능과 시간을 (   ) 쓰기 시작한 것이다. 그들은 무료로 공공장소를 꾸미며 주거나 바자회에서 판매할 티셔츠를 디자인해 주는 등 사회사업에 활발히 참여하고 있다.

① 자신의 경력을 쌓기 위해
② 도움이 필요한 곳을 위해
③ 다른 사람을 가르치기 위해
④ 자기가 하는 일을 즐기기 위해

다음을 듣고 남자의 중심 생각을 고르십시오. (2점)

① 컴퓨터를 꼭 학원에서 배울 필요는 없다
② 컴퓨터를 더 배워 두면 경쟁력이 커진다.
③ 컴퓨터는 자기가 필요한 만큼만 배우면 된다.
④ 컴퓨터 학원은 자격증을 딸 때까지 가야 한다.

10

경제와 소비 생활

DAY 39 경제

DAY 40 소비 생활(1)

DAY 41 소비 생활(2)

경제

☐ 산업　　☐ 부담　　☐ 대기업　　☐ 장사

☐ 경제　　☐ 안정　　☐ 저축　　☐ 비중

☐ 소득　　☐ 공급　　☐ 노동　　☐ 형편

☐ 이익　　☐ 농업　　☐ 손해　　☐ 부동산

☐ 투자　　☐ 중소기업　☐ 수출

☐ 경쟁　　☐ 대형　　☐ 유통

☐ 생산　　☐ 보험　　☐ 전망

0842 ★★★★★
명 산업 [사넙]

명 industry 중 产业 일 産業 베 công nghiệp

• 기술 발전이 산업 구조 변화에 큰 영향을 미쳤다.
• 최근 인공 지능(AI) 산업이 눈부시게 발전하고 있어요.

🔵 알아 두면 좋은 표현! 기술 산업(기술▸ 0997), 4차 산업, 신성장 산업, 산업 혁명

0843 ★★★★
명 경제

명 economy 중 经济 일 経済 베 kinh tế

• 수입과 수출이 늘어나면서 국내 경제가 회복되었다.
• 한국은 지난 수십 년간 많은 성장을 했고 앞으로도 경제 전망이 좋아요.

🔵 알아 두면 좋은 표현! 시장 경제, 한국 경제, 경제 발전(발전▸ 0513), 경제 성장(성장▸ 0005), 경제 활동, 경제가 발전하다, 경제를 살리다

0844 ★★★★
명 소득
관 고소득, 저소득

명 income 중 所得, 收入 일 所得 베 thu nhập

• 많은 나라에서 국민들에게 기본 소득을 지급하고 있다.
• 승진을 하니까 소득이 전보다 올라 여유로운 생활을 할 수 있게 되었어.

🔵 알아 두면 좋은 표현! 근로 소득, 소득 불평등(불평등▸ 0510), 소득 수준(수준▸ 0497), 소득 조사(조사▸ 0545), 소득 향상(향상▸ 1068), 소득이 낮다, 소득이 높다

0845 ★★★

图 **이익**

㉤ 이윤

㉫ 손해▶ 0859

🔠 profit 🀄 利润, 盈利 🈁 利益 🇻🇳 lợi ích

• 기업은 **이익**을 늘리기 위해 생산 비용을 줄이려고 노력한다.
• 가게가 방송에 출연한 이후 **이익**이 크게 늘었다.

🔵 **알아 두면 좋은 표현!** 이익이 남다, 이익을 보다, 이익을 얻다, 이익을 추구하다

0846 ★★★

图 **투자**

㉦ 투자하다

🔠 investment 🀄 投资 🈁 投資 🇻🇳 sự đầu tư

• 최근 인공 지능(AI) 산업 전망이 밝아 **투자**를 하는 사람들도 많이 늘었다.
• 가게 수익이 감소하면서 새 메뉴 개발이나 시설에 더 이상 **투자** 하기 어려워졌다.

🔵 **알아 두면 좋은 표현!** 자본 투자, 투자 결정, 투자 정책(정책▶ 0450)

0847 ★★★

图 **경쟁**

㉦ 경쟁하다

🔠 competition 🀄 竞争 🈁 競争 🇻🇳 sự cạnh tranh

• 최근 대형 마트들이 가격 **경쟁**에서 이기기 위해 다양한 할인 행사를 펼치고 있다.
• 최신 휴대 전화가 잇따라 출시되면서 판매 **경쟁**이 치열해지고 있습니다.

🔵 **알아 두면 좋은 표현!** 무한 경쟁, 생존 경쟁, 아이디어 경쟁(아이디어▶ 0815), 경쟁 관계, 경쟁 사회

0848 ★★★

图 **생산**

㉦ 생산되다
생산하다

🔠 production 🀄 生产 🈁 生産 🇻🇳 sự sản xuất

• 올해 제주 감귤의 **생산** 예상량이 작년보다 두 배 이상 늘었다.
• 몇몇 제품들이 **생산** 과정에서 문제가 생겨 판매가 중단되었다.

🔵 **알아 두면 좋은 표현!** 대량 생산(대량▶ 0227), 부품 생산(부품▶ 1010), 상품 생산, 생산 목적, 생산 지역(지역▶ 0406), 생산 활동, 생산이 가능하다(가능▶ 0322), 생산이 중단되다

0849 ★★★

图 **부담**

㉦ 부담되다
부담시키다
부담하다

🔠 burden 🀄 负担, 承担(费用) 🈁 負担 🇻🇳 sự gánh nặng

• 매출 감소, 정년 연장 등으로 인해 기업의 **부담**이 증가했다.
• 오늘은 데이트 비용 **부담**에 대한 젊은 세대의 이야기를 들어 보겠습니다.

🔵 **알아 두면 좋은 표현!** 비용 부담(비용▶ 0871), 양육비 부담, 부담이 되다

0850 ★★★

명 안정

파 안정되다
안정시키다
안정하다

영 safety 중 安定，稳定 일 安定 베 sự ổn định

• 서민 생계비 부담이 최소화될 수 있도록 서민 물가 안정을 위해 최선을 다하겠습니다.
• 생활이 어려운 학생들에게 학비를 지원해 학생들의 경제적 안정을 돕고 있다.

🔵 알아 두면 좋은 표현! 물가 안정, 마음의 안정, 직업의 안정, 정서적 안정, 안정을 유지하다(유지▸0668), 안정을 이루다(이루다▸0007)

0851 ★★★

명 공급

파 공급되다
참 수요

영 supply 중 供，供给 일 供給 베 sự cung cấp

• 이번 산사태로 전기선이 잘려 전기 공급이 중단되었다.
• 치료를 위해서는 근력 운동과 함께 적절한 영양 공급이 필수적이다.

🔵 알아 두면 좋은 표현! 공급 가격, 공급 물품, 구호품 공급, 공급이 부족하다, 공급을 줄이다

동 공급하다

영 sipply 중 供给，提供 일 供給する 베 cung cấp

• 영양소들을 충분히 공급해 주지 않으면 아이들의 성장이 늦어져 심각한 문제가 될 수 있다.
• 어떻게 하면 전 세계 인류에게 식량을 공급할 충분한 양의 농업 생산량을 확보할 수 있을까?

🔵 알아 두면 좋은 표현! 쌀을 공급하다, 자원을 공급하다(자원▸0944)

0852 ★★★

명 농업

영 farming 중 农业 일 農業 베 nông nghiệp

• 정부는 농업 기술 교류를 통해 더 많은 수확물을 거둘 수 있다고 했다.
• 1950년대까지 한국은 쌀농사를 주업으로 하는 농업 국가였어요.

🔵 알아 두면 좋은 표현! 농업 사회, 농업 인구(인구▸0514), 농업을 장려하다

0853 ★★★

명 중소기업

참 대기업▸0856
소기업

영 small and medium-sized enterprises (SMEs) 중 中小企业
일 中小企業 베 doanh nghiệp vừa và nhỏ

• 정부는 중소기업을 지원하기 위한 여러 가지 대책을 만들었다.
• 중소기업에 취직해 경력을 쌓은 뒤 대기업으로 이직을 하는 사람들도 있대.

🔵 알아 두면 좋은 표현! 중소기업 근로자, 중소기업을 운영하다(운영▸0458), 중소기업에서 일하다

0854 ★★★
명 대형
  창 중형, 소형

명 large-scale 중 大型 일 大型 베 loại lớn

· 백화점이나 대형 마트에 가면 사은 행사들이 넘쳐 나는 것을 볼 수 있다.
· 대형 트럭을 운전하려면 2년마다 실시되는 시력과 청력 테스트를 통과해야 해.

알아 두면 좋은 표현! 대형 매장(매장▸ 0876), 대형 서점, 대형 쇼핑센터, 대형 할인점

TIP 주로 '대형 N'으로 쓴다.

0855 ★★★
명 보험

명 insurance 중 保险 일 保険 베 bảo hiểm

· 자동차 보험은 갑자기 일어날 수 있는 교통사고에 대한 최소한의 준비이다.
· 아버지께서 얼마 전 수술을 받으셨는데 보험을 들어둔 덕분에 병원비를 모두 보상 받았어요.

알아 두면 좋은 표현! 생명 보험(생명▸ 0676), 보험 계약(계약▸ 0841), 보험 상품, 보험에 가입하다(가입▸ 0983), 보험에 들다

0856 ★★
명 대기업
  창 소기업
  중소기업▸ 0853

명 large corporation 중 大企业, 大公司 일 大企業 베 tập đoàn

· 올해 대학생 절반가량은 대기업에 입사하겠다고 밝힌 반면, 중소기업 희망자는 지난해보다 절반 준 것으로 조사됐다.
· 얼마 전에 동생이 세계적인 규모의 대기업에 취직했다.

알아 두면 좋은 표현! 대기업을 경영하다, 대기업에 들어가다, 대기업에서 일하다

0857 ★★
명 저축
  동 저축되다
  저축하다

명 savings 중 储蓄, 存 일 貯蓄 베 sự tiết kiệm

· 조사 결과 수입이 늘어 저축을 늘리겠다는 응답이 가장 낮았다.
· 내년부터는 월급의 20%는 은행에 저축을 하려고 해요.

알아 두면 좋은 표현! 가로 저축, 세로 저축, 저축을 늘리다, 저축을 줄이다

0858 ★★
명 노동
  동 노동하다

명 labor 중 劳动 일 労働 베 sự lao động

· 로봇의 발달로 인간의 지식 노동 시간이 감소하게 될 것이라는 전망이 나왔다.
· 하루 종일 쉬지 않고 일하는데 우리의 노동에 비해 임금은 적은 것 같아요.

알아 두면 좋은 표현! 단순 노동, 노동 시간, 노동 시장

명 손해
참 이익▶ 0845

명 loss 중 损失, 吃亏 일 損害 베 sự thiệt hại
- 김 사장은 사업 실패로 큰 손해를 입었다.
- 언니는 마음이 약해서 늘 할 말도 제대로 못하고 손해만 보는 것 같아.

● 알아 두면 좋은 표현! 손해가 크다, 손해를 끼치다(끼치다▶ 0103)

명 수출
파 수출되다
수출하다
참 수입

명 export 중 出口, 输出 일 輸出 베 sự xuất khẩu
- 정부는 중소기업의 해외 진출과 수출 활성화를 위해 다양한 정책을 마련했다.
- 우리 회사는 국내 최고의 화장품 수출 기업으로 성장할 것입니다.

● 알아 두면 좋은 표현! 수출 금액, 수출 환경, 수출 활성화

동 유통
파 유통되다
유통하다

명 distribution 중 流通 일 流通 베 sự lưu thông
- 소비자의 알 권리와 유통의 투명성을 높이기 위해 자동차 부품 가격을 공개했다.
- 유통 단계를 줄여 소비자에게 신선 식품을 저렴하게 제공하겠습니다.

● 알아 두면 좋은 표현! 식품 유통, 유통 구조, 유통 비용(비용▶ 0871), 유통 수수료

명 전망
파 전망되다

명 outlook 중 展望, 前景 일 展望 베 sự triển vọng
- 해외 경제학자에 따르면 한국 경제는 당분간 전망이 밝다고 한다.
- 공원이 완성되면 시민들에게 좋은 휴식 공간이 될 전망입니다.

● 알아 두면 좋은 표현! 긍정적 전망, 전망이 밝다, 전망이 어둡다

동 전망하다
명 prospect 중 预计, 预测 일 展望する 베 dự đoán
- 이번 취업 박람회에서 약 이천 명 정도가 일자리를 구할 것으로 전망하고 있습니다.
- 전문가들은 올해도 작년과 마찬가지로 계속 물가가 오를 것으로 전망했습니다.

명 장사
파 장사하다

명 business 중 买卖, 生意 일 商売 베 sự buôn bán
- 할머니께서는 시장에서 30년 동안 쭉 생선 장사를 하셨다.
- 같은 상품을 파는 가게들이 모여 있으면 장사가 더 잘되는 것 같아요.

● 알아 두면 좋은 표현! 장사 준비, 장사를 그만두다, 장사를 시작하다

0864 ★★
® 비중

® proportion ® 比重，比例 ⑨ 比重 ® tỉ trọng

• 수출 품목 중에서 화장품의 비중이 점차 늘고 있다.
• 최근 조사에서 전자책 판매 비중이 종이책 판매 비중을 넘어선 것으로 나타났다.

◉ 알아 두면 좋은 표현! 비중이 낮다, 비중이 높다, 비중이 작다, 비중이 크다, 비중을 차지하다

0865 ★
® 형편

® circumstance ® 情况，生活状况 ⑨ 事情、状況
® điều kiện, hoàn cảnh

• 나는 가정 형편이 어려워져 휴학을 하고 아르바이트를 했다.
• 동생은 넉넉하지 않은 형편에도 열심히 공부해 마침내 원하는 대학에 합격했다.

◉ 알아 두면 좋은 표현! 집안 형편, 사는 형편, 형편이 딱하다, 형편이 좋아지다

0866 ★
® 부동산

® real estate ® 不动产，房地产 ⑨ 不動産 ® bất động sản

• 부모님은 아파트 한 채만 남겨 두고 다른 부동산을 모두 팔았다.
• 국민들은 새 부동산 정책이 주택 가격 하락에 도움이 될 것이라 기대했다.

◉ 알아 두면 좋은 표현! 부동산 가격, 부동산 거래(거래▶ 0906), 부동산 투자 (투자▶ 0846)

DAY 39

QUIZ 1   (   )에 들어갈 가장 알맞은 것을 고르십시오.

1. 그는 언제나 (   )이/가 어려운 이웃을 따뜻하게 보살펴 준다.
    ① 공급   ② 농업   ③ 장사   ④ 형편

2. 해외에 수출할 자동차 수백만 대의 (   )이/가 늦어져 피해가 크다.
    ① 노동   ② 수입   ③ 생산   ④ 안전

3. 자료에 따르면 가장 많은 (   )을/를 차지했던 10대의 구매율은 감소했다.
    ① 부담   ② 비중   ③ 소득   ④ 손해

QUIZ 2   다음 단어를 이용해서 문장을 만드십시오.

1. 밝다. / 사업 / 새로 / 시작한 / 전망이

_____

2. 망하는 / 바람에 / 잃고 말았다. / 직장을 / 회사가

_____

3. 경쟁에서 / 노력했다. / 대형 마트와의 / 살아남기 / 위해 / 전통 시장은

_____

QUIZ 3 다음을 읽고 내용과 <u>다른</u> 것을 고르십시오.

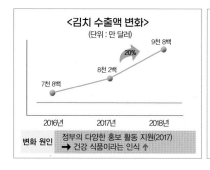

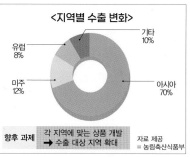

① 김치 수출액은 매년 꾸준히 증가하고 있다.

② 유럽보다 미주 지역으로의 김치 수출 비율이 높았다.

③ 각 지역에 맞는 상품 개발 덕분에 김치 수출이 늘었다.

④ 김치가 건강식품이라는 인식이 높아진 덕분에 수출이 늘었다.

TOPIK II   47회 듣기 45번   🔊 Track 39-1

들은 내용으로 맞는 것을 고르십시오. (2점)

① 4차 산업혁명은 인공지능을 기반으로 한다.
② 4차 산업혁명은 유통 시스템의 자동화를 말한다.
③ 4차 산업혁명 시대는 전문가들의 예상대로 진행될 것이다.
④ 4차 산업혁명에서 전문 지식 서비스는 인간이 담당할 것이다.

TOPIK II   60회 읽기 27번

다음 신문 기사의 제목을 가장 잘 설명한 것을 고르십시오. (2점)

제2공장 정상 가동, 반도체 공급 안정은 미지수

① 제2공장이 정상적으로 가동됨에 따라 반도체 공급이 안정되었다.
② 제2공장이 반도체 생산을 시작했지만 공급이 안정될지는 불확실하다.
③ 반도체가 안정적으로 공급되기 위해서는 제2공장의 가동이 필수적이다.
④ 반도체 공급이 안정적으로 이루어지면서 제2공장도 정상 가동될 수 있었다.

DAY 40 소비 생활(1)

🔊 Track 40

☐ 제품	☐ 아끼다	☐ 질	☐ 품질
☐ 고객	☐ 구매	☐ 간판	☐ 행사장
☐ 판매	☐ 소비	☐ 세일	☐ 환불
☐ 소비자	☐ 매장	☐ 따지다	
☐ 비용	☐ 업체	☐ 저렴하다	
☐ 구입	☐ 세금	☐ 쇼핑몰	

0867 ★★★★★
명 제품

🇬🇧 product 🇨🇳 产品 🇯🇵 製品 🇻🇳 sản phẩm

• 노트북을 하나 사고 싶은데 가벼운 제품으로 보여 주세요.
• 새로 생긴 마트에는 싸고 좋은 제품을 많이 판다.

🔵 알아 두면 좋은 표현! 가죽 제품, 방수 제품, 제품을 출시하다

0868 ★★★★★
명 고객
　유 손님

🇬🇧 cient 🇨🇳 顾客 🇯🇵 顧客 🇻🇳 khách hàng

• 백화점 개점 첫날 고객들에게 사은품을 나눠 주었다.
• 객실 비용은 낮췄지만 서비스의 질은 높여 고객의 만족도를 끌어 올렸다.

🔵 알아 두면 좋은 표현! 고객이 늘다, 고객을 관리하다(관리▶ 0667), 고객을 확보하다

0869 ★★★★★
명 판매
　파 판매되다
　참 판매자

🇬🇧 sale 🇨🇳 销售 🇯🇵 販売 🇻🇳 việc bán hàng

• 출판사는 책 판매 수익금을 전액 아이들을 위해 기부했다.
• 내가 만든 상품을 쇼핑몰에서 팔기로 판매 계약을 맺었다.

🔵 알아 두면 좋은 표현! 판매 가격, 판매 광고, 판매 물량, 판매 실적, 판매가 어렵다, 판매를 금지하다

동 판매하다

🇬🇧 sell 🇨🇳 销售 🇯🇵 販売する 🇻🇳 bán hàng

• 신제품 출시 기념으로 일부 제품을 오늘부터 3일 간 30% 할인 판매할 예정이다.

0870 ★★★★★
몡 소비자
반 생산자

영 consumer 중 消费者、用户 일 消費者 베 người tiêu dùng
- 상품 전시에 대한 소비자 의견을 반영했더니 매출이 크게 올랐다.
- 허위 광고로 소비자를 기만한 쇼핑몰이 적발되었다.

알아 두면 좋은 표현! 소비자 과실, 소비자 심리(심리▸ 0680), 소비자 불만,
소비자 요구(요구▸ 0531), 소비자 의견(의견▸ 0910)

0871 ★★★★
몡 비용

영 cost, fee 중 费用、开支 일 費用 베 chi phí
- 결혼식을 올리지 않는 대신 결혼 비용을 모아 복지 단체에 기부
했다.
- 인건비와 사무실 비용을 최소화하여 상품 판매 가격을 낮췄다.

알아 두면 좋은 표현! 비용이 들다, 비용을 고려하다(고려하다▸ 0756), 비용을
낮추다, 비용을 부담하다, 비용을 절약하다(절약하다▸ 0937)

0872 ★★★★
몡 구입

영 purchase 중 购买 일 購入 베 việc mua
- 새 학기를 맞아 책상 구입 시 사은품을 증정합니다.
- 이 제품은 자주 품절돼 구입이 쉽지 않은 것이 단점이다.

알아 두면 좋은 표현! 차량 구입(차량▸ 0375), 구입 가격, 구입 문의(문의▸ 0332)

동 구입하다
[구이파다]

영 buy 중 购买 일 購入する 베 mua
- 매장에 진열했던 가전제품들은 할인된 가격에 구입할 수 있다.

0873 ★★★★
동 아끼다

영 save 중 节省、爱惜 일 節約する、大切にする
베 tiết kiệm, quý trọng
- 나는 월급을 아껴 노트북을 샀다.
- 이 그릇은 어머니께서 각별히 아끼던 물건이다.

알아 두면 좋은 표현! 돈을 아끼다, 물건을 아끼다

활용형 아끼는, 아끼어서(=아껴서), 아끼니까, 아낍니다

0874 ★★★★
몡 구매

영 purchase 중 购买 일 購買、購入 베 việc mua
- 우리 매장에서 5만 원 이상 구매 시 양말을 선물로 드립니다.
- 광고는 소비자의 구매 욕구를 유발했다.

알아 두면 좋은 표현! 상품 구매, 구매 유혹, 구매를 유도하다(유도하다▸ 0061)

동 구매하다

영 buy 중 购买 일 購買する 베 mua
- 휴대 전화가 고장 나서 새 휴대 전화를 구매했다.

0875 ★★★
명 소비
파 소비되다
참 생산▶0848

명 consumption 중 消費 일 消費 베 sự tiêu dùng
- 건강에 대한 높은 관심으로 과일과 채소 소비가 크게 늘었다.
- 배달 음식 등 간편식 소비가 증가하면서 영양 불균형 문제가 제기되었다.

🔵 **알아 두면 좋은 표현!** 소비 성향, 소비 행위, 소비를 늘리다(늘리다▶0324)

동 소비하다
참 생산하다

명 spend 중 消耗 일 消費する 베 tiêu dùng
- 먹은 것만큼 에너지를 소비하지 않으면 살이 찐다.

0876 ★★★
명 매장

명 market 중 卖场, 店 일 売り場 베 cửa hàng
- 길 건너편에 옷을 싸게 파는 매장이 하나 생겼다.
- 직원들이 매장에 새로 출시된 제품들을 전시했다.

🔵 **알아 두면 좋은 표현!** 매장 직원, 매장이 붐비다(붐비다▶0385), 매장을 열다

0877 ★★★
명 업체

명 company 중 企业, 商家 일 業者 베 doanh nghiệp
- 인터넷 쇼핑몰에서 옷을 샀는데 옷이 작아 업체에 반품을 요청했다.
- 우리 업체에서는 조리 시설 내 위생 소독을 철저히 하고 있습니다.

🔵 **알아 두면 좋은 표현!** 거래 업체(거래▶0906), 해외 업체, 업체와 거래하다

0878 ★★★
명 세금

명 tax 중 税, 税金 일 税金 베 tiền thuế
- 모든 국민은 세금을 성실하게 납부해야 한다.
- 작년에 세금을 이중으로 낸 것이 드러나 정부로부터 돌려받았다.

🔵 **알아 두면 좋은 표현!** 세금 면제, 세금을 내다, 세금을 부과하다

0879 ★★★
명 질
반 양▶0181

명 quality 중 质量 일 質 베 chất lượng
- 처음 주문했는데 가격도 저렴하고 물건의 질도 좋네요.
- 고객 서비스의 질을 향상시키는 데 최선을 다하겠습니다.

🔵 **알아 두면 좋은 표현!** 질이 나쁘다, 질이 떨어지다

0880 ★★
명 간판

명 signboard 중 招牌 일 看板 베 bảng hiệu
- 가게에는 예쁘고 독특한 간판을 보고 들어오는 손님들이 많았다.
- 지하철역 근처 1층에 화장품 가게를 내고 간판을 걸었다.

🔵 **알아 두면 좋은 표현!** 극장 간판, 간판을 내리다, 간판을 달다

0881 ★★
명 세일
파 세일하다

명 sales 중 打折, 减价 일 セール 베 sự giảm giá
- 마침 백화점 세일 기간이라 마음에 드는 옷을 싸게 샀다.
- 주요 백화점들이 여름 세일을 맞아 의류와 생활용품 등 다양한 할인 행사를 펼쳤다.

🔵 **알아 두면 좋은 표현!** 특별 세일, 세일 상품, 세일 행사, 세일에 들어가다

0882 ★★
통 따지다

영 consider 중 查明，考虑 일 確かめる 베 xem kĩ

• 컴퓨터를 사기 전에 기능을 꼼꼼히 따져 보았다.
• 물건을 사기 전에 꼭 필요한 물건인지 따져 보고 구입했다.

알아 두면 좋은 표현! 가격을 따지다, 성능을 따지다, 원가를 따지다

활용형 따지는, 따지어서(=따져서), 따지니까, 따집니다

0883 ★★
형 저렴하다

영 cheap 중 低廉，便宜 일 安い、廉価だ 베 hợp lí, rẻ

• 마침 세일 기간이어서 저렴한 가격에 구두를 한 켤레 샀다.
• 본격적인 이사철을 맞아 가구를 저렴하게 판매합니다.

알아 두면 좋은 표현! 저렴한 상품, 저렴하게 사다, 비용이 저렴하다(비용▸ 0871)

0884 ★★
명 쇼핑몰

영 shopping mall 중 商城，购物中心 일 ショッピングモール
베 trung tâm mua sắm

• 인터넷 쇼핑몰에서 주문한 신발이 작아 교환을 요청했다.
• 퇴근길에 쇼핑몰에 들러 겨울옷을 몇 벌 샀다.

알아 두면 좋은 표현! 대형 쇼핑몰(대형▸ 0854), 온라인 쇼핑몰(문의▸ 0982),
쇼핑몰을 찾다

0885 ★★
명 품질

영 product quality 중 品质，质量 일 品質 베 chất lượng

• 이 신발은 다른 회사 제품보다 품질이 떨어져 발이 너무 불편하다.
• 우리 회사는 끊임없는 문제점 개선으로 최고의 품질을 보장합니다.

알아 두면 좋은 표현! 품질이 뛰어나다(뛰어나다▸ 0823), 품질이 좋다, 품질
을 인정받다(인정▸ 0602)

0886 ★★
명 행사장

영 event venue 중 活动场所 일 イベント会場 베 điểm tổ chức

• 1층 특별 행사장에서는 남성화와 여성화를 저렴하게 판매합니다.
• 많은 소비자들이 이른 아침부터 할인 행사장에 몰려들었다.

알아 두면 좋은 표현! 공식 행사장, 행사장 주변, 행사장에 다녀오다

0887 ★★
명 환불
동 환불하다

영 refund 중 退钱，退款 일 払い戻し、返金 베 sự hoàn tiền

• 인터넷 쇼핑몰에서 구입한 물건이 마음에 들지 않아 환불을 요구
했다.
• 투숙 하루 전까지 예약을 취소할 경우 예약금 전액 환불이 가능
합니다.

알아 두면 좋은 표현! 요금 환불, 환불을 받다, 환불을 원하다

QUIZ 1 ( )에 들어갈 가장 알맞은 것을 고르십시오.

1. 백화점의 1층 ( )에서 화장품을 샀다.

① 간판   ② 매장   ③ 세일   ④ 판매

2. 주문한 물건 배송이 늦어져 쇼핑몰에 ( )을/를 요구했다.

① 세금   ② 소비   ③ 품질   ④ 환불

3. 배추 생산지에서 ( )에게 직접 배추를 공급해서 가격을 낮췄다.

① 소비자   ② 쇼핑몰   ③ 업체   ④ 행사장

QUIZ 2 다음 단어를 이용해서 문장을 만드십시오.

1. 갖고 싶던 / 구두를 / 샀다. / 아껴서 / 용돈을 / 한 켤레

_____

2. 가격을 / 구입해. / 꼼꼼히 / 기능과 / 노트북을 / 따져 보고 / 사기 전에

_____

3. 가격은 / 뛰어난 / 비해 / 상품을 / 샀다. / 저렴한 / 중소기업 / 품질에

_____

QUIZ 3 빈칸에 공통적으로 들어갈 수 있는 말을 고르십시오.

> • 저희 식당에서는 ( )의 소리를 듣습니다.
> • 광고를 보고 이곳을 방문하는 ( )이/가 많다.
> • 우리 호텔은 ( ) 만족도는 높은 데 비해 이용 후기는 적은 편이다.

① 고객   ② 상담원   ③ 소비자   ④ 판매자

47회 읽기 38번

다음 글의 주제로 가장 알맞은 것을 고르십시오. (2점)

> 일반적으로 공짜로 끼워 주는 경품이 있을 경우 소비자들은 구매의 유혹을 더 받게 된다. 그러나 때로 무료 경품은 판매에 도움이 되기보다 오히려 역효과를 낼 수도 있다. 실제로 한 조사에서는 경품으로 준 물건에 대해 소비자들은 그 품질에 비해 낮은 가격을 책정하는 경향을 보였다. 이렇게 소비자들은 공짜로 주는 물건은 별 가치가 없다고 생각하기도 한다. 이런 인식은 제품 가격의 합리성을 의심하는 등 판매에도 부정적인 영향을 미칠 수 있다.

① 소비자들은 무료로 주는 경품의 품질을 믿지 않는다.
② 무료 경품이 제품 판매에 나쁜 영향을 줄 수도 있다.
③ 소비자들은 보통 무료 경품이 있는 제품을 선호한다.
④ 무료 경품 때문에 제품 가격이 비합리적으로 책정된다.

52회 읽기 25번

다음 신문 기사의 제목을 가장 잘 설명한 것을 고르십시오. (2점)

소비 심리 '봄바람', 백화점 매출 기지개

① 소비자들의 구매 욕구가 살아나 백화점 매출이 늘어나고 있다.
② 날씨의 영향으로 백화점에서 물건을 구입하는 사람들이 많아졌다.
③ 백화점에서 매출을 늘리기 위해 행사를 하자 사람들이 모여들었다.
④ 소비자들의 심리를 반영한 백화점의 매출 전략이 호응을 얻고 있다.

DAY 41 소비 생활(2)

🔊 Track 41

- ☐ 용돈
- ☐ 농산물
- ☐ 퍼센트
- ☐ 지출
- ☐ 고장
- ☐ 이벤트
- ☐ 생활비
- ☐ 용도
- ☐ 지불
- ☐ 금액
- ☐ 낭비
- ☐ 반값
- ☐ 상점
- ☐ 결제
- ☐ 빚
- ☐ 신용
- ☐ 계산기
- ☐ 묶다
- ☐ 거래
- ☐ 목록
- ☐ 경제력
- ☐ 상가

0888 ★★
몡 용돈 [용똔]

영 pocket money 중 零用钱，零花钱 일 こづかい 베 tiền tiêu vặt
- 어릴 때 부모님께 받은 **용돈**을 모아 처음 산 것은 책이었다.
- 오랜만에 본 손주와 조카에게 **용돈**을 주었다.

🔵알아 두면 좋은 표현! 한 달 용돈, 용돈이 부족하다, 용돈을 쓰다, 용돈을 아끼다
(아끼다▶ 0873), 용돈을 타다

0889 ★★
몡 농산물

영 agricultural product 중 农产品 일 農産物 베 nông sản
- 최근 발생한 태풍과 폭우로 과일, 채소 등 **농산물** 가격이 크게 올랐다.
- 산지와의 직거래를 통해 신선한 **농산물**을 값싸게 구입할 수 있었다.

🔵알아 두면 좋은 표현! 농산물 수입, 농산물 시장, 농산물 유통(유통▶ 0861)

0890 ★★
의 퍼센트
유 백분율

영 percent 중 百分比，百分之（几） 일 %、パーセント 베 phần trăm
- 명절 선물 세트는 정상가 대비 10**퍼센트** 할인된 가격으로 판매된다.
- 내일까지 주요 먹거리와 생필품을 최대 50**퍼센트** 싸게 살 수 있다.

🔵알아 두면 좋은 표현! 삼십 퍼센트, 퍼센트 기호, 퍼센트 표시, 퍼센트로 나타내다

TIP 기호는 %이다.

0891 ★★
명 **지출**
파 지출되다
지출하다
반 수입

명 expense 중 支出 일 支出 베 sự tiêu xài

- 지난달에는 교통비와 외식비, 숙박비 등 여가 활동에 지출이 컸습니다.
- 나는 불필요한 지출을 줄여 매달 10만 원씩 더 저축했다.

알아 두면 좋은 표현! 추가 지출(추가▸ 0341), 지출이 감소하다(감소하다▸ 0550), 지출이 늘다, 지출이 많다

0892 ★
명 **고장**

명 breakdown 중 故障, 毛病 일 故障 베 sự hư hỏng

- 세탁기 고장으로 일주일째 빨래를 못 하고 있다.
- 휴대 전화가 고장이 나서 서비스 센터를 찾았다.

알아 두면 좋은 표현! 고장 상태(상태▸ 0669), 심각한 고장(심각하다▸ 0942), 잦은 고장

0893 ★
명 **이벤트**
참 사건▸ 1029
행사

명 event 중 活动 일 イベント 베 sự kiện

- 백화점은 구매 고객을 대상으로 선물 증정 이벤트를 진행 중이다.
- 신제품 출시를 기념해 할인, 증정 등 다양한 이벤트가 펼쳐진다.

알아 두면 좋은 표현! 최대 이벤트, 이벤트가 열리다, 이벤트를 준비하다

0894 ★
명 **생활비**
유 생계비

명 living expenses 중 生活费 일 生活費 베 phí sinh hoạt

- 이번 달에는 경조사비, 외식비 등 지출이 많아 생활비가 부족했다.
- 지수는 생활비를 마련하기 위해 학기 중 틈틈이 아르바이트를 했다.

알아 두면 좋은 표현! 한 달 생활비, 생활비가 넉넉하다, 생활비가 들다, 생활비가 모자라다

0895 ★
명 **용도**
유 쓰임새

명 usage 중 用途 일 用途 베 mục đích sử dụng

- 나는 서랍장 각 칸에 용도에 맞게 물건을 정리했다.
- 남편이 친구에게 빌린 돈을 어떤 용도로 사용했는지 전혀 모른다.

알아 두면 좋은 표현! 사용 용도, 주요 용도(주요▸ 0468), 용도가 다르다

0896 ★
명 **지불**
파 지불되다

명 payment 중 支付 일 支払い 베 sự thanh toán

- 직원들은 회사 앞에 모여 밀린 임금 지불을 요구했다.
- 남자는 공사비 지불을 다음 달로 미뤘다.

알아 두면 좋은 표현! 지불이 가능하다(가능▸ 0322), 지불이 늦어지다(늦어지다▸ 0351), 지불을 거부하다

동 **지불하다**

명 pay 중 支付 일 支払う 베 thanh toán

- 원룸을 충분히 살펴본 후 집주인에게 계약금을 지불했다.

0897 ★
명 **금액** [그맥]

영 amont 중 金额 일 金額 베 số tiền
- 남자가 길에서 잃어버린 금액은 모두 백만 원이다.
- 주식에 적은 금액을 투자했는데 기대보다 수익이 좋았다.

🔵 알아 두면 좋은 표현! 지출 금액(지출▸ 0891), 피해 금액(피해▸ 1022), 금액이 크다, 금액을 지불하다(지불▸ 0896)

0898 ★
명 **낭비**
파 낭비되다

영 waste 중 浪费 일 浪費、無駄遣い 베 sự lãng phí
- 나는 생활비 낭비를 줄이기 위해 가계부를 쓰기 시작했다.
- 어느 부분에서 지출이 크고 낭비가 심한지 꼼꼼히 확인했다.

🔵 알아 두면 좋은 표현! 예산 낭비(예산▸ 0465), 낭비를 막다(막다▸ 1024), 낭비를 줄이다

통 **낭비하다**

영 waste 중 浪费 일 浪費する 베 lãng phí
- 동생은 용돈을 낭비하지 않고 알뜰히 모아 노트북을 샀다.

0899 ★
명 **반값**
[반갑/반깝]

영 half price 중 半价，五折 일 半値、半額 베 nửa giá
- 교복 공동 구매에 참여하면 교복을 반값으로 구입할 수 있다.
- 지난해 팔다 남은 여름 의류와 수영복을 반값에 팝니다.

🔵 알아 두면 좋은 표현! 반값에 사다, 반값으로 제공하다, 반값으로 떨어지다

0900 ★
명 **상점**

영 store 중 商店 일 商店 베 cửa hàng
- 고향에 가서 작은 상점을 하나 운영하고 싶다.
- 관광지 앞 상점에서 기념품을 하나 샀다.

🔵 알아 두면 좋은 표현! 상점 주인, 상점을 내다, 상점을 차리다

0901 ★
명 **결제** [결쩨]
파 결제되다

영 payment 중 结账，付款 일 決済、支払 베 sự thanh toán
- 예약 관련 이메일을 받은 후 24시간 이내에 결제를 완료해야 한다.
- 신발을 주문했는데 결제를 취소하고 싶어요.

🔵 알아 두면 좋은 표현! 소액 결제, 카드 결제, 결제가 가능하다(가능▸ 0322)

통 **결제하다**
[결쩨하다]

영 pay 중 结账，付款 일 決済する、支払う 베 thanh toán
- 요즘에는 휴대 전화에 신용카드를 등록해 놓으면 간편하게 결제할 수 있다.

0902 ★
명 **빚** [빋]

영 debt 중 债务 일 借金 베 món nợ
- 신용카드를 계획 없이 사용하다가 몇 백 만 원의 빚을 졌다.
- 우리 부부는 열심히 일한 덕분에 은행 빚을 다 갚았다.

🔵 알아 두면 좋은 표현! 빚을 내다, 빚에 시달리다(시달리다▸ 0729)

0903 ★
명 신용 [시뇽]

图 credit 중 信用 일 信用 베 độ tín nhiệm, tín dụng

• 지수는 신용 등급이 낮아 카드를 만들 수 없었다.
• 은행에서 대출을 받으려면 평소 체계적으로 신용을 관리해야 한다.

● 알아 두면 좋은 표현! 신용 불량, 신용이 나쁘다, 신용이 악화되다, 신용을 판
단하다(판단▸ 0188)

0904 ★
명 계산기
[계산끼/계산기]

图 calculator 중 計算器 일 計算機 베 máy tính tiền

• 아내는 계산기를 두드려 한 달 지출을 따져 보았다.
• 나는 암산에 약해 가계부를 쓸 때 계산기를 사용한다.

● 알아 두면 좋은 표현! 계산기를 쓰다

0905 ★
동 묶다 [묵따]

图 bundle up 중 捆, 扎 일 くくる 베 cột, buộc

• 시장에서는 양파 네 개를 한 봉지로 묶어 오천 원에 팔았다.
• 오빠는 책을 열 권씩 묶어 집 앞에 내놓았다.

● 알아 두면 좋은 표현! 묶어서 팔다, 하나로 묶다, 한 단으로 묶다

0906 ★
명 거래
파 거래되다

图 deal 중 交易 일 取引 베 sự giao dịch

• 채소 상태가 이렇게 안 좋으면 거래를 끊을 수밖에 없습니다.
• 드디어 거래를 터서 백화점에서 물건을 팔 수 있게 되었어요.

● 알아 두면 좋은 표현! 대량 거래(대량▸ 0227), 거래가 가능하다(가능▸ 0322),
거래가 이루어지다, 거래가 활발하다(활발하다▸
0027)

동 거래하다

图 trade 중 交易 일 取引する 베 giao dịch

• 우리는 소비자와 직접 거래해 양질의 농산물을 저렴하게 공급했다.

0907 ★
명 목록 [몽녹]

图 list 중 目录, 清单 일 目録、リスト 베 mục lục, danh mục

• 장을 보기 전에 살 것들의 목록을 적으면 과소비를 줄일 수 있다.
• 사무실에서 필요한 물건들의 목록과 예상 가격을 알려 주세요.

● 알아 두면 좋은 표현! 목록을 작성하다(작성▸ 0813), 목록을 정리하다, 목록을
채우다(채우다▸ 0255), 목록에 넣다

0908 ★
명 경제력

图 economic capacity 중 经济能力, 经济实力 일 経済力
베 năng lực kinh tế

• 동생은 충분한 경제력이 없는데도 신용 카드로 비싼 가방을 샀다.
• 은퇴 후 넉넉한 경제력을 갖기 위해 월급을 아꼈다.

● 알아 두면 좋은 표현! 경제력 차이, 경제력이 있다, 경제력을 키우다

0909 ★
명 상가

명 shopping district 중 商家, 商户 일 商店街 베 khu thương mại

• 집 근처에 있는 상가에 들러 반찬을 샀다.
• 늦게 퇴근을 하니까 모든 상가가 문을 닫아 쇼핑을 할 수 없었다.

● 알아 두면 좋은 표현! 상가가 들어서다(들어서다▸ 0081), 상가를 이용하다

DAY 41

QUIZ 1 ( )에 들어갈 가장 알맞은 것을 고르십시오.

1. 월급이 늘어난 만큼 씀씀이가 커져 ( )도 부쩍 늘었다.
   ① 거래   ② 금액   ③ 신용   ④ 지출

2. ( )을/를 아끼기 위해 얼마 전부터 가계부를 쓰기 시작했다.
   ① 금액   ② 경제력   ③ 낭비   ④ 생활비

3. 요즘에는 현금 대신 신용 카드로 물건값 ( )을/를 하는 사람이 많다.
   ① 거래   ② 결제   ③ 목록   ④ 용도

QUIZ 2 다음 단어를 이용해서 문장을 만드십시오.

1. 고장이 / 난 / 맡겼다. / 서비스 센터에 / 휴대 전화를

   _____

2. 감자 / 다섯 개를 / 묶어서 / 이 마트는 / 판다. / 한 봉지로

   _____

3. 구두 / 반값에 / 백화점에서 / 샀다. / 한 켤레로 / 할인 판매할 때

   _____

QUIZ 3   빈칸에 알맞은 단어를 **보기** 에서 골라 쓰십시오.

보기   묶다 / 반값 / 불필요하다 / 상가 / 이벤트

나는 아파트 1.(   )에 있는 슈퍼를 자주 이용한다. 이곳은 여러 가지 채소나
과일을 조금씩 2.(   )어서/아서/여서 팔아서 다양한 채소와 과일을 맛볼 수
있다. 가끔 3.(   )는/은/ㄴ 물건을 살 때도 있지만 4.(   ) 할인 같은
5.(   )도 많아서 자주 가게 된다.

TOPIK 중급 30회 읽기 33번

다음은 무엇에 대한 글인지 고르십시오. (3점)

> # 반값에 시원하게 풍덩!
> ## 여름 의류 최대 50%까지
> ### 7월 5일 (금) ~ 7월 21일(일)
> ### 10만 원 이상 구입하시면 선물을 드립니다.

① 상품 소개   ② 선물 구입   ③ 일정 계획   ④ 할인 안내

TOPIK II 60회 읽기 39번

다음 글에서 <보기>의 문장이 들어가기에 가장 알맞은 곳을 고르십시오. (2점)

> 도시의 거리는 온통 상점으로 가득 차 있다. (㉠) 하지만 상점은 거리에 활력을 불어넣어 걷고 싶은 거리를 만드는 데 중요한 역할을 한다. (㉡) 상점은 단순히 물건을 파는 공간이 아니라 보행자들에게 볼거리와 잔재미를 끊임없이 제공하는 거대한 미술관이 되어 준다. (㉢) 또 밤거리를 밝히는 가로등이며 보안등이자 거리의 청결함과 쾌적함을 지켜 주는 파수꾼이 되기도 한다. (㉣)

> **보기**
>
> 상업적 공간으로 채워진 거리를 보며 눈살을 찌푸리는 이들도 많다.

① ㉠   ② ㉡   ③ ㉢   ④ ㉣

11

의사소통

DAY **42** 의사소통

의사소통

☐ 의견	☐ 응답	☐ 소문	☐ 해결책
☐ 주장	☐ 지적	☐ 결론	☐ 알아듣다
☐ 기사	☐ 화제	☐ 형식	☐ 논리
☐ 근거	☐ 토론	☐ 사연	☐ 찬성
☐ 입장	☐ 구성	☐ 요약	☐ 오해
☐ 의도	☐ 설득	☐ 명확하다	

0910 ★★★★★
명 **의견**

명 opinion 중 意见 일 意見 베 ý kiến
- 젊은 세대와 기성세대가 평생직장에 대해 의견 차이를 보였다.
- 흡연자들을 위한 흡연 공간이 필요하다는 의견에 찬성합니다.

🔘 **알아 두면 좋은 표현!** 다수의 의견, 의견을 나누다, 의견을 듣다

0911 ★★★★
명 **주장**
파 주장되다

명 assertion, claim 중 主张 일 主張 베 sự chủ trương
- 양측이 서로의 주장을 굽히지 않아 치열한 다툼이 예상된다.
- 학교에서 휴대 전화 사용을 금지해야 한다는 주장에 동의하세요?

🔘 **알아 두면 좋은 표현!** 주장을 내세우다, 주장을 펼치다(펼치다▸0477)

동 **주장하다**

명 assert, claim 중 主张 일 主張する 베 chủ trương
- 피의자는 재판에서 무죄를 강하게 주장했다.
- 토론이 끝난 뒤에도 서로의 의견이 옳다고 주장하는 바람에 수업이 늦게 끝났어요.

0912 ★★★★
명 **기사**

명 article 중 新闻报道 일 記事 베 bài báo
- 오늘 아침 신문에 어젯밤 살인 사건에 관한 짧은 기사가 실렸다.
- 마감 시간 전까지 신문사로 보낼 기사를 작성하느라 밤을 새웠어요.

🔘 **알아 두면 좋은 표현!** 경제 기사(경제▸0843), 인터뷰 기사(인터뷰▸0634), 기사를 읽다, 기사에 소개되다

0913 ★★★★
명 근거

명 evidence 중 根据 일 根拠 베 căn cứ

- 유명인들에 대한 근거 없는 소문이 많이 떠돌았다.
- 무조건 네가 맞다고만 하지 말고 네 주장을 뒷받침할 수 있는 근거를 한번 대 봐.

알아 두면 좋은 표현! 반대 근거, 주장의 근거, 근거를 들다, 근거로 증명하다 (증명하다▶ 1018), 근거를 의심하다(의심▶ 0156)

0914 ★★★
명 입장 [입짱]

명 stance 중 立场 일 立場 베 lập trường

- 정부는 아직 이번 사고에 대한 공식적인 입장을 내놓지 않고 있다.
- 상대방의 입장을 이해하려면 충분한 대화가 필요한 법이에요.

알아 두면 좋은 표현! 정부의 입장(정부▶ 0449), 입장을 밝히다, 입장을 생각하다

0915 ★★★
명 의도
유 뜻
　　의향
　　의사
　　의지

명 intention 중 意图 일 意図 베 ý đồ

- 악의적인 의도로 상대방에게 고통을 주면 안 된다.
- 네 기분을 상하게 하려는 의도는 아니었어.

알아 두면 좋은 표현! 선한 의도, 특별한 의도, 의도를 가지다

동 의도하다

명 intend 중 意图, 所想 일 意図する 베 có ý đồ

- 김 감독은 지난 공연은 원래 의도했던 대로 되지 못했다며 아쉬워했다.
- 일부러 나를 괴롭히려고 의도한 것도 아닌데 괜찮아.

알아 두면 좋은 표현! 의도한 계획, 결과를 의도하다, 대답을 의도하다

0916 ★★★
명 응답
반 질문
　　질의

명 response 중 回答, 应答 일 回答 베 sự trả lời

- 설문 조사 결과 남녀 모두 연봉보다 복지가 중요하다는 응답이 절반을 넘었다.
- 벨을 여러 번 눌렀는데 안에서는 아무런 응답도 없었다.

알아 두면 좋은 표현! 중복 응답, 응답이 많다, 응답이 뒤를 잇다

동 응답하다

명 respond 중 回答, 应答 일 回答する 베 trả lời

- 나는 발표가 끝난 뒤 청중들의 질문에 응답하는 시간을 가졌다.
- 설문 조사 결과 생일 선물로 가장 받고 싶다고 응답한 것은 현금이었다.

명 지적

파 지적되다

명 point, criticism 중 指责 일 指摘 베 sự chỉ trích

· 상사에게 **지적**을 당한 신입 사원은 자신의 실수와 부족함을 인정
했다.
· 유학 생활은 철저한 준비 없이는 실패하기 쉽다는 **지적**이 많습니다.

◉ 알아 두면 좋은 표현! 지적이 과장되다, 지적이 일다, 지적을 당하다(당하
다▸ 1028)

동 지적하다

동 point out, criticize 중 指出，指明 일 指摘する 베 chỉ trích

· 아이의 어머니는 아이의 잘못을 **지적**하고 다음부터 그러지 말라
고 타일렀다.
· 가이드는 지도의 한 부분을 **지적**하며 우리가 갈 곳을 설명했다.

명 화제

유 이야깃거리
토픽

명 topic 중 话题 일 話題 베 tiêu đề, câu chuyện

· BTS의 노래가 전 세계에서 큰 인기를 끌면서 **화제**를 모으고 있다.
· 최근 축구를 소재로 한 영화의 주인공 역할에 실제 축구 선수가
캐스팅되어 **화제**가 되고 있다.

◉ 알아 두면 좋은 표현! 화제의 인물(인물▸ 0646), 화제의 중심

명 토론

파 토론되다
토론하다

명 debate 중 讨论，辩论 일 討論、ディスカッション
베 sự thảo luận

· 학생들은 교내 휴대 전화 사용에 대하여 찬반 **토론**을 벌였다.
· 오늘은 지난 **토론** 주제 중에서 실제로 시의 정책에 반영된 예를
소개하겠습니다.

◉ 알아 두면 좋은 표현! 토론 수업, 토론을 거치다(거치다▸ 0746), 토론을 벌이
다(벌이다▸ 0567)

명 구성

파 구성되다
유 플롯

명 composition, structure 중 构成 일 構成 베 kết cấu

· 드라마의 인기 여부를 결정하는 것은 탄탄한 **구성**과 배우의 연기
력에 있다.
· 이 소설은 **구성**이 좀 허술하다는 비판도 있는데 나는 오히려 그
점이 마음에 들어.

◉ 알아 두면 좋은 표현! 구성 방식(방식▸ 0799), 엉성한 구성, 체계적인 구성

동 구성하다

동 organize, constitute 중 组成，构建 일 構成する
베 cấu thành, tạo ra

· 보고서를 쓸 때 논리를 체계적으로 **구성**하면 좋은 점수를 받을
수 있어요.

◉ 알아 두면 좋은 표현! 이야기를 구성하다, 소설로 구성하다

0921 ★★
명 설득 [설뜩]
파 설득되다

명 persuasion 중 说服 일 説得 베 sự thuyết phục

· 자신의 의견만 상대방에게 강요하면 다른 사람을 **설득**에 실패하게 마련이다.
· 남편의 끈질긴 **설득** 끝에 장사를 시작하게 되었어요.

동 설득하다
[설뜨카다]

동 persuade 중 说服，劝说 일 説得する 베 thuyết phục

· 발표자는 안정된 논리로 자신의 청중을 **설득했다**.
· 경찰이 범인을 **설득**하여 자수하도록 했대요.

0922 ★★
명 소문

명 rumor 중 传闻，消息 일 うわさ 베 tin đồn

· 김 과장은 평소에 친절하고 일도 잘 하기로 **소문**이 난 사람이었다.
· 도대체 누가 내가 결혼을 한다는 이상한 **소문**을 퍼뜨리고 다니는 거야?

● 알아 두면 좋은 표현! **소문**이 돌다, **소문**이 퍼지다(퍼지다▸ 0719), **소문**으로만 듣다

0923 ★★
명 결론

명 conclusion 중 结论 일 結論 베 kết luận

· 이 논문은 다양한 상담 사례를 분석하여 **결론**을 끌어내고 있다.
· 논문의 **결론**을 더 분명하게 쓰면 좋을 것 같아요.

● 알아 두면 좋은 표현! **결론**을 유도하다(유도하다▸ 0061), **결론**을 유보하다, **결론**을 이끌어 내다

0924 ★★
명 형식

명 format, Form 중 形式 일 形式 베 hình thức

· 그는 청중들과 자유롭게 질의 응답하는 **형식**으로 강연을 구성했다.
· 보고서는 주제에 맞게 자유로운 **형식**으로 쓰세요.

● 알아 두면 좋은 표현! 면접 **형식**, 새로운 **형식**, **형식**이 바뀌다

0925 ★
명 사연

명 backstory 중 缘由，故事 일 事情、いきさつ
베 câu chuyện, tình huống

· 전단지에 잃어버린 강아지 사진과 잃어버리게 된 **사연**을 실었다.
· 재미있는 **사연**을 보내 주시는 청취자께는 특별한 선물을 보내 드릴게요.

● 알아 두면 좋은 표현! 감동적인 **사연**, 다양한 **사연**, 특별한 **사연**, **사연**을 보내다

명 요약
   파 요약되다

명 summary 중 概要，摘要 일 要約 베 tóm tắt

• 나는 영화를 본 뒤 줄거리 요약과 함께 내 느낌을 수첩에 적어 놓
  는다.
• 저는 보통 시험 전날에는 배운 어휘와 문법을 요약 정리한 노트
  를 보며 복습해요.

● 알아 두면 좋은 표현! 내용 요약, 줄거리 요약

동 요약하다
   [요야카다]

명 summarize 중 概括 일 要約する 베 tóm tắt

• 얼마 전 본 영화의 주제를 간단히 요약하면, 매 순간 최선을 다해
  야 한다는 것이다.
• 이번 과제는 책을 한 권 읽고 줄거리를 짧게 요약하는 것이에요.

형 명확하다
   [명화카다]
   반 불명확하다

명 be clear 중 明确，清楚 일 明確だ 베 rõ ràng

• 이번 사기 사건에 대해 보다 명확한 조사가 필요합니다.
• 면접에서는 자신의 생각을 명확하게 이야기하는 것이 중요해요.

● 알아 두면 좋은 표현! 명확한 답변, 명확한 입장(입장▶ 0914), 명확한 태도, 명
확하게 사과하다(사과▶ 0104)

명 해결책

명 solution 중 解决方案，解决策略 일 解決策 베 cách giải quyết

• 장시간 토론이 이어졌지만 해결책을 찾지는 못했다.
• 김 박사는 구체적인 자료를 통해 해결책을 제시하고 있다.

● 알아 두면 좋은 표현! 마땅한 해결책, 유일한 해결책, 해결책이 나오다, 해결
책이 보이다

동 알아듣다
   [아라듣따]

명 understand 중 听懂，听明白 일 聞き取る 베 nghe hiểu

• 아직 영어를 잘 못 알아들어서 영어로 대답을 잘 못하겠다.
• 도대체 무슨 말을 하는 건지 모르겠으니까 좀 알아듣게 말해 봐.

● 알아 두면 좋은 표현! 말귀를 알아듣다, 말뜻을 알아듣다, 설명을 알아듣다

명 논리 [놀리]

명 logic 중 逻辑 일 論理 베 lô-gic

• 김 작가는 논리 정연하게 글을 써서 누구나 쉽게 기사를 잘 이해
  할 수 있었다.
• 논리에 맞는 주장을 펼치기 위해서는 평소에 책을 많이 읽어라.

● 알아 두면 좋은 표현! 논리 전개, 단순한 논리, 논리에 어긋나다

0931 ★

명 찬성

반 반대

명 approval, support 중 赞成, 赞同 일 賛成 베 sự tán thành

- 찬성이 과반을 넘어 법안이 통과되었다.
- 대체 공휴일 도입은 찬성과 반대의 입장을 모두 고려해 결정해야 한다.

동 찬성하다

반 반대하다

통 agree, approve 중 赞成, 赞同 일 賛成する 베 tán thành

- 국민들 대부분이 동계 올림픽 개최에 찬성하는 것으로 나타났다.
- 지역 내 교도소 건립에 찬성하는 주민보다 반대하는 주민이 더 많아요.

0932 ★

명 오해

파 오해되다
오해하다

명 misunderstanding 중 误解, 误会 일 誤解 베 sự hiểu lầm

- 우리는 사소한 오해로 인해 헤어지고 말았다.
- 민수는 평소에 잘 웃지 않아 불친절하다는 오해를 자주 받았다.

◉ 알아 두면 좋은 표현! 오해가 풀리다, 오해를 사다, 오해를 풀다

DAY 42

QUIZ 1   (   )에 들어갈 가장 알맞은 것을 고르십시오.

1. 그 질문을 하는 너의 진짜 (   )을/를 모르겠어.
   ① 논리   ② 근거   ③ 의도   ④ 주장

2. 부장님은 이번 일로 (   )이/가 난처하게 되었다.
   ① 견해   ② 입장   ③ 의견   ④ 화제

3. 이번 사태와 관련해 객관적 자료에 근거하여 (   )을/를 제시했다.
   ① 결론   ② 설득   ③ 요약   ④ 해결책

QUIZ 2   다음 단어를 이용해서 문장을 만드십시오.

1. 교통사고에 / 관한 / 기사가 / 신문에 / 실렸다. / 어젯밤

_____

2. 대한 / 명확한 / 밝혀 / 이번 사태에 / 입장을 / 주십시오.

_____

3. 그는 / 알아들은 / 말한 것을 / 농담으로 / 내가 / 것 같다.

_____

QUIZ 3   빈칸에 알맞은 단어를 보기 에서 골라 쓰십시오.

보기   소문 / 입장 / 의견 / 찬성하다

주차 공간이 부족하기 때문에 저 역시 주차장을 넓혀야 한다는 1.(   )입니
다. 하지만 최근 떠도는 2.(   )처럼 아파트 안에 있는 공원을 없애고 그 자리
에 주차장을 만들자는 3.(   )에는 4.(   )을/ㄹ 수 없습니다.

 33회 읽기 37번

다음을 보고 내용이 같은 것을 고르십시오.(4점)

> 〈한국잡지〉가 10주년을 맞이하여 그동안 보내 주신 사랑에 감사하는 마음으로 선물을 준비하였습니다. 잡지 안에 있는 엽서에 사연을 적어 1월 31일까지 보내 주십시오. 재미있는 사연을 뽑아 50명에게 선물을 보내 드리겠습니다.

① <한국잡지>를 사면 선물을 준다.
② 엽서에 받고 싶은 선물을 써야 한다.
③ 잡지와 관계있는 사연을 보내야 한다.
④ <한국잡지>는 10년 전에 처음 나왔다.

 60회 읽기 10번

다음 그래프의 내용과 같은 것을 고르십시오. (2점)

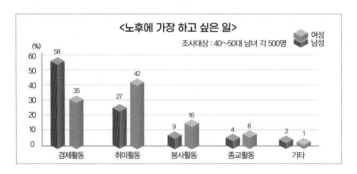

① 여성은 봉사 활동보다 취미 활동을 더 하고 싶어 한다.
② 종교 활동을 하고 싶어 하는 비율은 남성이 여성보다 높다.
③ 남녀 모두 경제 활동을 하고 싶다는 응답이 절반을 넘는다.
④ 경제 활동보다 봉사 활동을 하고 싶어 하는 남성들이 많다.

12

자연과 환경오염

DAY 43 자연과 환경오염(1)
DAY 44 자연과 환경오염(2)

자연과 환경오염(1)

☐ 오염　　☐ 숲　　☐ 지구　　☐ 빗물

☐ 공기　　☐ 먹이　　☐ 낙엽　　☐ 날개

☐ 대기　　☐ 지진　　☐ 원숭이　　☐ 나뭇잎

☐ 식물　　☐ 심각하다　　☐ 뜨다

☐ 절약하다　　☐ 새끼　　☐ 녹다

☐ 에너지　　☐ 자원　　☐ 맞다

0933 ★★★
몡 오염

몡 pollution 중 汚染 일 汚染、汚れ 베 sự ô nhiễm

• 환경 **오염**이 날로 심각해지고 있다.
• 강물의 **오염** 정도를 확인하기 위해 전문가가 한강을 찾았다.

🔵 알아 두면 좋은 표현! 대기 오염(대기▸ 0935), 토양 오염, 해양 오염

동 오염되다
[오염되다/오염뒈다]

동 be polluted 중 被汚染 일 汚れる 베 bị ô nhiễm

• 김치 국물로 **오염된** 빨래는 식초를 넣은 물에 담가 놓으면 금세 깨끗해져요.

0934 ★★★★
몡 공기

몡 air 중 空气 일 空気 베 không khí

• 주말에는 **공기** 맑은 곳에 가서 좀 쉬다 오고 싶어.
• **공기** 오염을 막기 위해 우리가 할 수 있는 일은 대중교통을 이용하는 것이다.

🔵 알아 두면 좋은 표현! 공기가 깨끗하다, 공기를 마시다

0935 ★
몡 대기

몡 atmosphere 중 大气 일 大気 베 khí quyển

• **대기** 오염으로 이젠 숨쉬기도 힘들어요.
• 공장에서 배출된 매연으로 **대기**가 뿌옇게 변했다.

0936 ★★★★
몡 식물 [싱물]

몡 plant 중 植物 일 植物 베 thực vật

• 집에서 **식물**을 키우면 공기도 깨끗해지고 마음도 안정되는 것 같아.
• 최근 250년간 **식물** 571종이 지구에서 사라졌다는 연구 결과가 나왔다.

🔵 알아 두면 좋은 표현! 식물을 관리하다(관리▸ 0667), 식물을 재배하다

0937 ★★★

종 절약하다
[저랴카다]

명 save 중 节约, 节省 일 節約する 베 tiết kiệm

• 전기를 절약하는 것도 환경을 보호하는 한 가지 방법이다.
• 식비를 절약하기 위해서 집에서 직접 밥을 만들어 먹기로 했어요.

🔵 알아 두면 좋은 표현! 비용을 절약하다(비용▸ 0871), 전기를 절약하다

명 절약 [저략]

명 saving, conservatio 중 节约, 节省 일 節約 베 sự tiết kiệm

• 시간 절약을 위해 택시를 타고 가는 건 어때요?

종 절약되다
[저략뙤다/저략뛔다]

명 be saved 중 节约, 节省 일 節約できる 베 được tiết kiệm

• 수납을 잘 하면 공간이 절약됩니다.

0938 ★★★

명 에너지

명 energy 중 能量, 能源 일 エネルギー 베 năng lượng

• 환경을 생각해 친환경 에너지를 사용하는 것이 좋겠지요?
• 사용하지 않는 가전제품의 전원은 끄는 것이 에너지를 절약하는 방법이에요.

🔵 알아 두면 좋은 표현! 에너지 낭비(낭비▸ 0898)

0939 ★★★

명 숲 [숩]

명 forest 중 树林 일 森、林 베 rừng

• 무분별한 개발로 한해 축구장 500여 개 넓이의 숲이 사라지고 있다.
• 숲에서 시원한 바람도 느끼고 그곳에 사는 작은 동물들도 보고 왔지.

0940 ★★★

명 먹이 [머기]

명 prey 중 食物, 饲料 일 餌 베 mồi, đồ ăn

• 겨울이면 먹이를 찾기 위해 산에서 내려오는 동물들이 많습니다.
• 날마다 먹이를 제때 줘야지 책임감도 없이 동물을 키우면 되겠니?

🔵 알아 두면 좋은 표현! 먹이를 구하다, 먹이를 사냥하다

0941 ★★★

명 지진

명 earthquake 중 地震 일 地震 베 động đất

• 지진으로 집이 무너져 버렸다.
• 강한 지진이 발생했으니 주민 여러분들은 안전한 곳으로 대피하시기 바랍니다.

🔵 알아 두면 좋은 표현! 지진 상황(상황▸ 1019), 지진의 영향(영향▸ 0102)

0942 ★★

종 심각하다
[심가카다]

명 serious 중 严重, 严峻 일 深刻だ 베 nghiêm trọng

• 환경 오염은 심각한 문제입니다.
• 시내 교통 체증 문제가 심각합니다.

🔵 알아 두면 좋은 표현! 수질 오염이 심각하다, 심각한 상황, 심각한 위험

0943 ★★★
명 새끼

명 offspring, baby 중 崽子 일 （動物の）子ども 베 con non
- 우리 집 개가 어제 새끼를 낳았어.
- 어미 코알라는 새끼를 산불로부터 보호하기 위해 품속에 품었다.

● 알아 두면 좋은 표현! 새끼 상어, 새끼를 기르다, 새끼를 돌보다(돌보다▸ 0017)

0944 ★★★
명 자원

명 resurce 중 资源 일 資源 베 tài nguyên
- 그렇게 종이를 대충 쓰고 버리는 것도 자원 낭비야.
- 우리가 사용할 수 있는 석유 자원이 얼마 남지 않았다.

● 알아 두면 좋은 표현! 자원을 보호하다(보호▸ 0455)

0945 ★★
명 지구

명 earth 중 地球 일 地球 베 địa cầu
- 기후 변화로 지구가 점점 뜨거워지고 있다.
- 우리가 사는 지구는 후손들에게 물려줘야 할 유산입니다.

0946 ★★
명 낙엽 [나겹]

명 fallen leaves 중 落叶 일 落ち葉 베 việc lá rụng
- 가을에 떨어진 낙엽들은 썩어 영양분이 된다.
- 이번 화재는 낙엽을 모아 태우다가 일어난 것으로 밝혀졌습니다.

0947 ★★
명 원숭이

명 monkey 중 猴子 일 サル 베 con khi
- 원숭이들은 무리를 지어 생활한다.
- 코코넛 농장에서 코코넛을 따는 일을 시키려고 어린 원숭이들을 훈련시키는 영상 봤어?

◉ 참고 개미 명 ant 중 蚂蚁 일 アリ 베 con kiến
개구리 명 frog 중 青蛙 일 カエル 베 con ếch
거미 명 spider 중 蜘蛛 일 クモ 베 con nhện
고래 명 whale 중 鲸, 鲸鱼 일 クジラ 베 cá voi
나비 명 butterfly 중 蝴蝶 일 蝶 베 con bướm

0948 ★★
동 뜨다
파 띄우다

명 rise, float 중 浮, 升 일 浮く、昇る 베 nổi, mọc
- 수영을 배울 때 가장 먼저 배우는 것은 물에 뜨는 방법이에요.
- 한국 사람들은 새해 아침에 뜨는 첫 해를 보기 위해 동해로 간다.

▣ 활용형 뜨는, 떠서, 뜨니까, 뜹니다

0949 ★★
동 녹다 [녹따]
파 녹이다

명 melt 중 化, 融化 일 溶ける 베 tan, chảy
- 아이스크림 녹기 전에 빨리 먹어.
- 지구 온난화로 빙하가 녹기 시작했다.

● 알아 두면 좋은 표현! 눈이 녹다, 얼음이 녹다

0950 ★★
동 **맞다** [맏따]

명 for, enjoy 중 迎，迎接 일 迎える 베 đón
- 봄을 맞아 꽃놀이를 하러 가는 여행객들이 늘었다.
- 어린이날을 맞아 행사가 시민공원에서 열립니다.

🔵 **알아 두면 좋은 표현!** 새해를 맞다, 생일을 맞다, 추석을 맞다

0951 ★★
명 **빗물** [빈물]

명 rainwater 중 雨水 일 雨水（あまみず） 베 nước mưa
- 빗물을 식수로 바꿔주는 기술이 개발되었다.
- 물을 절약하기 위해 학교, 도서관과 같은 공공시설에서는 빗물을 저장해 재사용한다.

🔵 **알아 두면 좋은 표현!** 빗물을 모으다, 빗물을 받다

0952 ★★
명 **날개**

명 wing 중 翅膀 일 翼、羽 베 cánh
- 펭귄은 날개가 있지만 원래의 기능이 퇴화되어 날지 못한다.

🔵 **알아 두면 좋은 표현!** 날개를 움직이다

명 wing 중 叶片 일 羽（はね） 베 cánh
- 선풍기 날개에 손을 다치는 유아가 늘어가면서 사람이 만지면 자동으로 멈추는 선풍기가 개발되었습니다.

🔵 **알아 두면 좋은 표현!** 날개가 돌아가다, 날개가 부러지다, 날개가 회전되다

0953 ★★
명 **나뭇잎** [나문닙]

명 leaf 중 树叶，叶子 일 木の葉 베 lá cây
- 어제 태풍으로 나뭇잎이 다 떨어져 버렸어요.
- 동물원에서 판다가 나뭇잎을 뜯어 먹고 있는 모습을 볼 수 있었다.

QUIZ 1 ( )에 들어갈 가장 알맞은 것을 고르십시오.

1. ( )이/가 심해서 마스크를 쓰지 않으면 숨쉬기가 힘들어요.
   ① 대기 오염　　　② 바다 오염　　　③ 빗물 오염　　　④ 토양 오염

2. 숲이 없어지면 많은 동물들이 살 곳과 ( )을/를 잃게 된다.
   ① 식물　　　② 빗물　　　③ 먹이　　　④ 공기

3. ( ) 일회용품을 사용하지 않는 일은 우리가 지구를 위해 손쉽게 할 수 있는
   일이다.
   ① 무리를 짓고　　　　　　② 돈을 아껴쓰고
   ③ 북극 얼음이 녹고　　　　④ 에너지를 절약하고

QUIZ 2 다음 단어를 이용해서 문장을 만드십시오.

1. 오염되어서 / 고래들이 / 있어. / 죽어가고 / 바닷물이 / 많은

   _____

2. 푸르던 / 낙엽이 / 되어 / 가을이 / 떨어졌다. / 나뭇잎들이 / 되자

   _____

3. 나자 / 시작했다. / 빠져나가기 / 원숭이들이 / 데리고 / 새끼들을 / 산불이 / 숲을

   _____

QUIZ 3　　빈칸에 알맞은 단어를 **보기** 에서 골라 쓰십시오.

보기　　　　　대기 오염 / 공기 / 숲 /심각하다 / 녹다

1.(　　　　　　)이/가 날로 심해지고 있습니다. 도시에는 공장이 많아지고 자동차가 늘어나면서 공기가 오염되기 시작했고, 사람들이 공기를 정화시킬 수 있는 2.(　　　　　)까지 무분별하게 개발하면서 대기 오염은 전 세계적인 문제가 되었습니다. 이로 인해 지구 온난화와 기후변화가 가속화되면서 북극의 얼음이 3.(　　　　　)기 시작했고 세계 곳곳에서는 홍수와 가뭄으로 인한 피해가 늘었습니다.

　우리는 지구가 겪고 있는 이런 4.(　　　　　)은/ㄴ 상황이 결국 인간에게 큰 영향을 끼칠 것이란 것을 깨달아야 합니다.

TOPIK 중급   31회 쓰기 43번

다음 글을 읽고 (   )에 알맞은 말을 쓰십시오. (8점)

> 개미 사회에서 일개미는 세 가지의 일을 한다. 먼저 어린 개미들은 여왕개미 근처에서 새끼를 돌본다. 그리고 젊은 개미들은 집을 청소하고 나이가 많은 개미들은 먹이를 구하는 일을 한다. 이처럼 일개미들은 같은 일만 하는 것이 아니라 (   ) 그 역할이 바뀐다.

TOPIK 중급   33회 읽기 59번-60번

> 이러한 결정을 실행하기 위해서는 많은 준비가 요구된다. 돌고래가 좁은 수족관에서 생활하는 동안 야생에서의 생활 방법을 모두 잊어버렸기 때문이다. 본격적인 야생 적응 훈련을 시작하기에 앞서 우선 필요한 것은 철저한 건강 검사이다. 그 다음으로 자연 환경에 잘 적응할 수 있도록 실제 바다와 유사한 환경을 만들고 사람들의 접근을 최소화해야 한다. 또 실제 바다에서 스스로 먹이를 사냥하는 능력을 되살려 주려는 노력도 필요하다. 다행인 것은 돌고래가 지능이 높아서 적응 훈련이 잘 이루어지면 자연으로 돌아가도 빨리 적응할 수 있다는 것이다. 돌고래를 바다로 돌려보내기 위해서는 철저한 계획과 실천이 이루어져야 할 것이다.

59. 이 글의 중심 생각을 고르십시오.

① 동물원에서 돌고래를 키우지 못하도록 규제해야 한다.
② 검진을 통한 돌고래의 철저한 건강관리가 이루어져야 한다.
③ 돌고래가 자연에 잘 적응하도록 체계적인 준비를 해야 한다.
④ 동물원의 시설을 정비해 돌고래의 생활환경을 개선해야 한다.

60. 이 글 앞에 있었을 내용으로 가장 알맞은 것을 고르십시오.

① 돌고래를 다시 바다로 돌려보내자는 결정

② 돌고래가 사는 바다 환경을 조사하자는 결정

③ 돌고래의 생활 방법에 대해 연구하자는 결정

④ 돌고래 수족관을 바다와 유사하게 만들자는 결정

DAY 44 자연과 환경오염(2)

Track 44

□ 재활용 □ 무덥다 □ 뿌리 □ 바위
□ 알 □ 겨울철 □ 꼬리 □ 육지
□ 바닷물 □ 여름철 □ 애완동물 □ 흔하다
□ 홍수 □ 날아가다 □ 영역
□ 향기 □ 물속 □ 미끄럽다
□ 더위 □ 벌레 □ 더러워지다

0954 ★★
명 재활용 [재화룡]
파 재활용되다

영 recycling 중 再利用, 回收利用 일 リサイクル
베 việc tái sử dụng
· 재활용을 위해 쓰레기는 분리해서 버려 주십시오.
· 가정에서 쉽게 할 수 있는 재활용 방법을 알려드리겠습니다.

동 재활용하다
[재화룡하다]

영 recycle 중 再利用, 回收利用 일 リサイクルする 베 tái sử dụng
· 입지 않는 교복을 재활용해 가방을 만들어 파는 기업을 아십니까?

0955 ★★
명 알

영 egg 중 蛋, 卵 일 卵 베 trứng, hạt
· 대부분의 뱀은 알을 낳지만 새끼를 낳는 뱀도 있습니다.
· 철갑상어의 알인 캐비어가 식재료로 인기를 끌면서 철갑상어 양식 기술이 발달하였다.

0956 ★★
명 바닷물 [바단물]
유 해수

영 seawater 중 海水 일 海水 베 nước biển
· 엄마, 바닷물은 왜 짜요?
· 지구 온난화로 빙하가 녹으면서 바닷물의 수위가 점점 올라가고 있다.

0957 ★★
명 홍수

영 flood 중 洪水 일 洪水 베 cơn lũ
· 홍수로 많은 이재민이 발생해 도움의 손길을 기다리고 있다.
· 매해 같은 지역에서 홍수가 나는데 대책이 필요한 거 아닙니까?
알아 두면 좋은 표현! 홍수 피해(피해▶1022), 홍수가 나다, 홍수를 예방하다 (예방▶0670)

360 Part 12 자연과 환경오염

0958 ★
명 향기
유 향
　향내
　향취

명 scent, fragrance 중 香味, 香气 일 香り 베 hương
• 향초를 켜서 집안에 좋은 향기가 난다.
• 차를 마시기 전에 차의 향기를 맡으면 마음이 안정됩니다.
🔵 알아 두면 좋은 표현! 식물의 향기(식물▶ 0936), 향기가 좋다, 향기를 맡다

0959 ★★
명 더위
반 추위

명 heat 중 热, 暑 일 暑さ 베 cái nóng
• 이렇게 심한 더위에는 밖에 나가서 일하지 말고 좀 쉬세요.
• 올해 여름 더위를 피해 계곡이나 바다로 떠나는 관광객들이 늘어
　날 전망입니다.
💡 참고 추위 명 cold 중 寒冷, 冷 일 寒さ 베 cái lạnh

0960 ★
형 무덥다 [무덥따]

명 hot 중 闷热, 炎热 일 蒸し暑い 베 oi nóng
• 날씨가 무더워서 그런지 자꾸 짜증이 나.
• 무더운 날씨에는 열사병에 걸릴 수 있으니 야외에서 장시간 활동
　을 자제하시기 바랍니다.
🔵 알아 두면 좋은 표현! 무더위
📖 활용형 무더운, 무더워서, 무더우니까, 무덥습니다

0961 ★
명 겨울철
유 동계
참 여름철(▶ 0962)

명 winter season 중 冬天, 冬季 일 冬（の季節） 베 mùa đông
• 겨울철 건조한 날씨가 이어지고 있다.
• 추운 겨울철 따뜻한 온돌방에서 구운 고구마를 먹곤 했지요.

0962 ★
명 여름철
유 하계
참 겨울철(▶ 0961)

명 summer season 중 夏季, 夏天 일 夏（の季節） 베 mùa hè
• 여름철에는 식중독에 걸릴 수 있으니 조심해야 합니다.
• 여름철 덥고 습한 날씨 때문에 음식이 금방 상해 버렸다.

0963 ★
동 날아가다
[나라가다]

명 fly away 중 飞, 飞走 일 飛ぶ 베 bay đi
• 철새들은 계절에 따라 북에서 남으로 남에서 북으로 날아간다.
💡 참고 날아오다 명 fly 중 飞过来, 飞来 일 飛んでくる 베 bay đến

명 evaporate 중 消失 일 飛ぶ 베 tiêu tan, bay biến
• 향수 뚜껑을 열고 그렇게 두면 향기가 다 날아가 버릴 거예요.
🔵 알아 두면 좋은 표현! 냄새가 날아가다, 반대쪽으로 날아가다

0964 ★
명 물속 [물쏙]

명 underwater 중 水中 일 水中 베 dưới nước
• 거북이는 물속에서 빠르게 헤엄칠 수 있다.
• 바다에서 스노클링을 하면서 물속을 구경하기도 했어요.

0965 ★
명 벌레

명 insect, bug 중 虫子, 昆虫 일 虫 베 côn trùng
- 새들이 벌레를 잡아먹기 위해 논밭에 앉았다.
- 음식물 쓰레기를 제때 버리지 않으니까 자꾸 집안에 벌레가 생기잖아요.

0966 ★
명 뿌리

명 root 중 根茎, 根 일 根 베 rễ
- 감자나 고구마는 열매가 아니고 뿌리 채소야.
- 지하수가 오염되면서 나무가 뿌리부터 썩기 시작했다.

0967 ★
명 꼬리

명 tail 중 尾巴 일 尾、しっぽ 베 đuôi
- 인간은 진화하면서 꼬리가 짧아져 이제는 흔적만 남아 있다.
- 실수로 우리 집 고양이 꼬리를 밟았더니 이제 고양이가 저에게 안 와요.

0968 ★
명 애완동물

명 pet 중 宠物 일 ペット 베 thú cưng
- 애완동물을 가족으로 여기는 사람들이 늘고 있다.
- 애완동물을 잃어버렸을 때를 대비해 동물병원에서 애완동물 등록을 하는 것이 좋습니다.
   TIP 최근에는 '애완동물'보다 '반려동물'이라는 표현을 많이 쓴다.

0969 ★
명 영역

명 area, territory 중 領域 일 領域、縄張り 베 khu vực
- 고양이는 자신의 영역 내에서만 생활한다고 한다.
- 소변을 보고 자신의 영역을 표시하는 것은 개의 습성입니다.

0970 ★
형 미끄럽다
[미끄럽따]

형 slippery 중 滑 일 滑る 베 trơn
- 비가 오는 날에는 도로가 미끄럽습니다.
- 눈이 내려서 길이 미끄러우니 조심하시기 바랍니다.
   활용형 미끄러운, 미끄러워서, 미끄러우니까, 미끄럽습니다

0971 ★
형 더러워지다

형 dirty 중 变脏, 弄脏 일 汚れる 베 bị dơ bẩn
- 공장 폐수로 강물이 더러워졌다.
- 커피를 쏟아서 옷이 더러워졌으면 바로 빨았어야지.
   활용형 더러워지는, 더러워지어서(=더러워져서), 더러워지니까, 더러워집니다

0972 ★
명 바위

명 rock 중 岩石，石头 일 岩 베 hòn đá

• 위험하니 바위 위에 올라가지 마시오.
• 설악산에는 금방이라도 떨어질 것 같은 흔들바위가 있는데 그곳에 꼭 한번 가 보세요.

0973 ★
명 육지 [육찌]
유 땅

명 land 중 陆地 일 陸地 베 lục địa

• 밤에는 바람이 육지에서 바다 방향으로 분다.
• 섬과 육지를 연결하는 다리가 만들어졌으면 좋겠어요.

0974 ★
형 흔하다

형 common 중 常见，常有 일 平凡な、ありふれた 베 thường thấy

• 들판의 흔한 꽃들도 각자 이름을 가지고 있다.
• 비슷한 디자인을 본 것 같은데 이런 디자인은 너무 흔하지 않아요?

QUIZ 1 ( )에 들어갈 가장 알맞은 것을 고르십시오.

1. 기후 변화로 인한 ( )와/과 가뭄이 자주 일어나고 있다.

① 지진   ② 홍수   ③ 빗물   ④ 바닷물

2. 눈이 너무 많이 와서 길이 ( ) 운전할 때 조심해.

① 거치니까   ② 심각하니까
③ 미끄러우니까   ④ 더러워지니까

3. 오랜만에 집에 갔더니 강아지가 ( )을/를 흔들며 마중을 나왔다.

① 꼬리   ② 무리   ③ 뿌리   ④ 유리

QUIZ 2 다음 단어를 이용해서 문장을 만드십시오.

1. 더위 / 나요. / 여름철에는 / 땀이 / 많이 / 때문에

_____

2. 벌레들이 / 물리지 / 조심해야 / 산속에 / 해요. / 많으니까 / 않게

_____

3. 낳을 / 키우겠다는 / 늘고 / 아이를 / 애완동물을 / 바에야 / 있다. / 사람들이

_____

QUIZ 3   다음을 읽고 ①과 ②에 들어갈 말을 각각 한 문장으로 쓰시오.

많은 사람은 거미를 곤충이라고 생각한다. ① (   )
곤충은 머리, 가슴 배 세 부분으로 나눌 수 있고 6개의 다리와 날개가 있지만 거미는
머리가슴과 배 두 부분으로 나뉘고 8개의 다리만 가지고 있다. 사람들은 거미의 겉
모습을 보고 거미를 무서워하거나 싫어하지만 ② (   )
여름철 인간에게 무서운 질병을 옮기는 모기나 파리를 거미가 잡아먹기 때문이다.

TOPIK 중급 **20회 듣기 29번-30번** 🔊 Track 44-1

다음 내용을 듣고 물음에 답하십시오.

29. 이 뉴스의 제목으로 가장 알맞은 것을 고르십시오. (4점)

　① 해양 오염, 인류의 미래 위협해
　② 바다 속 쓰레기, 나날이 늘어나
　③ 태평양 섬들, 빠른 속도로 오염되어
　④ 바다 속 해양 생물, 급속히 줄어들어

30. 들은 내용으로 맞지 <u>않는</u> 것을 고르십시오. (3점)

　① 육지 생태계의 파괴는 해양 생태계의 파괴로 이어진다.
　② 미래의 삶을 위해 바다 속 오염 물질을 제거해야 한다.
　③ 쓰레기 섬의 오염 물질은 해양 생물의 생명을 위협한다.
　④ 태평양 한가운데는 생활 쓰레기로 인해 생긴 섬이 있다.

13

과학과 기술

DAY 45 컴퓨터와 인터넷

DAY 46 과학

컴퓨터와 인터넷

☐ 정보	☐ 전자	☐ 인공	☐ 동영상
☐ 노트북	☐ 온라인	☐ 저장하다	☐ 프린터
☐ 휴대	☐ 가입	☐ 통신	☐ 설정
☐ 홈페이지	☐ 가입자	☐ 게시판	☐ 보안
☐ 문자	☐ 자동	☐ 사이트	
☐ 전달하다	☐ 디지털	☐ 검색	

0975 ★★★★★
명 정보

영 information 중 信息, 资讯 일 情報 베 thông tin

• 인터넷에서 여행 정보를 얻었다.
• 클릭 몇 번으로 정보를 쉽게 찾을 수 있으니 얼마나 좋니?

알아 두면 좋은 표현! 정보가 담겨 있다, 정보를 처리하다(처리하다▶ 0806),
정보 기술(기술▶ 0997), 정보화

0976 ★★
명 노트북

영 labtop 중 笔记本电脑 일 ノートパソコン 베 máy tính xách tay

• 노트북이 가벼워서 가지고 다니기에 좋아.
• 새로 산 노트북이 고장 나서 수리 센터에 맡겼다.

0977 ★★★★
명 휴대

영 portable 중 携带 일 携帯 베 sự cầm tay

• 이 노트북은 가벼워서 휴대가 간편합니다.
• 휴대 전화로 은행 업무도 볼 수 있고 영화도 예매할 수 있다.

0978 ★★★★
명 홈페이지

영 homepage 중 主页, 官网 일 ホームページ 베 trang chủ

• 내 홈페이지를 만들어 보고 싶어서 요즘 컴퓨터 학원에 다녀.
• 회사 홈페이지를 보면 그 회사에 대한 기본적인 내용은 다 파악할 수 있다.

알아 두면 좋은 표현! 홈페이지에 나오다, 홈페이지에서 확인하다(확인하다▶ 0732)

0979 ★★★
명 문자 [문짜]

명 character, text 중 文字 일 文字、ショートメッセージ 베 chữ viết

- 한글은 한국의 문자다.
- 집에 도착하자마자 문자 메시지 보내.

📌 **알아 두면 좋은 표현!** 문자 메시지, 특수 문자(특수▶ 1007), 문자 (메시지)를 보내다

0980 ★★★
동 전달하다

명 transfer 중 传达、传递 일 伝達 베 sự chuyển tiếp

- 직접 만나서 이야기하는 것이 매체를 통하는 것보다 말의 의미를 더 정확하게 전달할 수 있을 것이다.
- 내일 학교에서 민수를 만나면 이 선물 좀 전달해 주시겠어요?

명 전달

명 transmission 중 传达、转交 일 伝える 베 chuyển tiếp

- 인터넷의 발달로 빠른 정보 전달이 가능해졌다.
- 통역사가 전문 용어에 대한 지식이 없으면 정확한 내용 전달이 어려울 것이다.

동 전달되다
[전달되다/전달뗴다]

명 be transfered 중 传到 일 伝えられる 베 được chuyển tiếp

- 윗집의 시끄러운 소리가 그대로 우리 집으로 전달되어서 잠을 잘 수 없어요.

0981 ★★★
명 전자

명 electric 중 电子 일 電子、電気 베 điện tử

- 전자 제품을 할인한다고 해서 컴퓨터를 샀다.
- 인터넷이 발달하면서 전자 우편 사용량도 급증했다.

📌 **알아 두면 좋은 표현!** 전자 사전

0982 ★★
명 온라인

명 online 중 在线、网上 일 オンライン 베 trực tuyến

- 통신 기술의 발달로 온라인 쇼핑 매출이 늘었다.
- 온라인으로 해외 유명 대학의 수업을 들을 수 있어.

📌 **알아 두면 좋은 표현!** 온라인 쇼핑몰(쇼핑몰▶ 0884), 온라인으로 주문하다

0983 ★★
명 가입
파 가입되다

명 sign in, subscription 중 加入 일 加入 베 sự gia nhập

- 수술을 했던 경험 때문인지 보험 가입이 쉽지가 않네.
- 회원 가입을 위해 개인 정보를 써 넣었다.

동 가입하다
[가이파다]

명 be signed in 중 加入、参加 일 加入する 베 gia nhập

- 대학교에 입학하고 연극 동아리에 가입했어.

0984 ★★
명 가입자 [가입짜]

명 subscriber, member 중 用户、会员 일 加入者 베 người đăng kí

- 인터넷 가입자에게는 한 달 요금을 할인해 준다고 해요.
- 가입자의 편의를 위해 24시간 고객 센터를 운영하고 있습니다.

0985 ★★
명 자동
파 자동적
반 수동

영 automatic 중 自動 일 自動 베 sự tự động
- 집에 들어가자 자동으로 전등이 켜졌다.
- 이 버튼만 누르면 자동 세차가 시작됩니다.

0986 ★★
명 디지털

영 digital 중 数码, 数字式 일 デジタル 베 kĩ thuật số
- 정보 기술의 발달에는 장점도 있지만 디지털 범죄 증가라는 단점도 있다.
- 요즘은 휴대 전화의 카메라 성능이 너무 좋아서 디지털 카메라를 사용하는 사람이 별로 없어.

0987 ★★
명 인공
유 인위

영 aritificial 중 人工 일 人工 베 nhân tạo
- 인공 지능(AI)을 이용해 가전제품을 끄고 켤 수 있게 되었다.
- 유명한 바둑 기사와 인공 지능(AI)의 대결을 보면서 앞으로의 미래가 어떻게 될지 궁금해졌어.

⚫ 알아 두면 좋은 표현! 인공 눈물, 인공 장기, 인공 폭포

0988 ★★
동 저장하다

영 save 중 储存, 保存 일 保存する 베 lưu trữ
- 여행지에서 찍은 사진을 컴퓨터에 저장해 놓았다.
- 갑자기 컴퓨터가 꺼질 수 있으니까 중요한 파일은 미리미리 저장해 둬.

0989 ★★
명 통신
파 통신하다

영 communication 중 通信 일 通信 베 viễn thông, tin tức
- 정보 통신의 발달로 다른 나라의 사람들과 쉽게 소통할 수 있게 되었다.
- 날마다 남자 친구와 전화 통화를 하다 보니까 한 달에 통신 요금이 정말 많이 나와요.

0990 ★★
명 게시판

영 bulletin board 중 留言板, 公告栏 일 揭示板 베 bảng thông báo
- 아르바이트를 구하려고 인터넷 게시판에 글을 남겼다.
- 학과 게시판을 보니까 이번 주부터 봉사활동 신청을 받는다던데?

0991 ★★
명 사이트

영 site 중 网站 일 サイト 베 trang tin điện tử
- 인터넷 사이트에서 오늘의 뉴스를 찾아보았다.
- 외국인들이 많이 이용하는 사이트를 알려 줄까?

0992 ★
명 검색

영 search 중 搜索，检索 일 検索 베 sự tìm kiếm

• 검색 사이트에서 알고 싶은 것을 찾아봐.
• 요즘은 휴대 전화로 인터넷을 사용할 수 있어서 휴대 전화로도 쉽게 검색이 가능하다.

동 검색하다
[검새카다]

영 search 중 搜索，检索 일 検索する 베 tìm kiếm

• 도서관 컴퓨터로 내가 찾는 책이 있는지 검색해 보았다.

0993 ★
명 동영상

영 video 중 视频 일 動画 베 hình ảnh động, video

• 핸드폰으로도 쉽게 동영상을 편집할 수 있어요.
• 흥미 있는 내용으로 동영상을 제작해 인터넷에 올리는 사람들이 많다.

0994 ★
명 프린터

영 printer 중 打印机 일 プリンター 베 máy in

• 사무실 프린터가 고장 났어요.
• 프린터에 용지가 없어 인쇄가 되지 않았다.

0995 ★
명 설정 [설쩡]

영 setting 중 设定，设置 일 設定 베 sự thiết lập

• 인터넷 설정에 문제가 있어서 인터넷 접속이 안 된 거예요.
• 시계의 시간 설정이 잘못되어 있었는지 알람이 울리지 않아 지각하고 말았다.

동 설정하다
[설쩡하다]

영 set 중 设定，设置 일 設定する 베 thiết lập

• 혹시 도둑이라도 들까 봐 현관문 비밀번호를 복잡하게 설정해 두었다.

동 설정되다
[설쩡되다/설쩡뒈다]

영 be set 중 设定，设置 일 設定される 베 được thiết lập

• 에어컨 자동 꺼짐 기능이 설정되었습니다.

0996 ★
명 보안
파 보안하다

영 security 중 保安，保密 일 保安 베 sự bảo an

• 개인 정보 보호를 위해서는 컴퓨터 보안 프로그램을 설치하는 것이 좋다.
• 신제품이 나오기 전까지 신제품에 대한 보안이 철저히 이루어져야 합니다.

🔵 알아 두면 좋은 표현! 국가 보안(국가▸ 0454), 보안을 강화하다

DAY 45

QUIZ 1 (   )에 들어갈 가장 알맞은 것을 고르십시오.

1. 친구가 보내 준 동영상을 휴대폰에 (   ).

   ① 전달했어요　　　② 가입했어요　　　③ 설정했어요　　　④ 저장했어요

2. 해킹당하지 않게 노트북 설정을 바꿔서 (   )을/를 강화하세요.

   ① 정보　　　　　② 통신　　　　　③ 보안　　　　　④ 인공

3. 휴대폰으로 정보를 (   ) 일상적인 일이 되었습니다.

   ① 검색하는 것이　　　　　　　② 설정하는 것이
   ③ 자동으로 처리하는 것이　　　④ 사이트로 옮기는 것이

QUIZ 2 다음 단어를 이용해서 문장을 만드십시오.

1. 휴대폰으로 / 할 / 없어요. / 요즘은 / 못 / 것이

   _____

2. 동영상을 / 않아도 / 다운로드하면 / 인터넷을 / 볼 수 있습니다. / 연결하지

   _____

3. 게시판에 / 자료는 / 출력해서 / 교수님이 / 올려주신 / 보려고 해.

   _____

QUIZ 3   다음 글에서 보기 의 문장이 들어가기에 가장 알맞은 곳을 고르십시오.

몇 년 전만 해도 사람들은 문서, 사진, 동영상 파일들을 CD나 USB에 저장해서 가지고 다녔다. (㉠) 하지만 지금은 인터넷 클라우드에 파일을 저장해서 언제 어디서든 인터넷만 있으면 파일을 다운로드해 사용할 수 있다. (㉡) 사람들은 인터넷 클라우드를 통해 쉽게 파일을 저장하고 다른 사람과 공유한다. 휴대 전화를 이용해 인터넷 클라우드에 접속하면 버스나 지하철 안에서도 파일을 확인하고 고치고 다시 저장할 수 있다. (㉢) 쉽게 접속하고 쉽게 다운로드할 수 있는 만큼 보안에 문제가 생길 수 있다. (㉣) 보안을 위해서는 비밀번호는 복잡하게 설정하고 자동으로 로그아웃이 되도록 하는 것이 좋다.

보기

인터넷 클라우드는 이렇게 장점이 많지만 단점도 있다.

---

① ㉠   ② ㉡   ③ ㉢   ④ ㉣

47회 듣기 9번 🔊 Track 45-1

다음 대화를 잘 듣고 여자가 이어서 할 행동으로 알맞은 것을 고르십시오. (2점)

① 사무실에 전화한다.   ② 컴퓨터를 확인한다.
③ 장학금을 신청한다.   ④ 학교 홈페이지를 본다.

52회 읽기 19번-20번

다음을 읽고 물음에 답하십시오. (각 2점)

> 　인터넷으로 회원 가입을 할 때 설정하는 비밀번호는 초기에는 숫자 네 개면 충분했다. 하지만 최근에는 보안 강화를 위해 특수 문자까지 넣어 만들어야 한다. (　　　　) 비밀번호 변경도 주기적으로 해야 한다. 이 때문에 가입자는 번거로운 것은 물론이고 자주 바뀌는 비밀번호를 기억하지 못해 스트레스를 받는다. 개인 정보 보호를 가입자에게만 요구하지 말고 기업도 보안 기술 개발에 적극 투자해야 한다.

19. (　　　)에 들어갈 알맞은 것을 고르십시오.

　　① 그러면　　　　② 게다가　　　　③ 반면에　　　　④ 이처럼

20. 위 글의 내용과 같은 것을 고르십시오.

　　① 가입자는 비밀번호 변경으로 스트레스를 받는다.
　　② 초기의 비밀번호는 숫자 네 개로는 만들 수 없었다.
　　③ 가입자는 기업에 비밀번호 설정을 까다롭게 요구한다.
　　④ 비밀번호 설정 시에 숫자와 문자 중 하나를 선택해야 한다.

과학

☐ 기술　　☐ 물질　　☐ 시도　　☐ 끊임없다

☐ 개발　　☐ 관찰하다　☐ 부품　　☐ 단단하다

☐ 이루어지다　☐ 발명　　☐ 결합　　☐ 법칙

☐ 실험　　☐ 연구소　☐ 표면　　☐ 증명하다

☐ 우주　　☐ 특수　　☐ 비추다

☐ 로봇　　☐ 원리　　☐ 작용하다

0997 ★★★★★
명 기술
　파 기술적

명 technology　중 技术　일 技術　베 kĩ thuật

• 정부가 과학 기술 발달을 위해 투자하기로 결정했다.
• 정보 기술의 발달로 사람들은 집에서도 편하게 쇼핑을 즐길 수 있게 되었다.

🔵 알아 두면 좋은 표현! 새로운 기술이 공개되다(공개▸ 0655)

0998 ★★★★★
명 개발

명 development　중 开发, 发展　일 開発　베 sự phát triển

• 신기술 개발 과정은 결코 쉽지 않다.
• 신제품 개발을 위해 연구원들이 끊임없이 노력하고 있습니다.

동 개발하다

명 devlelop　중 开发, 研发　일 開発する　베 phát triển

• 한국어에 관심 있는 외국인들이 참여할 수 있는 온라인 교육 프로그램을 개발하고 있다.

🔵 알아 두면 좋은 표현! 능력을 개발하다

동 개발되다
[개발되다/개발뒈다]

명 be developed　중 开发, 研制　일 開発される　베 được phát triển

• 이번에 새로 개발된 약이 치료에 도움이 될 것으로 기대된다.

0999 ★★★★
동 이루어지다

명 occur, accomplish　중 实现, 进行　일 実現する、叶う　베 đạt được

• 내 집을 장만하겠다는 꿈이 드디어 이루어졌다.
• 지능과 집중력의 관계를 밝히는 연구가 이루어지고 있습니다.

📖 활용형 이루어지는, 이루어지어서(=이루어져서), 이루어지니까, 이루어집니다

1000 ★★★
명 실험

명 experiment 중 实验 일 実験 베 sự thí nghiệm

• 화장품 회사의 동물 실험을 반대하는 목소리가 날로 높아지고 있습니다.
• 교육 전문가들은 학습자의 나이와 외국어 학습 능력의 관계를 알아보는 실험을 진행하였다.

🔵 알아 두면 좋은 표현! 실험 결과, 실험을 진행하다, 실험에 성공하다, 실험에 실패하다, 실험에 참가하다(참가 ▸ 0391)

동 실험하다

동 to experiment 중 做实验 일 実験する 베 thí nghiệm

• 연구실에서 실험하느라 시간이 이렇게 지났는지도 몰랐어.

1001 ★★★
명 우주

명 universe 중 宇宙 일 宇宙 베 vũ trụ

• 우주 공간의 우주 쓰레기를 수거하는 방안을 마련해야 합니다.
• 우주 과학 기술의 발달로 몇 년 안에 인간이 화성을 밟을 수 있을 거라는 기대가 커지고 있다.

1002 ★★★
명 로봇

명 robot 중 机器人 일 ロボット 베 rô-bốt

• 집안일을 도와주는 로봇은 언제쯤 개발이 될까요?
• 혼자 사는 노인들이 돌봄 로봇을 사용했을 때 우울감이 감소하는 것으로 나타났다.

🔵 알아 두면 좋은 표현! 로봇이 등장하다(등장 ▸ 0576), 로봇이 사람을 대체하다, 로봇을 만들다

1003 ★★★
명 물질

명 substance 중 物质 일 物質 베 vật chất

• 대기 오염을 일으키는 물질에는 어떤 것이 있나요?
• 독버섯에서 새로운 항암 물질을 발견했다는 뉴스를 보았다.

🔵 알아 두면 좋은 표현! 오염 물질(오염 ▸ 0933), 화학 물질

1004 ★★
동 관찰하다

동 observe 중 观察 일 観察する 베 quan sát

• 상대방의 표정을 관찰하면 그 사람의 기분을 알 수 있다.
• 천체 망원경을 통해 멀리 있는 별도 관찰할 수 있게 되었습니다.

명 관찰

명 observation 중 观察 일 観察 베 sự quan sát

• 곤충을 관찰하고 관찰 노트를 작성하는 것이 숙제야.

동 관찰되다
[관찰되다/관찰뒈다]

동 be observed 중 观察 일 観察される 베 được quan sát

• 자연환경의 변화로 과거 한국에서 자주 관찰되던 철새가 더 이상 보이지 않았다.

1005 ★★
명 **발명**

영 invention 중 发明 일 発明 베 sự phát minh
- 수레바퀴의 **발명**은 인류의 삶을 바꾸었다.
- 이번에 새로운 **발명품**을 만들어서 발명 대회에 나가 보려고요.
  🔵 알아 두면 좋은 표현! **발명가, 발명품**

동 **발명하다**

영 invent 중 发明 일 発明する 베 phát minh
- 제임스 와트는 물이 끓는 주전자를 보고 증기 기관을 **발명했다**.

동 **발명되다**
[발명되다/발명뒈다]

영 be invented 중 发明 일 発明される 베 được phát minh
- 타임머신이 **발명된다면** 언제로 가 보고 싶어?

1006 ★★
명 **연구소**

영 labratory 중 研究所 일 研究所 베 viện nghiên cứu
- 지금 정책 **연구소**에서 국가 정책에 대해 연구하는 일을 하고 있어요.
- 호주의 한 의학 **연구소**가 발표한 연구 결과에 따르면 비타민D가 부족하면 근육이 약해진다고 한다.

1007 ★★
명 **특수** [특쑤]
유 특이

영 special 중 特殊 일 特殊 베 sự đặc thù
- **특수** 목재를 사용해 더 튼튼한 건물을 지을 수 있게 되었다.
- 군인이나 소방관은 **특수** 직업으로 분류되어 쉽게 보험에 가입할 수 없습니다.
  🔵 알아 두면 좋은 표현! **특수 문자(문자▸ 0979), 특수 물질(물질▸ 1003)**

형 **특수하다**
[특쑤하다]
유 특이하다

영 to be special 중 特殊 일 特殊だ 베 đặc thù
- 비행기는 더 오래 사용하기 위해 **특수한** 페인트를 바른다.

1008 ★★
명 **원리**

영 prinicple 중 原理 일 原理 베 nguyên lí
- 김 선생님은 과학 **원리**를 쉽게 풀어서 설명해 주셨다.
- 항공 우주 박물관에서 비행기가 뜨는 **원리**에 대해 배웠어요.
  🔵 알아 두면 좋은 표현! **작동 원리, 원리를 이해하다**

1009 ★★
명 **시도**

영 attempt 중 试图, 尝试 일 試み 베 sự thử
- 수강생들이 만족할 수 있게 다양한 **시도**를 하고 있다.
- 지금까지 없었던 디자인을 보여 준 그의 과감한 **시도**가 패션 업계를 바꿔 놓았다.

동 **시도하다**

영 try 중 试图, 尝试 일 試みる 베 thử
- 실험에서 결과가 나오지 않으면 방법을 바꿔 **시도해** 보세요.

동 **시도되다**
[시도되다/시도뒈다]

영 be tried 중 试图, 尝试 일 試みられる 베 được thử
- 힘든 상황에서 우주선 발사가 **시도되었다**.

Day 46 과학   **377**

1010 ★
명 부품

명 part 중 零部件 일 部品 베 bộ phận, linh kiện
- 컴퓨터 부품을 교체하는 데 돈이 많이 들었어.
- 인건비 절감을 위해 자동차 부품 공장을 해외에 건설하기 시작했다.

1011 ★
명 결합

명 combination, assemble 중 结合 일 結合 베 sự kết hợp
- 기존 물질들의 결합을 통해 새로운 물질을 만들어 내는 데 성공했다.

동 결합하다
[결하파다]

명 combine 중 合并，结合 일 結合する 베 kết hợp
- 기존의 제품들을 결합해 새로운 제품을 만들어 내는 시도가 진행되고 있다.
- 전화기와 인터넷 사용 기기를 결합한 스마트폰이 나오며 사람들의 생활이 크게 변했다.

동 결합되다
[결합뙤다/결합뛔다]

명 be combined 중 结合 일 結合される、結合する 베 được kết hợp
- 날개가 동체와 결합된 부분에 문제가 있어 사고가 일어난 것으로 보입니다

1012 ★
명 표면
파 표면적
유 겉면
    외면

명 surface 중 表面 일 表面 베 bề mặt
- 유리컵 표면에 립스틱이 묻어 있는 것 같은데요.
- 닐 암스트롱은 달의 표면에 발자국을 남긴 최초의 우주인이다.

1013 ★
동 비추다

명 reflect 중 照，参照 일 映す、照らす 베 soi, phản chiếu
- 옷이 잘 어울리는지 거울에 비추어 보았다.
- 내 경험에 비춰 봤을 때 그런 시도는 안 하는 게 좋겠는데.
  활용형 비추는, 비추어서(=비춰서), 비추니까, 비춥니다

1014 ★
동 작용하다
[자굥하다]

명 affect 중 (起)作用，影响 일 作用する 베 tác động
- 불리하게 작용할 수 있는 진술은 거부할 수 있다.
- 학교를 졸업하지 못했다는 것이 취업 시장에서 약점으로 작용하게 되었다.

명 작용 [자굥]
파 작용되다
    작용시키다

명 impact, effect 중 作用 일 作用 베 sự tác động
- 염색약을 머리카락에 바르면 화학 작용으로 머리카락의 색깔이 바뀌게 된다.

1015 ★
형 **끊임없다**
[끄니멉따]
부 끊임없이
▶부사(2)(p.420)

형 continous 중 持续不断 일 絶え間ない 베 không ngừng
- 끊임없는 도전으로 과학을 발전시킨 과학자들이 있다.
- 금메달을 딸 수 있었던 것은 끊임없는 연습 덕분이었습니다.
TIP 주로 '끊임없는'으로 쓴다.

1016 ★
형 **단단하다**

형 hard 중 结实，坚硬 일 しっかりした 베 vững chắc
- 끈이 너무 단단하게 묶여 있어서 풀 수가 없어.
- 단단한 바위를 깨뜨리기 위해 중장비가 사용되었다.

1017 ★
명 **법칙**

명 law, rule 중 定律，法则 일 法則 베 quy tắc
- 머피의 법칙은 원하는 일이 잘 풀리지 않고 자꾸 안 좋은 일로 이어질 때 쓰는 말이다.
- 성공한 사람들을 보면 그들이 성공할 수밖에 없었던 성공의 법칙이 존재한다는 것을 알 수 있다.

1018 ★
동 **증명하다**

형 prove 중 证明 일 証明する 베 chứng minh
- 실험 결과를 증명하기 위해 같은 실험을 진행하였다.
- 아직 과학적으로 증명할 수 없는 현상들이 얼마나 많은데.

동 **증명되다**
[증명되다/증명뒈다]

형 be proved 중 证明 일 証明される 베 được chứng minh
- 제약 회사에서는 새로 개발한 약의 효능이 실험을 통해 증명되었다고 주장한다.

DAY 46

QUIZ 1　(　)에 들어갈 가장 알맞은 것을 고르십시오.

1. 이 휴대 전화는 표면이 (　　　) 쉽게 긁히거나 깨지지 않아요.
   ① 약해서　　　　② 비추어서　　　　③ 단단해서　　　　④ 부드러워서

2. 몇 차례의 시도 끝에 드디어 집안일을 도와주는 로봇 (　　)에 성공했다.
   ① 기술　　　　　② 개발　　　　　③ 결합　　　　　④ 발견

3. 바르기만 해도 살이 빠지는 (　　) 물질을 만들 수 있다면 금세 부자가 될 거야.
   ① 특수　　　　　② 실험　　　　　③ 성질　　　　　④ 표면

QUIZ 2　다음 단어를 이용해서 문장을 만드십시오.

1. 망원경을 / 관찰했다. / 우주를 / 그는 / 가지고

　_____

2. 신제품 / 끊임없는 / 도전으로 / 성공했다. / 개발에

　_____

3. 움직이는 / 시계를 / 뜯어보았다. / 시계가 / 원리가 / 궁금했던 / 아이는

　_____

QUIZ 3 다음 글을 읽고 내용과 <u>다른</u> 것을 고르십시오.

과학은 항상 우리 주변에 있어요. 눈에 보이지 않는 아주 작은 원자부터 넓은 우주까지 모두 과학과 관련이 있습니다. 과학은 우리 주변의 세상을 연구하는 것으로 우리가 겪는 문제를 해결하는 데 도움을 줍니다. 예를 들어, 키우는 나무가 잘 자라지 않을 때 나무가 어떻게 성장하고 어떤 영양분이 필요한지 안다면 나무를 더 잘 키울 수 있을 거예요. 그리고 과학은 새로운 것을 발견하는 것이기도 합니다. 과학자들은 항상 우리가 알지 못한 새로운 것들을 발견하려고 합니다. 새로운 행성이나 우리가 모르던 새로운 동물과 식물, 새로운 물질들을 발견하려고 하지요. 하지만 과학자들이 단순히 발견하는 것만을 중요하게 생각하지는 않습니다. 과학자들은 항상 스스로에게 질문하고 그것에 대한 자신의 생각을 증명하려고 노력합니다. 바깥에서 놀거나 별을 바라볼 때 과학이 우리 주변에 있다는 것을 기억하세요. 그리고 궁금한 것에 대해서 생각해보고 끊임없이 질문해 보세요. 여러분이 언젠가 세상을 바꿀 과학자가 되어 있을지도 몰라요.

① 과학은 우리가 겪는 문제를 해결해 주기도 한다.
② 과학자들은 새로운 것을 발명하는 것에 관심이 많다.
③ 나무의 성장에 대해 잘 안다면 나무를 잘 키울 수 있다.
④ 과학자들은 자신의 생각이 맞다는 것을 증명하려고 한다.

TOPIK 기출 문제

다음 내용을 듣고 물음에 답하십시오.

30. 들은 내용으로 맞는 것을 고르십시오. (3점)

    ① '생활 로봇'의 생산 비용은 전보다 크게 줄었다.
    ② '생활 로봇'은 사람의 표정 변화를 감지할 수 있다.
    ③ '생활 로봇'은 사람들에게 이미 친숙한 존재가 되었다.
    ④ '생활 로봇'은 일의 종류에 따라 동작 속도를 조절한다.

다음 글에서 <보기>의 문장이 들어가기에 가장 알맞은 곳을 고르십시오. (2점)

> 정지우 교수의 영화, "물리를 말하다"에서는 영화 속 과학 이야기를 흥미진진하게 보여 준다. (㉠) 물리학자인 작가가 과학의 눈으로 영화를 들여다봄으로써 그 속에 숨어 있는 과학을 설명한다. (㉡) 이 책에서는 영화에 등장하는 투명인간이나 인공지능 로봇 등을 다루고 있다. (㉢)이 책을 통해 과학의 원리를 이해하게 된다면 더욱 흥미롭게 영화를 관람할 수 있을 것이다. (㉣) 또한 과학이 주는 신비로운 세상도 경험할 수 있을 것이다.

보기

이러한 소재들은 과학적 지식을 바탕으로 인간의 상상력을 영화에 구체화한 것이다.

---

①㉠   ②㉡   ③㉢   ④㉣

14

사건과 사고

DAY **47** 사건과 사고(1)

DAY **48** 사건과 사고(2)

사건과 사고(1)

☐ 상황　　☐ 막다　　☐ 사건　　☐ 충돌

☐ 발생　　☐ 화재　　☐ 모　　　☐ 대처

☐ 원인　　☐ 현장　　☐ 신고　　☐ 구하다

☐ 피해　　☐ 구조　　☐ 소방관　☐ 위험성

☐ 주의　　☐ 당하다　☐ 방지

1019 ★★★★★
명 상황

명 situation 중 状況, 情況 일 状況 베 tình huống
- 소방관들은 화재로 인한 피해 **상황**에 대해 보고했다.
- 우선 사건 당시 **상황**에 대해 자세히 이야기해 보세요.
- 🔵 알아 두면 좋은 표현! 사고 현장 상황(현장▶ 1026), 피해 상황(피해▶ 1022), 위기 상황(위기▶ 0502), 급한 상황, 긴급 상황

1020 ★★★★★
명 발생 [발쌩]
파 발생되다

명 occurance 중 发生 일 発生 베 sự phát sinh
- 승강기가 멈춰 승객들이 갇히는 사고가 있었으나 사고 **발생** 10분 만에 모두 구조되었다.
- 동네에 범죄 **발생** 횟수가 늘었다고 하니 각별히 조심해라.
- 🔵 알아 두면 좋은 표현! 사고 발생, 지진 발생(지진▶ 0941), 범죄 발생(범죄▶ 0471), 발생 원인(원인▶ 1021), 문제가 발생하다, 산불이 발생하다, 발생을 줄이다

동 발생하다
[발생하다]

동 occure 중 发生 일 発生する 베 phát sinh
- 최근 등산객이 늘어나면서 안전사고가 많이 **발생**하고 있어 주의가 필요합니다.
- 여름에는 식중독이 **발생**할 수 있으니 음식 섭취에 조심해야 해요.
- 🔵 알아 두면 좋은 표현! 사건이 발생하다(사건▶ 1029), 사망자가 발생하다, 지진이 발생하다(지진▶ 0941)

1021 ★★★★★

명 **원인** [워닌]

명 cause 중 原因 일 原因 베 nguyên nhân

- 음식물 쓰레기도 환경오염의 원인 중 하나입니다.
- 비위생적인 환경은 알레르기의 원인이 되니까 집을 깨끗하게 하세요.

🔘 **알아 두면 좋은 표현!** 식중독 원인(식중독▶ 0714), 직접적 원인, 원인을 밝히다, 원인을 진단하다(진단▶ 0721), 원인을 찾다, 원인을 파악하다

1022 ★★★★

명 **피해**

명 damage, harm 중 灾害, 损失 일 被害 베 sự thiệt hại

- 산불은 나무를 다 태울 뿐만 아니라 우리에게 다른 피해도 준다.
- 이번 폭설로 다리가 무너지는 등 큰 피해를 입었어요.

🔘 **알아 두면 좋은 표현!** 재산 피해, 피해 사례(사례▶ 0554), 피해를 보상하다, 피해가 심각하다(심각하다▶ 0942), 피해를 입히다, 피해를 줄이다

1023 ★★★★

명 **주의** [주의/주이]
반 부주의

명 caution, attention 중 注意, 小心 일 注意 베 sự chú ý

- 생활 속에서 조금 더 주의를 기울여 소중한 생명과 재산을 잃는 일이 없도록 해야 할 것이다.
- 임신 중에는 무리하지 않도록 늘 각별한 주의가 필요해.

🔘 **알아 두면 좋은 표현!** 주의 사항(사항▶ 0329), 세심한 주의, 주의를 기울이다, 주의가 요구되다(요구▶ 0531), 주의가 필요하다

동 **주의하다**
[주의하다/주이하다]

명 be careful 중 注意, 小心 일 注意する 베 chú ý

- 장마가 끝난 뒤 8월에도 지역에 따라 큰 비가 내릴 수 있으므로 주의해야 한다.
- 비가 많이 올 때는 특히 더 주의해서 운전해야 해.

🔘 **알아 두면 좋은 표현!** 주의할 점, 건강에 주의하다

1024 ★★★★

동 **막다** [막따]
피 막히다

명 prevent 중 防止, 阻挡 일 防ぐ 베 chặn

- 정부는 음주 운전을 막기 위해 단속과 처벌을 강화했다.
- 소화기를 제대로 쓸 줄만 알아도 큰 화재를 막을 수 있어요.

🔘 **알아 두면 좋은 표현!** 사고를 막다, 재앙을 막다, 화재를 막다(화재▶ 1025)

1025 ★★★★

명 **화재**

명 fire 중 火灾 일 火災 베 hỏa hoạn

- 건물 안에 불에 잘 타는 물건들이 많아 화재 진압에 어려움을 겪었다고 한다.
- 우리 주변에서 일어나는 화재 대부분은 사람의 부주의로 발생한대요.

● 알아 두면 좋은 표현! 화재 신고(신고▸1031), 화재 예방(예방▸0670), 화재가 발생하다(발생▸1020), 화재를 일으키다(일으키다▸0710), 화재를 진압하다

1026 ★★★

명 **현장**

명 scene, site 중 现场 일 現場 베 hiện trường

- 이웃들은 사고 현장에 모여 구조 작업을 도왔다.
- 운전자는 교통사고 현장에서 바로 사망했다고 해요.

● 알아 두면 좋은 표현! 구조 현장(구조▸1027), 사고 현장, 화재 현장, 현장이 훼손되다

1027 ★★★

명 **구조**
피 구조되다

명 rescue 중 救助, 救援 일 救助 베 sự cứu trợ

- 나는 산에서 조난을 당한 직후 소리를 질러 구조를 요청했다.
- 건물이 붕괴되었지만 신속한 구조 활동으로 사상자 발생을 줄일 수 있었다.

● 알아 두면 좋은 표현! 구조 센터, 구조 신호, 구조 요청, 구조 현장, 승객 구조, 인명 구조, 신속한 구조, 무사히 구조하다

동 **구조하다**

명 to rescue 중 搭救, 营救 일 救助する 베 cứu trợ

- 소방관들이 화재로 베란다에 대피해 있던 일가족을 극적으로 구조했다.
- 저희가 곧 구조해 드릴 테니 이제 안심하세요.

1028 ★★★

동 **당하다**

명 suffer 중 受, 遭受 일 遭う 베 bị, chịu

- 동생은 어렸을 때 사고를 당한 이후 축구를 할 수 없게 되었다.
- 범죄 피해를 당하거나 위협을 느낀다면 즉시 신고하세요.

● 알아 두면 좋은 표현! 부상을 당하다(부상▸0440), 수해를 당하다, 유괴를 당하다

1029 ★★★

명 사건 [사껀]

명 incident 중 事件，案件 일 事件 베 sự vụ

- 감시 카메라를 설치하여 다시는 도난 사건이 일어나지 않도록 하겠습니다.
- 이 드라마는 사건을 해결하기 위해 최선을 다하는 경찰에 대한 이야기예요.

🔵 **알아 두면 좋은 표현!** 강도 사건, 화재 사건, 특별한 사건, 사건이 생기다, 사건이 일어나다, 사건이 터지다

1030 ★★★

대 모

명 unknown, somehting 중 某 일 某 베 nào đó

- 김 모 씨(62)는 친구가 선물해 준 소중한 만년필을 실수로 바다에 빠뜨렸다.
- 고속버스 기사 박 모 씨(53)가 운전 중 갑자기 정신을 잃고 쓰러졌다.

1031 ★★★

명 신고
파 신고되다

명 call 중 申告，申報 일 申告、届 베 sự khai báo

- 사고가 나면 먼저 119에 신고를 해야 한다.
- 동물원을 탈출한 원숭이가 주민들의 신고로 붙잡혔대요.

🔵 **알아 두면 좋은 표현!** 고장 신고(고장▸0892), 실종 신고(실종▸1055), 화재 신고, 신고 기간, 신고 대상, 신고를 받다

동 신고하다

명 to call 중 申告，申報 일 申告する、届ける 베 khai báo

- 사고를 목격하고 119에 신고하긴 했지만 구급차를 기다리는 동안 어떻게 해야 할지를 몰랐다.
- 우리는 도둑이 든 것을 알고 바로 신고했어요.

1032 ★★

명 소방관

명 firefighter 중 消防官，消防员 일 消防官、消防士 베 lính cứu hỏa

- 안타깝게도 화재를 진압하던 소방관 한 명이 크게 다쳤습니다.
- 소방관이 건물 안으로 들어가서 다친 사람들을 무사히 구했어요.

🔵 **알아 두면 좋은 표현!** 소방관의 안전, 소방관이 출동하다, 소방관으로 일하다

1033 ★★

명 방지
파 방지되다

명 prevention 중 防止 일 防止 베 sự phòng tránh

- 정부는 이번 사고와 관련해 재발 방지 대책에 힘쓰겠다고 이야기했다.
- 등산객들의 사고 방지를 위해서는 사다리가 반드시 있어야 한다고 판단했어요.

🔵 **알아 두면 좋은 표현!** 미끄럼 방지, 사고 방지, 위조 방지, 흡수 방지, 방지 대책

동 방지하다

명 prevent 중 防止 일 防止する 베 phòng tránh

- 추락을 방지하기 위해 해안가에 펜스를 설치했다.
- 도난을 방지하려고 가게에 도난 경보기를 달았어요.

1034 ★★

명 충돌

파 충돌되다

명 collision 중 冲突, 碰撞 일 衝突 베 sự xung đột

• 어선이 암초와의 **충돌**을 피하려다가 뒤집혔다.
• 버스와 승용차의 **충돌**로 버스에 타고 있던 승객이 다쳤어요.

동 충돌하다

동 collide 중 冲突, 碰撞 일 衝突する 베 xung đột

• 빗길에 트럭과 승용차가 **충돌하는** 큰 사고가 있었다.
• 자전거를 타고 가다가 전봇대와 **충돌해** 조금 다쳤어요.

1035 ★★

명 대처

명 response 중 应对, 处理 일 対処 베 sự đối phó

• 점점 심각해지고 있는 청소년 범죄에 대한 **대처** 방안을 마련해야 합니다.
• 버스가 빗길에 미끄러졌으나 승객들의 빠른 **대처**로 큰 사고를 막을 수 있었다.

🔵 **알아 두면 좋은 표현!** 대처 방법, 신속한 대처, 상황에 대처하다, 위험에 대처하다

동 대처하다

동 to respond 중 应对, 处理 일 対処する 베 đối phó

• 구조 대원은 위기 상황에도 능숙하게 **대처해** 사람들을 신속히 구조했다.
• 학교 내 문제에 **대처하기** 위한 상담 교실이 운영된다.

1036 ★★

동 구하다

명 rescue, save 중 救, 救出 일 助ける、救う 베 cứu

• 김 씨를 **구하기** 위해 소방관이 화재가 난 주택 안으로 들어갔다.
• 아버지가 물에 빠진 딸을 **구하려다** 숨져 안타까움을 더하고 있다.

🔵 **알아 두면 좋은 표현!** 목숨을 구하다(목숨▸1039), 생명을 구하다(생명▸0676)

1037 ★★

명 위험성 [위험썽]

명 risk, danger 중 危险性 일 危険性 베 tính nguy hiểm

• 담배 포장지에는 흡연의 **위험성**을 경고하는 문구와 사진이 있다.
• 가스는 폭발 사고의 **위험성**이 크기 때문에 항상 주의해야 한다.

🔵 **알아 두면 좋은 표현!** 사고 위험성, 위험성이 높다, 위험성이 크다, 위험성을 낮추다, 위험성을 알리다, 위험성을 줄이다, 위험성을 최소화하다

QUIZ 1 (   )에 들어갈 가장 알맞은 것을 고르십시오.

1. 공장에 불이 나서 많은 인명 및 재산 (   )을/를 입었다.
   ① 발생   ② 충돌   ③ 피해   ④ 화재

2. 등산객들의 사고 (   )을/를 위해서 등산로에 사다리를 설치했다.
   ① 구조   ② 방지   ③ 신고   ④ 현장

3. 신속하고 침착한 응급 처치가 시민의 생명을 (   ) 데 결정적인 역할을 했다.
   ① 막는   ② 구하는   ③ 발생하는   ④ 주의하는

QUIZ 2 다음 단어를 이용해서 문장을 만드십시오.

1. 막기 / 설치됐다. / 승강장 / 안전문이 / 안전사고를 / 위하여
   _____

2. 구조했다. / 당한 / 덕분에 / 사고를 / 시민들의 / 신고 / 신속하게 /아이를
   _____

3. 고속 도로에서 / 다쳤다. / 발생한 / 사고로 / 오늘 오후 /크게 / 트럭 운전자가
   _____

QUIZ 3 다음은 무엇에 대한 글인지 고르십시오.

우리집 소방관 – 소화기! 준비하자, 소화기!

① 구입 안내   ② 안전 점검   ③ 주의 사항   ④ 화재 예방

TOPIK 기출 문제

TOPIK II　41회 듣기 15번　🔊 Track 47-1

다음을 듣고 내용과 일치하는 것을 고르십시오. (2점)

① 다친 사람은 치료를 받고 귀가했다.
② 승용차 두 대가 충돌해 사고가 났다.
③ 안개 때문에 사고가 난 것으로 보인다.
④ 사고 운전자들에 대한 조사는 끝났다.

TOPIK II　64회 읽기 38번

다음 글의 주제로 가장 알맞은 것을 고르십시오. (2점)

> 　음주 운전으로 인명 피해를 낸 사람에 대한 처벌 강화 법안이 국회에서 통과되었다. 하지만 새 법안은 원래 안건보다 처벌의 강도를 낮춘 것이라는 점에서 반쪽짜리 법안에 불과하다. 이 법안에 따르면 여전히 음주 운전 가해자의 처벌이 미뤄지거나 일정 기간이 지난 후 효력이 없어질 수도 있다. 이는 음주 운전에 대한 경각심을 높이고 재발 위험성을 낮추려던 본래의 취지에는 맞지 않는 것이다.

① 법안이 가진 본래의 취지를 널리 알려야 한다.
② 피해 정도에 따라 처벌의 수위를 조절해야 한다.
③ 새 법안의 통과가 더 이상 미루어져서는 안 된다.
④ 새 법안은 실질적 효과를 거두는 데 미흡한 점이 있다.

사건과 사고(2)

☐ 울리다	☐ 도망치다	☐ 처하다	☐ 경고
☐ 목숨	☐ 부러지다	☐ 가라앉다	☐ 사망
☐ 벌어지다	☐ 소방차	☐ 단속	☐ 실종
☐ 위협	☐ 망가지다	☐ 훔치다	☐ 구조대
☐ 찾아내다	☐ 살아남다	☐ 건지다	☐ 무너지다

1038 ★★
⑧ 울리다

᷉ ring ᷉ 发出声音 ᷉ 鳴る ᷉ kêu, reo

• 화재가 나자 화재경보기가 울렸다.
• 문을 열고 나가려는 순간 초인종이 울렸어요.

📖 활용형 울리는, 울리어서(=울려서), 울리니까, 울립니다

1039 ★
⑲ 목숨 [목쑴]

᷉ life ᷉ 生命，性命 ᷉ 命 ᷉ tính mạng

• 한 용감한 소방관 덕분에 아기가 목숨을 구할 수 있었습니다.
• 차에 치일 뻔했는데 어떤 청년이 목숨을 걸고 저를 구해 줬어요.

🔵 알아 두면 좋은 표현! 목숨이 길다, 목숨을 건지다, 목숨을 구하다(구하다▸1036), 목숨을 다하다, 목숨을 던지다, 목숨을 아끼다, 목숨을 잃다

1040 ★
⑧ 벌어지다
[버러지다]

᷉ happen ᷉ 发生 (不好的事) ᷉ 起きる ᷉ xảy ra

• 은행 강도 사건이 벌어져 경찰이 수사에 나섰다.
• 충돌 사고가 난 택시에 불이 붙는 아찔한 상황이 벌어졌어요.

🔵 알아 두면 좋은 표현! 소동이 벌어지다, 싸움이 벌어지다, 화재가 벌어지다
📖 활용형 벌어지는, 벌어지어서(=벌어져서), 벌어지니까, 벌어집니다

1041 ★
⑲ 위협
㉴ 위협적

᷉ threat ᷉ 威胁 ᷉ 脅し ᷉ sự uy hiếp

• 경찰은 강도의 위협에 눈 하나 깜작하지 않고 범인을 체포했다.
• 범인의 위협 때문에 가진 것을 모두 꺼내 줄 수밖에 없었어요.

🔵 알아 두면 좋은 표현! 생명의 위협(생명▸0676), 위협을 느끼다, 위협을 당하다(당하다▸1028), 건강을 위협하다, 흉기로 위협하다

1042 ★
동 찾아내다
[차자내다]

영 find, discover 중 找到，找出 일 探し出す 베 tìm ra

- 신고를 받고 출동한 경찰이 잠수부를 동원해 실종자를 **찾아냈다**.
- 경찰은 달아나는 용의자를 CCTV로 **찾아내** 범인을 잡는 데에 성공했다.

알아 두면 좋은 표현! 가짜를 찾아내다, 범인을 찾아내다

활용형 찾아내는, 찾아내어서(=찾아내서), 찾아내니까, 찾아냅니다

1043 ★
동 도망치다

영 run away 중 逃亡，逃跑 일 逃げ出す、逃亡する 베 trốn chạy

- 어제 오후 2시쯤 서울의 한 동물원에서 원숭이 여섯 마리가 도망쳤다.
- 김 씨는 경찰을 피해 해외로 **도망치려다가** 공항에서 붙잡혔다.

알아 두면 좋은 표현! 감옥에서 도망치다, 해외로 도망치다

활용형 도망치는, 도망치어서(=도망쳐서), 도망치니까, 도망칩니다

1044 ★
동 부러지다

영 break 중 断裂，折断 일 折れる 베 bị gãy

- 산에서 흘러 내려온 바위와 흙, 부러진 나무들이 인근 도로를 막고 있다.
- 어느 날 계단에서 미끄러졌는데 그만 다리가 **부러졌어요**.

알아 두면 좋은 표현! 가로수가 부러지다, 다리가 부러지다, 뼈가 부러지다, 이가 부러지다, 팔이 부러지다

활용형 부러지는, 부러지어서(=부러져서), 부러지니, 부러집니다

1045 ★
명 소방차

영 fire truck 중 消防车 일 消防車 베 xe cứu hỏa

- **소방차**가 사이렌을 울리자 지나가던 차들이 모두 길을 비켜 주었다.
- 불이 나자 **소방차** 다섯 대가 출동했으나 강풍이 불어 화재를 진압하는 데 어려움을 겪었습니다.

알아 두면 좋은 표현! 소방차가 지나가다가, 소방차가 출동하다

1046 ★
동 망가지다

영 break 중 坏，出故障 일 壊れる 베 bị hỏng

- 형은 망가진 자전거를 고치려고 자전거를 이리저리 살펴보았다.
- 동생이 운전하다가 사고를 내서 차가 **망가졌어요**.

알아 두면 좋은 표현! 냉장고가 망가지다, 시계가 망가지다, 컴퓨터가 망가지다

활용형 망가지는, 망가지어서(=망가져서), 망가지니까, 망가집니다

1047 ★
동 살아남다
[사라남따]

영 survive 중 活下来，生还 일 生き残る 베 sống sót

- 교통사고로 많은 사망자가 발생한 가운데 몇몇의 살아남은 사람들이 구조되었다.
- 어린 소녀가 지진 때문에 가족을 모두 잃고 혼자 **살아남았대**.

알아 두면 좋은 표현! 간신히 살아남다, 사고에서 살아남다

1048 ★
동 처하다

图 face, be in a situation 图 处在, 面临 图 直面する
圆 rơi vào, đối mặt với

• 우리는 멸종 위기에 **처한** 야생 동물을 보호하기 위해 노력하고 있습니다.
• 이번 지진으로 어려움에 **처한** 사람들을 돕기 위한 행사가 진행되었다.

🔵 알아 두면 좋은 표현! **처한** 상황(상황▸¹⁰¹⁹), 위기에 **처하다**(위기▸⁰⁵⁰²), 위험에 **처하다**

1049 ★
동 가라앉다
[가라안따]

图 sink, subside 图 下沉, 沉没 图 沈む 圆 chìm, lắng

• 화재가 발생하면 연기가 아래로 **가라앉기** 전에 밖으로 나가야 한다.
• 물에 빠졌을 때 제 몸이 점점 바다 밑으로 **가라앉는** 것이 느껴져 너무 무서웠어요.

🔵 알아 두면 좋은 표현! 연기가 **가라앉다**, 바닥에 **가라앉다**, 밑으로 **가라앉다**

1050 ★
명 단속
🔵 단속되다
단속하다

图 crackdown, enforcement 图 管制, 稽查 图 取締り
圆 sự kiểm soát

• 연말연시를 앞두고 경찰이 음주 운전 집중 **단속**을 실시한다.
• 잠깐 길가에 차를 세웠다가 불법 주차 **단속**에 걸려 벌금을 물었어요.

🔵 알아 두면 좋은 표현! 불법 주차 **단속**(불법▸⁰⁴⁷⁰), 음주 **단속**(음주▸⁰⁷⁰⁶), **단속** 대상, **단속**을 강화하다, **단속**에 걸리다

1051 ★
동 훔치다

图 steal 图 窃取, 偷盗 图 盗む 圆 trộm

• 마트에서 물건을 **훔치다** 붙잡힌 도둑이 경찰서로 끌려왔다.
• 아무리 내가 **훔친** 것이 아니라고 해도 아무도 내 말을 믿지 않았다.

🔵 알아 두면 좋은 표현! 식료품을 **훔치다**, 오토바이를 **훔치다**
📋 활용형 **훔치는**, **훔치어서**(=훔쳐서), **훔치니까**, **훔칩니다**

1052 ★
동 건지다

图 save, rescue 图 挽救, 保住 图 すくう、拾う 圆 cứu, vớt

• 박 씨는 떨어질 당시 절벽 나뭇가지에 옷이 걸린 덕분에 다행히 생명을 **건질** 수 있었다.
• 화재 당시 재빨리 몸을 피한 덕에 겨우 목숨을 **건질** 수 있었다.

📋 활용형 **건지는**, **건지어서**(=건져서), **건지니까**, **건집니다**

1053 ★

명 경고
파 경고하다

명 warning 중 警告 일 警告、威嚇 베 sự cảnh báo

• 경찰의 경고 사격을 무시하고 용의자가 도주했다.
• 사람들에게 사고 위험성을 알릴 수 있도록 이곳에 경고 표지판을 세워야겠어요.

🔵 **알아 두면 좋은 표현!** 경고 신호, 경고 조치, 경고 표지판, 경고를 무시하다

1054 ★

명 사망
파 사망하다

명 death 중 死亡 일 死亡 베 sự tử vong

• 직원들은 사장의 갑작스러운 사망 소식에 충격에 빠졌다.
• 이식한 부위의 서로 다른 면역 체계 때문에 사망에 이르기도 했다.

🔵 **알아 두면 좋은 표현!** 갑작스런 사망, 사망 소식, 사망 시각, 사망 인원, 사망 원인(원인▶ 1021), 사망을 알리다

1055 ★

명 실종
파 실종되다

명 missing 중 失踪 일 失踪、行方不明 베 sự mất tích

• 김 씨의 친구는 지난 8일 친구와 연락이 되지 않는다며 경찰에 실종 신고를 했다.
• 아동 실종 사고가 난 현장에서 경찰이 수색 작업을 벌였다.

🔵 **알아 두면 좋은 표현!** 노인 실종, 실종 사건(사건▶ 1029), 실종 상태(상태▶ 0669), 실종 신고(신고▶ 1031), 실종 어린이, 실종이 의심되다(의심▶ 0156)

1056 ★

명 구조대

명 rescue team 중 救援队 일 救助隊 베 đội cứu hộ

• 사고 지점에 도착한 구조대는 응급 환자부터 신속히 치료 시작했다.
• 저기 사람이 빠졌어요. 당장 구조대를 불러요!

🔵 **알아 두면 좋은 표현!** 수상 구조대, 인명 구조대, 구조대가 출동하다, 구조대를 보내다, 구조대를 부르다

1057 ★

동 무너지다

명 collapse 중 倒塌，崩塌 일 崩れる 베 ngã, đổ

• 건물이 무너져 안에 있던 사람들이 크게 다쳤다.
• 도로 건설 공사로 인해 약해진 땅이 폭우를 견디지 못하고 무너져 내린 것으로 보입니다.

🔵 **알아 두면 좋은 표현!** 건물이 무너지다, 다리가 무너지다, 집이 무너지다

📖 **활용형** 무너지는, 무너지어서(=무너져서), 무너지니까, 무너집니다

QUIZ 1　(　)에 들어갈 가장 알맞은 것을 고르십시오.

1. 간호사는 (　　　) 팔에 깁스를 해 줬다.
　① 망가진　　　② 무너진　　　③ 벌어진　　　④ 부러진

2. 생사조차 알 수 없는 박 양은 (　　　) 당시 17세였다.
　① 경고　　　② 단속　　　③ 사망　　　④ 실종

3. 범인은 찻길에 서 있던 남의 차를 (　　　) 타고 달아났다.
　① 건져　　　② 도망쳐　　　③ 찾아내　　　④ 훔쳐

QUIZ 2　다음 단어를 이용해서 문장을 만드십시오.

1. 경찰은 / 도망친 / 범인을 / 붙잡았다. / 야산으로 / 인근

_____

2. 가라앉는 것을 / 목격하고 / 바닷속으로 / 받았다. / 배가 / 충격을

_____

3. 내리고 / 말았다. / 모두 무너져 / 밤새 내린 / 지붕이 / 폭우로

_____

QUIZ 3 다음 신문 기사의 제목을 가장 잘 설명한 것을 고르십시오.

> ## 트럭과 고속버스 충돌 … "안전벨트 덕분에 승객 모두 무사"

① 트럭과 고속버스 충돌 사고 이후 안전벨트를 하는 승객이 더 많아졌다.

② 트럭과 고속버스가 충돌하자 일부 승객이 안전벨트를 풀고 탈출하였다.

③ 트럭과 관광버스와 충돌하면서 안전벨트를 한 일부 승객이 크게 다쳤다.

④ 트럭과 고속버스 충돌 사고가 있었지만 승객들이 안전벨트 덕분에 모두 살았다.

33회 읽기 49번

이 글의 제목으로 가장 알맞은 것을 고르십시오. (3점)

> (   )
>
> 　지난 16일 김 모 씨(41) 가족은 지리산으로 가던 중 차가 눈길에 미끄러져 계곡으로 떨어지는 사고를 당했다. 다행히 크게 다치지는 않았지만 김 씨 아들은 다리가 부러졌다.
> 　그날 기온은 영하 20도였고 사고 지역에서는 휴대 전화 연결도 안 되었다. 언제 구조될지 모르는 상황에서 김 씨 가족은 도움을 부탁하러 가는 대신 차 안에서 서로 끌어안고 체온을 유지했다. 이런 지혜 덕분에 가족은 추위에 하룻밤을 견딜 수 있었고 다음날 아침 등산객에 의해 발견되어 무사히 구조될 수 있었다.

① 빠른 구조, 아들의 생명 구해
② 눈길 등산, 추락 사고로 이어져
③ 구조 요청 신호, 뒤늦게 발견돼
④ 지혜로운 가족, 추위에 살아남아

60회 듣기 31번　🔊 Track 48-1

남자의 생각으로 알맞은 것을 고르십시오. (2점)

① 생계형 범죄 예방을 위한 대책이 효과가 없다.
② 생계형 범죄로 인한 피해를 보상해 주어야 한다.
③ 생계형 범죄에 대한 사회적 인식 개선이 필요하다.
④ 생계형 범죄도 다른 범죄와 동일하게 처벌해야 한다.

교육과 학교생활

DAY 49 교육과 학문

DAY 50 학교생활

교육과 학문

☐ 과학	☐ 실력	☐ 강사	☐ 중국어
☐ 과정	☐ 특성	☐ 단계	☐ 학자
☐ 발견하다	☐ 반복하다	☐ 조기	☐ 발음
☐ 학습	☐ 강조하다	☐ 학과	☐ 필수
☐ 지식	☐ 향상	☐ 상식	
☐ 시기	☐ 박사	☐ 두뇌	

1058 ★★★★
명 과학
파 과학적

영 science 중 科学 일 科学 베 khoa học
• **과학** 수업 시간에 재미있는 실험을 했어.
• **과학**의 발달은 우리의 삶을 더 편리하게 만들어 주었다.
🔵 알아 두면 좋은 표현! 첨단 과학, 과학 기술(기술▶ 0997), 과학자

1059 ★★★★
명 과정

영 process 중 课程, 过程 일 課程 베 quá trình
• 초등학교 학생들은 학교에서 모두 같은 교육 **과정**으로 공부한다.
• 목표를 이루기 위해서 지나온 **과정**들이 다 너에게 도움이 되었을 거야.

1060 ★★★★
동 발견하다

영 discover 중 发现 일 発見する 베 phát hiện
• 실종되었던 아동을 **발견했습니다**.
• 오디션을 통해 실력 있는 가수들을 **발견할** 수 있었다.
🔵 알아 두면 좋은 표현! 재능을 발견하다(재능▶ 0834)

명 발견

영 discovery 중 发现 일 発見 베 sự phát hiện
• 최초의 항생제 페니실린의 **발견**으로 많은 질병을 치료할 수 있게 되었다.

동 발견되다
[발견되다/발견뒈다]

영 be discovered 중 发现 일 発見される 베 được phát hiện
• 공사장에서 조선 시대 유물이 **발견되어** 공사가 중단되었다.

1061 ★★★
명 학습 [학씁]
파 학습되다
학습시키다

영 learning 중 学习 일 学習 베 sự học tập
- 민수는 학습 태도가 나쁘다.
- 제대로 된 학습을 위해서는 무엇보다 수업 시간에 집중하는 것이 중요합니다.

알아 두면 좋은 표현! 외국어 학습, 현장 학습(현장▶ 1026), 학습 방법, 학습 효과(효과▶ 0665)

동 학습하다
[학쓰파다]

영 learn 중 学习 일 学習する 베 học tập
- 오늘 학습해야 할 내용에 대해서 알아볼까요?

1062 ★★★
명 지식

영 knowledge 중 知识 일 知識 베 kiến thức
- 우리는 책을 통해서 다양한 지식을 쌓을 수 있다.
- 학교는 지식을 전달하는 곳일 뿐만 아니라 사회 구성원으로서 살아가는 방법을 가르치는 곳이다.

알아 두면 좋은 표현! 지식을 습득하다, 지식을 얻다

1063 ★★★
명 시기

영 time, period 중 时机, 时期 일 時期 베 thời kì
- 아동이 처음 외국어를 학습하는 시기가 점점 빨라지고 있다.
- 한국에서는 새 학기가 시작되는 시기인 2–3월, 8–9월에 이사를 많이 한다.

알아 두면 좋은 표현! 청소년 시기, 어려운 시기

1064 ★★★
명 실력

영 skill, ability 중 实力 일 実力 베 thực lực, năng lực
- 날마다 그림을 그렸더니 그림 실력이 많이 좋아졌다.
- 외국어 실력 향상을 위해 아이를 유학 보내는 것이 좋을까요?

알아 두면 좋은 표현! 실력이 뛰어나다(뛰어나다▶ 0823), 실력을 갖추다(갖추다▶ 0736)

1065 ★★★
명 특성 [특썽]

영 characteristic, feature 중 特性, 特点 일 特性 베 đặc tính
- 아이의 특성을 살릴 수 있는 교육을 해야 합니다.
- 다른 동물과 달리 도구를 사용하고 이성적인 판단을 할 수 있다는 것이 인간의 특성이다.

알아 두면 좋은 표현! 다양한 특성, 특성을 반영하다(반영하다▶ 0463)

1066 ★★★

동 반복하다
[반보카다]

명 repeat 중 反复，重复 일 反復する 베 lặp lại
- 반복해서 가르치다 보면 아이도 이해하겠지요.
- 스트레스가 쌓이면 아이는 자신의 손을 씻는 행동을 반복했다.

●알아 두면 좋은 표현! 실수를 반복하다, 실험을 반복하다(실험▶ 1000)

명 반복

명 repetition 중 反复，重复 일 反復 베 sự lặp lại
- 반복 학습을 통해 학습 내용을 아이가 장기적으로 기억할 수 있도록 해야 합니다.

동 반복되다
[반복되다/반복뒈다]

명 be repeated 중 反复，重复 일 反復される 베 được lặp lại
- 이 지역에서는 홍수로 인한 피해가 해마다 반복되고 있다.

1067 ★★★

동 강조하다

명 emphasize 중 强调 일 強調する 베 nhấn mạnh
- 요즘 공교육에서도 인성 교육의 필요성을 강조하고 있다.
- 선생님이 큰 소리로 이 부분을 강조하신 걸 보면 시험에 나온다는 거 아닐까?

명 강조

명 emphasis 중 强调 일 強調 베 sự nhấn mạnh
- 건강을 위한 올바른 식습관은 아무리 강조를 해도 지나치지 않습니다.

동 강조되다
[강조되다/강조뒈다]

명 be emphasized 중 (被)强调 일 強調される 베 được nhấn mạnh
- 바이러스 전염을 막기 위해 손 씻기의 중요성이 강조되고 있다.

1068 ★★★

명 향상
파 향상하다
향상시키다

명 development 중 提高，提升 일 向上 베 tự tiến bộ
- 미술 교육을 통해 아이들의 창의력 향상에 도움을 주고자 합니다.
- 밖에서 뛰어노는 것이 기억력 향상에 도움을 준다는 연구 결과가 나왔다.

동 향상되다

명 be developed 중 提高，增加 일 向上する 베 được tăng lên
- 훌륭한 인재가 우리 기업에 많이 올수록 우리 기업의 경쟁력이 향상될 것입니다.

1069 ★★

명 박사 [박싸]
참 석사
학사

명 doctor, PhD 중 博士 일 博士 베 tiến sĩ
- 늦은 나이에 대학원에 입학해 박사 학위를 받았다.
- 박사 과정을 마쳤으니 이제 취업 준비를 해야겠지요.

1070 ★★
명 강사

명 instructor, lecturer　중 讲师, 授课老师　일 講師　베 giáo viên
- 대학교에서 시간 강사로 학생들을 가르치고 있습니다.
- 일주일에 한 번 피아노 강사가 방문해 아이에게 피아노를 가르친다.

1071 ★★
명 단계 [단계/단게]
　　형 단계적

명 stage, step　중 阶段, 环节　일 段階　베 giai đoạn, bước
- 아직 시작도 하지 않았는데 계획 단계에서부터 이렇게 팀원들끼리 의견이 안 맞아서 되겠니?
- 연구가 끝나고 새로운 약품의 생산 단계에 들어섰다.

1072 ★★
명 조기

형 early　중 早期, 初期　일 早期　베 sớm, thời kì đầu
- 암은 무엇보다 조기에 발견하는 것이 중요합니다.
- 조기 교육에 대한 찬반 논란이 뜨겁다.

1073 ★
명 학과 [학꽈]

명 department　중 学科, 专业　일 学科　베 khoa
- 장학금 신청 조건은 학과 사무실에서 확인하세요.
- 이번 축제에서 우리 학과는 음식점을 운영하기로 하였다.

1074 ★
명 상식

명 common sense　중 常识　일 常識　베 kiến thức thông thường
- 이 책을 통해 생활에 필요한 상식들을 알 수 있게 될 것이다.
- 그 사람은 상식이 부족한지 사람들이 하는 말을 잘 이해하지 못하더라.

1075 ★
명 두뇌 [두뇌/두눼]
　　파 뇌

명 brain　중 脑, 头脑　일 頭脳　베 bộ não
- 많은 사람들은 두뇌를 사용해 인지하고 새로운 정보를 기억한다.
- 유아기에 손가락을 많이 움직이면 두뇌를 자극해 두뇌 개발에 도움이 된다.

1076 ★
명 중국어 [중구거]

명 chinese　중 汉语, 中文　일 中国語　베 tiếng Trung Quốc
- 중국어를 배우기 위해 중국으로 유학을 갔다.
- 중국어를 이해하지 못해 중국인 친구와 영어로 이야기했어요.
- **알아 두면 좋은 표현!** 중국어를 전공하다, 중국어로 번역하다(번역▸0608)

1077 ★
명 학자 [학짜]

명 scholar　중 学者　일 学者　베 học giả
- 유아 교육에 대한 학자들의 연구가 계속되고 있다.
- 대학원에 가서 전공 분야를 더 공부해서 학자가 되려고요.

1078 ★
발음 [바름]
파 발음되다
발음하다

명 pronounciation 중 发音 일 発音 베 phát âm

· 한국어 **발음**을 잘하려면 많이 연습하는 방법밖에 없어요.
· 공연장의 음향 시설이 좋지 않아 배우들의 **발음**이 잘 들리지 않았다.

알아 두면 좋은 표현! **발음**이 좋다, **발음**을 연습하다

1079 ★
필수 [필쑤]

명 mandatory 중 必需，必修 일 必須、必修 베 sự bắt buộc

· 외국어를 잘하려면 모국어부터 잘하는 것이 **필수**다.
· 경제학원론은 경제학 전공 학생들에게 **필수** 과목입니다.

알아 두면 좋은 표현! 가입 **필수**(가입▶ 0983), 예약 **필수**, **필수** 영양소, **필수** 정보(정보▶ 0975)

QUIZ 1 ( )에 들어갈 가장 알맞은 것을 고르십시오.

1. 선생님 덕분에 한국어 실력이 ( ).

① 향상되었어요   ② 학습되었어요   ③ 발견되었어요   ④ 상승하였어요

2. 아이들은 외국어를 배우기 좋은 적절한 시기가 있으니 ( )에 가르칠 필요가 없어요.

① 단계   ② 상식   ③ 조기   ④ 필수

3. 선생님이 수업 시간에 반복하고 ( ) 내용을 중심으로 공부했더니 시험을 잘 볼 수 있었다.

① 학습하셨던   ② 강조하셨던
③ 과정이었던   ④ 필수적이었던

QUIZ 2 다음 단어를 이용해서 문장을 만드십시오.

1. 사람들이 / 지식을 / 알고 있는 / 말한다. / 보통 / 상식이란

_____

2. 많은 / 모국어로 / 언어다. / 중국어는 / 세계에서 / 사용하는 / 가장 / 사람들이

_____

3. 그 분야에 / 전문가가 / 박사 학위를 / 받았다는 / 되었다는 / 것은 / 것이지요. / 대한

_____

QUIZ 3 다음 글을 읽고 내용과 맞는 것을 고르십시오.

대학원 진학률, 컴퓨터공학과가 60%로 가장 높아

대학 졸업 후 대학원 진학률이 높아지고 있는 가운데, 컴퓨터공학과의 대학원 진학률이 가장 높은 것으로 나타났다. 교육부와 대학 협의회의 조사 결과, 컴퓨터공학과는 60%의 학생이 대학원 진학을 선택하고 있으며 특히 박사 과정 진학은 40% 이상인 것으로 나타났다. 반면, 교육학과는 35%의 학생이 대학원 진학을 희망하였으며, 경영학과는 17%의 학생만이 대학원으로 진학하였다. 이들 학과의 대학원 진학률은 지난 몇 년간 변동이 크지 않았다.

인주일보 김현주 기자

① 경영학과 학생의 35%는 대학원에 들어가 공부한다.
② 교육학과의 대학원 진학률은 지난 몇 년간 떨어졌다.
③ 경영학과 학생들은 교육학과 학생들보다 대학원에 더 많이 진학한다.
④ 컴퓨터공학과 학생의 40%는 대학원에서 박사 학위를 받기를 원한다.

다음을 듣고 물음에 답하시오. (각 2점)

29. 남자는 누구인지 고르십시오.

① 교육 전문가
② 정부 관계자
③ 정책 연구가
④ 진로 상담가

30. 들은 내용으로 맞는 것을 고르십시오.

① 아이들이 언어를 습득하는 속도는 서로 비슷하다.
② 부모는 외국어 학습 방법에 대해 깊이 고민해야 한다.
③ 외국어 학습을 시작하는 시기는 아이마다 다를 수 있다.
④ 아이가 외국어에 관심을 갖기 전에 외국어를 가르쳐야 한다.

다음 글의 읽고 이 글의 중심 생각을 고르십시오. (2점)

> 문자 교육은 빠를수록 좋다고 믿는 부모들이 있다. 이들은 자신의 아이가 또래보다 글자를 더 빨리 깨치기를 바라며 문자 교육에 열을 올린다. 그런데 나이가 어린 아이들은 아직 다양한 능력들이 완전히 발달하지 못해 온몸의 감각을 동원하여 정보를 얻는다. 이 시기에 글자를 읽는 것에 집중하다 보면 다른 감각을 사용할 기회가 줄어 능력이 고르게 발달하는 데 어려움이 있을 수 있다.

① 문자 교육을 하는 방법이 다양해져야 한다.
② 아이의 감각을 기르는 데 문자 교육이 필요하다.
③ 이른 문자 교육이 아이의 발달을 방해할 수 있다.
④ 아이들은 서로 비슷한 시기에 글자를 배우는 것이 좋다.

학교생활

□ 상담   □ 도시락   □ 보충하다   □ 발표회

□ 집중하다   □ 동아리   □ 공지   □ 빠뜨리다

□ 제출하다   □ 앞두다   □ 새우다   □ 담임

□ 장학금   □ 합격하다   □ 진학하다

□ 과제   □ 교복   □ 교재

□ 강의   □ 망치다   □ 학부모

1080 ★★★★
명 상담

영 consultation 중 商谈，咨询 일 相談 베 sự tư vấn
- 진로에 대해서 고민이 있을 때는 상담을 받아보는 것도 좋아요.
- 우리 학교에는 외국인 학생을 위한 상담 프로그램이 있다.

◎ 알아 두면 좋은 표현! 건강 상담, 진로 상담, 상담사

동 상담하다

영 counsel, consult 중 商谈，咨询 일 相談する 베 tư vấn
- 저희 센터로 전화 주시면 전문 상담사가 고민거리에 대해 상담해 드립니다.

1081 ★★★★
동 집중하다
[집쭝하다]

영 focus 중 集中 일 集中する 베 tập trung
- 수업 시간에는 수업에 집중하세요.
- 아침에 잠이 덜 깨서 그런지 커피를 마시지 않으면 일에 집중할 수가 없다.

명 집중 [집쭝]
파 집중적
    집중시키다

영 concentration 중 集中 일 集中 베 sự tập trung
- 집중이 안 될 때는 잠깐 밖에 나가서 신선한 공기를 마시고 들어오는 것도 도움이 될 거예요.

동 집중되다
[집쭝되다/집쭝뒈다]

영 be focused, be concentrated 중 集中 일 集中する、集中される 베 được tập trung
- 도서관에서 책을 떨어뜨리자 사람들의 시선이 나에게 집중되었다.

1082 ★★★
동 제출하다

명 submit 중 提交，递交 일 提出する 베 nộp

- 신청서는 이번 주 토요일까지 제출하세요.
- 출장비 영수증을 제출하지 않아서 회계과로 불려갔다.

명 제출
파 제출되다

명 submission 중 提交，递交 일 提出 베 sự nộp

- 보고서 제출 방법은 게시판의 공지를 확인하십시오.

1083 ★★★
명 장학금 [장학끔]

명 scholarship 중 奖学金 일 奨学金 베 học bổng

- 이번 학기 성적이 좋아서 장학금을 받았어요.
- 다음 학기 휴학생은 장학금을 신청할 수 없다.

◯ 알아 두면 좋은 표현! 장학금을 수여하다

1084 ★★★
명 과제

명 homework 중 作业，课题 일 課題 베 bài tập

- 교수님! 과제 제출일을 일주일 미뤄주시면 안 될까요?
- 이번 과제는 한국의 문화를 조사하고 보고서를 쓰는 것이다.

1085 ★★
명 강의 [강의/강이]

명 lecture 중 课，讲义 일 講義 베 bài giảng

- 10시부터 한국어 강의가 시작된다.
- 토요일이지만 강의를 들으러 학교에 가야 합니다.

◯ 알아 두면 좋은 표현! 강의실

동 강의하다
[강의하다/강이하다]

명 give Lecture 중 授课，讲课 일 講義する 베 giảng bài

- 교수님마다 강의하는 방식이 다르셔.

1086 ★★
명 도시락

명 lunch box 중 盒饭，便当 일 弁当 베 cơm hộp

- 이렇게 날씨가 좋은 날에는 도시락을 싸서 공원에라도 가는 게 어때요?
- 오늘 학교에서 소풍을 가서 엄마가 아침 일찍부터 도시락을 준비해 주셨다.

1087 ★★
명 동아리

명 club 중 社团，团体 일 サークル 베 câu lạc bộ

- 평소에 연극이나 뮤지컬 같은 공연에 관심이 있어서 연극 동아리에 들어가려고.
- 여행 동아리에서는 한 달에 한 번 동아리 선후배들이 모두 다 함께 여행을 간다.

1088 ★★
⑧ 앞두다 [압뚜다]

⑬ face , have ahead ⑬ 前, 前夕 ⑬ 控える ⑭ đứng trước
- 졸업을 앞두고 반 친구들이 모두 모여 신나게 놀았다.
- 한국에서는 중요한 시험을 앞둔 사람이 합격하길 바라는 마음에서 찹쌀떡을 선물합니다.

📖 활용형 앞두는, 앞두어서(=앞둬서), 앞두니까, 앞둡니다

1089 ★★
⑧ 합격하다
[합껴카다]
⑬ 불합격하다

⑬ to pass ⑬ 考上, 合格 ⑬ 合格する ⑭ đỗ
- 원하던 대학교에 합격해서 너무 기뻐요.
- 지난주에 면접을 본 회사로부터 합격했다는 메일을 받았다.

⑲ 합격 [합껵]
⑭ 합격되다
합격시키다
⑬ 불합격

⑬ pass ⑬ 合格, 通过 ⑬ 合格 ⑭ sự đạt
- 아이의 시험 합격 소식을 듣고 눈물이 났다.

🔵 알아 두면 좋은 표현! 합격자, 합격증

1090 ★★
⑲ 교복

⑬ uniform ⑬ 校服 ⑬ 制服 ⑭ đồng phục
- 고등학교 입학을 앞두고 부모님께서 교복을 사 주셨습니다.
- 교복을 제대로 입지 않은 학생들은 선생님께 불려가 혼이 났다.

1091 ★
⑧ 망치다

⑬ ruin ⑬ 搞砸, 糟糕 ⑬ 台無しにする、失敗する ⑭ phá hỏng
- 시험공부를 제대로 못 해서 시험을 망치고 말았다.
- 어느 미용실에 갔다 온 거니? 머리 다 망쳐 놓았네.

📖 활용형 망치는, 망치어서(=망쳐서), 망치니까, 망칩니다

1092 ★
⑧ 보충하다

⑬ supplement, replenish ⑬ 补充 ⑬ 補う、補充する ⑭ bổ sung
- 여름에는 건강을 위해 수분을 보충해야 한다.
- 영양제를 먹어 부족한 영양분을 보충하는 것도 좋습니다.

⑲ 보충
⑭ 보충적
보충되다

⑬ suppliment ⑬ 补充 ⑬ 補充 ⑭ sự bổ sung
- 방학에도 보충 수업이 있어서 학교에 가야 해요.

🔵 알아 두면 좋은 표현! 보충 설명

1093 ★
몡 공지

몡 notice 몡 公告，通告 몡 公示、お知らせ 몡 thông báo

- 학과 게시판에서 전공 시험에 대한 **공지**를 볼 수 있다.
- 도서관 난방 시설 수리 문제로 인하여 도서관 사용이 중지된다는 **공지**가 올라왔다.

🔵 알아 두면 좋은 표현! 공지문

동 공지하다

몡 to notice 몡 公布，通知 몡 公示する 몡 công bố

- 지난주에 **공지한** 것처럼 오늘은 간단한 시험을 보겠습니다.

1094 ★
동 새우다
유 밝히다

몡 stay all night 몡 熬夜，熬通宵 몡 明かす 몡 thức suốt đêm

- 시험 전날 밤을 **새우는** 일이 잦았다.
- 저녁에 커피를 마셨더니 잠이 오지 않아서 결국 밤을 꼬박 **새웠어.**

📖 활용형 새우는, 새우어서(=새워서), 새우니까, 새웁니다

1095 ★
동 진학하다
[진학카다]

몡 advance 몡 考上，升学 몡 転校する 몡 học lên cao

- 외국 학교에 **진학하기** 위해서 서류를 준비 중이다.
- 대학교를 졸업하고 취직을 해야 할지 대학원에 **진학해야** 할지 고민이에요.

몡 진학

몡 advancement 몡 考上，升学 몡 進学 몡 học tiếp

- 우리 아이는 이제 대학교 **진학**을 앞두고 있어요.

1096 ★
몡 교재

몡 material 몡 教材 몡 教材 몡 giáo trình

- 보충 수업 **교재**를 집에 놔두고 왔어요.
- 한국어 수업에서 사용할 **교재**를 만들 선생님들을 모집한다.

1097 ★
몡 학부모 [학뿌모]

몡 parents 몡 学生家长 몡 保護者 몡 phụ huynh học sinh

- 이번 주 수요일에 **학부모** 참여 수업이 있습니다.
- 아이가 초등학교에 입학하면서 나도 **학부모**가 되었다.

1098 ★
몡 발표회
[발표회/발표훼]

몡 presentation meeting 몡 发表会，发布会 몡 発表会 몡 lễ công bố

- 피아노를 전공한 학생들은 일 년에 두 번 **발표회**를 한다.
- 이번 신제품 **발표회**에서 어떤 제품이 공개될지 관심을 끌고 있다.

🔵 알아 두면 좋은 표현! 아이디어 발표회(발표회▶ 0815)

1099 ★
동 **빠뜨리다**
유 빠트리다

명 forget 중 漏掉, 遺漏 일 抜かす、置いてくる 베 quên, sót
• 저희 반에 항상 준비물을 **빠뜨리고** 챙겨오지 않는 학생이 있어요.

명 drop 중 掉进, 落入 일 落とす 베 làm rơi
• 시계를 바다에 실수로 **빠뜨리고** 말았어요.

활용형 빠뜨리는, 빠뜨리어서(=빠뜨려서), 빠뜨리니까, 빠뜨립니다

1100 ★
명 **담임**

명 homeroom teacher 중 班主任 일 担任 베 sự đảm nhiệm
• 스승의 날에 **담임** 선생님께 감사의 편지를 써서 드렸다.
• 새 학기가 되면 어느 분이 나의 **담임** 선생님이 되실까 궁금해 했
어요.

QUIZ 1   ( )에 들어갈 가장 알맞은 것을 고르십시오.

1. ( )을/를 제대로 확인하지 않아서 장학금을 신청하지 못했다.

   ① 강의   ② 공지   ③ 교복   ④ 교재

2. 학부모님을 모시고 졸업 ( )을/를 하게 되었습니다. 열심히 준비한 아이들을 위해 큰 박수 쳐 주세요.

   ① 상담   ② 진학   ③ 동아리   ④ 발표회

3. 내가 어렸을 때만 해도 학교에 ( )을/를 싸 가지고 갔는데, 이제는 다들 학교 식당에서 점심을 먹더라.

   ① 교복   ② 교재   ③ 장학금   ④ 도시락

QUIZ 2   다음 단어를 이용해서 문장을 만드십시오.

1. 담임 / 상담해 / 어떤 / 선생님은 / 내가 / 전공을 / 좋을지 / 선택하면 / 주셨다.

   _____

2. 와 버려서 / 과제물을 / 빠뜨리고 / 과제를 / 못할 / 제출하지 / 것 같아.

   _____

3. 수업 내용을 / 강의 시간에 / 못하겠어. / 이해하지 / 집중하지 / 않았더니

   _____

QUIZ 3   다음을 듣고 대화의 내용과 <u>다른</u> 것을 고르십시오.   🔊 Track 50-1

   ① 남자는 여자에게 책을 빌려주려고 한다.
   ② 여자의 전공은 한국 문화와 관련되어 있다.
   ③ 남자는 지난 학기에 한국 문화 수업을 신청했다.
   ④ 여자는 한국 문화 수업 대신 일본어 수업을 신청할 것이다.

TOPIK 중급   28회 읽기 35번

다음을 보고 내용이 같은 것을 고르십시오.

외국인 장학생 선발 공고

- 선발 대상 : 2013학년도 대학원 입학 예정 외국인 (전공 제한 없음)
- 선발 인원 : 50명
- 장학금 : 2013년 1, 2학기 등록금 전액
- 접수 기간 : 2013년 1월 14일(월) ~ 18일 (금)
- 접수 방법 : 온라인 접수(www.scholarship.ac.kr)
- 제출 서류 : 대학 성적 증명서, 자기 소개서, 연구 계획서

- 최종 선발자는 2013년 2월 20일 (수) 학교 홈페이지를 통해 확인할 수 있습니다.
- 다른 장학금과 함께 받을 수 없습니다.

① 장학생이 되면 두 학기 등록금을 받는다.
② 장학생으로 선발되면 학교에서 전화로 알려 준다.
③ 대학원에 다니는 학생들 중에서 장학생을 뽑는다.
④ 다른 장학금을 받는 학생도 이 장학금을 받을 수 있다.

TOPIK II   60회 읽기 11번

다음 글의 내용과 같은 것을 고르십시오. (2점)

인주시의 한 고등학교는 올해부터 여름 교복으로 티셔츠와 반바지를 입고 있다. 기존 정장형 교복은 활동할 때 불편하다는 학생들의 의견이 많았기 때문이다. 몸이 편해지니 학생들은 다양한 활동에 적극적으로 참여하기 시작했고 공부에도 더 집중할 수 있어서 학습 효율이 올라갔다. 새 교복은 기존 교복보다 가격이 저렴해서 학부모에게도 인기다.

① 학부모들은 정장형 교복을 더 좋아한다.
② 새 교복은 정장형 교복보다 가격이 비싸다.
③ 기존 교복에 비해 새 교복은 활동할 때 불편하다.
④ 학교는 학생들의 의견을 받아들여서 교복을 바꿨다.

부록

더 공부하기

퀴즈 및 기출 문제 답안

듣기 대본

더 공부하기

부사(1)

- ☐ 없이   ☐ 제대로   ☐ 충분히   ☐ 근데   ☐ 꽤   ☐ 아무래도
- ☐ 및   ☐ 또한   ☐ 꾸준히   ☐ 즉   ☐ 가까이
- ☐ 오히려   ☐ 실제로   ☐ 실제   ☐ 흔히   ☐ 게다가
- ☐ 따라서   ☐ 결국   ☐ 달리   ☐ 덜   ☐ 겨우

★★★★★
분 없이 [업씨]

영 without 중 没有，无 일 ㅡなしで 베 không có

- 아무 조건 **없이** 대출을 해 준다는 말에 바로 대출을 신청했다.
- 출생 신고를 하지 않아 이름도 **없이** 살아가는 아이들이 있습니다.

★★★★
분 및 [믿]

영 and 중 及，以及 일 および 베 và

- 환율 **및** 항공료의 변동이 있을 때는 참가비가 변경됩니다.
- 초등학교 학생 수 **및** 교사 1인당 학생 수가 꾸준히 줄고 있다.

TIP 문장에서 같은 종류의 성분을 연결할 때 쓰는 말이다.

★★★★
분 오히려

유 외려

영 rather 중 反而，反倒 일 むしろ、かえって 베 ngược lại

- 경제 불황인 지금이 **오히려** 좋은 투자 시기일 수 있다.
- 걔가 약속을 지키지 않았으면서 **오히려** 나에게 화를 내더라고.

★★★★
분 따라서

유 그래서
그러므로

영 therefore 중 因此，所以 일 したがって 베 vì vậy

- 기침이 나올 때 손으로 막으면 바이러스가 손에 묻어 다른 사람에게 쉽게 전염될 수 있다. **따라서** 기침을 할 때는 옷이나 손수건으로 막는 것이 좋다.
- 사교육비에 대한 부담 **또한** 출산율이 낮아지는 중요한 이유일 수 있다. **따라서** 정부가 이에 대한 대책을 빨리 마련해야 한다.

★★★★
분 제대로

영 properly 중 正确地，好好地 일 ちゃんと 베 một cách đúng cách

- 교수님은 1년이 지나서야 내 이름을 **제대로** 불러 주셨다.
- 다이어트를 한다고 밥을 그렇게 먹는 둥 마는 둥 하지 말고 **제대로** 먹어.

또한
★★★★
閏 also 仝 也, 而且 일 ―もまた、また 闘 hơn nữa

- 바다가 기름으로 오염되면서 지역 주민들 또한 큰 어려움을 겪게 되었다.
- 설탕은 우리가 활동하는 데에 필요한 에너지를 만들어 준다. 또한 설탕의 당분은 우리의 기분을 좋게 만들어 주기도 한다.

실제로 [실쩨로]
★★★
위 실제
　 실상

閏 actually 仝 实际, 真实 일 実際に 闘 trên thực tế

- 상상만 하던 일이 실제로 일어났다.
- 아르바이트 경험이 실제로 회사 생활에 도움이 되었다.

결국
★★★
창 드디어
　 마침내

閏 ultimately 仝 说到底, 终于 일 結局 闘 cuối cùng

- 남자 친구와 헤어지게 된 건 결국 내 잘못이다.
- 내 동생은 날마다 열심히 공부하더니 결국 원하던 대학에 입학했다.

충분히
★★★
閏 enough 仝 充分, 充足 일 充分に（十分に） 闘 một cách đầy đủ

- 시간만 충분히 주시면 이 일은 잘해 낼 수 있을 겁니다.
- 계약서를 읽어 보고 그 내용을 충분히 이해한 후에 서명하는 것이 좋다.

꾸준히
★★★
閏 consistently 仝 持续地, 坚持不懈地 일 ずっと 闘 đều đặn

- 우리는 매달 꾸준히 저축해서 결혼한 지 삼 년 만에 집을 장만했다.
- 아침마다 병원에서 가르쳐 준 대로 체조도 꾸준히 했더니 건강이 많이 좋아졌어요.

실제 [실쩨]
★★★
위 실제로

閏 real 仝 实际, 事实上 일 実際、実際の 闘 thực tế

- 어젯밤 꿈이 마치 실제 있었던 일인 것처럼 생생했다.
- 걱정하는 일의 90%는 실제 일어나지 않은 일에 대한 거래요.

달리
★★★
閏 unlike 仝 不同, 不一样 일 違い、違って 闘 khác biệt

- 김 부장은 덜렁거린다는 소문과는 달리 매우 꼼꼼한 사람이었다.
- 미나가 무슨 안 좋은 일이 있는지 평소와는 달리 말도 없고 웃지도 않네.

TIP 주로 'N과/와 달리'로 쓴다.

부 근데
유 그런데

명 however 중 但是, 可是 일 ところが、ところで 베 tuy nhiên

- 어제 백화점 앞에서 민수를 만났어. 근데 여자 친구하고 같이 있더라.
- 신촌에서 유명한 연예인을 봤어요. 근데 약속에 늦어서 사진도 못 찍고 가야 했지요.

부 즉
유 곧

명 thus 중 即, 也就是 일 つまり 베 tức là

- 나이가 들수록 우리 몸의 움직임, 즉 활동량은 점점 줄어들게 된다.
- 성공하는 사람들은 꿈을 현실로 만드는 힘을 가지고 있다. 즉 그들은 실패를 거듭해도 꿈을 이룰 때까지 꾸준히 노력한다.

부 흔히
유 곧잘
반 가끔

명 commonly 중 常常, 经常 일 よく 베 thường

- 참새는 한국에서 흔히 볼 수 있는 새였다.
- 첫째 아이가 둘째 아이보다 흔히 독립심이 강하다고 하는데 이것은 태어난 이후의 환경 때문이다.

부 덜
반 더

명 less 중 还没, 少 일 ―きれない、あまり―ない 베 kém, ít hơn

- 나는 잠이 덜 깬 채로 눈을 비비면서 아침 준비를 했다.
- 올 겨울은 날씨도 별로 춥지 않고 작년보다 눈도 덜 오네요.

부 꽤

명 quite 중 挺, 很 일 かなり 베 khá, tương đối

- 타고 온 차나 입고 온 옷을 보면 꽤 부자인 것 같았다.
- 한 달에 식비로 100만 원을 쓰는 건 꽤 많은 것 같은데요?

🔵 알아 두면 좋은 표현! 시간이 꽤 걸리다

부 명 가까이

명 close 중 靠近 일 近くに 베 gần, cạnh

- 경찰관들은 사람들이 사건 현장 가까이 오지 못하게 하였다.

🔵 알아 두면 좋은 표현! 가까이 가다, 가까이 다가오다

💡 참고 반 멀리 명 far 중 远远地 일 遠く 베 xa, xa xôi

부 가까이하다

명 nearly 중 (将)近 일 近く 베 khoảng, gần

- 나는 최근 건강이 나빠져 십 년 가까이 다닌 회사를 그만두어야만 했다.

🔵 알아 두면 좋은 표현! 2배 가까이 늘어나다, 절반 가까이 줄다

🔤 게다가
🔄 게다

🇬🇧 moreover 🇨🇳 而且，外加 🇯🇵 そのうえ 🇻🇳 thêm nữa

- 이 호텔은 시설도 좋고 서비스도 좋고, 게다가 창밖 경치까지 너무나 아름다웠다.
- 아이가 숙제도 안 하고 방 청소도 안 해요. 게다가 오늘은 저에게 거짓말까지 했다니까요?

🔤 겨우

🇬🇧 only, merely 🇨🇳 才，仅仅 🇯🇵 やっと 🇻🇳 gần như, vừa mới

- 아버지가 돌아가셨을 때 나는 겨우 일곱 살에 불과했다.
  💡 참고 🔄 불과

🇬🇧 barely 🇨🇳 好不容易，总算是 🇯🇵 ようやく 🇻🇳 một cách khó khăn

- 이번 번역 과제는 너무 어려워서 제출 마감일 전에 겨우 끝냈다.
  💡 참고 🔄 가까스로

🔤 아무래도

🇬🇧 probably 🇨🇳 反正，不管怎么说还是 🇯🇵 やはり、どう考えても
🇻🇳 dù sao đi nữa

- 내가 생각했을 때 아무래도 민수가 거짓말을 하는 것 같아.
- 수업 시간이 15분이나 지났는데 선생님이 안 오시는 것이 아무래도 이상했다.

부사(2)

☐ 종일   ☐ 마침   ☐ 종종   ☐ 급히   ☐ 절대로   ☐ 저절로
☐ 다행히   ☐ 여전히   ☐ 과연   ☐ 단순히   ☐ 가만히
☐ 끊임없이   ☐ 널리   ☐ 마치   ☐ 도저히   ☐ 골고루
☐ 내내   ☐ 분명히   ☐ 그러게   ☐ 마음대로   ☐ 마침내

부 명 종일
유 온종일

영 all day   중 终日, 一整天   일 終日、一日中   베 suốt ngày
• 배탈이 나는 바람에 하루 종일 아무것도 못 먹었다.
• 아침부터 두통이 너무 심해서 종일 집에서 누워만 있었어요.

부 다행히

영 fortunately   중 幸亏, 幸好   일 幸い   베 may thay
• 버스를 놓쳐서 지각할 뻔했는데 다행히 교수님이 더 늦게 오셨다.
• 지갑을 잃어버려서 걱정했는데 다행히 이웃 아주머니께서 찾아 주셨다.

부 끊임없이
[끄니멉씨]

영 continuously   중 不懈地, 持续不断地   일 絶えず、休みなく   베 không ngừng
• 목표를 향해 끊임없이 노력하면 언젠가는 꿈을 이룰 수 있을 것이다.
• 지난 몇 년간 끊임없이 물가가 오르는 바람에 서민들의 생활이 어려워졌다.

부 내내
유 내
줄곧

영 throughout   중 一直, 整个   일 —の間ずっと   베 suốt, trong suốt
• 고등학교 시절 내내 민수는 항상 1등이었다.
• 방학 내내 놀기만 하다가 개학 전날이 되어서야 숙제를 하려고 하면 되겠니?

부 마침

영 just in time   중 正好, 恰好   일 ちょうど   베 đúng lúc
• 나도 마침 커피를 사러 가려던 참인데 네 것도 금방 사다 줄게.
• 버스가 언제 올지 몰라 그냥 걸어갈까 했는데 마침 버스가 왔다.

🖕 여전히

📄 still 🇨🇳 还是，仍然 🇯🇵 相変わらず、今もなお 🇻🇳 vẫn, vẫn còn

- 초등학교 시절 내 친구는 10년이 지나도 **여전히** 그 모습 그대로였다.
- 정부가 국민들의 의견을 반영해 정책을 수정했음에도 **여전히** 정책에 반대하는 목소리가 높습니다.

🖕 널리

📄 widely 🇨🇳 广泛，大范围 🇯🇵 広く 🇻🇳 rộng rãi

- 김치는 건강에 이로운 음식으로 세계에 **널리** 알려져 있다.
- 홍보 도우미는 우리 대학 모델로 활동하며 학교를 **널리** 알리는 여러 행사에 참여하게 될 것입니다.

🖕 분명히

📄 cearly 🇨🇳 清楚地，一定 🇯🇵 はっきり、きっと 🇻🇳 rõ ràng

- **분명히** 말씀드리지만 수업만 듣는다고 성적이 오르지는 않습니다.
- 네가 엄마에게 거짓말했다는 걸 엄마가 아셨으면 **분명히** 화를 내셨을 거야.

🖕 종종
🔄 가끔

📄 often 🇨🇳 时常，经常 🇯🇵 時々、往々にして 🇻🇳 thỉnh thoảng

- 젊은 세대 중에는 회사에 적응하지 못하고 직장을 떠나는 경우가 **종종** 있다.
- 인터넷에 있는 각종 잘못된 건강 정보 때문에 오히려 건강을 잃는 사람들을 **종종** 볼 수 있다.

🖕 과연

📄 indeed 🇨🇳 果然，确实 🇯🇵 さすがに 🇻🇳 quả nhiên

- 그의 피아노 연주 실력이 대단하다더니 **과연** 그랬다.

  TIP 주로 생각과 실제가 같음을 확인할 때에 쓴다.

📄 indeed, really 🇨🇳 果真，到底 🇯🇵 果たして、いったい 🇻🇳 thực sự là, rốt cuộc là

- 이렇게 근무 조건이 나쁜데 **과연** 누가 지원을 할까요?

🖕 마치

📄 as if 🇨🇳 好像，仿佛 🇯🇵 まるで 🇻🇳 hệt như

- 집 안에 꽃과 나무가 많아 **마치** 숲속에 온 듯했다.
- 삼 년 만에 만난 친구가 **마치** 처음 만난 사람처럼 어색하게 느껴졌다.

  TIP '처럼', '듯', '듯이' 등이 붙은 단어나 '같다', '양하다' 등과 함께 쓴다.

🖳 그러게 ★★

🔲 that is why 🔲 我就说，所以 🔲 ほら、だから 🔲 thì đã nói rồi

- 가: 내일 시험인데 공부를 못 했어.
  나: 그러게 미리미리 시험공부를 했어야지. 이제 와서 공부한다고 시험을 잘 보겠니?
- 가: 약을 먹어도 감기가 낫지 않아.
  나: 그러게 내가 어제 병원에 가 보라고 했잖아.

🖳 급히 [그피] ★★

🔲 hastily 🔲 急，紧急 🔲 あわてて、速やかに 🔲 một cách gấp gáp

- 점심을 급히 먹은 탓에 체해서 고생을 했다.
- 화재 신고를 받은 소방서는 소방차를 급히 화재 현장으로 출동시켰다.

🖳 단순히 ★★

🔲 simply 🔲 单纯地，简单地 🔲 単純に 🔲 đơn giản

- 전공을 정할 때 단순히 나의 흥미만을 생각해 결정한 것은 아니다.
- 안 먹으면 살이 빠진다고 단순히 생각해서 아무것도 안 먹었더니 건강이 나빠졌어요.

🖳 도저히 ★★

🔲 at all 🔲 无论如何，怎么也 🔲 とうてい、とても 🔲 hoàn toàn

- 강연자의 말이 너무 빨라서 도저히 무슨 말인지 알아들을 수가 없었다.
- 어머니께서 싸 주신 도시락 양이 너무 많아서 도저히 다 먹을 수가 없었다.

TIP 주로 부정을 나타내는 말과 함께 쓴다.

🖳 마음대로 ★★
🔘 뜻대로
멋대로
🔘 맘대로

🔲 as one pleases 🔲 随心所欲，随意 🔲 自分勝手に、気ままに
🔲 tùy ý

- 결혼은 두 집안의 일이라서 내 마음대로 준비할 수가 없었다.
- 미래에 대한 준비 없이 그렇게 마음대로 먹고 놀고 마시다 보면 금방 후회하게 될 거야.

🖳 절대로 [절때로] ★★
🔘 절대

🔲 never 🔲 绝对 🔲 絶対に 🔲 tuyệt đối

- 선거 관리 위원회에서는 선거 방식을 바꾸는 일은 절대로 없을 거라고 말했다.
- 전쟁이 세상을 발전시킨다는 말에는 절대로 동의할 수 없어.

🔵 가만히
유 가만

🔵 quietly 🀄 静静地，就那么 🇯🇵 そのままにする、じっとする
🇻🇳 một cách im lặng

· 엄마는 잠깐 가게에 들어가서 뭐 좀 사 올 테니까 여기 가만히 있어.
· 그 책은 내가 읽으려고 거기에 둔 거니까 치우지 말고 거기 가만히 두세요.

🔵 골고루
반 고루고루

🔵 all, everything 🀄 齐，全 🇯🇵 まんべんなく 🇻🇳 một cách đầy đủ

· 어릴 때부터 음식을 가리지 말고 골고루 먹는 식습관을 길러야 한다.

🔵 evenly 🀄 均衡，平均地 🇯🇵 均等に、なんでも
🇻🇳 đồng đều, cân bằng

· 시골에 계신 아버지께서는 감자 농사를 지어 우리 삼 남매에게 골고루 나누어 주셨다.

🔵 마침내
참 드디어
결국

🔵 finally, after all 🀄 结局，结果，最终
🇯🇵 とうとう。ついに。あげくのはて 🇻🇳 cuối cùng, kết cục

· 김 대리는 화를 참지 못하고 마침내 자리를 박차고 나갔다.

TIP 주로 부정적인 뜻으로 쓴다.

💡 참고 유 끝내

🔵 finally, at last 🀄 最后，终于 🇯🇵 とうとう。ついに。けっきょく
🇻🇳 cuối cùng

· 두 사람은 오랜 연애 끝에 마침내 결혼식을 올렸다.

🔵 저절로
준 절로

🔵 naturally 🀄 自动，自然而然地 🇯🇵 自然に 🇻🇳 tự động

· 동요는 리듬과 가사가 쉬워서 몇 번만 들어도 저절로 따라 부르게 된다.
· 휴가를 잘 보내고 다시 출근하면 다음 휴가를 위해 정말 열심히 일해야겠다는 생각이 저절로 들었다.

부사(3)

☐ 정확히   ☐ 얼른   ☐ 그저   ☐ 어쩌면   ☐ 무사히   ☐ 관계없이

☐ 한꺼번에   ☐ 일단   ☐ 깜박   ☐ 언젠가   ☐ 비록   ☐ 꼭

☐ 당연히   ☐ 괜히   ☐ 일부러   ☐ 적당히   ☐ 상당히

☐ 막   ☐ 굳이   ☐ 상관없이   ☐ 도대체   ☐ 어차피

★★ 🎧 정확히 [정확키]

영 precisely 중 准确地，确切地 일 正確に、きちんと
베 một cách chính xác

- 같이 먹었으니까 **정확히** 반으로 나눠서 계산합시다.
- 자신의 경력을 이력서에 **정확히** 적어 보내 주십시오.

★★ 🎧 한꺼번에 [한꺼버네]

영 all at once 중 一下子，一次 일 一度に、一斉に 베 một lần

- 생활비가 없어 친구에게 돈을 서너 차례 빌렸는데 사업이 잘 되어서 그동안 빌렸던 돈을 **한꺼번에** 다 갚았다.
- 명절을 맞아 고향으로 향하는 차량이 **한꺼번에** 고속도로로 몰리면서 새벽까지 정체가 계속됐다.

★★ 🎧 당연히

유 응당

영 of course 중 当然 일 当然 베 đương nhiên

- 쌍둥이어도 성격은 **당연히** 다르지요.
- 한국어를 배운 지 얼마 안 된 학생이 TOPIK 6급을 받는 건 **당연히** 어렵지요.

★★ 🎧 막

영 just 중 刚，正 일 今にも、ちょうど 베 đúng lúc, vừa lúc

- 학교에 지각할 것 같아서 **막** 출발하려는 버스를 뛰어가서 탔다.
- 지금 **막** 점심을 먹으러 가려던 참이었는데 아직 식사 전이면 같이 갈래요?

★★ 🎧 얼른

영 quickly 중 快，赶快 일 すぐに 베 mau chóng

- 학교에 지각할 것 같으니까 **얼른** 일어나.
- 오늘까지 장학금을 신청하라는 선생님 말씀에 **얼른** 신청서를 제출했다.

★★ 🔵 일단 [일딴]

🇬🇧 first of all 🇨🇳 先, 一旦 🇯🇵 いったん、一応 🇻🇳 đầu tiên

- 감기는 약도 약이지만 **일단** 푹 쉬고 시간이 지나야 낫는 것 같다.
- 일단 단합 대회 장소를 정해야 하니까 오늘 중으로 장소부터 알아 보겠습니다.

★ 🔵 괜히
🔵 공연히

🇬🇧 unnecessarily 🇨🇳 毫无意义地, 不必要地 🇯🇵 意味もなく、余計な 🇻🇳 một cách vô cớ

- 소개팅에서 할 말이 없어서 **괜히** 웃기만 했어.
- 내 질문 때문에 수업이 길어지자 **괜히** 질문했다는 후회가 들었다.

★ 🔵 굳이 [구지]

🇬🇧 in the manner of taking trouble 🇨🇳 一定, 非得, 非要 🇯🇵 あえて 🇻🇳 cố ý

- 나는 **굳이** 휴가를 내서 내 졸업식에 참석한 친구들이 고마웠다.

🇬🇧 obstinately, persistently 🇨🇳 坚决, 执意, 硬 🇯🇵 どうしても。あえて 🇻🇳 kiên quyết, nhất định

- 미나는 폭설이 내리는데도 **굳이** 예정대로 여행을 떠나겠다고 고집 을 부렸다.

★ 🔵 그저

🇬🇧 just; same 🇨🇳 一直 🇯🇵 ずっと 🇻🇳 suốt, không ngừng

- 날씨가 좋아도 민수 씨는 회사에서 **그저** 일을 할 뿐이었다.

🇬🇧 just 🇨🇳 仅仅 🇯🇵 ただ 🇻🇳 chỉ có, chỉ

- 길에서 외국인이 영어로 말을 거는데 이해를 못 하니까 **그저** 웃기 만 했어.

★ 🔵 깜빡
🔵 깜빡거리다
깜빡대다
깜빡이다
깜빡하다

🇬🇧 blinking 🇨🇳 忽闪, 一下子 🇯🇵 ちかちか、うっかりちかちか、うっかり 🇻🇳 trong giây lát

- 배터리가 없는지 손전등이 **깜빡** 켜졌다가 바로 다시 꺼졌어요.

🇬🇧 forgetfully 🇨🇳 迷糊 🇯🇵 うっかり 🇻🇳 chợt

- 버스를 타고 오다가 **깜빡** 잠이 드는 바람에 내려야 할 정류장을 지 나쳤어요.

★ 🔵 일부러

🇬🇧 on purpose 🇨🇳 特意, 故意 🇯🇵 わざと、わざわざ 🇻🇳 cố tình

- 날씨가 좋아서 공원에 **일부러** 나와 바람을 쐬었다.
- 내가 **일부러** 두 사람을 위해서 자리를 피해줬는데 아무 말도 안 하 고 헤어졌대.

★ 🤚 상관없이
[상과넙씨]
🔄 관계없이
▶부사(3)(p.427)

🔲 regardlessly 🔲 无关，不论 🔲 関係なく 🔲 không liên quan
• 동생은 자신의 생각과는 **상관없이** 부모님에 의해 유학을 떠났다.

🔲 without an issue 🔲 不管 🔲 構わずに 🔲 không hề gì, không sao
• 이번 채용은 나이, 성별, 경력에 **상관없이** 누구나 지원 가능합니다.

★ 🤚 어쩌면
🔄 어쩜

🔲 perhaps 🔲 也许，可能 🔲 もしかしたら 🔲 không biết chừng
• **어쩌면** 나도 복권에 당첨될 수 있을 거란 생각에 오늘도 복권을 샀다.
• 상대 팀도 강한 팀이기는 하지만 **어쩌면** 오늘은 우리 팀이 이길지도 모르지.

★ 🤚 언젠가

🔲 someday 🔲 总有一天，迟早 🔲 いつか、いつかは 🔲 lúc nào đó
• 하루하루 열심히 살다가 보면 **언젠가**는 노력에 대한 보상이 뒤따를 것이라고 생각해요.
• 나는 **언젠가** 상자 속 물건이 필요하게 될지도 모른다는 생각 때문에 상자 속 물건을 버리지 못했다.

★ 🤚 적당히 [적땅히]

🔲 moderately 🔲 适当，适度 🔲 適度に、適当に 🔲 một cách thích hợp
• 화가 나도 술은 **적당히** 마셔.
• **적당히** 놀고 **적당히** 공부하고 **적당히** 노력하다 보면 결국 성공과는 멀어지게 될 것이다.

★ 🤚 도대체

🔲 ever, come to the point 🔲 到底，究竟 🔲 いったい 🔲 rốt cuộc
• 졸업하고 처음 보는 것 같은데 **도대체** 이게 얼마 만이니?

💡 참고 대관절, 대체

TIP 주로 의문을 나타내는 말과 함께 쓴다.

🔲 (not) at all 🔲 简直，就是 🔲 まったく 🔲 hoàn toàn (không)
• 아무리 생각해도 **도대체** 지갑을 어디에 뒀는지 기억이 안 난다.

★ 🤚 무사히
🔄 무고히

🔲 safely 🔲 平安，无事 🔲 無事に 🔲 vô sự
• 집을 나간 강아지가 저녁에 **무사히** 집으로 돌아왔다.
• 일주일에 한 번은 부모님께 전화로 이곳에서 **무사히** 잘 지내고 있다는 소식을 전한다.

★ 🔺 비록

영 even though 중 虽然 일 たとえ 베 cho dù

• 나는 네가 비록 사소한 것일지라도 나에게 다 이야기해 주면 좋겠다.
• 김미나 선수는 비록 올림픽에서 좋은 성적을 거두지는 못했지만 김 선수의 도전 정신은 국민들에게 큰 감동을 주고 있습니다.

TIP '비록 Vst을/ㄹ지라도', '비록 Vst지만' 등으로 쓴다.

★ 🔻 상당히

영 quite 중 相当地, 相当多 일 かなり、相当 베 tương đối

• 이곳의 작업 환경은 상당히 위험하기 때문에 언제나 조심해야 합니다.
• 시험에는 떨어졌지만 그동안 네가 상당히 노력해 왔다는 걸 잘 알고 있어.

★ 🔻 어차피

영 anyway 중 反正 일 どうせ、どちらにせよ 베 dù gì

• 일회용 젓가락은 어차피 사용하지 않으니까 주지 않으셔도 돼요.
• 어차피 오늘은 퇴근 시간이 다 됐으니까 보고서는 내일 오전까지 보내 주세요.

★ 🔻 관계없이
[관계업씨/관계업씨]
🔸 상관없이 ~
▶부사(3)(p.426)

영 irrelevantly 중 没关系地, 无关地 일 関係なく, とわずに
베 k không có liên quan

• 오늘 행사는 날씨와 관계없이 진행될 거예요.

영 regardless 중 无关地, 不分地 일 関係なく 베 không vấn đề

• 프로그램 신청은 시간에 관계없이 아무 때나 홈페이지를 통해 가능합니다.

★ 🔺 꼭

영 definitely 중 一定, 务必 일 ぎゅっと 베 mức đó

• 모든 학생들은 다음 주에 있을 설명회에 꼭 참석해야만 한다.
• 다음부터는 약속 시간을 꼭 지키도록 할게.

사동과 피동

- [ ] 높이다
- [ ] 낮추다
- [ ] 쓰이다
- [ ] 숨기다
- [ ] 풀리다
- [ ] 옮기다
- [ ] 기울이다
- [ ] 들이다
- [ ] 드러내다
- [ ] 익히다
- [ ] 없애다
- [ ] 넓히다
- [ ] 담기다
- [ ] 달리다
- [ ] 부딪히다
- [ ] 살리다
- [ ] 넘기다
- [ ] 섞이다
- [ ] 말리다
- [ ] 비우다
- [ ] 쌓이다
- [ ] 실리다
- [ ] 떠올리다
- [ ] 들리다
- [ ] 뽑히다

★★★★
동 높이다 [노피다]　　영 raise, increase 중 提高, 提升 일 高める 베 nâng cao

- 기억력을 **높이려면** 메모하는 습관을 기르자.
- 직원들은 고객 만족도를 **높이기** 위해 서비스를 개선했다.

🔵 **알아 두면 좋은 표현!** 기억력을 높이다, 품미를 높이다, 만족도를 높이다, 경각심을 높이다, 가능성을 높이다

📖 **활용형** 높이는, 높이어서(=높여서), 높이니까, 높입니다

💡 **참고** '높다'의 사동사

★★★★
동 옮기다 [옴기다]　　영 move, transfer 중 換, 搬到 일 移す、変える 베 chuyển

- 집이 이사하는 바람에 회사가 멀어져 직장을 **옮기기로** 했다.
- 다음 달부터 하숙집을 신촌역 근처로 **옮기기로** 했다.

🔵 **알아 두면 좋은 표현!** 숙소를 옮기다, 집을 옮기다

📖 **활용형** 옮기는, 옮기어서(=옮겨), 옮기니까, 옮깁니다

💡 **참고** '옮다'의 사동사

★★★★
동 없애다 [업쌔다]　　영 remove, eliminate 중 去除 일 なくす 베 xóa bỏ

- 집 안 곳곳 문턱을 모두 **없앴다.**
- 이 화장품이 주름을 **없애는** 데 그렇게 좋다면서?

🔵 **알아 두면 좋은 표현!** 가구를 없애다, 서류를 없애다, 쓰레기를 없애다

📖 **활용형** 없애는, 없애어서(=없애서), 없애니까, 없앱니다

💡 **참고** '없다'의 사동사

동 살리다
★★★

형 save 중 挽救，搞活 일 生き返らせる 베 cứu sống

- 의사는 신속한 응급 처치로 환자의 목숨을 살렸다.
- 대선 후보들은 하나 같이 경제를 살리겠다고 외쳤다.

💡 알아 두면 좋은 표현! 사람들 살리다, 화초를 살리다

📝 활용형 살리는, 살리어서(=살려서), 살리니까, 살립니다

💡 참고 '살다'의 사동사

동 쌓이다 [싸이다]
★★★

형 pile up, accumulate 중 堆积，积压 일 溜まる 베 chất đống

- 할 일이 잔뜩 쌓여 있어 쉴 수 없다.
- 스트레스가 쌓였을 때는 운동만한 것이 없다.

💡 알아 두면 좋은 표현! 걱정이 쌓이다, 불만이 쌓이다, 오해가 쌓이다

📝 활용형 쌓이는, 쌓이어서(=쌓여서), 쌓이니까, 쌓입니다

💡 참고 '쌓다'의 사동사

동 낮추다 [낫추다]
★★★

형 lower, reduce 중 降低 일 下げる、低くする 베 làm giảm

- 소비자의 부담을 줄이기 위해 가격을 낮추었습니다.
- 고혈압이 있어 혈압을 낮추는 약을 먹어야 한다.

💡 알아 두면 좋은 표현! 기준을 낮추다, 수준을 낮추다, 온도를 낮추다

📝 활용형 낮추는, 낮추어서(=낮춰서), 낮추니까, 낮춥니다

💡 참고 '낮다'의 사동사

동 기울이다
★★★
[기우리다]

형 tilt, lean 중 側耳傾听，集中 일 傾ける 베 tuân theo

- 학생들은 선생님 말씀에 귀를 기울였다.
- 길을 건널 때는 사고가 나지 않게 주의를 기울여야 한다.

💡 알아 두면 좋은 표현! 노력을 기울이다, 마음을 기울이다, 정성을 기울이다

📝 활용형 기울이는, 기울이어서(=기울여서), 기울리니까, 기울립니다

💡 참고 '기울다'의 사동사

동 넓히다 [널피다]
★★
반 좁히다

형 widen, expand 중 开阔，拓宽 일 広げる 베 mở rộng

- 이번 여행을 통해 세계를 보는 시야를 넓힐 수 있었습니다.
- 그는 활동 영역을 넓혀 노래, 연기 등 다방면에서 활동한다.

💡 알아 두면 좋은 표현! 견문을 넓히다, 규모를 넓히다, 범위를 넓히다

📝 활용형 넓히는, 넓히어서(=넓혀서), 넓히니까, 넓힙니다

💡 참고 '넓다'의 사동사

통 넘기다 ★★

통 pass, skip 중 安然度过，度过 일 乗り越える 베 vượt qua

- 할머니께서는 이미 병환으로 위험한 고비를 몇 번 넘기셨다.
- 이번 위기를 넘기려면 온 직원이 힘을 모아야 합니다.

알아 두면 좋은 표현! 무사히 넘기다

활용형 넘기는, 넘기어서(=넘겨서), 넘기니까, 넘깁니다

참고 '넘다'의 사동사

통 실리다 ★★

통 be loaded 중 被抬上，被搬运上 일 載せられる 베 được chất lên

- 길에서 쓰러진 남자가 구급차에 **실려** 병원으로 옮겨졌다.
- 트럭에 이삿짐이 모두 **실리니** 이사를 간다는 것이 느껴졌다.

알아 두면 좋은 표현! 사람이 실리다, 가방이 실리다, 비행기에 실리다

활용형 실리는, 실리어서(=실려서), 실리니까, 실립니다

참고 '싣다'의 피동사

통 쓰이다 ★★

통 be used 중 用，被用 일 使われる 베 được dùng

- 의사는 암 치료에 자주 **쓰이는** 약을 처방해 주었다.
- 빵을 만들 때 설탕이 많이 **쓰인다**.

알아 두면 좋은 표현! 그릇이 쓰이다, 재료가 쓰이다

활용형 쓰이는, 쓰이어서(=쓰여서), 쓰이니까, 쓰입니다

참고 '쓰다'의 피동사

통 들이다 ★★ [드리다]

통 come in 중 让……进 일 入れる 베 cho vào

- 나는 문 앞에서 떨고 있는 아이를 일단 가게 안으로 **들였다**.
- 김 사장은 아무도 사무실 안으로 **들이지** 말라고 했다.

알아 두면 좋은 표현! 손님을 들이다, 실내에 들이다

활용형 들이는, 들이어서(=들여서), 들이니까, 들입니다

참고 '들다'의 사동사

통 담기다 ★★

통 contain, with 중 充满，内含 일 こもる 베 chứa đựng

- 엄마는 사랑이 듬뿍 **담긴** 눈빛으로 아이를 보며 웃었다.
- 무슨 일이 있었는지 김 부장 목소리에 짜증이 가득 **담겼더라**.

알아 두면 좋은 표현! 마음이 담기다, 희망이 담기다

활용형 담기는, 담기어서(=담겨서), 담기니까, 담깁니다

참고 '담다'의 피동사

★★ 图 섞이다 [서끼다]

图 mix, blend 图 混，混合 图 混ざる 때 bị trộn lẫn

• 서랍 안 물건이 뒤죽박죽 섞여서 필요한 물건을 찾기 어려웠다.
• 음식 냄새를 없애려고 향수를 뿌리면 냄새가 섞여서 이상할 거야.

알아 두면 좋은 표현! 약이 섞이다, 재료가 섞이다, 향이 섞이다

활용형 섞이는, 섞이어서(=섞여서), 섞이니까, 섞입니다

참고 '섞다'의 피동사

★★ 图 떠올리다

图 recall, bring up 图 回忆起，想起 图 思い出す、思い浮かべる
때 nhớ ra

• 어제 무슨 일이 있었는지 떠올리려 했지만 도무지 기억이 나지 않았다.
• 어려운 상황에 놓이면 누구라도 가족을 먼저 떠올리게 마련이다.

알아 두면 좋은 표현! 모습을 떠올리다, 추억을 떠올리다

활용형 떠올리는, 떠올리어서(=떠올려서), 떠올리니까, 떠올립니다

참고 '떠오르다'의 사동사

★★ 图 숨기다

图 hide 图 藏，隐藏 图 隠す 때 che giấu

• 직장인들 대다수가 회사에서 감정을 숨기거나 거짓 감정을 연기한 적이 있다고 대답했다.
• 그 영화 주인공은 자신에게 중요한 사실을 숨기고 있던 친구에게 배신감을 느꼈다.

알아 두면 좋은 표현! 감정을 숨기다, 사실을 숨기다, 진실을 숨기다

활용형 숨기는, 숨기어서(=숨겨서), 숨기니까, 숨깁니다

참고 '숨다'의 사동사

★★ 图 드러내다

图 reveal, express 图 表露，披露 图 明らかにする、暴く 때 phơi bày

• 내 남편은 결코 자기 속마음을 드러내는 법이 없어 가끔 답답할 때도 있다.
• 이 영화는 우리 사회의 편견과 집단 이기주의의 실상을 적나라하게 드러냈다.

알아 두면 좋은 표현! 감정을 드러내다, 자신감을 드러내다

활용형 드러내는, 드러내어서(=드러내서), 드러내니까, 드러냅니다

참고 '드러나다'의 사동사

⑧ 달리다 ★★

⑬ on, with ㊥ 钉, 缝 ⑪ つけられる ⑭ gắn lên, treo lên

- 재킷에 달린 단추가 곧 떨어질 것 같아 다시 달았다.
- 레이스가 달린 원피스가 아이에게 잘 어울렸다.

💡 **알아 두면 좋은 표현!** 주머니가 달린 바지

📖 **활용형** 달리어서(=달려서), 달리니까, 달립니다

💡 **참고** '달다'의 피동사

⑧ 말리다 ★

⑬ dry ㊥ 晾干, 弄干 ⑪ 乾かす ⑭ làm khô

- 이불을 빨아 햇볕에 말렸다.
- 머리숱이 많아서 그런지 머리를 빨리 못 말리겠다.

💡 **알아 두면 좋은 표현!** 고추를 말리다, 빨래를 말리다

📖 **활용형** 말리는, 말리어서(=말려서), 말리니까, 말립니다

💡 **참고** '마르다'의 사동사

⑧ 들리다 ★

⑬ be Heard ㊥ 听到, 传来 ⑪ 聞こえる ⑭ được nghe thấy

- 어디선가 피아노 소리가 들렸다.
- 파도 소리가 들리는 바닷가 앞 카페에 앉아 있었다.

💡 **알아 두면 좋은 표현!** 노래가 들리다, 음악이 들리다

📖 **활용형** 들리는, 들리어서(=들려서), 들리니까, 들립니다

💡 **참고** '듣다'의 피동사

⑧ 풀리다 ★

⑬ relieve ㊥ 消除 ⑪ 取れる ⑭ được tháo gỡ

- 따뜻한 물에 몸을 담그니 피로가 풀린다.
- 서울을 조금만 벗어나도 도시 생활의 피로가 다 풀리는 것 같았다.

💡 **알아 두면 좋은 표현!** 스트레스가 풀리다, 여독이 풀리다

📖 **활용형** 풀리는, 풀리어서(=풀려서), 풀리니까, 풀립니다

💡 **참고** '풀다'의 피동사

⑧ 익히다 [이키다] ★

⑬ cook ㊥ 做熟, 煮熟 ⑪ 火に通す ⑭ làm chín

- 여름철에는 해산물을 잘 익혀서 먹어야 탈이 나지 않는다.
- 센불에서 10분 정도 익혀서 드세요.

💡 **알아 두면 좋은 표현!** 고기를 익히다. 채소를 익히다

📖 **활용형** 익히는, 익히어서(=익혀서), 익히니까, 익힙니다

💡 **참고** '익다'의 사동사

⑧ 부딪히다
[부디치다]

⑲ collide, clash ⑧ 被撞，被碰 ⑪ ぶつかる ⑭ bị va đập

• 골목에서 갑자기 나타난 자전거와 부딪혀 넘어졌다.
• 앞차가 갑자기 멈추는 바람에 거의 부딪힐 뻔했다.

🔘 알아 두면 좋은 표현! 의견이 부딪히다, 문제에 부딪히다

📖 활용형 부딪히는, 부딪히어서(=부딪혀서), 부딪히니까, 부딪힙니다

💡 참고 '부딪다'의 피동사

⑧ 비우다

⑲ empty, leave ⑧ 空着 ⑪ 空ける ⑭ làm trống

• 김 대리, 근무 시간에 자리를 오래 비우고 어디에 다녀왔어요?
• 여행을 가느라 집을 비운 사이에 집에 도둑이 들었다.

🔘 알아 두면 좋은 표현! 가게를 비우다, 방을 비우다

📖 활용형 비우는, 비우어서(=비워서), 비우니까, 비웁니다

💡 참고 '비다'의 사동사

⑧ 뽑히다 [뽀피다]

⑲ up rooted ⑧ 拔掉 ⑪ 引き抜かれる ⑭ bị nhổ

• 거센 바람과 폭우에 가로수가 뽑혀 길을 막았다.
• 밤새 산짐승이 다녀갔는지 밭에 심은 채소가 다 뽑혀 있었다.

📖 활용형 뽑히는, 뽑히어서(=뽑혀서), 뽑히니까, 뽑힙니다

💡 참고 '뽑다'의 사동사

★★
눈에 띄다

영 stand out   중 明显   일 目につく   베 nổi bật

- 요즘 할머니께서 눈에 띄게 건강이 안 좋아지셔서 걱정이에요.
- 학교에서 친구들끼리 존댓말을 사용하게 했더니 학생들의 비속어 사용이 눈에 띄게 줄어들었다.

★
애를 쓰다

영 Make an effort   중 费心，努力   일 骨を折る、苦労する   베 nỗ lực

- 안 되는 일에 굳이 애를 쓰지 마세요.
- 취직을 하려고 애를 썼는데 잘 안 됐대요.

💡 참고 애쓰다 ▶ 0018

★★★★
예를 들어

영 for example   중 例如   일 例えば   베 lấy ví dụ

- 한국에는 많은 전통 음식이 있다. 예를 들어 김치, 불고기, 떡국 같은 것들이다.
- 교통 약자를 위해 여러 가지 제도를 마련해야 한다. 예를 들어 대중교통을 이용하는 교통 약자들의 요금 감면 같은 제도가 있을 것이다.

★★★★★
N을/를 위해서
AVst기 위해서
N을/를 위한 N
AVst기 위한 N

영 for N, In order to AVst, N for N, N for the purpose of AVst
중 为了~，为~   일 ―ために、―ための   베 vì, để

- 형은 취직을 위해 하루도 거르지 않고 도서관에 가서 열심히 공부를 했다.
- 건강해지기 위해서 날마다 운동하고 있어요.
- 이 도서관에는 아이들을 위한 책과 편의시설과 잘 갖추어져서 어린아이들도 이용하기 편리하다.
- 생활비를 절약하기 위한 좋은 방법이 있나요?

N에 대해서
N에 대한 N

명 about N, N about N 중 关于~ 일 -について、-についての 베 về

- 전쟁 기념관에 가면 한국의 전쟁 역사에 대해 알 수 있다.
- 이 책은 우리나라 역사에 대한 책이에요.

N을 / 를 통해서
N을 / 를 통한 N

명 through N 중 通过~ 일 -を通じて、-を通じた 베 thông qua

- 이사를 해야 해서 부동산을 통해서 적당한 집을 알아보았어요.
- 이 환자는 적절한 운동을 통한 재활 치료가 필요합니다.

N(으)로 인해서
N(으)로 인한 N

명 due to N 중 因为~，由于~ 일 -によって、-による 베 do, bởi

- 공업의 발달로 인해서 환경 오염이 심화되었다.
- 과중한 업무로 인한 스트레스로 결국 회사를 그만두게 되었다.

AVst을/ㄹ 예정
이다

명 plan to AVst, is going to AVst 중 打算~，预计~ 일 -る予定だ
베 có dự định

- 이번 주말에는 친구와 영화를 볼 예정이에요.
- 대통령은 오는 6월 미국 대통령을 만날 예정이라고 밝혔습니다.

N을/를 대상으로

명 amied at N, targeting N 중 以~为对象 일 -を対象に
베 lấy đối tượng là

- 이 그래프는 1인 방송 시청 경험이 있는 청소년 1,000명을 대상으로 실시한 설문 조사 결과입니다.
- 최근 어린아이를 대상으로 한 범죄가 늘고 있다고 해서 걱정이에요.

N과 / 와 관련해서
N과 / 와 관련된 N

명 in relation to N 중 关于~，与~有关 일 -と関連して
베 liên quan đến

- 김 씨는 이번 사건과 관련해서 자신의 입장을 밝혔습니다.
- 이 단체는 환경 보호와 관련된 여러 가지 일들을 하는 단체이다.

N에 이어서

명 following N 중 继~之后 일 -に続いて 베 tiếp nối

- 서울시는 지난해에 이어서 올해도 '차 없는 날' 행사를 실시했다.
- 그럼 이제 교수님의 인사말에 이어 전공과목 소개가 있겠습니다.

Vst는/은/ㄴ 편
이다

명 tends to Vst 중 比较~ 일 -（する、な、の）ほうだ 베 thuộc tuýp

- 저는 성격이 소극적인 편이어서 하고 싶은 말이 있어도 잘 못해요.
- 평소 커피를 많이 마시는 편이라면 건강을 위해 수시로 물을 마시는 습관을 들이는 게 좋다.

AVst어/아/여 달라고 하다
★★★

영 ask to AVst 중 让～做～ 일 －てくれという 베 bảo ai làm gì

• 친구가 대신 선생님께 전해 달라고 했어요.
• 학교를 그만두는 것은 아버지께 비밀로 해 달라고 어머니께 부탁드렸다.

Vst는/은/ㄴ 면
★★★

영 if Vst 중 ～的一面 일 －な面 베 mặt

• 동생은 어렸을 때부터 남다른 면이 있어 장난감보다는 책 읽는 것을 더 좋아했다.
• 부모는 자녀의 긍정적인 면을 발견하여 칭찬하고 격려하여 자녀가 자신감을 가질 수 있도록 해야 한다.

N을/를 바탕으로
★★★

영 based on N 중 以～为基础 일 －をもとに 베 lấy cơ sở

• 삼촌은 영국 유학 생활의 경험을 바탕으로 유학원을 차렸다.
• 이 드라마는 실제 역사를 바탕으로 만들어졌다.

Vst는/은/ㄴ 대신에 N(사람) 대신에
★★

영 instead of Vst, instead of N 중 代替～ 일 －(る、の、な)かわりに 베 thay vì

• 최신 휴대 전화는 가격이 비싼 대신에 품질이 좋고 기능도 다양하다.
• 갑자기 민수 씨한테 일이 생겨서 민수 씨 대신에 제가 출장을 가기로 했어요.

(Vst어서) 큰일이다
★

영 It is a big problem because of AVst 중 出大事 일 －て大変だ 베 việc lớn

• 농사를 지어야 하는데 비가 너무 오지 않아서 큰일이다.
• 큰일이에요! 내일이 시험인데 공부를 하나도 안 했어요.

N을/를 비롯해서 N을/를 비롯한 N
★

영 starting with N, N including N 중 包括～在内 일 －をはじめとして、－をはじめとする 베 bắt đầu từ

• 서울을 비롯해서 수도권 전 지역이 주말 내내 덥겠습니다.
• 여름 방학에 프랑스를 비롯한 유럽 곳곳을 여행하려고 해요.

AVst을/ㄹ 틈이 없다
★

영 no time to AVst 중 没有～时间，没有～地方 일 －るひまがない 베 không có khe hở

• 요즘 어찌나 일이 많은지 쉴 틈도 없이 바빠요.
• 출근길 지하철은 북적이는 승객들로 붐벼 발 디딜 틈조차 없었다.

접사

☐ -쯤	☐ -비	☐ -자	☐ -권	☐ 비-	☐ -행	☐ 부-
☐ -씩	☐ -용	☐ 성	☐ -당	☐ -력	☐ -법	☐ 불-
☐ -객	☐ -사	☐ 짜리	☐ -생	☐ -률	☐ -가량	☐ -심
☐ -별	☐ -적	☐ 화	☐ -스럽다	☐ 신-	☐ -료	☐ -학
☐ -율	☐ -여	☐ 친-	☐ -가	☐ -관	☐ -무	
☐ -간	☐ -형	☐ -감	☐ -장	☐ 재-	☐ -부	

★★★★
접 -쯤

영 about, approximately 중 大约～, ～左右 일 －くらい、－ごろ
베 khoảng

• 그쯤, 내일쯤, 언제쯤, 연말쯤, 이런 문제쯤, 지금쯤, 한 번쯤, 5분쯤, 10m쯤, 11시쯤, 12월 말쯤

TIP 일부 명사 또는 명사구 뒤에 붙어 '정도'의 뜻을 더한다.

★★★★
접 -씩

영 each, per 중 每～ 일 －ずつ 베 từng, mỗi

• 가끔씩, 두 사람씩, 네 대씩, 며칠씩, 세 그릇씩, 조금씩, 하나씩, 한 개씩, 한 걸음씩, 한 번씩, 한 시간씩, 한 켤레씩, 5만 원씩

TIP 수량이나 크기를 나타내는 말 뒤에 붙어 '그러한 수량이나 크기로 나뉨'의 뜻을 더한다.

★★★★
접 -객

영 guest, visitor 중 ～客, ～的人 일 －客 베 khách

• 관람객, 관람객, 귀성객, 등산객, 방문객, 방청객, 불청객, 야영객, 이용객, 조문객, 탑승객, 투숙객

TIP 일부 명사 뒤에 붙어 '손님' 또는 '사람'의 뜻을 더한다.

★★★
접 -별

영 per, by 중 按照～（区分） 일 －別 베 theo

• 계절별, 남녀별, 능력별, 단계별, 분야별, 상황별, 성별, 소득별, 업체별, 연도별, 연령별, 요일별, 월별, 종류별, 지역별, 팀별, 품목별, 학년별

TIP 일부 명사 뒤에 붙어 '그것에 따라 구별한 단위'의 뜻을 더한다. 주로 조사 '로'와 함께 쓴다.

접 -율

명 rate, ratio 중 ~率，~比率 일 一率 베 tỉ lệ

- 감소율, 구매율, 독서율, 득표율, 범죄율, 생존율, 이자율, 증가율, 차단율, 참여율, 청취율, 출산율, 투표율, 판매율, 할인율, 흡연율

  TIP　모음이나 'ㄴ'으로 끝나는 일부 명사 뒤에 붙어 '비율'의 뜻을 더한다.

접 -간

명 period, duration 중 ~间，~期间 일 一間 베 giữa

- 사흘간, 수년간, 얼마간, 오년간, 이틀간, 일주일간, 10분간, 1년간, 3일간, 6개월간, 한 달간

  TIP　기간을 나타내는 일부 명사 뒤에 붙어 '동안'의 뜻을 더한다.

접 -비

명 fee 중 ~费 일 一費 베 phí, chi phí

- 가입비, 개발비, 경조사비, 기숙사비, 관리비, 광고비, 교통비, 난방비, 등록비, 배달비, 병원비, 생활비, 세탁비, 수술비, 숙박비, 외식비, 의료비, 입원비, 주차비, 진료비, 참가비, 출장비, 치료비, 통신비, 하숙비, 휴가비

  TIP　일부 명사 뒤에 붙어 그 일을 하는 데 드는 비용이나 돈'의 뜻을 더한다.

접 -용

명 for 중 ~用 일 一用 베 đồ dùng

- 가정용, 교육용, 등산용, 비상용, 사무용, 업무용, 여름용, 여행용, 연습용, 영업용, 일회용, 조리용, 취미용, 호신용, 휴대용

  TIP　일부 명사 뒤에 붙어 '그것을 위해 쓰이는 물건'의 뜻을 더한다.

- 개인용, 교사용, 남자용, 노인용, 신사용, 유아용, 전문가용, 청소년용, 학생용, 환자용

  TIP　일부 명사 뒤에 붙어 '그 사람을 대상으로 하는 물건'의 뜻을 더한다.

접 -사

명 a suffix used to mean an occupation 중 后缀，指 "职业 일 一士 베 sĩ, chuyên gia

- 건축사, 변호사, 설계사, 세무사, 운전사, 정비사, 조리사, 조종사, 통역사, 회계사

  TIP　일부 명사 뒤에 붙어 '직업'의 뜻을 더한다.

명 a suffix used to mean a person who does something as a job 중 后缀。指 "从事该职业的人 일 -師 베 thợ, nhà

- 간호사, 마술사, 문화관광해설사, 사육사, 사진사, 선교사, 요리사, 이발사, 전도사, 정원사, 제약사

  TIP　일부 명사 뒤에 붙어 '그것을 직업으로 하는 사람'의 뜻을 더한다.

접 -적 ★★★

영 -ic, -al 중 ～的, ～性的 일 —的 베 mang tính

- 공동체적, 공익적, 금전적, 대중적, 독창적, 물질적, 반복적, 비판적, 수동적, 신체적, 실제적, 심리적, 악의적, 역량적, 의도적, 이분법적, 인지적, 자아도취적, 자체적, 친화적

TIP 일부 명사 또는 명사구 뒤에 붙어 '그 성격을 띠는', '그에 관계된', '그런 상태로 된'의 뜻을 더한다.

접 -여 ★★★

영 about, approximately 중 ～余, ～多 일 —余 베 hơn

- 백여 곳, 백여 편, 십여 년간, 십오 년여, 이십여 년, 이십여 명, 한 시간여, 16만여 마리, 40여 년간

TIP 수량을 나타내는 말 뒤에 붙어 '그 수를 넘음'의 뜻을 더한다.

접 -형 ★★★

영 type, form 중 ～型, ～式 일 —型 베 kiểu, dạng

- 단답형, 도시형, 맞춤형, 생계형, 서구형, 아파트형, 알뜰형, 요약형, 유선형, 이상형, 자수성가형, 자유형, 절약형, 최신형, 표준형, 한국형

TIP 일부 명사 뒤에 붙어 '그러한 유형' 또는 '그러한 형식'의 뜻을 더한다.

접 -자 ★★

영 person, one who 중 ～家, ～者 일 —者 베 người

- 건축학자, 과학자, 박물학자, 사회학자, 역사학자

TIP 일부 명사 뒤에 붙어 '그 방면의 일이나 지식에 능통하여 전문적으로 하는 사람'의 뜻을 더한다.

- 가입자, 가해자, 감염자, 강연자, 고소득자, 기획자, 낙오자, 납세자, 노동자, 담당자, 당사자, 당선자, 당첨자, 목격자, 반역자, 발신자, 발표자, 상담자, 선발자, 운영자, 전공자, 참여자, 특강자, 특허권자

TIP 일부 명사 뒤에 붙어 '그러한 일이나 역할을 하는 사람'의 뜻을 더한다.

접 -성 ★★

영 -ity 중 ～性 일 —性 베 tính

- 가능성, 가독성, 가망성, 감수성, 객관성, 공격성, 공익성, 공정성, 과민성, 관계성, 적절성, 전문성, 차별성, 투명성, 활용성, 효용성

TIP 일부 명사나 서술어의 명사형, 관형사형 뒤에 붙어 '그러한 성질이나 경향'의 뜻을 더한다.

접 -짜리 ★★

형 worth 중 表示大小或者面值 일 ‐のもの、‐の~ 베 loại

- 두 살짜리, 반쪽짜리, 방 두 개짜리, 백 원짜리, 십 원짜리, 얼마짜리, 열 살짜리, 오십 권짜리, 한 뼘짜리, 18층짜리

  TIP 수나 양 또는 값을 나타내는 명사구 뒤에 붙어 '그만한 수나 양을 가진 것' 또는 '그만한 가치를 가진 것'의 뜻을 더한다.

접 -화 ★★

영 -ization, -fy 중 ~化 일 ‐化 베 hóa

- 가속화, 간소화, 개념화, 글로벌화, 기계화, 노령화, 다변화, 대중화, 도시화, 민영화, 민주화, 상용화, 상품화, 서구화, 온난화, 자동화, 전문화, 정보화, 제도화, 최소화, 합리화, 획일화

  TIP 일부 명사 뒤에 붙어 '그와 같이 만들거나 그렇게 됨'의 뜻을 더한다.

접 친- ★★

형 a prefix used to mean "related by blood."
중 前缀。指 "有血统关系的" 일 実の 베 ruột

- 친동생, 친딸, 친부모, 친아들, 친아버지, 친어머니, 친언니, 친오빠, 친자식, 친형제

  TIP 친족 관계로 나타내는 일부 명사 앞에 붙어 '혈연관계로 맺어진'의 뜻을 더한다.

형 a prefix used to mean "consenting to that" or "helping with that." 중 前缀。指 "赞同" 或 "支持" 일 親 베 thân

- 친미, 친외세, 친일, 친정부, 친혁명, 친환경

  TIP 고유 명사를 포함하는 일부 명사 앞에 붙어 '그것에 찬성하는' 또는 '그것을 돕는'의 뜻을 더한다.

접 -감 ★★

형 -feeling 중 ~感 일 ‐感 베 cảm giác

- 거리감, 거부감, 고독감, 기대감, 긴장감, 당혹감, 만족감, 무력감, 박진감, 배신감, 사명감, 성취감, 소외감, 승차감, 압박감, 위화감, 유대감, 의존감, 자신감, 죄책감, 책임감, 친근감, 해방감, 현실감, 회의감

  TIP 일부 명사 뒤에 붙어 '느낌'의 뜻을 더한다.

-권 ★★

📗 a suffix used to mean a right or a qualification 🀄 -權 🇯🇵 権
🇻🇳 quyền

- 거부권, 경영권, 기득권, 노동권, 독점권, 묵비권, 배출권, 사법권, 선거권, 소유권, 시민권, 양육권, 영주권, 일조권, 참정권, 투표권, 특허권, 평등권, 피선거권

  TIP 일부 명사 뒤에 붙어 '그것과 관련된 권리'의 뜻을 더한다.

📗 a suffix used to mean a ticket that proves a qualification or a right 🀄 -券 🇯🇵 券 🇻🇳 phiếu, vé

- 관람권, 방청권, 상품권, 승차권, 열람권, 응모권, 입장권, 정기권, 정액권, 주차권, 통행권, 특별권, 항공권, 회원권

  TIP 일부 명사 뒤에 붙어 '자격이나 권리를 증명하는 표'의 뜻을 더한다.

-당 ★★

📗 per, each 🀄 每～, 每一～ 🇯🇵 -当たり 🇻🇳 mỗi

- 개인당, 마리당, 미터당, 한 시간당, 한 편당, 학년당, 1분당, 1인당, 30분당

  TIP 수 또는 단위를 나타내는 명사 또는 명사구 뒤에 붙어 '마다'의 뜻을 더한다.

-생 ★

📗 student 🀄 ～生 🇯🇵 -生 🇻🇳 sinh, học sinh

- 교육생, 대학원생, 복학생, 신입생의대생, 아르바이트생, 연습생, 우등생, 유학생, 졸업생, 준비생, 취업생, 휴학생,

  TIP 일부 명사 뒤에 붙어 '학생'의 뜻을 더한다.

-스럽다 ★

📗 -like, -ish 🀄 用于部分名词之后，表示具有该性质的形容词后缀。
🇯🇵 -な 🇻🇳 đầy, mang vẻ

- 감격스럽다, 고통스럽다, 다행스럽다, 당황스럽다, 만족스럽다, 사랑스럽다, 실망스럽다, 자연스럽다, 조심스럽다, 혼란스럽다, 후회스럽다,

  TIP 일부 어근 뒤에 붙어 '그러한 성질이 있음'의 뜻을 더하고 형용사를 만든다.

-가 ★

📗 -ist, -er 🀄 ～家 🇯🇵 -家 🇻🇳 người

- 공예가, 건축가, 기업가, 동양화가, 만화가, 미술가, 발명가, 번역가, 비평가, 성악가, 소설가, 수집가, 여행가, 연출가, 예술가, 음악가, 작곡가, 전문가, 정치가, 조각가, 평론가

  TIP 일부 명사 뒤에 붙어 '그것을 전문적으로 하는 사람' 또는 '그것을 직업으로 하는 사람'의 뜻을 더한다.

- 미식가, 애호가

  TIP 일부 명사 뒤에 붙어 '그 특성을 지닌 사람'의 뜻을 더한다.

접 -장

명 place 중 ～场 일 －場 베 nơi

- 결혼식장, 경기장, 공연장, 수영장, 세차장, 스키장, 승강장, 시험장, 예식장, 운동장, 전시장, 정류장, 주차장, 처리장, 테니스장, 회의장, 행사장.

TIP 일부 명사 뒤에 붙어 '장소'의 뜻을 더한다.

접 비-

명 -less 중 非～, 不～ 일 非－ 베 phi, không

- 비도덕성, 비양심적, 비영리기관, 비위생적, 비현실적

TIP 일부 명사 뒤에 붙어 '아님'의 뜻을 더한다.

접 -력

명 ability 중 ～力 일 －力 베 năng lực

- 경쟁력, 경제력, 공격력, 기술력, 기억력, 면역력, 사고력, 상상력, 실천력, 암기력, 어휘력, 연기력, 영향력, 원동력, 이해력, 자본력, 집중력, 창의력, 판단력, 표현력, 회전력

TIP 일부 명사 뒤에 붙어 '능력' 또는 '힘'의 뜻을 더한다.

접 -률

명 rate, ration 중 ～率 일 －率 베 tỉ lệ

- 가동률, 발병률, 발생률, 성장률, 시청률, 진학률, 취업률

TIP 'ㄴ'받침을 제외한 받침 있는 일부 명사 뒤에 붙어 '비율'의 뜻을 더한다.

접 신-

명 new, neo- 중 新～ 일 新－ 베 tân, mới

- 신세대, 신제품

TIP 일부 명사 뒤에 붙어 '새로운'의 뜻을 더한다.

접 -관

명 -view 중 ～观 일 －観 베 quan niệm

- 가치관, 결혼관, 인생관

TIP 일부 명사 뒤에 붙어 '관점' 또는 '견해'의 뜻을 더한다.

접 재-

명 re- 중 再～ 일 再－ 베 tái, lại

- 재개발, 재교육, 재충전, 재활용

TIP 일부 명사 뒤에 붙어 '다시 하는' 또는 '두 번째'의 뜻을 더한다.

접 -행

명 going, trip 중 ～行, 到～ 일 －行 베 hướng đến

- 경찰서행, 부산행, 서울행, 제주도행.

TIP 장소를 나타내는 대다수 명사 뒤에 붙어 '그곳으로 향함'의 뜻을 더한다.

접 -법

명 law, method 중 ～法, ～方法 일 ―行 베 cách thức

• 관리법, 교수법, 대화법, 묘사법, 사용법, 선택법, 연주법, 예방법, 요리법, 작성법, 절약법, 조리법, 치료법

TIP 일부 명사 뒤에 붙어 '방법' 또는 '규칙'의 뜻을 더한다.

접 -가량

명 about, approximately 중 大约～ 일 ―程 베 khoảng

• 50%가량

TIP 수량을 나타내는 명사구 또는 명사구 뒤에 붙어 '정도'의 뜻을 더한다.

접 -료

명 fee 중 ～費, ～料 일 ―料 베 phí

• 관람료, 구독료, 보험료, 사용료, 수강료, 수업료, 이용료, 입장료, 항공료,

TIP 일부 명사 뒤에 붙어 '요금'의 뜻을 더한다.

• 조미료

TIP 일부 명사 뒤에 붙어 '재료'의 뜻을 더한다.

접 무-

명 without, -less 중 无～, 不～ 일 無― 베 vô, không

• 무관심, 무기력, 무소식, 무작정, 무중력

TIP 일부 명사 뒤에 붙어 '그것이 없음'의 뜻을 더한다.

접 -부

명 -department 중 ～部 일 ―部 베 bộ phận, bộ

• 관광부, 국제부, 국토교통부, 마케팅부, 문화체육관광부, 여성가족부, 영업부, 홍보부

TIP 일부 명사 뒤에 붙어 '업무 부서'의 뜻을 더한다.

접 부-

명 un- 중 不～, 非～ 일 副― 베 phụ

• 부작용

TIP 'ㄷ', 'ㅈ'으로 시작하는 명사 앞에 붙어 '아님, 아니함, 어긋남'의 뜻을 더한다.

접 불-

명 un-, not 중 不～ 일 不― 베 bất, không

• 불가능, 불균형, 불이익, 불친절, 불평등

TIP 일부 명사 앞에 붙어 '아님, 아니함, 어긋남'의 뜻을 더한다.

접 **-심**

형 -mind 중 ～心 일 -心 베 tâm, lòng

• 경각심, 경쟁심, 도덕심, 독립심, 모험심, 반발심, 반항심, 이기심,
  이해심, 인내심, 자립심, 자부심, 자존심, 적개심, 호기심, 협동심

  TIP 일부 명사 앞에 붙어 '마음'의 뜻을 더한다.

접 **-학**

형 study of-, -logy 중 ～学 일 -学 베 học

• 과학, 건축학, 경영학, 경제학, 미학, 사회학, 생명 과학, 심리학, 식
  물학, 역사학, 인문학, 지진학, 철학, 한의학

  TIP 일부 명사 앞에 붙어 '학문'의 뜻을 더한다.

퀴즈 및 기출 문제 답안

1. 사람

DAY 1 일생

QUIZ

QUIZ 1

1. ② 2. ④ 3. ③

QUIZ 2

1. 아이를 낳아도 돌봐 줄 사람이 없어요.
2. 부모님의 결혼기념일을 축하하는 파티를 준비하고 있어요.
3. 요즘 젊은이들은 가정을 이루는 것보다 개인의 성장을 더 중요하게 생각한다.

QUIZ 3

④

TOPIK 기출 문제

TOPIK 중급 23회 읽기 56번 ①
TOPIKII 35회 읽기 35번 ②

DAY 2 외모와 성격

QUIZ

QUIZ 1

1. ③ 2. ① 3. ②

QUIZ 2

1. 그 사람의 외모보다는 고운 마음씨가 마음에 들었어요.
2. 거리에 독특하고 개성적인 옷차림의 젊은이들이 많다.
3. 친구의 아이를 10년 만에 만났더니 몰라보게 커져 있었다.

QUIZ 3

③

TOPIK 기출 문제

TOPIK 4급 8회 읽기 42번 ①
TOPIK 중급 15회 읽기 8번 ①

DAY 3 동작과 태도(1)

QUIZ

QUIZ 1

1. ③ 2. ② 3. ③

QUIZ 2

1. 바른 자세로 앉아서 컴퓨터를 하세요.
2. 길을 잘 살피고 건넜는데도 차를 피할 수 없었다.
3. 발표할 사람을 정해야 하는데 적극적으로 나서는 사람이 없었다.

QUIZ 3

③

TOPIK 기출 문제

TOPIK 중급 12회 읽기 58번 ②
TOPIK 중급 17회 듣기 19번 ④

DAY 4 동작과 태도(2)

QUIZ

QUIZ 1

1. ② 2. ① 3. ②

QUIZ 2

1. 이 세제만 뿌리면 힘쓰지 않고 손쉽게 스티커를 뗄 수 있어요.
2. 박물관에서 아이가 뛰어다니자 지켜보던 직원이 달려왔어요.
3. 교실 문이 닫혀 있어서 창문으로 들여다보니 아직 수업 중이었다.

QUIZ 3

①

TOPIKII 41회 듣기 39번　②
TOPIKII 41회 듣기 40번　④

DAY 5 대인 관계(1)

QUIZ

QUIZ 1
1. ②　2. ④　3. ①
QUIZ 2
1. 그는 공감의 표시로 고개를 끄덕였다.
2. 너에게 가장 영향을 끼친 사람은 누구야?
3. 다른 사람을 항상 존중하고 배려하는 모습 때문에 모두가 그를 좋아했다.
QUIZ 3
②

TOPIK 기출 문제

TOPIKII 52회 읽기 17번　②
TOPIKII 41회 읽기 36번　②

DAY 6 대인 관계(2)

QUIZ

QUIZ 1
1. ①　2. ④　3. ③
QUIZ 2
1. 그 친구와 오래전에 다투고 서로 멀어졌다.
2. 동창회에서 만난 옛 친구가 내 별명을 부르더라.
3. 인간관계를 유지하려면 상대를 존중하는 자세가 필요하다.
QUIZ 3
③

TOPIK 기출 문제

TOPIK 중급 16회 쓰기 45번
많은 사람을 만나기보다는
TOPIKII 36회 듣기 20번　②

2. 사고와 감정

DAY 7 감정과 표현(1)

QUIZ

QUIZ 1
1. ③　2. ④　3. ④
QUIZ 2
1. 선생님께 감사의 표현으로 선물을 드렸다.
2. 최근 환율 상승에 대한 국민적인 우려가 높다
3. 동생은 면접 결과를 확인하고 실망에 빠졌다.
QUIZ 3
1. 고통을　2. 감정을　3. 드러내　4. 감정

TOPIK 기출 문제

TOPIK 중급 28회 읽기 39번　①
TOPIKII 64회 읽기 23번　①

DAY 8 감정과 표현(2)

QUIZ

QUIZ 1
1. ③　2. ②　3. ②
QUIZ 2
1. 명절에 고향에 가지 못해서 너무 속상하다.
2. 그는 의심이 많아서 친구도 쉽게 믿지 못한다.
3. 아내는 결혼기념일을 잊은 남편에게 서운한 마음이 들었다.

QUIZ 3
1. 괴로워서 2. 불평을 3. 대단하다고
4. 자랑스러운

TOPIK 기출 문제

TOPIKII 36회 듣기 41번 ④
TOPIKII 36회 듣기 42번 ②
TOPIKII 47회 읽기 42번 ①

DAY 9 인지와 표현(1)

QUIZ

QUIZ 1
1. ② 2. ③ 3. ③
QUIZ 2
1. 이 도자기는 역사적으로 가치가 높다.
2. 두 팀의 실력이 비슷해 우승팀 예측이 어
   려웠다.
3. 한순간의 판단 실수로 인해 엄청난 손실을
   보았다.
QUIZ 3
1. 떠오르지 2. 적절한 3. 기억력은
4. 사물을

TOPIK 기출 문제

TOPIK 중급 30회 듣기 11번 ③
TOPIKII 64회 듣기 25번 ②

DAY 10 인지와 표현(2)

QUIZ

QUIZ 1
1. ③ 2. ④ 3. ④
QUIZ 2
1. 강추위로 각종 난방 기구가 많이 팔렸다.
2. 국민 모두가 힘을 합해 평화를 이룩합시다.
3. 아이는 스스로 잘못을 깨닫고 친구에게 사
   과했다.

QUIZ 3
③

TOPIK 기출 문제

TOPIKII 47회 듣기 24번 ③
TOPIKII 52회 읽기 46번 ①

3. 일상생활

DAY 11 의생활

QUIZ

QUIZ 1
1. ③ 2. ② 3. ①
QUIZ 2
1. 아내가 와이셔츠에 단추를 달아 주었다.
2. 낡은 정장을 버리고 새 정장을 한 벌 샀다.
3. 아이를 교복 가게에 데리고 가서 치수를
   재게 했다.
QUIZ 3
1. 얼룩 2. 의류 3. 묻어도 4. 건조
5. 흰

TOPIK 기출 문제

TOPIKII 52회 듣기 9번 ③
TOPIKII 60회 듣기 23번 ①

DAY 12 식생활

QUIZ

QUIZ 1
1. ② 2. ③ 3. ②
QUIZ 2
1. 아침마다 삶은 달걀을 한 알 먹었다.
2. 나는 상한 음식을 먹고 배탈이 났다.
3. 아침에 일어나자마자 연한 커피 한 잔을
   마셔요.

QUIZ 3

③

TOPIKII 47회 읽기 12번　①
TOPIKII 52회 읽기 16번　②

DAY 13 주거 생활

QUIZ

QUIZ 1

1. ④　2. ①　3. ③

QUIZ 2

1. 집 앞 골목은 너무 좁아서 주차하기가 어렵다.
2. 대청소를 하면서 안 쓰는 가구를 모두 치워 버렸다.
3. 거실에 물건이 많으니까 집이 지저분해 보이는 것 같아.

QUIZ 3

②

TOPIK 기출 문제

TOPIK 중급 30회 읽기 41번　③
TOPIKII 47회 읽기 22번　②

DAY 14 생활용품

QUIZ

QUIZ 1

1. ③　2. ③　3. ④

QUIZ 2

1. 더러운 유리창을 젖은 신문지로 닦아 보세요.
2. 커피 얼룩이 묻은 옷을 세제를 푼 물에 담갔다.
3. 최신 휴대 전화는 기능이 새로워서 아직 익숙하지 않다.

QUIZ 3

②

TOPIK 기출 문제

TOPIK 중급 25회 쓰기 38번　④
TOPIK 중급 25회 읽기 32번　④

DAY 15 시설 이용

QUIZ

QUIZ 1

1. ④　2. ②　3. ②

QUIZ 2

1. 정전으로 서비스 이용이 불가능한 상태입니다.
2. 임시로 사용할 수 있는 확인서를 발급해 드립니다.
2. 주민들을 위한 복지 시설을 늘리는 방안을 고민하고 있다.

QUIZ 3

①

TOPIK 기출 문제

TOPIK 중급 33회 읽기 35번　②
TOPIKII 60회 읽기 8번　②

DAY 16 시간

QUIZ

QUIZ 1

1. ②　2. ②　3. ③

QUIZ 2

1. 폭설로 비행기가 제시간에 이륙하지 못했다.
2. 임신 초기에는 잘 먹고 푹 쉬어야 해요.
3. 첫 해외여행에 들떠서 이른 아침부터 잠에서 깼다.

QUIZ 3

①

DAY 17 교통

QUIZ

QUIZ 1
1. ① **2.** ④ **3.** ①

QUIZ 2
1. 버스를 놓치는 바람에 회사에 늦었다.
2. 가는 데마다 사람들로 붐벼서 복잡하네요.
3. 버스에서 잠이 들어서 정류장을 지나치고
   말았다.

QUIZ 3
②

4. 여가 생활

DAY 18 여가

QUIZ

QUIZ 1
1. ④ **2.** ② **3.** ③

QUIZ 2
1. 시내를 조금만 벗어나도 공기가 다르네요.
2. 대회에 참가하면 누구나 기념품을 받을 수
   있다.
3. 소원 편지를 풍선에 매달아 밤하늘에 날려
   보냈다.

QUIZ 3
④

DAY 19 여행

QUIZ

QUIZ 1
1. ③ **2.** ③ **3.** ①

QUIZ 2
1. 거리에 가득한 관광객이 신기했다.
2. 한 달 동안 유럽에 머물 예정이에요.
3. 유명한 관광지를 많이 둘러볼 생각이다.

QUIZ 3
④

DAY 20 스포츠

QUIZ

QUIZ 1
1. ① **2.** ① **3.** ④

QUIZ 2
1. 그는 신체적인 장애를 극복하고 체조 선수
   로 성공했다.
2. 선수가 부상을 이겨내고 우승을 거둔 모습
   이 감동적이었다.
3. 이번 올림픽에서 메달을 딴 모든 선수들이
   특별한 선물을 받았다.

QUIZ 3
③

5. 국가와 정치

DAY 21 국가와 정치(1)

QUIZ 1

1. ③   2. ①   3. ③

QUIZ 2

1. 정부는 국민을 보호할 의무가 있다.
2. 범죄를 저지른 사람은 비자를 발급 받기가 어렵다.
3. 출산율이 떨어져 출산과 관련된 예산을 확대하기로 결정했다.

QUIZ 3

①

TOPIK 기출 문제

TOPIKII 41회 듣기 49번   ①
TOPIKII 41회 듣기 50번   ④

DAY 22 국가와 정치(2)

QUIZ

QUIZ 1

1. ④   2. ①   3. ③

QUIZ 2

1. 지위와 권력을 이용해 범죄를 저지르면 안 된다.
2. 대통령이라도 자신의 정당에 유리하게 선거법을 고칠 수 없다.
3. 모든 한국인은 정부의 허가 없이 북한에 방문할 수 없어요.

QUIZ 3

④

TOPIK 기출 문제

TOPIKII 52회 듣기 49번   ④
TOPIKII 64회 읽기 26번   ④

6. 현대사회

DAY 23 사회 현상과 문제

QUIZ

QUIZ 1

1. ④   2. ②   3. ④

QUIZ 2

1. 이번 조치는 최악의 상황에 대비한 것입니다.
2. 교육을 통해 불평등한 구조를 해결할 수 있다.
3. 학생 위원회를 열어 갈등이 커지는 것을 예방할 수 있었다.

QUIZ 3

②

TOPIK 기출 문제

TOPIKII 41회 읽기 50번   ④
TOPIKII 60회 읽기 25번   ①

DAY 24 사회 변화

QUIZ

QUIZ 1

1. ②   2. ②   3. ②

QUIZ 2

1. 방송은 달라진 농촌 분위기를 소개했다.
2. 전통적인 풍습이 역사 속으로 사라지게 되었다.
3. 김 교수는 앞으로 우리가 나아가야 할 방향을 제언했다.

QUIZ 3

1. 현대   2. 맞벌이   3. 역할   4. 달라지는
5. 생겨났다

TOPIKII 52회 읽기 41번 ③
TOPIKII 64회 듣기 27번 ④

DAY 25 사회 활동

QUIZ

QUIZ 1
1. ④　**2.** ④　**3.** ②

QUIZ 2
1. 교내 곳곳에 등록금 인상을 비판하는 종이가 붙었다.
2. 수해 복구에 앞장선 군인들에게 감사의 마음을 전했다.
3. 고등학생 때 참여한 봉사 활동 덕분에 의사가 되었다.

QUIZ 3
1. 단체　**2.** 앞장서서　**3.** 봉사　**4.** 기부
5. 참여를

TOPIK 기출 문제

TOPIKII 36회 읽기 38번 ④
TOPIKII 64회 읽기 30번 ②

DAY 26 설문과 통계

QUIZ

QUIZ 1
1. ②　**2.** ②　**3.** ④

QUIZ 2
1. 쌀 소비량 10년 이상 계속 감소하고 있다.
2. 금요일 통화량이 토요일 통화량을 앞서는 것으로 나타났다.
3. 이 그래프는 직장인 700명을 대상으로 설문 조사를 벌인 결과이다.

QUIZ 3
1. 조사　**2.** 많아지면서　**3.** 절반
4. 앞서는　**5.** 차이

TOPIK 기출 문제

TOPIK 중급 34회 쓰기 38번 ③
TOPIKII 60회 듣기 3번 ④

7. 문화

DAY 27 공연과 전시

QUIZ

QUIZ 1
1. ②　**2.** ④　**3.** ②

QUIZ 2
1. 가장 인상적인 장면이 뭐였어요?
2. 연극은 배우들의 연기를 직접 볼 수 있다.
3. 미술에 관심이 있으면 이번 주에 같이 전시회에 갈래요?

QUIZ 3
③

TOPIK 기출 문제

TOPIK 중급 7회 듣기 26번 ④
TOPIKII 52회 읽기 12번 ②

DAY 28 문화와 예술

QUIZ

QUIZ 1
1. ③　**2.** ①　**3.** ②

QUIZ 2
1. 보고서의 주제는 정했는데 분량을 채우지 못할까 봐 걱정이 돼.
2. 이렇게 귀한 작품을 볼 수 있는 기회는 흔하지 않아요.
3. 도서들이 장르별로 분류되어 있어서 쉽게 골라볼 수 있다.

QUIZ 3
1. 출판되었다. 2. 작품은 3. 주제로
4. 배경으로 5. 독자들 6. 장르
7. 번역되어

DAY 29 대중문화

QUIZ

QUIZ 1
1. ③ 2. ④ 3. ②

QUIZ 2
1. 오늘은 내가 좋아하는 배우가 TV에 출연
   하니까 꼭 봐야지.
2. 가정 폭력을 다룬 영화가 영화제 심사위원
   들의 주목을 끌었다.
3. 가수 팬들은 매일 인터넷으로 새로 나온
   곡의 순위를 확인한대.

QUIZ 3
③

DAY 30 역사와 전통문화

QUIZ

QUIZ 1
1. ③ 2. ② 3. ③

QUIZ 2
1. 이 탑은 751년에 만들어진 것으로 알려져
   있어.
2. 미국은 인류 문명 최초로 달에 사람을 보
   냈다.
3. 자료에 따르면 이 지역은 수천 년 전부터

발전해 왔다고 합니다.
QUIZ 3
②

8. 건강과 질병

DAY 31 건강(1)

QUIZ

QUIZ 1
1. ④ 2. ② 3. ②

QUIZ 2
1. 부모님께서는 운동과 소식으로 건강을 관
   리하신다
2. 건강을 유지하기 위하여 아침마다 산책을
   한다.
3. 심한 배탈로 몸에 기운이 빠져서 죽조차
   먹지 못했다.

QUIZ 3
1. 관리를 2. 비타민을 3. 피부 4. 예방
5. 부작용이

DAY 32 건강(2)

QUIZ

QUIZ 1
1. ② 2. ② 3. ③

QUIZ 2

1. 술과 담배는 건강에 해로운 것이다.
2. 한번 나빠진 시력은 좋아지기 힘들다.
3. 버섯의 풍부한 영양은 성인병 예방에 효과
가 있다.

QUIZ 3

③

TOPIK 기출 문제

TOPIK 중급 30회 읽기 40번 　④
TOPIKII 64회 읽기 36번 　④

DAY 33 질병

QUIZ

QUIZ 1

1. ④　2. ④　3. ②

QUIZ 2

1. 잦은 음주로 몸을 해쳐 병을 얻었다.
2. 병이 이미 온몸에 퍼져 치료할 수 없다.
3. 이렇게 감기를 지독하게 앓은 적은 처음이
었다.

QUIZ 3

1. 의식　2. 응급실　3. 통증　4. 진단
5. 간호

TOPIK 기출 문제

TOPIKII 52회 읽기 24번 　②
TOPIKII 52회 읽기 34번 　④

9. 직장생활

DAY 34 구인 구직

QUIZ

QUIZ 1

1. ④　2. ②　3. ①

QUIZ 2

1. 자격을 갖추지 못한 지원자는 합격할 수
없어요.
2. 이 회사에서 일하고 싶으면 모집 공고를
확인하고 지원서를 제출하면 돼.
3. 이번 행사에는 취업에 성공한 선배들이 비
결을 알려주는 시간을 갖는다.

QUIZ 3

면접의 방식이 시대에 따라 많이 달라지고 있
다.

TOPIK 기출 문제

TOPIKII 47회 듣기 37번 　③
TOPIKII 47회 듣기 38번 　④

DAY 35 직업과 진로

QUIZ

QUIZ 1

1. ①　2. ①　3. ③

QUIZ 2

1. 통역할 사람이 필요한데 영어 할 줄 알아
요?
2. 마음먹었으면 어떤 어려움이 있어도 도전
을 멈추지 마세요.
3. 부모님의 조언으로 꿈꾸던 디자이너를 포
기한 것이 후회된다.

QUIZ 3

③

TOPIK 기출 문제

TOPIKII 47회 듣기 13번 　②
TOPIKII 64회 읽기 10번 　③

DAY 36 직장

QUIZ 1

1. ③　2. ①　3. ②

QUIZ 2

1. 지방 사무소로 가서 일하느니 그냥 퇴직할래.
2. 이번 프로젝트를 성공시키면 우리 모두 승진의 기회가 생길 거야.
3. 부장님이 신입 사원들에게 명함을 나누어 주면서 자신을 소개했다.

QUIZ 3
③

TOPIK 기출 문제

TOPIK 중급 13회 읽기 53번   ①
TOPIK 중급 24회 듣기 5번   ②

DAY 37 업무와 능력(1)

QUIZ

QUIZ 1

1. ②   2. ①   3. ③

QUIZ 2

1. 제가 신제품 홍보를 맡은 담당자입니다.
2. 거래처에서 보낸 이메일을 확인했어요?
3. 새로운 방식으로 업무를 처리하는 것이 더 효율적이었다.

QUIZ 3 ①

TOPIK 기출 문제

TOPIK 중급 13회 쓰기 45번
돈도 벌 수 있고
TOPIK 중급 17회 듣기 16번   ②

DAY 38 업무와 능력(2)

QUIZ 1

1. ③   2. ④   3. ①

QUIZ 2

1. 의욕만 앞서면 실수하기 쉬워.
2. 경쟁력 있는 사람이 되기 위해서는 자기 개발을 해야 한다.

3. 사장님의 지시로 계약서를 검토해 보완하기로 하였다.

QUIZ 3 ③

TOPIK 기출 문제

TOPIK 중급 30회 읽기 46번   ②
TOPIKII 36회 듣기 17번   ②

10. 경제와 소비 생활

Day 39 경제

QUIZ

QUIZ 1

1. ④   2. ③   3. ②

QUIZ 2

1. 새로 시작한 사업 전망이 밝다.
2. 회사가 망하는 바람에 직장을 잃고 말았다.
3. 전통 시장은 대형 마트와의 경쟁에서 살아남기 위해 노력했다.

QUIZ 3
③

TOPIK 기출 문제

TOPIKII 47회 듣기 45번   ①
TOPIKII 60회 읽기 27번   ②

DAY 40 소비 생활(1)

QUIZ

QUIZ 1

1. ②   2. ④   3. ①

QUIZ 2

1. 용돈을 아껴서 갖고 싶던 구두를 한 켤레 샀다.
2. 노트북을 사기 전에 기능과 가격을 꼼꼼히

따져 보고 구입해.
3. 뛰어난 품질에 비해 가격은 저렴한 중소기
업 상품을 샀다.

QUIZ 3

①

TOPIK 기출 문제

TOPIKII 47회 읽기 38번 ②

TOPIKII 52회 읽기 25번 ①

DAY 41 소비 생활(2)

QUIZ

QUIZ 1

1. ④ 2. ④ 3. ②

QUIZ 2

1. 고장이 난 휴대 전화를 서비스 센터에 맡
겼다.
2. 이 마트는 감자 다섯 개를 한 봉지로 묶어
서 판다.
3. 백화점에서 할인 판매할 때 구두 한 켤레
를 반값에 샀다.

QUIZ 3

1. 상가 2. 묶어서 3. 불필요한 4. 반값
5. 이벤트

TOPIK 기출 문제

TOPIK 중급 30회 읽기 33번 ④

TOPIKII 60회 읽기 39번 ①

11. 의사소통

DAY 42 의사소통

QUIZ

QUIZ 1

1. ③ 2. ② 3. ④

QUIZ 2

1. 어젯밤 교통사고에 관한 기사가 신문에 실
렸다.
2. 이번 사태에 대한 명확한 입장을 밝혀 주
십시오.
3. 그는 내가 말한 것을 농담으로 알아들은
것 같다.

QUIZ 3

1. 입장 2. 소문 3. 의견 4. 찬성할

TOPIK 기출 문제

TOPIK 중급 33회 읽기 37번 ④

TOPIKII 60회 읽기 10번 ①

12. 자연과 환경오염

DAY 43 자연과 환경오염(1)

QUIZ

QUIZ 1

1. ① 2. ③ 3. ①

QUIZ 2

1. 바닷물이 오염되어서 많은 고래들이 죽어
가고 있어.
2. 가을이 되자 푸르던 나뭇잎들이 낙엽이 되
어 떨어졌다.
3. 산불이 나자 원숭이들이 새끼들을 데리고
숲을 빠져나가기 시작했다.

QUIZ 3

① 대기 오염이 ② 숲 ③ 녹 ④ 심각한

TOPIK 기출 문제

TOPIK 중급 31회 쓰기 43번
나이에 따라서
TOPIK 중급 33회 읽기 59번 ③
TOPIK 중급 33회 읽기 60번 ①

DAY 44 자연과 환경오염(2)

QUIZ

QUIZ 1

1. ②　2. ③　3. ①

QUIZ 2

1. 여름철에는 더위 때문에 땀이 많이 나요.
2. 산속에 벌레들이 많으니까 물리지 않게 조심해야 해요.
3. 아이를 낳을 바에야 애완동물을 키우겠다는 사람들이 늘고 있다.

QUIZ 3

1. 하지만 거미는 곤충이 아니다.
2. 거미는 인간을 위해 꼭 필요한 동물이다.

TOPIK 기출 문제

TOPIK 중급 20회 듣기 29번　①
TOPIK 중급 20회 듣기 30번　①

13. 과학과 기술

DAY 45 컴퓨터와 인터넷

QUIZ

QUIZ 1

1. ④　2. ③　3. ①

QUIZ 2

1. 요즘은 휴대폰으로 못 할 것이 없어요.
2. 동영상을 다운로드하면 인터넷을 연결하지 않아도 볼 수 있습니다.
3. 교수님이 게시판에 올려주신 자료는 출력해서 보려고 해.

QUIZ 3

③

TOPIK 기출 문제

TOPIKII 47회 듣기 9번　①
TOPIKII 52회 읽기 19번　②
TOPIKII 52회 읽기 20번　①

DAY 46 과학

QUIZ

QUIZ 1

1. ③　2. ②　3. ①

QUIZ 2

1. 그는 망원경을 가지고 우주를 관찰했다.
2. 끊임없는 도전으로 신제품 개발에 성공했다.
3. 시계가 움직이는 원리가 궁금했던 아이는 시계를 뜯어보기 시작했다.

QUIZ 3 ②

TOPIK 기출 문제

TOPIK 중급 17회 듣기 30번　②
TOPIKII 41회 읽기 41번　③

14. 사건과 사고

DAY 47 사건과 사고(1)

QUIZ

QUIZ 1

1. ③　2. ②　3. ②

QUIZ 2

1. 승강장 안전사고를 막기 위하여 안전문이 설치됐다.
2. 시민들의 신고 덕분에 사고를 당한 아이를 신속하게 구조했다.
3. 오늘 오후 고속 도로에서 발생한 사고로 트럭 운전자가 크게 다쳤다.

QUIZ 3

④

TOPIK 기출 문제

TOPIKII 41회 듣기 15번　③

TOPIKII 64회 읽기 38번　④

DAY 48 사건과 사고(2)

QUIZ

QUIZ 1

1. ④　2. ④　3. ④

QUIZ 2

1. 경찰은 인근 야산으로 도망친 범인을 붙잡았다.
2. 배가 바닷속으로 가라앉는 것을 목격하고 충격을 받았다.
3. 밤새 내린 폭우로 지붕이 무너져 내리고 말았다.

QUIZ 3

④

TOPIK 기출 문제

TOPIKII 33회 읽기 49번　④

TOPIKII 60회 듣기 31번　④

15. 교육과 학교생활

DAY 49 교육과 학문

QUIZ

QUIZ 1

1. ①　2. ③　3. ②

QUIZ 2

1. 상식이란 사람들이 보통 알고 있는 지식을 말한다.
2. 중국어는 세계에서 가장 많은 사람들이 모

국어로 사용하는 언어다.

3. 박사 학위를 받았다는 것은 그 분야에 대한 전문가가 되었다는 뜻이지요.

QUIZ 3

④

TOPIK 기출 문제

TOPIKII 35회 듣기 29번　①

TOPIKII 35회 듣기 30번　③

TOPIKII 60회 읽기 22번　③

DAY 50 학교생활

QUIZ

QUIZ 1

1. ②　2. ④　3. ④

QUIZ 2

1. 담임 선생님은 내가 어떤 전공을 선택하면 좋을지 상담해 주셨다.
2. 과제물을 빠뜨리고 와 버려서 오늘은 과제를 제출하지 못할 것 같아.
3. 강의 시간에 집중하지 않았더니 수업 내용을 이해하지 못하겠어.

QUIZ 3

④

TOPIK 기출 문제

TOPIK 중급 28회 읽기 35번　①

TOPIKII 60회 읽기 11번　④

DAY 02   TOPIK 중급 15회 듣기 8번

여자 한국심리연구소에서는 사람들의 첫인상이 그 사람을 평가하는 데 어떤 영향을 미치는지 알아보기 위한 실험을 실시하였습니다. 그 결과 사람에 대한 평가는 그 사람을 만난 지 5초 안에 결정되며, 한번 결정된 인상은 시간이 지나도 좀처럼 바뀌지 않는다고 합니다.

DAY 03   TOPIK 중급 17회 듣기 19번

남자 과장님, 지금 회의실에서 직원들이 기다리고 있는데요.
여자 내가 급하게 처리해야 할 일이 있어서 10분쯤 늦겠어요. 금방 갈 테니까 직원들한테 회의 자료를 미리 나눠 주고 살펴보고 있으라고 전해 주세요.
남자 네, 알겠습니다.

DAY 04   TOPIK II 41회 듣기 39번-40번

여자 다리를 어깨 너비로 벌리고 가슴을 활짝 편 자세가 척추 건강에 많은 도움이 되고 있는 것 같은데요. 박사님, 이밖에 어떤 효과가 있습니까?
남자 네, 웅크린 자세와 달리 가슴을 편 자세는 스트레스 호르몬의 분비량을 줄이고 남성 호르몬의 분비량을 늘립니다. 이러한 남성 호르몬의 변화로 우리 신체는 위험을 감수하려는 특성을 보이는데요. 이 때문에 적극적이고 자신감이 넘치는 사람으로 보이게 된다는 겁니다. 당당하고 힘을 느낄 수 있는 사람이 되는 거죠. 실제로 이런 자세가 업무의 성과를 높이거나 면접시험의 합격률에도 영향을 미치는 것으로 나타났습니다. 자세는 많은 투자를 하지 않고도 쉽게 자신을 변화시킬 수 있는 비법인 거죠.

DAY 06   TOPIK II 36회 듣기 20번

여자 최 교수님, 이번에 '화해의 기술'이라는 책을 내셨는데요. 그 책에서 가장 강조하시는 부분은 무엇입니까?
남자 화해를 원한다면 나에 대한 이야기를 하라는 겁니다. 많은 경우에 사람들은 화해하려고 할 때 상대방의 말과 행동만을 반복해서 말합니다. 이건 관계 회복에 전혀 도움이 되지 않아요. 오히려 악영향을 줍니다. 내 말과 행동에 대해 먼저 살피고 말해 보세요. 상대방의 환한 미소를 볼 수 있을 겁니다.

DAY 08   TOPIK II 36회 듣기 41번-42번

남자 여러분, '모나리자 미소의 법칙'을 들어본 적이 있나요? 과학자들의 분석에 따르면 '모나리자의 미소'에는 83%의 행복감에 17% 정도의 두려움과 분노도 담겨 있다고 합니다. 이를 '모나리자 미소의 법칙' 이라고 하는데요. 이 비율이 모나리자를 사랑받게 하는 이유라고 합니다. 우리의 삶도 마찬가지인 것 같습니다. 기쁨과 슬픔, 행복과 불행이 적절히 조화를 이루는 삶이 결국 완전한 행복에 이를 수 있게 하는 길인 거죠. 슬픔과 괴로움 같은 부정적인 감정들은 좌절에 빠지게 하는 게 아니라, 오히려 현실감을 유지하게 하여 궁극적으로는 행복감을 느낄 수 있게 하는 힘이 됩니다.

DAY 09   TOPIK 중급 30회 듣기 11번

남자 이사는 잘 끝났죠?
여자 네, 짐이 많지 않아서 빨리 끝났어요. 그런데 이사 후에도 신경 써야 할 게 많네요. 할 일들을 정리해 두었는데도 정신이 없어요. 전화랑 인터넷도 연결해야 하고요.
남자 저도 정리가 다 될 때까지 한 달은 걸렸던 것 같아요.

DAY 09   TOPIK II 64회 듣기 25번

여자 오늘은 소방복을 재활용한 가방을 만들어 화제가 된 대학생들을 만나러 왔습니다. 어떻게 이런 일을 하게 되셨습니까?
남자 소방관들이 시민을 위해 얼마나 힘든 환경에서 일하고 있는지를 알리고 싶었어요. 그래서 작년부터 저희의 전공을 살려 버려진 소방복을 재활용해 가방을 만들게 되었습니다. 가방의 소재가 특이하다. 보니 자연스럽게 사람들의 관심을 모을 수 있었고 판매까지 하게 되었습니다. 현재는 가방을 판매한 수익금을 소방관의 활동을 알리는 데에 사용하고 있습니다. 저희의 작은 노력이 소방관의 어려움을 한 번 더 떠올리는 계기가 되었으면 좋겠습니다.

DAY 10   TOPIK II 47회 듣기 24번

남자 여보세요. 나무호텔이죠?
여자 네, 고객님. 무엇을 도와드릴까요?
남자 다음 주 토요일에 3명, 1박 예약했는데요. 호텔에서 진행하는 자연 체험 교육을 예약하고 싶어서요.
여자 자연 체험 교육은 20명 이상 단체만 가능합니다.
남자 아, 그렇군요. 그러면 아이하고 할 수 있는 가족 체험 프로그램은 없나요?
여자 죄송하지만 가족을 위한 체험 프로그램은 현재 준비 중에 있습니다. 대신 호텔 뒤 등산로에 아이들이 놀 수 있는 '숲속 놀이터'를 새로 만들었는데요. 이걸 이용해 보시는 건 어떨까요??

여자 민수 씨, 지난번에 산 내 검은색 코트 못 봤어요?
남자 그거 월요일에 세탁소에 맡겼잖아요. 내가 찾아다 줄까요?
여자 괜찮아요. 그냥 내가 가서 찾아올게요.
남자 그럼 들어올 때 우편물도 좀 갖다 줘요.

남자 거기 청년희망센터죠? 면접 때 입는 정장을 무료로 빌릴 수 있다고 해서 전화 드렸는데요. 어떻게 하면 되나요?
여자 이 서비스는 인주시에 살고 있는 인주 시민이라면 누구나 이용할 수 있습니다. 신청은 회사 면접 보기 일주일 전부터 가능하고요. 대여 신청은 홈페이지에서 하시면 되는데요. 홈페이지에서 원하는 옷을 선택하고 예약한 날 신분증을 가지고 오시면 됩니다.
남자 혹시 정장을 택배로도 받을 수 있을까요?
여자 네, 이메일로 신분증 사본을 보내고 택배비를 내시면 됩니다.

여자 경기 내내 운동장을 뛰어다니시던데요. 힘들지 않으신가요?
남자 네, 정말 힘들지요. 하지만 선수들의 움직임을 정확하게 보고 빨리 판단해야 하기 때문에 뛰어다닐 수밖에 없습니다. 반칙한 선수들에게는 그 자리에서 바로 벌칙을 줘야 경기가 원활하게 진행되니까요.
여자 체력뿐만 아니라 순간적인 판단도 중요한 일이군요. 부담감이 크시겠어요.
남자 결승전이나 중요한 국제 경기에 들어갈 때는 부담스러운 게 사실입니다. 중요한 순간에 결정을 잘못 내리면 양 팀의 승패가 바뀔 수도 있으니까요. 하지만 큰 실수 없이 무사히 경기를 마쳤을 때는 보람을 느끼기도 합니다.

남자 아무래도 요가 학원에 다녀야겠어. 혼자서 운동을 하니까 동작이 맞는지 모르겠고 효과도 없는 것 같아.
여자 요즘은 인터넷 요가 영상도 많이 있던데, 그걸 보는 건 어때?
남자 영상만으로는 안 될 것 같아. 내 동작이 틀려도 알 수 없잖아.

DAY 21   TOPIK Ⅱ 41회 듣기 49번-50번

여자 과거에는 같은 지역에 살면 정치적 성향이 유사할 거라고 생각했어요. 그래서 지역 중심의 선거 운동이 대세였죠. 그러나 한 지역에 살더라도 개인의 정치적 성향이 다를 수 있다는 것이 밝혀졌고, 최근에는 개인별 특성을 반영하는 방향으로 선거 운동이 변화하고 있습니다. 그래서 요즘은 후보자 진영에서 선거 운동용 이메일을 작성할 때도 다른 내용으로 여러 개를 만듭니다. 그리고 유권자의 성별이나 직업, 관심사 등을 고려하여 그에 맞는 메일을 보내지요. 이렇게 되면 유권자는 구미에 맞는 공약만을 전달받게 돼서 한쪽으로 치우친 정보에 노출될 가능성이 커집니다. 그럼 유권자는 후보자를 객관적으로 평가할 수 있는 기회 자체를 박탈당할 수밖에 없지요. 이런 상황에서 과연 유권자는 올바른 선택을 할 수 있을까요?

DAY 22   TOPIK Ⅱ 52회 듣기 49번

여자 조선 시대에는 탕평책이라는 정책이 있었는데요. 조선 시대에도 오늘날의 정당 정치처럼 서로 입장을 같이 하는 사람들끼리 정치 세력을 형성하고, 반대되는 집단과 대립하기도 하는 정치 형태가 있었습니다. 이런 정치 세력을 붕당이라고 하는데요. 초반에는 붕당을 중심으로 여론을 모으고 서로를 견제하면서 효율적인 국정 운영이 이루어졌습니다. 그런데 갈수록 붕당 간의 갈등이 심화되면서 폐단이 생겨났죠. 이런 상황에서 모든 붕당이 정치에 골고루 참여할 수 있도록 한 것이 탕평책입니다. 특정한 정치적 이념과 이해관계를 떠나 인재를 고르게 등용함으로써 정치 세력의 균형을 이루고자 했던 것이죠. 불필요한 언쟁을 일삼고, 각자의 이익만을 추구하는 오늘날의 정치 상황에도 이런 균형을 위한 제도가 시행되어야 하지 않을까요?

DAY 24   TOPIK Ⅱ 64회 듣기 27번

남자 이번에 김 과장님도 육아 휴직을 신청했대요. 요즘 우리 회사 남자 직원들 중에 육아 휴직을 신청하는 사람들이 점점 많아지고 있어요.

여자 그러게요. 제도가 바뀌면서 휴직 기간 동안 월급도 주고 경력 인정도 되니까 예전보다 신청에 대한 부담이 적어진 거겠죠.

남자 제 생각엔 남성 육아를 긍정적으로 보는 시각이 많아진 게 큰 이유인 것 같아요. 정부나 회사에서 남성 육아를 권장하기도 하고요.

여자 하긴 요즘 분위기가 많이 달라진 것 같긴 해요.

DAY 26   TOPIK Ⅱ 60회 듣기 3번

직장인들은 점심시간을 어떻게 보낼까요? 직장인의 점심시간은 한 시간이 70%였고, 한 시간 삼십 분은 20%, 한 시간 미만은 10%였습니다. 식사 후 활동은 '동료와 차 마시기'가 가장 많았으며, '산책하기', '낮잠 자기'가 뒤를 이었습니다.

DAY 27   TOPIK 중급 7회 듣기 26번

안녕하십니까. 오는 10일에 새로 문을 여는 정인미술관입니다. 저희 미술관에서는 오는 10일부터 개관 기념으로 한국의 명화전을 실시합니다. 관람 시간은 오전 10시부터 오후 7시까지이며, 관람료는 일반 10,000원 학생 5,000원입니다. 또한 개관 기념으로 모든 관람객에게는 한국의 명화를 영상으로 담은 CD를 나눠 드리고 있습니다. 많이 찾아주시기 바랍니다.

DAY 28   TOPIK II 41회 듣기 20번

여자 선생님, 이번에 세계적으로 유명한 소설을 한국어로 옮기셨는데요. 한국 상황에 맞게 잘 표현했다는 평을 듣고 계십니다. 이번 작업을 하시면서 어떤 부분에 가장 중점을 두셨어요?

남자 한국어로 정확하게 옮기는 것 못지않게 번역한 느낌이 나지 않도록 하는 것을 중요하게 생각했습니다. 그래서 이번 작품에서도 주인공의 성격과 등장인물들과의 관계 등을 한국 정서에 맞게 표현하려고 많은 애를 썼습니다.

DAY 30   TOPIK II 47회 듣기 47번-48번

여자 전통 공예를 발전시키기 위해서 전승자들을 육성하고 보호하는 새로운 정책이 필요하다는 의견이 많은데요. 어떻게 생각하십니까?

남자 지금까지의 정책은 주요 전승자들을 인간문화재로 지정하고 그분들이 제자를 일대일로 교육해 전통 공예를 이어 나가는 것이었습니다. 그런데 이런 방식은 전승 종목이 사유화될 우려가 있을 뿐더러 요즘 젊은이들이 별로 선호하지 않는다는 단점이 있었죠. 그래서 좀 더 새로운 전승 정책이 필요하다고 봅니다. 예를 들면 대학에 전통 공예 관련 강의를 개설하고 거기에 예산과 인력을 지원하는 겁니다. 전승자 들이 대학에 출강하고 연구에 참여하면서 개방적으로 인재를 양성 하는 거죠. 그리고 전승자들의 작품을 정부가 인증해 주는 겁니다.

DAY 31   TOPIK II 52회 듣기 37번

남자 요즘 수면 산업이 빠른 성장세를 보이고 있습니다. 입욕제나 수면 안대 같은 숙면을 도와주는 제품들도 많이 나오고 있는데요. 이런 제품들이 수면 장애의 진정한 해법이 될 수 있을까요?

여자 네, 불면증에 시달리는 사람들이 수면 보조 제품을 찾는 경우가 많죠. 그런데 무작정 이런 제품을 사용하기보다는 수면 장애가 왜 생겼는지 그 원인을 먼저 생각해 봐야 합니다. 그리고 그에 맞는 방법을 찾아 해결하려는 노력이 필요합니다. 수면 장애는 심리적인 상태나 생활 습관 같은 여러 가지 요인에 의해 발생하기 때문인데요. 문제의 근원을 모른 채 이런 제품에 의지하는 건 장기적으로 봤을 때는 의미가 없습니다.

TOPIK II 64회 듣기 37번-38번

남자 충치분 아니라 잇몸병으로 고생하는 젊은 분들이 상당히 많네요.
여자 네. 그 수가 전체 잇몸병 환자의 3분의 1을 차지할 정도니까요. 2, 30대 환자는 최근 5년
사이에 약 60%나 증가했습니다. 젊은 분들은 잇몸병을 대수롭지 않게 여기는 경향이 있
는데요. 손상된 잇몸은 원래대로 회복되지 않습니다. 게다가 잇몸병의 원인이 되는 세균
이 온몸을 돌아다니며 다른 신체 기관에 악영향을 끼치기도 하고요. 심각한 경우에 이 세
균이 심장병이나 치매를 유발할 수도 있어요. 건강할 때부터 잇몸을 잘 관리하는 것이 좋
습니다.

DAY 34   TOPIK II 47회 듣기 37번-38번

여자 요즘 사진 없는 이력서를 도입하는 기업들이 늘고 있는데요. 그 이유가 뭔가요?
남자 우리가 일반적으로 사용하는 이력서에는 반드시 사진을 붙여야 하죠. 그런데 인사 담당
자들이 이 사진을 보고 전혀 영향을 받지 않는다는 건 아주 힘든 일입니다. 그래서 공정
한 선발을 위해 사진 없는 이력서가 나오게 된 거죠. 그런데 앞으로는 '익명이력서'라는
새로운 형식의 이력서도 등장할 것 같습니다. 익명이력서는 사진은 물론이고 이름, 성별,
생년월일 같은 개인 정보를 전혀 기재하지 않는 건데요. 능력 있는 인재를 공정하게 선발
할 수 있는 좋은 대안이 되지 않을까 싶습니다.

DAY 35   TOPIK II 47회 듣기 13번

여자 구청에서 진로 상담 프로그램을 운영한대.
남자 응. 나도 들었어. 무료로 적성 검사도 해 준다고 그러던데.
여자 그래? 한번 해 볼 만하겠다. 어떻게 신청하면 되는 거지?
남자 음. 내가 문의해 보고 알려 줄게.

DAY 36   TOPIK 중급 24회 듣기 5번

남자 김 과장, 승진 축하해요.
여자 네, 이렇게 빨리 승진하게 될 줄 몰랐는데, 정말 감사합니다. 사장님. 앞으로 더 열심히 일
하겠습니다.

DAY 37   TOPIK 중급 17회 듣기 16번

여자 저 다음 달부터 회사에 나가지 않고 집에서 재택근무하기로 했어요.
남자 집에서요? 회의에도 참석해야 하고 보고할 일도 많을 텐데 집에 있으면 여러 가지로 불
편하지 않겠어요?
여자 간단한 회의나 업무 보고는 컴퓨터를 통해서도 할 수 있으니까 괜찮을 것 같아요. 제가
편한 시간에 일을 할 수 있어서 오히려 회사에 나갈 때보다 일을 잘할 수 있을 것 같아요.

남자 수미 씨, 요즘 왜 컴퓨터 학원에 안 다녀요?

여자 이 정도면 충분한 것 같아서요. 지금 아는 것만 잘 활용해도 컴퓨터 못해서 힘들 일은 없을 것 같고요. 그런데 굳이 학원을 더 다닐 필요가 있나 싶더라고요.

남자 그래도 뭐든 좀 깊이 배우는 게 좋지 않을까요? 특히 요즘 같은 경쟁 사회에서는요. 전문성이 강해질수록 경쟁력이 되잖아요.

세계는 4차 산업혁명의 시대에 들어섰는데요. 3차 산업혁명이 컴퓨터를 통한 생산과 유통의 자동화를 의미했다면 4차 산업혁명은 기계와 제품에 인공지능을 부여해서 새로운 가치를 창출하는 것을 말합니다. 이해를 돕기 위해 걸음의 횟수를 재는 만보기를 예로 들어 볼까요? 인공지능을 갖춘 만보기는 걸음의 횟수, 즉 운동량을 재서 보험사에 보냅니다. 그러면 보험사는 운동을 꾸준히 한 사람에게 보험료를 할인해 주는 거죠. 앞으로는 법률이나 경영 등 다양한 분야에서 전문가 수준의 지식 서비스를 제공하는 로봇들도 등장할 겁니다. 4차 산업혁명이 가져올 미래는 전문가들도 예측이 불가능하다고 할 만큼 변화가 클 텐데요. 하지만 분명한 것은 이것이 새로운 성장 동력으로 국가 경쟁력 강화의 주요한 기반이 될 거라는 점입니다.

남자 태평양 한가운데 있는 쓰레기 섬에 대해 들어 보셨습니까? 이 섬은 세계 각지에서 버려진 생활 쓰레기가 태평양으로 흘러 들어와 생긴 섬이라고 합니다. 이 섬에서 배출되는 각종 오염 물질은 어류, 해 조류 등 바다 생물들의 생명을 위협할 뿐만 아니라 해양 생태계 자체를 무너뜨리고 있습니다. 해양 생태계가 파괴되면 육지 생태계 역시 심각한 영향을 받게 되고, 인간 또한 생존하지 못할 것입니다. 따라서 현재의 해양 오염은 미래의 삶을 위해서 반드시 해결해야 하며 더 늦기 전에 인류는 건강한 바다를 가꾸기 위한 고민을 시작해야 할 것입니다. KBC 뉴스 김민수입니다.

여자 컴퓨터가 안 되네. 오늘까지 장학금을 신청해야 하는데.

남자 뭐라고? 장학금 신청이 오늘까지였어? 정확한 거야?

여자 학교 홈페이지에서 그렇게 봤어. 내가 사무실에 전화해 볼까?

남자 그래, 해 봐. 컴퓨터는 내가 확인해 볼게.

DAY 46   TOPIK 중급 17회 듣기 30번

여자 최근 10년 사이 '생활 로봇' 기술은 비약적인 발전을 거듭해 왔습니다. '생활 로봇'은 사람의 움직임뿐만 아니라 얼굴 표정의 변화와 목소리의 차이도 감지할 수 있습니다. 사람과 외모가 비슷해 친근감을 주기까지 합니다. 아침 식사 준비며 청소, 세탁 등의 집안일은 물론이고 주인의 기분을 알아차리고 그에 맞는 반응을 해 주는 것도 가능합니다. 그러나 실제로 로봇이 집안에서 사람의 일을 돕고 사람의 친구가 되기까지는 아직 넘어야 할 산이 많습니다. 로봇 생산 비용을 낮추는 것과 로봇의 동작을 일정한 속도로 유지하는 것이 쉽지 않기 때문입니다. 그렇지만 '생활 로봇'이 우리의 일을 대신할 날이 그리 멀지 않아 보입니다.

DAY 47   TOPIK II 41회 듣기 15번

남자 다음은 사건 사고 소식입니다. 오늘 아침 6시쯤 인주시 부근 도로에서 화물차와 승용차가 충돌한 사고가 있었습니다. 이 사고로 화물차 운전자와 승용차에 탄 20대 남성 한 명이 부상을 당해 인주병원에서 치료를 받고 있습니다. 경찰은 짙은 안개로 앞이 보이지 않아 사고가 난 것으로 보고 있습니다. 보다 정확한 사고 원인을 파악하기 위해 운전자들을 상대로 조사 중입니다.

DAY 48   TOPIK II 60회 듣기 31번

여자 이번 사건은 배가 고파서 식료품을 훔치다가 잡힌 경우입니다. 이 경우를 일반 범죄들과 동일하게 볼 수는 없죠.
남자 안타까운 일이기는 하지만 생계형 범죄도 분명히 범죄입니다. 피해자도 존재하고요. 다른 범죄와 처벌을 달리할 필요가 없습니다.
여자 처벌을 엄격하게 하는 것보다는 경제적 어려움을 해소하고 열심히 살 수 있도록 기회를 주는 것이 더 필요하지 않을까요?
남자 처벌이 약해지면 분명 이를 악용하는 사람들이 나타날 것이고 그러면 비슷한 범죄가 계속 늘어나게 될 것입니다.

DAY 49   TOPIK II 35회 듣기 29번-30번

여자 외국어는 어렸을 때부터 배우면 효과가 있을까요? 아니면 아이들에게 학습 부담감과 스트레스만 줄까요? 조기 외국어 학습에 대한 찬반 의견이 팽팽한데요. 이에 대해 어떻게 생각하십니까?
남자 저는 조기 외국어 학습을 긍정적으로 생각하는 입장입니다. 그렇지만 몇 살 때부터 아이에게 외국어를 가르쳐야 하는지는 부모가 꼭 고민해야 하는 문제라고 생각하는데요. 학습 효과는 키우고 부작용은 최소화하려면 외국어를 가장 효율적으로 배울 수 있는 '내 아이만의 적기'를 찾아야 합니다. 언어 습득 속도에 개인차가 있듯이 외국어 학습의 시작 시기도 아이마다 다를 수 있다는 의미인데요. 부모는 아이를 관찰해서 아이가 외국어에 관심을 보이는 시기를 찾아야 합니다.

DAY 50   QUIZ3

여자 민수야, 혹시 지난 학기에 한국 문화 수업을 들었어?

남자 응, 배우는 것도 많고 재미있었어. 교재는 교수님이 직접 쓰신 '한국 문화와 예술'이란 책인데 이번 학기에 들을 예정이면 내가 빌려줄까?

여자 정말? 고마워. 그런데 한국 문화 수업과 일본어 수업 시간이 같아서 고민 중이야. 일본어를 한번 배워보고 싶었거든.

남자 일본어 수업도 재미있겠지만 우선 전공 수업에 집중하는 게 더 좋지 않을까? 미리 전공 수업을 듣지 않으면 졸업을 앞두고 힘들어질지도 몰라.

여자 네 말이 맞아. 얼른 한국 문화 수업을 신청해야겠다.

memo

memo

memo

memo

memo

COOL
TOPIKⅡ - 중급 어휘 -

초판인쇄	2023년 10월 26일
초판발행	2023년 11월 7일
저자	어지혜, 임은정
편집	김아영, 권이준
펴낸이	엄태상
디자인	김지연
조판	이서영
콘텐츠 제작	김선웅, 장형진, 조현준
마케팅본부	이승욱, 왕성석, 노원준, 조성민, 이선민
경영기획	조성근, 최성훈, 김다미, 최수진, 오희연
물류	정종진, 윤덕현, 신승진, 구윤주
펴낸곳	한글파크
주소	서울시 종로구 자하문로 300 시사빌딩
주문 및 문의	1588-1582
팩스	0502-989-9592
홈페이지	http://www.sisabooks.com
이메일	book_korean@sisadream.com
등록일자	2000년 8월 17일
등록번호	제300-2014-90호

ISBN 979-11-6734-012-2 (14710)
978-89-5518-533-1 (SET)

※ 한국어능력시험(TOPIK)의 저작권과 상표권은 대한민국 국립국제교육원에 있습니다.
TOPIK, Trademark® & Copyright® by NIIED(National Institute for International Education), Republic of Korea.